理财规划实务

王春花　主编
吴　琼　副主编

清华大学出版社
北京

内 容 简 介

本书从各种理财规划方案的内涵入手，对全书的结构和内容进行整体设计以培养学生制订理财规划方案的能力为宗旨，以学生的发展为中心，以商业银行、证券公司、保险公司等金融机构客户理财岗位群工作为导向，以提高学生的综合素质。本书共八章，具体包括现金规划、消费支出规划、教育规划、风险管理与保险规划、税收筹划、投资规划、退休养老规划、财产分配与传承规划。

本书可以作为应用型本科院校财经类专业理财规划相关课程的教材，也可以供理财规划师执业能力等级认证和希望从事理财规划师职业的相关人员阅读。此外，本书还可以为普通读者掌握理财规划技能提供帮助。

本书封面贴有清华大学出版社防伪标签，无标签者不得销售。
版权所有，侵权必究。举报：010-62782989，beiqinquan@tup.tsinghua.edu.cn。

图书在版编目(CIP)数据

理财规划实务/王春花主编. —北京：清华大学出版社，2024.7
ISBN 978-7-302-66141-2

Ⅰ.①理… Ⅱ.①王… Ⅲ.①投资 Ⅳ.①F830.59

中国国家版本馆 CIP 数据核字(2024)第 085671 号

责任编辑：吴梦佳
封面设计：傅瑞学
责任校对：刘　静
责任印制：刘　菲

出版发行：清华大学出版社
　　网　　址：https://www.tup.com.cn，https://www.wqxuetang.com
　　地　　址：北京清华大学学研大厦 A 座　　　　邮　编：100084
　　社 总 机：010-83470000　　　　　　　　　　邮　购：010-62786544
　　投稿与读者服务：010-62776969，c-service@tup.tsinghua.edu.cn
　　质量反馈：010-62772015，zhiliang@tup.tsinghua.edu.cn
　　课件下载：https://www.tup.com.cn，010-83470410

印 装 者：三河市春园印刷有限公司
经　　销：全国新华书店
开　　本：185mm×260mm　　　印　张：18.75　　　字　数：474 千字
版　　次：2024 年 8 月第 1 版　　　　　　　　印　次：2024 年 8 月第 1 次印刷
定　　价：55.00 元

产品编号：093407-01

前　言

在互联网、大数据、人工智能高速发展的今天，我国居民收入水平得到了大幅度的提升，人们开始寻求如何有效实现资产的保值、增值。然而，仅靠个人理财知识和经验的积累来管理财富，已经很难确保个人资产配置的效率和效益。因此，提供全面、综合理财服务的理财规划师应运而生。

理财规划在现代经济社会中起到越来越重要的作用，理财不仅是一种观念，更是一种生活态度。每个人都需要为实现自己的生活目标，管好现在和未来的现金流，合理配置财务资源。可以说，理财并不是富人的专利，而是每个人一生的必备技能。

党的二十大报告指出："坚持房子是用来住的、不是用来炒的定位，加快建立多主体供给、多渠道保障、租购并举的住房制度"；"全面贯彻党的教育方针，落实立德树人根本任务，培养德智体美劳全面发展的社会主义建设者和接班人"；"健全覆盖全民、统筹城乡、公平统一、安全规范、可持续的多层次社会保障体系"；"完善个人所得税制度，规范收入分配秩序，规范财富积累机制，保护合法收入，调节过高收入，取缔非法收入"；"实施积极应对人口老龄化国家战略，发展养老事业和养老产业，优化孤寡老人服务，推动实现全体老年人享有基本养老服务"。为更好地培养应用型人才，满足高等学校经济管理和金融专业的教学需要，以及目前社会对理财规划师的需求，本着"以人为本、学以致用"的教育理念，我们组织编写了本书。

本书具有以下六大特色。

（1）内容简明。本书对理财规划的阐述由浅入深、循序渐进、讲解清晰、简明易懂，读者在较短的时间内就能清晰理解理财规划的思路，并明确个人或家庭的理财规划方向。

（2）内容新颖。本书在第七章退休养老规划中，融入个人养老金的相关内容；在第八章财产分配与传承规划中，用《中华人民共和国民法典》中的婚姻、收养、继承等内容替换了《中华人民共和国民法通则》《中华人民共和国婚姻法》《中华人民共和国收养法》和《中华人民共和国继承法》等内容。

（3）通俗易懂。本书贴近生活，内容有趣，可读性强。同时，本书利用直观的图表来讲述深奥、复杂的理财规划知识，使之通俗化，强调理财规划知识学习的系统性和逻辑性。

（4）实用性强。本书编者多年从事理财规划的相关教学工作，形成了一套清晰的理财规划分析思路。这套分析思路既可以被理财规划师高效地运用于实践，又可以让非专业人士在短时间内掌握理财规划思路。通过本书的学习，相信读者能够很快编制出自己的理财规划方案。

（5）融合考证。本书以《理财规划师专业能力》为蓝本，总结国内外个人理财或家庭理财类教材的精华，在每章的复习思考题中融入历年理财规划师考试真题，因此可作为学生参加理财规划师执业能力等级认证的参考用书。此外，本书也可以供理财行业人士使用。

（6）视角独特。本书既从理财规划师的角度阐述如何为客户个人或家庭制订一个全方位的理财规划方案，又从个人或家庭的角度阐述理财规划对个人或家庭的重要性。不论是理财规划师还是非专业人士，都能从本书中获得启发。

本书希望能为读者带来全新的理财规划视野和理财规划技巧，帮助读者成为财富的主人，实现个人或家庭的资产增值。

本书由王春花、吴琼编写完成，具体编写分工如下：第一章～第四章、第六章和第八章由王春花编写，第五章和第七章由吴琼编写。全书由王春花总纂。

在本书的编写过程中，编者参考和借鉴了大量的同类书籍和网络资料，获取了很多帮助，在此谨向所有作者表示衷心的感谢！尽管我们做了很多努力，但由于个人能力和所收集的资料有限，书中难免存在疏漏之处，敬请广大读者提出宝贵的指导意见，以求本书更加完善，这也将成为我们继续前进的动力。

编　者

2024 年 2 月

目录

第一章 现金规划 ... 1
第一节 分析客户现金规划需求 ... 1
一、现金规划概述 ... 1
二、获取客户信息 ... 2
第二节 制订现金规划方案 ... 4
一、现金规划的一般工具 ... 4
二、现金规划的融资工具 ... 9
三、编制现金规划方案 ... 18
本章小结 ... 22
复习思考题 ... 22

第二章 消费支出规划 ... 26
第一节 分析客户消费支出规划需求 ... 26
一、消费支出规划概述 ... 26
二、金融市场与消费支出 ... 26
三、收入、支出与财务安全和财务自由 ... 27
第二节 制订消费支出规划方案 ... 28
一、制订住房消费支出规划方案 ... 28
二、制订汽车消费支出规划方案 ... 50
三、制订消费信贷支出规划方案 ... 58
本章小结 ... 61
复习思考题 ... 61

第三章 教育规划 ... 67
第一节 分析客户教育规划需求 ... 67
一、教育规划概述 ... 67
二、教育规划的必要性 ... 67
三、我国高等教育体系 ... 69
第二节 制订教育规划方案 ... 71
一、教育资金的主要来源 ... 71
二、子女教育规划的原则 ... 77
三、教育规划的工具 ... 79
四、编制教育规划方案 ... 85
本章小结 ... 90

复习思考题 …… 90

第四章　风险管理与保险规划 …… 95
第一节　分析客户风险管理与保险规划需求 …… 95
　　一、风险管理与保险规划概述 …… 95
　　二、风险基础知识 …… 97
　　三、保险基础知识 …… 104
第二节　制订风险管理与保险规划方案 …… 125
　　一、个人或家庭面临的主要风险 …… 125
　　二、保险合同 …… 127
　　三、人身保险基础知识 …… 142
　　四、财产保险基础知识 …… 146
　　五、责任保险和信用保证保险基础知识 …… 149
　　六、编制风险管理与保险规划方案 …… 152
本章小结 …… 153
复习思考题 …… 153

第五章　税收筹划 …… 160
第一节　分析客户税收筹划需求 …… 160
　　一、税收筹划概述 …… 160
　　二、税收筹划的基本策略 …… 163
　　三、税收筹划的风险 …… 165
第二节　制订税收筹划方案 …… 166
　　一、工资、薪金所得的税收筹划 …… 166
　　二、工资化福利的税收筹划 …… 166
　　三、劳务报酬所得的税收筹划 …… 167
　　四、稿酬所得的税收筹划 …… 168
　　五、特许权使用费所得的税收筹划 …… 168
　　六、编制税收筹划方案 …… 169
本章小结 …… 170
复习思考题 …… 170

第六章　投资规划 …… 173
第一节　分析客户投资规划需求 …… 173
　　一、投资规划概述 …… 173
　　二、投资规划的流程 …… 174
　　三、树立正确的投资观念 …… 176
　　四、了解与投资规划相关的客户信息 …… 178
　　五、客户信息资料的整理与分析 …… 183
第二节　制订投资规划方案 …… 189
　　一、股票 …… 189

二、债券 ·· 201
　　三、基金 ·· 207
　　四、银行理财产品 ·· 216
　　五、编制投资规划方案 ·· 220
本章小结 ·· 221
复习思考题 ·· 221

第七章　退休养老规划 ·· 227
第一节　分析客户退休养老规划需求 ··· 227
　　一、退休养老规划概述 ·· 227
　　二、家庭结构 ·· 227
　　三、预期寿命 ·· 228
　　四、退休年龄 ·· 229
　　五、影响退休养老规划的其他因素 ·· 229
　　六、我国的养老理念及退休养老规划的必要性 ··· 230
第二节　制订退休养老规划方案 ·· 232
　　一、社会养老保险的基础知识 ·· 232
　　二、企业年金的基础知识 ·· 236
　　三、商业养老保险的基础知识 ·· 238
　　四、医疗保险的基础知识 ·· 241
　　五、个人养老金的基础知识 ·· 243
　　六、退休养老的其他工具 ·· 244
　　七、编制退休养老规划方案 ·· 245
本章小结 ·· 246
复习思考题 ·· 246

第八章　财产分配与传承规划 ·· 250
第一节　分析客户财产分配与传承规划需求 ·· 250
　　一、财产分配与传承规划概述 ·· 250
　　二、婚姻 ·· 251
　　三、子女 ·· 254
　　四、父母 ·· 255
　　五、兄弟姐妹 ·· 257
　　六、祖父母、外祖父母 ·· 258
第二节　制订财产分配与传承规划方案 ·· 258
　　一、制订财产分配规划方案 ·· 258
　　二、制订财产传承规划方案 ·· 279
本章小结 ·· 286
复习思考题 ·· 286

参考文献 ·· 290

第一章

现金规划

通过本章的学习,理财规划师要学会估算客户的现金规划需求,并且能够编制客户个人或家庭收入支出表;能够根据客户的需求状况和现金规划工具的特点,选择适当的现金规划工具,并且制订现金规划方案。

第一节 分析客户现金规划需求

一、现金规划概述

(一)现金规划的概念

现金规划是指为满足个人或家庭短期需求而进行的管理日常现金及现金等价物和短期融资的活动。

现金规划中所指的现金等价物是指流动性比较强的活期储蓄、各类银行存款和货币市场基金等金融资产。

在个人或家庭的理财规划中,现金规划既要使其所拥有的资产具有一定的流动性,以满足个人或家庭支付日常费用的需要,又要使流动性较强的资产获得一定的收益。

一般来说,现金规划应遵循以下原则:短期需求可以用手头的现金来满足,而预期的或者将来的需求可以通过各种类型的储蓄或者短期投融资工具来满足。

(二)现金规划需要考虑的因素

1. 对金融资产流动性的要求

一般来说,个人或家庭进行现金规划,是出于以下几个动机。

(1)交易动机。交易动机是指个人或家庭通过现金及现金等价物进行正常的交易活动。由于收入和支出在时间上常常无法同步,因而个人或家庭必须有足够的现金及现金等价物来维持日常的生活开支。个人或家庭所拥有的货币量取决于收入水平、生活习惯等因素。一般来说,个人或家庭的收入水平越高,交易数量越大,其为保证日常开支所需要的货币量就越大。

(2)谨慎动机或预防动机。谨慎动机或预防动机是指个人或家庭为了预防意外支出而持有一部分现金及现金等价物的动机。比如,个人为应对可能发生的事故、失业、疾病等意外事件而需要提前预留一定数量的现金及现金等价物。如果说现金及现金等价物交易需求的产生是由于收入与支出间缺乏同生性,那么现金及现金等价物的谨慎动机或预防动机则归因于未来收入和支出的不确定性。一般来说,个人或家庭对现金及现金等价物的预防需求量主要取决于个人或家庭对意外事件的看法,而且预防需求量和收入有很大的关系。

2. 持有现金及现金等价物的机会成本

通常来说,金融资产的流动性与收益率成反方向变化,高流动性也意味着收益率较低。现金及现金等价物的流动性较强,则其收益率较低。由于机会成本的存在,持有收益率较低的现金及现金等价物也就意味着丧失了持有收益率较高的投资品种的机会,因此持有现金及现金等价物存在机会成本。

(三)流动性比率

流动性比率是流动资产与月支出的比值。流动性比率反映了客户支出能力的强弱。资产流动性是指资产在保持价值不受损失的前提下变现的能力。流动性强的资产能够迅速变现而价值不受减损。现金与现金等价物是流动性最强的资产。流动性弱的资产不易变现或在变现过程中不可避免地要损失一部分价值。日常用品类资产的流动性显然较弱。

流动性比率的计算公式为

$$流动性比率 = \frac{流动性资产}{每月支出}$$

资产的流动性与收益性通常成反比,即流动性较强的资产的收益性较低,而收益性较高的资产的流动性往往欠佳。因此,应根据客户的具体情况,兼顾考虑资产的流动性与收益性,进而提出有价值的理财建议。

对于工作稳定、收入有保障的客户来说,资产的流动性并非首要考虑的因素,因而可以保持较低的资产流动性比率,而将更多的流动性资产用于扩大投资,从而取得更高的收益。而对于那些工作缺乏稳定性、收入无保障的客户来说,资产的流动性显然要比资产的收益性重要,因此理财规划师应建议此类客户保持较高的资产流动性比率。通常情况下,流动性比率应保持在3~6倍。

二、获取客户信息

在为客户做专项理财规划或者综合理财规划之前,理财规划师首先需要了解客户的相关信息。获取信息的主要方式有面谈、电话交谈、电子邮件、书面交流等,其中常用且主要的方式是面谈。理财规划师在与客户会谈之前,除了要充分掌握客户的背景资料,还需要安排好一些与会谈相关的事宜。通常的操作流程如下。

(一)电话预约

在正式面谈之前,先和客户进行电话预约,征求客户的同意,协调和确定正式会谈的时间、地点,最好将会谈大致需要多长时间也告诉客户,以便客户安排好时间。第一印象比较重要,能够为双方进行信息交换及确定合作提供保障,也能够为双方以后的长期合作奠定基础。会谈地点的选择尤为关键,应选择环境幽静雅致、感觉舒适的地方。

会谈前,理财规划师应对会谈中可能涉及的问题做充足准备,一是需要罗列出谈话的大纲,二是需要明确与客户会谈的目的和主要内容。此外,理财规划师要在电话中告知客户需要准备和携带的相关材料,这些材料主要是和理财规划有关的个人或家庭财务资料,如个人或家庭成员工资单、银行存款单、个人或家庭的记账记录、对账单、股票或债券相关凭证、保险单、纳税凭证、水电气缴费单等。为防止丢失,理财规划师应提醒客户对于重要的证件、单据可以携带复印件,而不必带原件。做好必要的准备工作,以便会谈顺利进行。

(二)准备会谈所需的资料

(1)准备所需的介绍性资料。为了增强客户对现金规划的理解和对理财规划师的信任,提升客户对理财行业的了解,理财规划师需要准备相关的介绍性资料。介绍性资料主要包括理财规划师所在机构的宣传和介绍材料、理财规划师所在机构的营业执照复印件、理财规划师所在机构从事理财业务的许可文件、理财规划师个人从业资格证书、理财规划方案样本、杰出代表性理财规划案例等。这些文件有助于客户加深对理财规划师所在机构及理财规划师的了解,为建立客户关系奠定基础。

(2)准备笔和便条纸,以便理财规划师做必要的记录,或者方便客户用来记录、计算。

(3)准备好会谈需要的辅助资料及工具,避免会谈中因为要取资料、工具而将客户留在会谈地点等待。

(4)注意自己的仪表、仪容。会见客户时,理财规划师要着正装,根据年龄、体形、季节做适当调整,发式、衣服等要干净、整洁,给人以严谨、庄重、干净、利落的感觉。时刻面带微笑可以彰显亲和力,拉近与客户之间的距离。行为举止大方得体,可以增强客户在交流过程中的舒适度。

(5)准备好自己的名片。一方面可以展示出理财规划师合作的诚意,另一方面可以方便后续联系。

(三)迎接客户

理财规划师应提前到达会谈地点,并在门口等待客户的到来,以彰显理财规划师合作的诚意和专业性。

当客户到来时,理财规划师要问候客户并握手,准确地说出客户的姓氏、职称或职务,或者称呼某先生、某女士等,比如"××先生(或女士),您好,见到您很高兴"。这样会给客户带来受尊重的感觉,拉近双方的距离,更容易切入话题。与此同时,理财规划师也要进行简短的自我介绍。

在交换名片时,理财规划师要先双手向对方递出自己的名片。如果与客户同时递出名片,要注意用左手递出自己的名片,同时用右手接过对方的名片,认真看后放入自己的名片夹中。

理财规划师应在会谈中关闭自己的手机等通信工具,或将其调为振动,以免会谈被中途打断,确保会谈顺利进行。

(四)正式会谈前的铺垫

一般与客户见面后,理财规划师不宜直接进入正题,而应先找一些轻松的话题拉近与客户的心理距离,比如,谈论共同认识的人或感兴趣的事,以建立融洽的谈话氛围。在谈话中,要给客户多发表意见的机会,不要使用过多的专业化语言。当双方都准备好会谈时,将话题自然转回理财业务及会面的目的。

正式进入会谈前,还需要让客户进一步了解理财规划师本人及其所在机构的专业背景,比如,向客户介绍理财规划师所在机构的业务范围、业务规模、业务成绩等,以及理财规划师所具备的资格、从业经历。

在会谈中要避免一些小动作和姿态。比如,玩弄手中的小东西,用手不时地打理头发、盯视指甲、天花板或对方身后的字画,等等,这些动作会让客户感觉自己被轻视了。会谈中,理财规划师的眼睛应注视对方两眼中间稍下方位置,既表示尊重,又不会因为盯视而显得无礼。

(五)核心工作

首先,理财规划师要向客户解释什么是理财规划,用通俗简练的语言阐述理财规划的概念、目的、意义以及进行现金规划的必要性,引起客户的共鸣,帮助客户确立切合实际的个人或家庭财务目标。其次,理财规划师要向客户传递有效信息,说明理财规划师角色的意义和重要性,以及团队的专业性,增强客户的信任感和安全感。再次,理财规划师要在正式合作前将一切可能产生的费用告知客户,避免日后不必要的经济矛盾。最后,理财规划师可以合理宣传团队的后续服务,让客户放心地将个人或家庭财务交由理财团队进行规划和打理。

(六)编制客户个人或家庭财务报表

理财规划师根据客户提供的个人或家庭现金收支和资产的明细资料,编制月度或年度个人或家庭资产负债表以及收入支出表,分析客户的财务状况,结合非财务状况和理财目标,确定现金规划方案。

第二节 制订现金规划方案

一、现金规划的一般工具

现金规划工具的选取,首先要考虑的是流动性,在此前提下保证流动性资产具有较好的收益率。现金规划的一般工具包括现金、相关储蓄品种和货币市场基金。

(一)现金

现金是现金规划的重要工具。与其他的现金规划工具相比,现金有两个突出的特点:一是现金在所有金融工具中流动性最强。在国际货币基金组织对货币层次的划分中,现金位于第一层次。二是持有现金的收益率低。在通货膨胀条件下,现金不仅没有收益,反而会贬值。在这种情况下,人们持有现金,是为了追求现金的流动性,客观上却损失了一定的收益。手头的现金通常以能够满足日常生活开支为宜。

(二)相关储蓄品种

1. 活期储蓄

活期储蓄是指无固定存期、可随时存取、存取金额不限的一种灵活的储蓄方式。活期储蓄适用于所有客户,其资金运用灵活性较高,人民币1元起存,港币、美元、日元和欧元等起存金额为不低于1美元的等值外币。储蓄机构发给客户一个存折或借记卡,凭折(卡)随时存取,办理手续简便。全部支取时,按销户日挂牌公告的活期储蓄利率计息。自2005年9月21日起,个人活期存款按季结息,按结息日挂牌活期利率计息,每季末月的20日为结息日。未到结息日清户时,按清户日挂牌公告的活期利率计息到清户前一日止。

随着银行卡的不断发展,人们越来越习惯把钱放到自己的借记卡中。借记卡是指先存款后消费(或者取现),具有存取款功能,但没有透支功能的银行卡。放到借记卡中的资金可以享受活期存款利率。不仅如此,各家银行的借记卡通常还具有证券转账、证券买卖等众多理财功能。各银行系统内部还实现了"一卡通",即可以对借记卡里的活期存款进行同城及异地通存通兑。

此外,大部分银行还开通了活期"一本通",为客户提供一种综合性、多币种的活期储蓄,既可以存取人民币,也可以存取外币。活期"一本通"账户具有人民币和外币活期储蓄的全部基本功能。客户开立活期"一本通"账户时,必须预留密码。活期"一本通"可在开户行的同城营业网点存款、取款,客户还可将活期"一本通"作为水电费、通信费等日常费用的缴费账户,省时省心,还可开通手机银行和网上银行。另外,转账、汇款也十分方便。

2. 定活两便储蓄

定活两便储蓄是一种事先不约定存期,一次性存入,一次性支取的储蓄存款。定活两便储蓄的起存金额低,人民币50元即可起存。此种储蓄既有活期之便,又有定期之利,利息按实际存期长短计算,存期越长,利率越高。存期低于整存整取最低档次(不满3个月)的,按活期利率计息;存期超过3个月不满半年的,按3个月整存整取利率六折计息;存期超过半年不满1年的,按6个月整存整取利率六折计息;存期超过1年(含)的,一律按1年期整存整取利率六折计息。这种储蓄存款方式比较适合那些有较大额度的结余,但在不久的将来需要随时全额支取使用的客户。

3. 整存整取

整存整取是一种由客户选择存款期限,整笔存入,到期提取本息的一种定期储蓄。整存整取的起存金额低,多存不限,一般来说,人民币50元起存,港币50元、日元1000元、其他币种为原币种10元起存。整存整取的利率较高,因此具有较高的稳定收入,利率大小与期限长短成正比。存期上也有多种选择:人民币的存期分别为3个月、6个月、1年、2年、3年、5年;外币的存期分别为1个月、3个月、6个月、1年、2年。到期凭存单支取本息。储户还可以根据本人意愿在办理定期存款时约定到期自动转存。当客户需要资金周转而整存整取存款未到期时,可部分提前支取一次,但提前支取部分将按支取当日挂牌活期存款利率计息。这种储蓄存款方式比较适合那些有资金结余,并且资金使用周期明确的客户。

4. 零存整取

零存整取是一种事先约定金额,逐月按约定金额存入,到期支取本息的定期储蓄。零存整取的适用面较广,手续简便,往往可以积零成整,获得较高收益。零存整取起存金额较低,人民币5元即可起存。存期可以选择1年、3年、5年。存款金额由储户自定,每月需以固定金额存入;若中途漏存,应在次月补齐。未补齐者则视同违约,违约后将不再接受客户续存及补存,到期支取时按实存金额和实际存期计息。这种储蓄方式比较适合那些刚刚参加工作,需逐步积累每月结余的客户。

5. 整存零取

整存零取是一种事先约定存期,整数金额一次存入,分期平均支取本金,到期支取利息的定期储蓄。这种储蓄方式为一次存入本金,人民币1000元即可起存。存期分为1年、3年、5年,取款间隔可选择1个月、3个月、半年,可记名,预留印鉴或密码,可挂失。开户时由银行发给储户存折,取款时储户凭存折到原开户行填写取款凭证后领取本金。如到期日未领取,以后可随时领取。整存零取不得部分提前支取。利息在期满结清时支取。这种储蓄方式比较适合那些有整笔较大款项收入,且需要在一定时期内分期支取使用的客户。

6. 存本取息

存本取息是一种一次存入本金,分次支取利息,到期支取本金的定期储蓄。存本取息的起存金额较高,一般为人民币5000元,存款余额稳定。存期分为1年、3年、5年。可记名,可挂失。开户时,由储蓄机构发给储户存折,储户凭存折分期支取利息,一般每月、每季或每半年1次,不得提前支取利息,如到取息日而未取息,以后可随时取息,但不计算复息,到期支取本金。这种储蓄方式在约定存期内如需提前支取本金,利息按取款当日银行挂牌公告的活期储蓄利率计息,存期内已支取的定期储蓄利息要一次性从本息中扣回。这种储蓄方式比较适合那些有款项在一定时期内不需动用,只需定期支取利息以作生活零用的客户。

7. 个人通知存款

个人通知存款是一种不约定存期,支取时需提前通知银行,约定支取日期和金额方能支取的存款。个人通知存款不论实际存期多长,按存款人提前通知的期限长短划分为1天通知存款和7天通知存款两个品种。1天通知存款必须提前1天通知约定支取存款,7天通知存款则必须提前7天通知约定支取存款。通知存款的币种为人民币。本金一次存入,可一次或分次支取。个人通知存款利率收益较活期存款高,是管理大额资金的好方式,开户及取款起点较高:人民币通知存款开户起存金额为5万元,最低支取金额为5万元;外币通知存款的最低存款金额各地区略有不同,约为等值人民币5万元(含),外币通知存款提前通知的期限为7天。个人通知存款比较适合那些有大额款项,在短期内需支取该款项的客户,或者需分期多次支取的客户,或者短期内不确定取款日期的客户。

8. 个人支票储蓄存款

个人支票储蓄存款是以活期储蓄存款作保证,以支票作支付凭证,办理支现和转账结算,集储蓄与消费于一体的存款。客户凭有效身份证件开户,与银行签订个人使用支票协议书后购买支票,凭支票取现或转账。此种存款期限同活期储蓄,账户余额不得低于所签发支票的总额。此种存款方便,支付安全快捷,尤其适合个体工商户。

综上所述,目前国内储蓄机构提供的储蓄业务如表1-1所示。

随着互联网科技的兴起,第三方支付行业也在大力发展。人们越来越多地将钱放在第三方支付钱包中,如支付宝钱包、微信钱包等。第三方支付机构逐渐承担起部分银行功能,为客户提供存款服务。基于虚拟账户的普遍性,社会金融体系的安全问题日益受到重视,目前中国人民银行开始负责监管互联网支付领域。

(三)货币市场基金

1. 货币市场基金的概念

货币市场基金是指投资于货币市场上短期(1年以内,平均期限120天)有价证券的一种投资基金。

表 1-1 国内储蓄机构提供的储蓄业务

储蓄产品	特　点	存　期	起存金额	适用范围
活期储蓄/活期"一本通"/活期"一卡通"	(1) 存取灵活，资金运用灵活性较高； (2) 活期"一本通"具有人民币和外币储蓄功能，并能作为水电费、通信费等日常费用缴费账户，需预留密码； (3) 活期"一卡通"具有证券转账、证券买卖等多种功能	不限	(1) 人民币 1 元起存； (2) 不低于 1 美元的等值外币	所有客户
定活两便储蓄	不约定存期，一次存入，一次支取	不限	人民币 50 元起存	有较大资金结余，但不久的将来需要随时全额支取使用的客户
整存整取	起存金额低，利率较高，稳定性较强，可提前部分提取一次	(1) 人民币的存期：3 个月、6 个月、1 年、2 年、3 年、5 年； (2) 外币的存期：1 个月、3 个月、6 个月、1 年、2 年	(1) 人民币 50 元起存； (2) 港币 50 元起存； (3) 日元 1000 元起存； (4) 其他币种为原币种 10 元起存	有资金结余，资金使用周期明确且不需提用的客户
零存整取	起存金额较低，积零成整，整笔支取本金，到期支付利息，不得部分支取	1 年、3 年、5 年	人民币 5 元起存	刚参加工作，需逐步积累结余的客户
整存零取	整笔存入，分期支取本金，到期还本	1 年、3 年、5 年	人民币 1000 元起存	有整笔较大款项收入，且需要在一定时期内分期支取使用的客户
存本取息	整笔存入，分期付息，到期支取本金	1 年、3 年、5 年	人民币 5000 元起存	在一定期限内本金不动，只需定期支取利息以作生活零花的客户
个人通知存款	(1) 不约定存期，整笔支取，支取时可以一次或分次支取； (2) 分为 1 天通知和 7 天通知存款	不限	(1) 人民币通知存款，人民币 5 万元起存； (2) 外币通知存款，约为等值人民币 5 万元（含）起存	有大额款项，且需短期内一次或多次支取的客户
个人支票储蓄存款	存款方便，支取快捷，与银行签订个人使用支票协议书，以活期存款为基础，将储蓄消费结为一体	同活期储蓄	同活期储蓄	个体工商户

货币市场基金应当投资于以下金融工具：①现金；②1年（含）以内的银行定期存款、大额存单；③剩余期限在397天（含）以内的债券；④期限在1年（含）以内的债券回购；⑤期限在1年（含）以内的中央银行票据；⑥中国证监会、中国人民银行认可的其他具有良好流动性的货币市场工具。

货币市场基金不得投资于以下金融工具：①股票；②可转换债券；③剩余期限超过397天的债券；④信用等级在AAA级以下的企业债券；⑤中国证监会、中国人民银行禁止投资的其他金融工具。

2. 货币市场基金的特点

（1）本金安全。货币市场基金主要投资于剩余期限在1年以内的国债、金融债、中央银行票据、债券回购、同业存款等低风险证券品种，这些投资品种决定了货币市场基金在各类基金中风险是最低的，在事实上保证了本金的安全。

（2）资金流动性强。货币市场基金有类似于活期存款的便利，流动性可与活期存款媲美。货币市场基金买卖方便，资金到账时间短，"T+0"或"T+1"天就可以取得资金，流动性强。

（3）收益率相对活期储蓄要高。货币市场基金一般具有国债投资的收益水平。货币市场基金除了可以投资一般的交易所内投资工具，还可以进入银行间债券及回购市场、中央银行票据市场进行投资，其年净收益率一般可达2%～5%，高于同期银行活期储蓄的收益水平。不仅如此，货币市场基金还可以避免隐性损失，抵御通货膨胀。当出现通货膨胀时，实际利率可能很低甚至为负值，货币市场基金可以及时把握利率变化及通胀趋势，获取稳定收益，成为抵御物价上涨的工具。

（4）投资成本低。买卖货币市场基金一般免收手续费，认购费、申购费、赎回费都为0，资金进出方便，既降低了投资成本，又保证了流动性。

（5）分红免税。大多数货币市场基金，基金面值永远保持1元，收益天天计算，每日都有利息收入，投资者享受的是复利，而银行存款只是单利。每月分红结转为基金份额，分红免收所得税。

另外，有些货币市场基金还可以与该基金管理公司旗下的其他开放式基金进行转换，高效灵活、成本低。股市好的时候，这些货币市场基金可以转成股票型基金；债市好的时候，这些货币市场基金可以转成债券型基金。当股市、债市都没有很好机会的时候，货币市场基金则是资金良好的避风港，投资者可以及时把握股市、债市和货币市场的各种机会。

3. 货币市场基金的申购

货币市场基金可以通过以下几种方式进行申购。

（1）到银行网点申购。银行的每个营业网点基本都有专门的营业人员负责此项业务。

（2）到有代销资格的券商营业部购买。大部分大型券商都开通了货币市场基金申购通道，投资者可以直接到这些券商的营业部申购。

（3）直接到基金公司直销柜台申购。

（4）到网上进行申购。

一般来说，申购或认购货币市场基金的最低资金量是1000元，追加的投资也是1000元的整数倍。货币市场基金的基金单位资产净值是固定不变的，一般一个基金单位是1元，这是与其他基金主要的不同点。投资货币市场基金后，投资者可利用收益再投资，增加基金份额的同时，投资收益也不断累积。

4. 货币市场基金的收益指标

反映货币市场基金收益率高低的指标通常有两个：一是七日年化收益率，二是每万份基金单位收益。作为短期指标，七日年化收益率仅是基金过去七天的盈利水平信息，并不意味着未来收益水平。

5. 影响货币市场基金收益率的主要因素

（1）利率因素。货币市场基金的投资对象为货币市场工具，利率的调整对货币市场工具产生直接影响，进而影响货币市场基金的收益率。一般来说，货币市场基金的收益率变化与利率变动方向一致。

（2）规模因素。货币市场基金并非规模越大收益越高，单只货币市场基金存在一个最优规模，在该规模内具有规模效应，即规模越大收益越高，超出该规模后就不具有规模效应。

（3）费用因素。货币市场基金的管理费和托管费一般在 0.2‰~1‰，虽然费用比例差别不大，但由于货币市场基金收益率有限，因此费用对货币市场基金的收益还是有不小影响的。

（4）收益率趋同趋势。随着货币市场的完善、货币市场规模的扩大和管理法规的规范，我国货币市场基金的收益率将面临趋同，而且具有很强的持续性。

二、现金规划的融资工具

在某些时候，客户会有临时的、未预料到的支出，而客户的现金及现金等价物的额度又不足以应付这些支出，临时变现其他流动性不强的金融资产会损失一部分资产。这时，利用一些短期的融资工具融得一些资金就不失为一个处理突发紧急事件的好方法。也就是说，短期的融资工具融得的资金，能够解决突发事件导致的短期资金不足，是解决未预料事件导致的现金及现金等价物金额不足的好办法。事实上，在个人或家庭的现金规划中，客户往往重视已有现金及现金等价物的管理和使用，而忽略了个人融资。随着银行业、保险业等金融行业的不断发展，以及个人融资需求的日益增长，个人融资开始在融资市场上占据一席之地，融资方式也日趋多样。目前适宜现金规划的融资方式主要包括信用卡融资、银行个人贷款融资、保单质押融资、典当融资和互联网融资。

（一）信用卡融资

1. 信用卡的概念

信用卡是银行或其他发卡机构向社会公开发行的，给予持卡人一定的信用额度，持卡人可以在信用额度内先消费后还款，并可以在中国境内指定的商家购物和消费，或者在指定银行机构存取现金，以人民币结算的特制卡片。

信用卡是一种特殊的信用凭证，其持卡人一般具有良好的资信状况。随着信用卡业务的发展，信用卡的种类不断增多，概括起来，一般分为广义信用卡和狭义信用卡。从广义上说，凡是能够为持卡人提供信用证明、消费信贷或持卡人可凭卡购物、消费或享受特定服务的特制卡片均可称为信用卡。广义上的信用卡包括贷记卡、准贷记卡、借记卡等。从狭义上说，信用卡主要是指由金融机构或商业机构发行的贷记卡，持卡人在信用额度内可先消费后还款。狭义的信用卡实质上是一种消费贷款，信用卡提供一个有明确信用额度的循环信贷账户，借款人可以使用部分或全部额度。偿还借款时也可以全额还款或部分还款，一旦已经使用的余额得到偿还，则该信用额度可以重新使用。

1999年3月1日中国人民银行颁布《银行卡业务管理办法》，允许商业银行发行贷记卡，持卡人可先消费后还款，而且制定了鼓励持卡消费的措施。发展消费信贷，是市场经济发展的内在要求，也是保证一国国民经济持续、健康发展的客观需要，是任何一个国家或地区经济快速增长和人民生活水平不断提高的必经之路。从消费信贷业务比较发达的国家（地区）来看，住房消费信贷、汽车消费信贷、信用卡消费信贷是主要的消费信贷形式，占消费信贷比例的90%以上。

2. 信用卡、准贷记卡、借记卡的比较

信用卡、准贷记卡、借记卡的一个共同特点是，持卡人不必为刷卡消费付任何手续费，但是三者在使用上有很大的区别。

（1）信用卡可以在信用额度内免息透支，准贷记卡透支要付利息，借记卡不能透支。

（2）信用卡可以在国外透支外币消费，回国后用人民币结算。准贷记卡和借记卡本质上都是储蓄卡，因此均可支取现金而不付手续费；而银行严格限制用信用卡支取现金。目前各银行信用卡国内支取现金的手续费费率为0.5%~3%不等，大多执行1%的费率；信用卡国外支取现金的手续费费率为1%~3%不等，大多执行3%的费率。

3. 信用卡的功能

信用卡在扮演支付工具的同时，也发挥了基本的账务记录功能。再加上预借现金、循环信用等功能，这样信用卡超越了支付工具的单纯角色，具备了理财功能。运用信用卡理财可从以下几方面着手。

（1）符合条件的免息透支。信用卡可以先消费后还款，可以透支一定的消费金额，享受一定的免息还款期，持卡人根据自己的资金状况，可以在免息还款期内一次还款，也可以免息分期还款，这种循环信用让持卡人的资金周转更加灵活。一般来说，信用卡都有一个免息期，每个银行的具体规定不同（一般来说，银行在消费日的第二天对此笔消费开始计利息，直至还款日全额还款为止），免息期一般最短20天，最长50天左右。但是并不是所有的透支额都是免息的，发卡银行对于信用卡持卡人未偿还最低还款额和超信用额度用卡的行为，会对最低还款额未还部分、超过信用额度部分，分别收取滞纳金和超限费。发卡银行规定的最低还款金额，一般情况下为累计未还消费交易款项及所有与该交易有关的利息、费用和收费的10%，取现及与取现有关的利息、费用和收费的100%，以及上期账单最低还款额未还部分的总和。

【例1-1】（免息透支） 张先生申请了某银行的信用卡。按发卡行规定，每月1日为账单日，25日为还款日，则该银行为客户提供了最长为55天的免息优惠（各行规定不同）。如果张先生在1月1日消费1000元，2月1日为账单日，那么到2月25日（还款日）才需要偿还这部分透支额。因为银行在消费日的第二天（1月2日）开始对此笔消费1000元计收利息，直至还款日（2月25日）全部还清为止。所以，在这55天（1月1日至2月25日）里张先生可以免费占用银行的资金，相当于从银行获得了一笔无息贷款，解决了张先生的临时资金缺口问题，实现了提前消费。

【例1-2】（超限额） 姜女士近日收到银行对账单，其中有"超限费34元"，姜女士的信用额度为10000元，上月由于购买了笔记本电脑超出了10000元的信用额度，消费金额为10680元。姜女士很不解，信用卡也会被"刷爆"？另外，34元的超限费是如何计算出来的？

解析：一般情况下，持卡人只能在规定的信用额度内透支消费，但有些银行在核准的信用额度外，不用客户申请，还会给予客户一定比例的上浮信用额度，持卡人在浮动信用额度内可

继续刷卡,银行也不会给予提醒,部分银行可提供信用额度上浮的功能。对于超出信用额度的消费金额,银行会按一定比例收取超限费用,通常为超额部分的5%。姜女士的信用额度为10000元,银行默认提供1000元(10000×10%)的浮动信用额度,姜女士上个月的消费金额共计10680元,透支680元,透支部分需缴纳5%的超限费即680×5%＝34(元)。

(2)免息分期付款。免息分期付款是指信用卡持卡人,在进行一次性大额消费的时候,对于该笔消费金额可以平均分成若干期数(月份)来偿还,而且不用支付任何额外的利息,手续同普通刷卡消费一样简便快捷。

一般情况下,信用卡分期付款的价格会高于市场一次性付款的价格,原因主要有两个:①在持卡人使用信用卡分期付款购物的同时,银行将这笔款项全额支付给商品或服务的销售商,这会给银行带来一定的风险,所以银行会为此做一定的风险溢价。②银行与商户制订信用卡分期付款合作方案时所定的产品价格是固定的,并且要持续一定的时间,但实际市场上的价格是浮动的,所以在分期活动开始以后的一段时间里分期价格将高于市场价格。但从商户的角度来看,与银行合作信用卡分期付款所带来的销售额的增长是一块巨大的"蛋糕",为了分享这块"蛋糕",很多商户甚至愿意自己来为持卡人承担分期付款所产生的"利息",也即溢价的部分,这样就可以提高自己的销售额,也将获得更多的利润,同时也为持卡人带来一定的好处。

越来越多的商品和服务可以用信用卡分期付款的形式来购买,可以为持卡人提供便利,并使持卡人提前享受更多的商品和服务。但是在决定分期付款之前,客户一定要衡量自己在未来一段时间的财务承受能力。

(3)调高临时信用额度。当持卡人因出国旅游、装潢新居、结婚、子女留学等情况在一定时间内的消费需要超出信用额度时,即需要使用较高信用额度时,可以提前以电话、官方网站、应用软件(App)等形式申请调高临时信用额度。调高的临时信用额度一般在30天内有效,到期后将自动恢复为原来的信用额度。通常情况下,附属卡持卡人的信用额度由主卡设定,信用卡中心不能为附属卡持卡人调整额度。持卡人调高临时信用额度后,如果已设定了附属卡的信用额度,则不会改变附属卡的额度。如果未设定附属卡的信用额度,则调高临时信用额度时,附属卡的信用额度也随之调高。调高临时信用额度后,实际使用超过原信用额度的超额部分,将加入下期对账单的最低还款额中。超额使用部分不加收任何费用,但不能享有循环信用的便利,在到期还款日一次还清。临时调高的信用额度并不一定能享受和普通额度一样的免息待遇。由于各家银行规定不同,有的银行调高额度不享受免息期;可享受免息期的,根据各银行的规定不同,期限长短不一。

(4)预借现金。预借现金(取现)服务是银行为持卡人提供的小额现金借款,满足持卡人的应急之需,让持卡人的资金融通更自在从容。一旦有现金紧急需要,持卡人可持信用卡在自动柜员机(ATM)24小时自由取现,国际卡还可在全球的自动柜员机(ATM)上方便地提取当地货币。预借现金额度根据持卡人的用卡情况设定,预借现金额度包含在信用卡的信用额度内,具体规定各发卡行有所不同。此外,根据中国人民银行的相关规定,每卡每日取现金额累计不超过人民币2000元,而且预借现金时需要注意借款的手续费和产生的借款利息。一般发卡行规定,持卡人以信用卡办理预借现金时,须承担每笔预借现金金额0.5%～3%不等的手续费,有些银行还规定了最低收费额,境内交易(除港澳台地区外)手续费按人民币收取(如每笔预借现金金额的1%,或者最低收费每笔10元人民币),境外交易(含港澳台地区)手续费按美元收取(如每笔预借现金金额的3%,或者最低收费每笔3美元)。预借现金交易不享受免息还款期待遇,自银行记账日起按日利率万分之五计收利息,至清偿日止。银行记账日为此笔预借现金交易发生日,发卡行按月计收复利。

(5) 循环信用。循环信用是一种按日计息的小额、无担保贷款。持卡人可以按照自己的财务状况,每月在信用卡当期账单的到期还款日前,自行决定还款金额的多少。当持卡人偿还的金额等于或高于当期账单的最低还款额,但低于本期应还金额时,剩余的延后还款的金额就是循环信用余额。循环信用是一种十分便捷的贷款工具,不仅让持卡人享有刷卡的便捷,更是其轻松理财的好选择。持卡人如果选择使用了循环信用,那么在当期就不能享受免息还款期的优惠。循环信用的利息计算方法为:上期对账单的每笔消费金额为计息本金,自该笔账款记账日起至该笔账款还清日止为计息天数,日息万分之五为计息利率。循环信用的利息将在下期的账单中列示。

【例 1-3】 张先生的账单日为每月 5 日,到期还款日为每月 23 日。4 月 5 日银行为张先生打印的本期账单包括他从 3 月 5 日至 4 月 5 日的所有交易账目。本月账单周期里张先生仅有一笔消费,日期为 3 月 30 日,消费金额为人民币 1000 元。张先生的本期账单列示"本期应还金额"为人民币 1000 元,"最低还款额"为 100 元。

请问:

① 张先生信用卡消费的免息期是多久?
② 若张先生全额还款,应付多少循环利息?
③ 若张先生仅偿还最低还款额,应付多少循环利息?

解析:

① 张先生在 3 月 30 日消费的人民币 1000 元,应在 4 月 5 日的账单日出账,这笔消费需要在 4 月 23 日的还款日还款。张先生信用卡消费的免息期为 3 月 30 日至 4 月 23 日,即张先生在 4 月 23 日最后还款日全额还款则享受了最长 24 天的免息期。

② 若张先生于 4 月 23 日前全额还款 1000 元,则在 5 月 5 日的对账单中循环利息为 0。

③ 若张先生于 4 月 23 日前仅偿还最低还款额 100 元,则在 5 月 5 日的对账单中循环利息为 $1000×0.05\%×24$(3 月 30 日至 4 月 23 日)$+(1000-100)×0.05\%×12$(4 月 23 日至 5 月 5 日)$=12+5.4=17.4$(元)。

循环信用实际上是一种短期借贷,相对于长期、高额的贷款而言,其所收取的利息也比较高,然而由于无须担保品,且可随借随还,运用上反而灵活。持卡人如果碰到商品打折或是极佳的投资机会,在手头可用现金有限的情况下,可以考虑通过循环信用支付消费款项,而将现金用于投资。当然,投资前必须审慎地评估确定投资报酬率是否高于循环信用利率。

(6) 支出记录与分析。消费者了解自己收入及支出的基本情况是理财的前提条件。银行每月提供的信用卡对账单逐笔列出消费的日期、商店(甚至物品)及金额,累积一段时间后,加以整理、分析,即可对自身消费的基本情况有一个大概的认识。当然,如果持有多家银行发行的信用卡,就得多下点功夫整理这些信息。

(7) 支出管理。消费者可以利用同一银行不同类别的信用卡或不同银行发行的信用卡来做支出管理。例如,常因公务而有出差、应酬的机会,就可以将公务支出集中于一张信用卡,而私人的消费集中于另一张信用卡,报账及分析支出记录时就一目了然。另外,较为复杂的方式是将不同类别的支出各自对应一张信用卡,同样可以达到支出管理的目的。

(8) 建立信用。信用卡的"信用"二字是具有实质意义的。持卡人必须有良好的信用记录,银行才愿意核发信用卡。而持卡后使用信用卡消费的情况及还款记录,都将成为日后银行评估客户信用等级的重要参考。尤其从事消费金融业务的银行,越来越重视对现有客户的再销售。如果能善用信用卡建立良好的信用记录,未来再向银行申办其他种类的借贷时,将可能享受较大的优惠或较简便的手续。

4. 信用卡的还款方式

目前使用信用卡已成为很多人的消费习惯,而信用卡的还款方式也越来越多样化,具体情况见表1-2。

表1-2 信用卡的各种还款方式

还款方式	还款特点	操作提示
柜台还款	只要确保准确填写信用卡卡号,即可实时到账,无手续费	一般接受他人代还和无卡还款
约定自动还款	到期自动还款,不必担心由于遗忘带来的利息和滞纳金	留意用于还款的活期账户的余额,以免余额不足导致自动还款失败
网上银行转账还款	与借记卡关联扣款	一般要求事先开通借记卡(储蓄账户)及信用卡网上银行功能,并将两卡进行关联
网上跨行转账还款	可能需要一定的手续费	可用于还款或接受转账的银行卡种类视发卡银行规定而定
ATM转账还款	转账划入的款项并非即时到账	建议在还款日之前2~3天还款,以免造成不必要的透支利息和滞纳金支出
手机银行还款	与借记卡关联,方便、易操作	事先开通手机银行功能,并将其与借记卡(储蓄账户)、信用卡进行关联

使用信用卡进行短期融资涉及多种费用,如年费、利息和手续费等,各银行的信用卡收取的费用并不一致。不同种类的信用卡透支的额度也不一样。

值得注意的是,信用卡存钱无利息。不要将信用卡当存折用,信用卡内的存款(备用金)不计付利息是国际惯例,多数银行都是这样操作的,这在各银行的客户协议或章程中有明确的规定。不鼓励存款消费是银行发行信用卡的初衷,因此持卡人切记不要将大额现金存入信用卡内。

(二)银行个人贷款融资

银行个人贷款,就是银行向客户发放的用于合法经营活动所需小额、短期或者长期、大额度资金周转的人民币贷款。

从商业银行取得贷款,是各种贷款方式中最可靠、获取资金最多的一种,是个人或家庭在短期内获得大额贷款最安全的一种方式。贷款手续简便,而且银行雄厚的资金实力、良好的服务、众多的网点以及方便快捷的结算方式,也是其他机构无法比拟的。

银行贷款是目前大众融资的重要渠道,各银行推出的个人贷款服务里比较适合个人或家庭的融资方式通常有凭证式国债质押贷款、存单质押贷款等。

1. 凭证式国债质押贷款

凭证式国债质押贷款是指借款人以未到期的凭证式国债作质押,从商业银行取得人民币贷款,到期归还贷款本息的一种贷款业务。凡持有贷款行承销的凭证式国债,具有中华人民共和国国籍的、具有完全民事行为能力的自然人,能够提供合法有效的身份证明资料和财政部发行、由银行承销的未到期的凭证式国债的,可以作为申请对象。凭证式国债质押贷款的金额起点为人民币5000元,每笔贷款金额不超过质押国债面额的90%。凭证式国债质押贷款的贷款期限原则上不超过1年,并且贷款期限不得超过质押国债的到期日。比如,用不同期限的多张凭证式国债作质押,以距离到期日最近者确定贷款期限。凭证式国债质押贷款利率,按照同期同档次法定贷款利率(含浮动)和有关规定执行。贷款期限不足6个月的,按6个月的法定贷款利率确定。如借款人提前还贷,贷款利息按合同利率和实际借款天数计算,并按合同规定收取补偿金。

2. 存单质押贷款

存单质押贷款是指借款人以贷款银行签发的未到期的个人本外币定期储蓄存单(也有银行办理与贷款行签订有保证承诺协议的其他金融机构开具的存单的抵押贷款)作为质押,从贷款银行取得一定金额的贷款,并按期归还贷款本息的一种信用业务。存单质押贷款业务手续简便,借款人只需向开户行提交本人名下的定期存款(存单、银行卡账户均可)及身份证,就可提出贷款申请。经银行审查后,双方签订定期存单抵押贷款合同,借款人将存单交银行保管或由银行冻结相关存款账户,便可获得贷款。存单质押贷款一般适合于短期、临时的资金需求。存单质押贷款的贷款期限不得超过存单的到期日且最长不超过1年。存单质押贷款的金额起点一般为5000元,每笔贷款不超过存单质押价值的90%,最高可达质押价值的95%。存单质押贷款的贷款利率按照中国人民银行规定的同期同档次贷款利率执行,贷款期限不足6个月的,按6个月的法定贷款利率确定;贷款期限在6个月以上1年以内的,按1年的法定贷款利率确定;可视借款人情况(如优质客户)最多下浮10%。贷款到期后,可用现金或在银行的存款偿还贷款本息。经银行同意,借款人可提前归还贷款本息,提前还款按原借贷双方签订的质押贷款合同约定利率和实际借款天数计息。

值得注意的是,对于个人来讲,取得银行贷款通常并不容易,因此如果能预测到有银行贷款这方面的需要,贷款申请人需要提供贷款抵押物诸如国债、银行存单等"硬货",这样取得银行贷款会容易一些,还要努力规范自己的财务和经营行为,争取较高的信用等级。同时,银行个人贷款的操作过程烦琐,贷款利率高。

(三)保单质押融资

保单质押贷款是指投保人以保单的现金价值作担保,从保险公司或银行申请一定金额的贷款,到期按约归还贷款本息的一种信贷行为。

随着经济的快速发展,保险产品的功能已从纯粹的保障功能演变为多元化功能,人们可以利用保单质押获得贷款来缓解短期的资金流动压力,保单质押贷款也是获得短期资金的一种融资方式。目前我国的保单质押贷款存在两种情况:一种是投保人把保单直接质押给保险公司,直接从保险公司取得贷款,如果借款人到期不能履行债务,当贷款本息达到退保金额时,保险公司将终止其保险合同效力;另一种是投保人将保单质押给银行,由银行支付贷款给借款人,当借款人不能到期履行债务时,银行可依据合同凭保单由保险公司偿还贷款本息。

然而,并不是所有的保单都可以质押,质押保单必须具有现金价值。人身保险合同可以分为两类:一类是医疗保险和意外伤害保险合同,此类保险合同属于损失补偿性合同,与财产保险合同一样,不能作为质押物;另一类是具有储蓄功能的养老保险、投资分红型保险及年金保险等人寿保险合同,此类保险合同只要投保人缴纳保费超过1年,人寿保险单就具有了一定的现金价值,保单持有人可以随时要求保险公司返还部分现金价值以实现债权,这类保单可以作为质押物。当然,多数保险公司规定,投保人必须缴纳保费满2年且保单生效满2年才能申请贷款。

此外,保单质押贷款的期限和贷款额度有限制。保单质押贷款的期限较短,一般不超过6个月。最高贷款余额不超过保单现金价值的一定比例,各个保险公司对这个比例有不同的规定,一般在80%左右;银行则要求相对宽松,贷款额度可达到保单价值的90%。期满后贷款一定要及时归还,一旦借数本息超过保单现金价值,保单将永久失效。目前保单质押贷款的利率参考法定贷款的利率,同时保险公司和银行根据自身的情况,具体确定自己的贷款利率。需要注意的是,目前银行一般只受理经由其售卖的保单。以死亡为给付保险金条件的保险单,未经被保险人书面同意,不得转让或者质押。进行保单质押时,借款者需携带本市常住户口或居住住所证明,身份证原件及复印件,保单正本及近期交费证明,小额贷款一般2~3天即可完成。

用符合保险公司条件的保单质押取得"贷款",手续比较简便,贷款速度比较快。对于个人或家庭而言,购买一些保险可以防范风险;资金周转困难时,质押符合条件的保单可以取得资金。但对于哪一种保单才可以用于质押,保险条款是有规定的。另外,分红性质的保单用于质押时,有可能享受不到分红。

风险无处不在,对于个人或家庭来说,投保人寿险非常重要,切不可为了应付资金周转而退保。同时需要记住,保单也可以帮助周转资金。

(四)典当融资

典当融资是指个人或家庭在短期资金需求中利用典当行救急的特点,以抵押或质押的方式,从典当行获得资金的一种快速、便捷的融资方式。

典当行作为国家特许从事放款业务的特殊融资机构,与作为主流融资渠道的银行贷款相比,其市场定位在于:针对中小企业、家庭和个人,解决短期需要,发挥辅助作用。典当行更多将目光集中于抵押物和质押物上,主要关注当物的价值、变现难易程度、是否存在折旧现象等。因此,只要个人有可用于抵押或质押的当物,就容易获得典当融资。

典当是指当户将其动产、财产权利作为当物质押或者将其房地产作为当物抵押给典当行,交付一定比例费用,取得当金,并在约定期限内支付当金利息、偿还当金、赎回当物的行为。

办理出当与赎当,当户均应当出具本人的有效身份证件。当户为单位的,经办人员应当出具单位证明和经办人的有效身份证件;委托典当中,被委托人应当出具典当委托书、本人和委托人的有效身份证件。出当时,当户应当如实向典当行提供当物的来源及相关证明材料。赎当时,当户应当出示当票。所谓当票,是指典当行与当户之间的借贷契约,是典当行向当户支付当金的凭证。

当物的估价金额及当金数额应当由双方协商确定。房地产的当金数额经协商不能达成一致的,双方可以委托有资质的房地产价格评估机构进行评估,估价金额可以作为确定当金数额的参考。典当期限由双方约定,最长不得超过6个月。

典当当金利率按中国人民银行公布的银行机构6个月期法定贷款利率及典当期限折算后执行。典当当金利息不得预扣。当期不足5日的,按5日收取有关费用。典当期内或典当期限届满后5日内,经双方同意可以续当,续当一次的期限最长为6个月。续当期自典当期限或者前一次续当期限届满日起算。续当时,当户应当结清前期利息和当期费用。典当期限或者续当期限届满后,当户应当在一定期限内赎当或者续当。逾期不赎当也不续当的,为绝当。当户于典当期限或者续当期限届满至绝当前赎当的,除须偿还当金本息、综合费用(包括各种服务费用、管理费用),还应当根据中国人民银行规定的银行等金融机构逾期贷款罚息水平、典当行制定的费用标准和逾期天数,补交当金利息和有关费用。

可以进行典当的动产、不动产通常包括以下几种。

1. 汽车典当

汽车典当（又称机动车典当）是指以机动车为质押物进行贷款融资典当业务。机动车权属人将机动车及随车证件交付典当行，并交付一定比例费用，取得当金，然后在约定期限内支付当金利息、偿还当金、赎回汽车的行为。

汽车送去典当时一般需要行驶证、机动车登记证、身份证、购车发票、完税证明等材料，另外还需附带保险。典当行会根据车辆的使用年限、车况、外观、内部装潢、发动机情况等进行评估。在赎回时，年支付的费用要在当金基础上加上利息等其他综合费用。如果是租用的停车场地，还要包括停车费用，一般按天计算。对于汽车典当期限，目前各典当行没有明确的限制。

2. 房产典当

房产典当是指房产所有人将一定期限内的房产使用权，以一定的典价让渡给他人的行为。其中，房产使用权的出让方（即当户）称为出典人，房产使用权的受让方（即典当行）称为典权人或者承典人，同时双方可以规定典期，以便归还贷款，并收回房产使用权。房产典当是有偿的民事法律行为，承典人和出典人均享有一定的权利，并承担相应的义务。

一般两证齐全的房产的放贷额度在80%以下，同时个人进行房产典当时，房产所有人都要到场，当户还必须提供有第二住所的证明。

个人房产典当的程序如下。首先，需先向典当行提出申请，出示合法拥有房产的证明，所需证件是不动产权证书或取得房地产的证明材料（购房合同、购房发票、契税完税凭证等）、身份证、户口簿等。等典当行受理此项典当业务后，房产所有人与承典人确定当期、当金、利息和综合费用，等等。按规定，签约时进行房地产抵押登记的共有人（满16周岁自然人）均要到场签字，并开具当票、支付当金。典当期满后，双方可以协商是续当、赎当还是绝当。如果赎当，需要办理还款结算；如果绝当，典当房产可以被拍卖。

3. 股票典当

股票典当（又称为股票质押贷款）是指股民将其持有的股票作为当物，质押给典当行，交付一定比例费用取得当金，并在约定期限内支付当金利息，偿还当金、赎回股票的行为。

股票典当主要是典当行，为需要融资的个人和中小企业提供的一项方便、快捷的融资品种。股票典当业务是1998年由华夏典当行在典当行业内率先推出的，随后民生典当、华联典当行等也推出该项业务。现在股票典当已成为典当行的一个标准业务。

股票典当是一种主要为证券市场中的个人投资者提供融资服务的业务，证券投资者办理股票典当时，需要先带上自己所持有股票的详细资料到典当行与有关业务人员进行洽谈，双方达成一致后，投资者要带上身份证、股票账户卡、股票交割单到典当行办理有关手续，签订贷款合同，然后将股票等有价证券转至典当行指定的证券营业部，典当行将向投资者的账户中打入贷款。贷款2个工作日内到账。贷款合同的期限比较灵活，可视投资者的具体需要定为1~6个月。不过，典当行对典当的股票有一定的要求，未流通股不能典当，有的公司要求ST股票不能典当。但是，一般来说，典当行对蓝筹股、大盘股和指标股有一些偏好。当金支付的额度根据典当股票的类型不同而有所区别。

4. 民品典当

民品典当（又称为民品质押贷款）是典当行业针对个人、中小企业开展的快速融资业务，是只需经评估师的专业评估，把物品质押登记后，即可迅速获得贷款的一种质押贷款方式。

民品典当的特点是典当速度快。民品典当一般包括黄铂金饰品，珠宝（裸钻、各类高档宝石饰品,如红宝石、蓝宝石、金绿宝石等),玉石(翡翠、白玉等各类高档玉石),名表(各类高档名牌手表),高档数码产品,高档家电产品,等等。民品典当需要提供个人有效证件及当物的货物来源证明(如发票)。当物需要经过专业评估,一般可以获取不超过评估价90%的借款。

另外,与银行对借款人的资信条件的要求相比,典当行对客户的信用要求几乎为零,而且一般商业银行只做不动产抵押,典当行则可以动产与不动产抵押两者兼为。典当物品的起点低,典当行更注重为个人客户和中小企业提供服务。与银行贷款手续繁杂、审批周期长相比,典当融资贷款手续十分简便,大多立即可取,即使是不动产抵押,手续也比银行便捷许多。但是,与银行贷款相比,典当融资贷款利息、手续费都要高,即典当融资的贷款成本高,而且典当融资的贷款规模小。

值得注意的是,小额度的周转资金可以直接到典当行办理,快捷方便。但典当的综合费用与利息之和,大大超过向银行申请同期贷款的支出。所以,典当融资只适合短期、临时的融资;对于长期的借贷,典当融资绝对是不划算的。

(五)互联网融资

互联网融资是指企业或个人与银行等金融机构之间,以互联网为基础进行的借贷活动。

互联网金融使用户融资过程更加便捷,省去了传统信用卡和银行贷款在前期烦琐复杂的申请、审批和将信用卡寄给用户的各个环节。互联网金融产品在服务客户时将这些流程极大简化了,使用起来更加便捷。然而,这种服务模式的出现,需要有强大的技术支撑,正是因为当前技术层面有了很大的进步与革新,互联网直接融资才有产生的可能,并且可以很好地服务用户。互联网平台下的直接融资比起传统间接融资,在人性化、自主化和多样化上都有极大提升,而这些正好是当前客户需求变化的一些主导趋势。互联网平台下的个人信贷产品基于这个平台的优势,能够给客户带来更多的服务功能,能够满足客户随时随地的消费需求,客户在消费的同时也有了社交平台,省去了申请时的门槛和烦琐流程,这些改变明显契合用户的使用要求。

随着互联网金融的发展,目前我国国内各大型电商平台推出了各具特色的信用支付产品。比如,京东、蚂蚁金服、苏宁分别推出了"白条""花呗""任性付"等个人信用支付产品,向客户提供"先消费,后还款"的线上信用支付服务,在为客户带来良好用户体验的同时,也为客户提供了短期的信用融资,减少了客户现金及现金等价物的储备压力。本书仅简单介绍蚂蚁花呗和互联网众筹这两种互联网融资。

1. 蚂蚁花呗

蚂蚁花呗(简称花呗)是蚂蚁金服推出的一款消费信贷产品,申请开通后,将获得500~50000元不等的消费额度。用户在消费时,可以预支蚂蚁花呗的额度,享受"先消费,后付款"的购物体验。蚂蚁花呗自2015年4月正式上线,主要用于天猫、淘宝上的购物,受到了广大消费者,尤其是"80后""90后"消费者的喜爱。为了更好地服务消费者,蚂蚁花呗开始打破购物平台的限制,将服务扩展至更多的线上、线下消费领域。

蚂蚁花呗对消费者在平台上所积累的网购情况、支付习惯、信用风险等情况进行综合考虑,通过大数据运算,结合风控模型,授予用户不同的消费额度。用户在平台上的各种行为是动态和变化的,相应的额度也是动态的,当用户一段周期内的行为良好,且符合提额政策,其相应额度则可能提升,或者用户可以根据自身实际需求,使用"额度管理"功能自主调整自己的花呗额度。

用户在消费时,可以预支蚂蚁花呗的额度,在确认收货后下个月的9号还款,免息期最长可达41天。除了"这月买,下月还,超长免息"的消费体验,蚂蚁花呗还推出了花呗分期功能,消费者可以分3个月、6个月、9个月、12个月还款。每个月9号为花呗的还款日,用户需要将已经产生的花呗账单在还款日还清。到还款日当天系统依次自动扣除支付宝账户余额、余额宝、借记卡快捷支付中的金额用于还款已出账单未还部分,也可以主动还款。为避免逾期,请确保支付宝账户金额充足。如果逾期不还,每天将收取万分之五的逾期费。

2019年7月30日,支付宝开启花呗出账日与对应还款日调整预约,即花呗签约满1年以上的用户,通过系统评估后,可进入花呗→我的→还款日设置,用户可以选择每月15日或者20日还款,出账日期也会相应调整到每月5日或者10日。

互联网金融信贷产品的迅速崛起和急剧发展,与信贷产品的特点以及用户需求的变化有直接关联。随着移动互联网在人们日常生活中的应用越来越普遍,消费者的消费模式、习惯发生了明显变化。大部分消费者倾向于人性化、个性化,且能够随时随地覆盖的消费过程与体验。以蚂蚁花呗为代表的互联网信贷则能够完全满足与覆盖客户的这些需求。互联网个人信贷业务可以随时发生,不受任何时间、地域的限制,这是对传统消费行为的一种很大的颠覆,也是这种新型信贷模式迅速崛起的原因。

2. 互联网众筹

根据二八定律理论,在传统融资环境中,银行贷款的服务对象主要是优质的精英客户,而忽略了长尾部分,互联网金融正是抓住了这80%的蓝海市场。互联网众筹是基于"互联网+金融"所创新的一种模式,互联网众筹是项目发起人借助互联网众筹平台向大众投资者公开发出的融资申请,并承诺项目成功后,给投资者回报以产品、服务、股权或债券等。根据回报不同,众筹主要有四种类型:产品众筹、股权众筹、债券众筹、公益众筹。在个人或家庭融资中,公益众筹是主要的融资形式。

公益众筹的操作要点是项目发起人需要在互联网众筹平台上发布项目,设定固定的筹资期限和募集金额,若项目能够在规定的期限内募集目标金额则众筹成功,可以获得该笔融资,反之则要退还全部已募集金额。公益众筹期限一般设定在1~2个月之间为最佳,若时间太短,还未受到公众关注便从平台上下线,会导致项目失败。然而,不吸引公众的项目,即使时间再长也无济于事。

值得注意的是,由于该类信用支付产品是依托电商平台所属支付机构的支付账户核算的,同时存在缺乏准入门槛及规模控制、信用违约风险可控性较差、消费者个人信息安全保护等方面的风险隐患,存在一定的金融风险,需提醒客户风险存在的客观性,并谨防诈骗。

三、编制现金规划方案

在分析客户现金规划需求的基础上,理财规划师接下来的工作就是着手编制现金规划方案。理财规划师在编制现金规划方案的过程中,既要使资产的配置保持一定的流动性,又要实现一定的收益性,可以遵循以下步骤。

(一)建立客户关系

理财规划师与客户充分进行交谈、沟通,确定客户关系,确定客户个人或家庭有编制现金规划的意愿和需求。理财规划师应该向客户说明什么是现金规划,现金规划的需求因素及现金规划的内容,并了解客户个人或家庭的现金规划目标。

(二)收集客户信息

理财规划师应该收集客户个人或家庭与现金规划有关的财务信息和非财务信息,其中,财务信息包括客户的现金、收入状况、活期存款、定期存款、每月各项支出等,非财务信息包括客户的姓名、性别、家庭结构、职业、兴趣、爱好、风险偏好等。

(三)财务分析和评价

(1)理财规划师应该对客户个人或家庭的资产和负债情况进行分类整理,对客户个人或家庭资产和负债的价值进行评估,然后编制客户个人或家庭资产负债表。

(2)理财规划师应该分析客户个人或家庭的收入和支出项目,对客户个人或家庭的收入和支出各项指标进行计算,然后编制客户个人或家庭收入支出表,用表格的形式反映客户的基本情况。

收入支出表可以反映个人或家庭每月的基本支出情况,确定每月的基本支出额度,再乘以流动性比率,就得到了现金规划的资金额度。同时,收入支出表也可以反映个人或家庭的每月收入状况。若在个人或家庭的收入结构中,自雇收入或其他不稳定收入所占的比重较大,理财规划师应适当调高流动性比率,增加现金规划的资金额度。

① 编制原则。编制个人或家庭收入支出表的目的,是提供个人或家庭获取现金的能力和时间分布,以利于正确消费和进行投资决策。编制个人或家庭收入支出表需要遵循的主要原则是真实可靠、充分反映和明晰性。

② 编制收入支出表。收入支出表是重要的财务分析工具,可以帮助理财规划师了解客户的现金流信息。通过收入支出表的编制,理财规划师可以对客户在一段时期的收入和支出情况进行归纳汇总,为进一步的财务现状分析与理财目标设计提供基础资料。

通常情况下,客户的个人收入支出表分为三栏:收入、支出和结余(或超支)。收入支出表一般以 12 个月为一个编制周期,但是,为了更好地和现金规划过程衔接起来,收入支出表可以 1 个月为周期进行编制。理财规划师可以通过对数据调查表等相关资料进行分析调整,进而编制收入支出表。

(3)理财规划师应该对客户个人或家庭资产负债表和客户个人或家庭收入支出表进行分析,并基于客户个人或家庭财务报表进行财务比率分析与诊断。

(四)确定现金规划目标

理财规划师应该结合客户个人或家庭财务信息和非财务信息的分析、评价,帮助客户确定符合客户个人或家庭需求的现金规划目标。

(五)确定现金及现金等价物的额度,并在现金规划的一般工具中进行配置

现金规划是个人或家庭理财规划中的重要组成内容,也是较为核心的部分,能否做好现金规划,将对理财规划方案的编制产生重要影响。现金规划的重要内容就是确定现金及现金等价物的额度,而合理确定现金及现金等价物额度,实际上就是在现金及现金等价物的流动性和持有现金及现金等价物的机会成本之间进行权衡。此外,在确定现金及现金等价物的额度时

还可以参考客户资金的流动性比率。一般来说,理财规划师在为客户确定个人或家庭现金及现金等价物的额度时,应该根据不同客户个人或家庭的收入、支出的稳定情况,将其现金及现金等价物的额度确定为个人或家庭每月支出的3~6倍左右。当然,最终现金规划的具体额度一定要根据收入支出表中收入和支出构成的稳定性来确定。一般情况下,如果个人或家庭成员工作稳定,每月有固定的收入来源,则可以考虑在保留适当数量现金及现金等价物的情况下,扩大投资,增加未来收益,而流动性比例可以偏低;如果个人或家庭资金来源不稳定,收入额不固定,则应考虑在保留更多的现金以及现金等价物的情况下,减少投资,扩大流动性比率。

现金及现金等价物的额度确定后,还需要对个人或家庭的金融资产进行配置。具体来说,就是让金融资产在现金、各类银行存款(即相关储蓄品种)、货币市场基金等金融产品间进行配置。例如,可以将现金及现金等价物额度的1/3以现金的形式保存,另外2/3部分则以活期储蓄和货币市场基金的形式存在。由于这部分资金额度较少,具体的配置结构比例可以根据个人或家庭的偏好来配置。

(六)介绍现金规划的融资方式,解决超额的现金需求

理财规划师将客户的流动资产在现金规划的一般工具中配置之后,应该将现金规划的各种融资方式向客户做一下介绍。在介绍的过程中,理财规划师应该注意比较各种融资方式的区别,这些区别着重体现在融资期限、额度、费用、便捷程度等方面。在编制客户现金规划方案的过程中,理财规划师需要熟知现金规划工具。

不同融资方式各有利弊,理财规划师在向客户详细解释各种融资方式后,需要充分考虑到客户的现金规划目标,权衡融资方式的特点,向客户建议最合适的融资方式。

特别是随着互联网经济的发展,金融科技在金融领域的运用,各种新的现金规划工具层出不穷,理财规划师应及时更新知识,并详尽掌握各种新的现金规划工具的运用及其优缺点。具体内容详见图1-1。

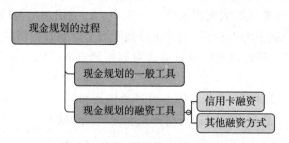

图1-1 编制现金规划方案的过程

(七)编制现金规划报告,交付客户

经过以上工作程序,理财规划师已经充分了解、分析客户的现金规划需求,在结合客户现金规划目标的基础上,选择适合客户现金规划需求的相关现金规划工具,最终编制出满足客户需求的现金规划方案。

接下来,理财规划师应根据客户要求完成相应的收尾工作。如果客户仅需要现金专项规划,则可以形成现金规划报告,以书面的形式交付客户。如果客户需要综合理财规划服务,则将现金规划作为分项规划之一纳入综合理财规划建议书,待各分项规划全部完成后再交付客户。

（八）持续提供理财服务

理财规划师应该定期对现金规划方案进行评估，并且不定期对现金规划方案进行信息汇总和方案调整。

【例 1-4】 张先生现年 35 岁，张太太现年 32 岁。张先生是某公司的部门经理，张太太是某高校的教师。张先生和张太太的工作稳定，每月的收入也很固定，目前拥有社会保险和医疗保险。理财规划师通过与张先生和张太太的交谈和沟通，获取了张先生和张太太的相关信息：两人没有炒过股票，只是几年前经朋友介绍以 20000 元买入一只债券型基金，目前市值为 21500 元。家里有现金 8000 元，即将到期的定期存款有 210000 元，活期存款 30000 元，具体如表 1-3 所示。张太太还有价值 65000 元的首饰。张先生和张太太一年的家庭总支出为 102103.12 元。

表 1-3　目前张先生家庭的流动性资产构成

流动性资产	金额/元
现金	8000
银行活期存款	30000
银行定期存款	210000
其他存款	0
货币市场基金	0

根据张先生家庭的财务状况、非财务状况和现金需求，为张先生家庭选择适当的现金规划工具，请编制张先生家庭的现金规划方案。

解析：由表 1-3 可以看出，目前张先生家庭的流动性资产为 8000＋30000＋210000＝248000（元），张先生家庭每月支出为 102103.12÷12＝8508.59（元），据此可以计算出张先生家庭的流动性比率：

$$\text{流动性比率} = \frac{\text{流动性资产}}{\text{每月支出}} = \frac{248000}{8508.59} \approx 29.15$$

此计算结果表明，张先生家庭的流动性比率为 29.15 倍，明显高于 3～6 倍的参考值。也就是说，张先生家庭在不动用其他资产时，家庭的流动性资产可以支付家庭 29 个月的开支，说明张先生家庭持有的现金类资产过多，资金的效率低下。这时就应该进行现金规划，合理确定现金及现金等价物的额度。

结合张先生家庭的财务状况、非财务状况和现金需求，为张先生家庭设计的现金规划方案如下。

首先，理财规划师应该为张先生家庭确定现金及现金等价物的额度。一般来说，将现金及现金等价物的额度确定为个人或家庭每月支出的 3～6 倍左右。按照张先生家庭每月 8508.59 元的支出情况，理财规划师可以建议张先生家庭预留 25525.77 元（8508.59×3）～51051.54（8508.59×6）的现金及现金等价物。根据分析张先生和张太太的职业及收入均很稳定，职业前景看好，理财规划师可以建议张先生家庭的现金及现金等价物预留在每月支出的 3 倍水平，以满足张先生家庭的日常开支和应急需要，即建议张先生家庭持有现金 25525.77 元，能够保证张先生家庭成员正常生活 3 个月。那么，这 25525.77 元的资金应该如何配置？理财规划师可以建议张先生家庭把资金存放在余额宝中,便于随时用于支付各项支出;如果张先生家庭有部分其他缴费业务,也可以适当留一部分资金在借记卡(即活期存款)中。但是,借记卡的年利率只有0.30%,这也是需要张先生家庭考虑的因素。由此可见,张先生家庭的现金和银行活期存款已经足够满足家庭的日常开支和应急需要。

其次,理财规划师应该建议张先生家庭减少银行定期存款的额度。张先生家庭可以将一部分资金购买货币市场基金,因为货币市场基金的收益高于活期存款,又可以灵活支取,还享有免缴利息税的优厚待遇。此外,根据张先生家庭的流动性比率来看,张先生家庭可以将剩余定期存款的全部或者一部分投资到其他高收益的理财产品上,以获取更大的收益。但是,一定要注意投资风险问题。

最后,理财规划师还应该建议张先生家庭充分利用融资工具。张先生家庭可以申请信用额度为20000元的信用卡,为了使用上的方便,建议张先生和张太太各申请一张信用额度为10000元的信用卡。但是,使用信用卡时容易造成盲目消费或者消费过度,最终成为"卡奴"。此外,张先生家庭也可以适当选用互联网融资工具,如蚂蚁花呗、京东白条等。需要注意的是,互联网融资工具也有还款期,也需要及时还款。因此,信用卡融资和互联网融资工具均可以作为张先生家庭的短期或临时应急资金的来源,帮助张先生家庭渡过各种难关。

本 章 小 结

本章主要介绍现金规划,包括分析客户现金规划需求、制订现金规划方案。其中,分析客户现金规划需求主要包括现金规划概述、获取客户信息、具体工作流程,制订现金规划方案主要包括现金规划的一般工具、现金规划的融资工具、编制现金规划方案。本章是个人或家庭必做的理财规划方案,也是理财规划中最简单、常用的一种理财规划方案。作为理财规划师,必须掌握本章的主要内容,并且能够通过分析客户个人或家庭的现金规划需求,结合客户个人或家庭的现金规划目标,恰当选择适合客户个人或家庭的现金规划工具,制订出符合客户个人或家庭需求的现金规划方案。

复 习 思 考 题

一、单项选择题

1. 下列选项中属于现金等价物的是( )。
   A. 股票　　　　　B. 期货　　　　　C. 货币市场基金　　D. 期权
2. 产生交易动机的原因是( )。
   A. 分散风险　　　　　　　　　　　B. 抓住有利投资机会
   C. 未来收入和支出的不确定性　　　D. 收入和支出在时间上不同步
3. 流动性比率是反映客户支出能力强弱的指标,流动性比率=( )。
   A. $\dfrac{流动资产}{流动负债}$　　　　　　　　B. $\dfrac{结余}{每月支出}$
   C. $\dfrac{流动性资产}{每月支出}$　　　　　　　D. $\dfrac{流动性资产}{总资产}$

4. 理财规划师在与客户会谈时,首先要做的是( )。
   A. 向客户说明什么是现金规划、现金规划的需求因素及现金规划的内容
   B. 收集与客户现金规划有关的信息,如客户的职业、家庭情况、收入状况和支出状况等相关信息
   C. 引导客户编制月(年)度的收入支出表
   D. 确定现金及现金等价物的额度

5. 李先生一家的月平均支出为固定电话费70元、李先生手机费300元、李太太手机费100元、上网费120元、水电费300元、平时饮食开支约1500元、购买日常生活用品1000元、交通开支1000元、休闲娱乐开支1300元。此外,每月寄给双方父母各1000元。根据现金规划的基本原则,李先生一家可以准备的现金及现金等价物额度为( )元。
   A. 10000   B. 30000   C. 15000   D. 50000

6. 整存零取的起存额度和存期分别为( )。
   A. 人民币1000元;存期分为1年、3年、5年
   B. 人民币100元;存期分为1年、3年、5年
   C. 人民币1000元;存期分为1年、3年
   D. 人民币10000元;存期分为1年、3年、5年

7. 自2005年9月21日起,个人活期存款按( )结息。
   A. 月   B. 季   C. 半年   D. 年

8. ( )是一种不约定存期,支取时需提前通知银行,约定支取日期和金额方能支取的存款。
   A. 活期储蓄   B. 定活两便储蓄
   C. 整存整取   D. 个人通知存款

9. 王女士购买了10万元的货币市场基金,该基金不能投资于( )。
   A. 1年以内的大额存单   B. 1年以内的债券回购
   C. 可转换债券   D. 剩余期限在397天以内的债券

10. 小何因急需现金想通过信用卡取现,他的信用卡每卡每日取现金金额累计不超过人民币( )。
    A. 2000元   B. 3000元   C. 4000元   D. 信用额度的10%

11. 小王持有某银行的信用卡,他打算近期出国旅游,于是向该银行电话申请调高临时信用额度,申请调高的临时信用额度一般在( )天内有效。
    A. 15   B. 30   C. 45   D. 60

12. 关于保单质押,下列说法中错误的是( )。
    A. 所有的保单都可以质押
    B. 医疗保险和意外伤害保险合同不能作为质押物
    C. 超过1年的年金保险合同可以质押
    D. 投保人必须缴纳保费满2年且保单生效满2年才能申请贷款

13. 关于典当的说法不正确的是( )。
    A. 典当对客户的信用几乎为0   B. 典当手续便捷
    C. 所有股票都可以典当   D. 所有符合条件的不动产都可以典当

14. 如果杨女士以保单质押贷款方式进行融资,则她申请贷款的期限最长为( )。
    A. 6个月   B. 1年   C. 2年   D. 3年

15. 如果杨女士进行典当融资,则最长不得超过( )。
    A. 6个月　　　　B. 1年　　　　C. 2年　　　　D. 3年

二、多项选择题

1. 下列关于资产流动性和收益性的说法正确的是( )。
    A. 资产的流动性与收益性通常成正比
    B. 资产流动性是指资产在保持价值不受损失的前提下变现的能力
    C. 资产流动性与收益性通常成反比
    D. 对于工作稳定、收入有保障的客户来说,应保持较低的资产流动性比率,而将更多的流动性资产用于扩大投资,从而取得更高收益
2. 现金规划需要考虑的因素有( )。
    A. 对金融资产流动性的要求　　　　B. 个人或家庭的投资偏好
    C. 个人或家庭的风险偏好程度　　　　D. 持有现金及现金等价物的机会成本
3. 货币市场基金具有( )的特点。
    A. 本金安全　　　　B. 资金流动性强
    C. 收益率相对活期储蓄要低　　　　D. 分红免税
4. 运用信用卡理财可从( )方面着手。
    A. 支出记录和分析　　　　B. 支出管理
    C. 预借现金　　　　D. 建立信用
5. 质押担保是个人抵押贷款的一种担保方式,即借款人可以用( )等权利凭证作为质物交贷款银行保管,当借款人不能还款时贷款银行依法处分质物偿还贷款本息、罚息及费用。
    A. 不动产　　　　B. 银行存款单　　　　C. 债券　　　　D. 汽车
6. 下列关于房产典当说法正确的是( )。
    A. 一般两证齐全的房产放款额度在80%以下
    B. 个人进行房产典当时,房产所有人都要到场到户
    C. 承典人必须提供有第二住所的证明
    D. 签约时进行房地产抵押登记的共有人(满16周岁)均要到场签字

三、判断题

1. 现金的收益性太差,则个人或家庭的所有现金均应该用来投资,以取得投资收益。
   (   )
2. 信用卡可以在信用额度内免息透支,准贷记卡和借记卡透支要支付利息。　(   )
3. 理财规划师获取客户相关信息的方式中,最常用、主要的方式是面谈。　(   )
4. 按照存款人提前通知的期限长短不同,个人通知存款划分为1天通知存款和7天通知存款两个品种。　(   )
5. 由于货币市场基金没有申购费和赎回费,只有认购费,因此其总成本较低。　(   )
6. 从商业银行取得贷款,是各种贷款方式中最可靠、获取资金最多的一种。　(   )

四、案例题

1. 小张在外资企业做管理工作,月薪 5600 元(税后),年终奖金 40000 元(税后);妻子是公务员,月薪 4500 元(税后),年终奖 20000 元(税后)。女儿 7 岁,上小学。小张家有一套自有产权住房,每年的租金收入 9600 元(税后),市值 300000 元。目前小张一家人居住的住房购买总价为 800000 元,贷款 560000 元,每月还款 2025.26 元。

家庭每月日常生活支出 2800 元,每年的医疗费用支出 3600 元,妻子美容护肤费用和健身费用每年 7000 元,全家人的服装费用每年约 10000 元;小张参加某台球俱乐部和健身每年约花费 8000 元,旅游费用约 15600 元。

夫妻除房贷外目前无其他贷款。除了单位缴纳的"五险一金",夫妻二人没有投保其他商业保险,女儿的人身意外保险是学校统一缴纳的。

要求:根据上述客户情况,编制小张的家庭收入支出表。

2. 韩先生,25 岁,是某银行小额信贷部门的信贷员,现已工作满 3 年,月税后收入 9000 元,月支出 4500 元,有五险一金,公积金账户累计余额 2.4 万元。通过 3 年的累积,韩先生的资产如下:现金 5000 元,1 年期存款 11 万元(年利率为 2%),应收账款 1.2 万元(出借给朋友,无利息,1 年后归还),有一辆价格 10 万元的大众宝来,无月供;无信用卡;无房屋,居住在单位宿舍。

韩先生现已有女朋友,打算一年后结婚,在此之前希望能尽自己所能购买一套房子。

韩先生父母均为 50 岁,做门店服装生意,目前有足够的经济能力给自己养老,因此韩先生目前无须支付赡养费。韩先生父母打算在韩先生购房时支持 50 万元,作为首付。

要求:根据上述客户情况,编制韩先生的现金规划方案。

第二章

消费支出规划

通过本章的学习,理财规划师应该具备以下技能:能够分析客户的住房消费需求,能够选择适当的支付方式,能够向客户提供相关的咨询服务,能够制订住房消费支出规划方案;能够分析客户的汽车消费需求,能够选择适当的支付方式和贷款机构,能够根据因素变化调整支付方案,能够制订汽车消费支出规划方案;能够分析客户的消费信贷需求,能够掌握个人综合消费贷款及个人耐用消费品信贷的基本知识,能够制订消费信贷支出规划方案。

第一节 分析客户消费支出规划需求

一、消费支出规划概述

消费支出规划是指对个人或家庭的消费资源进行合理的、科学的、系统的管理,使个人或家庭在整个生活过程中保持消费资源的财务收支平衡,最终达到终身的财务安全、自主、自由的过程。

消费支出规划主要是基于一定的财务资源,对个人或家庭消费水平和消费结构进行规划,以达到适度消费、稳步提高生活质量的目标。简单来说,大到个人或家庭购房置业,小到吃饭穿衣,一切与花钱消费有关的事项都可以归入个人或家庭消费支出规划的范畴。

个人或家庭消费支出主要包括住房消费支出、汽车消费支出、信用卡消费支出等内容。因此,个人或家庭消费支出规划主要包括住房消费支出规划、汽车消费支出规划、消费信贷支出规划等。个人或家庭消费支出规划的目的是合理安排个人或家庭的消费资金,树立正确的消费观念,节省成本,保持稳健的财务状况。个人或家庭消费支出规划是理财业务中不可或缺的内容,如果消费支出缺乏规划或者消费规划不得当,个人或家庭很可能支付过高的消费成本,甚至出现财务危机。

影响个人或家庭财富增长的重要原则是开源节流,在收入一定的情况下,如何做好消费支出规划对个人或家庭整个财务状况有重要的现实意义。

二、金融市场与消费支出

假设不存在借贷市场和投资市场,大部分家庭除了日常生活消费,都会保留一部分现金,以防不测或应付大宗开支。当普通家庭日常开支以外的消费需求只能通过这种模式来满足时,人们通常会感觉自己的消费自由受到了很大的限制:一是人们无法自由选择消费时间,一个人可能穷其一生才能积攒足够的钱买合意的房屋,但其已没有多少时间去享受;二是积攒的资金无法增值,人们为了达到特定消费目的或消费金额而不得不长时间积累货币,通货膨胀等因素的存在反倒可能使家庭消费能力下降。

金融市场的存在帮人们解决了这个难题,人们能够在金融市场上通过资金的借贷对一段时间内的消费模式进行调整,也可以通过各种投资工具获取投资收益,缩短货币积累时间,以增强消费能力。理财规划师的产生与金融市场有着深刻的联系。一个能制订出成功消费支出规划的理财规划师,必定对金融市场有着深入的了解和敏锐的洞察力,这样才能为客户提供优质的服务。

三、收入、支出与财务安全和财务自由

理财规划师应从整体上把握好收入、消费支出、借贷和投资的关系,帮助客户树立合理的消费观念,从经济角度协助客户达到自己的生活目标,最终实现财务自由。

个人或家庭的消费模式主要有三种:收大于支的消费模式、收支相抵的消费模式、支大于收的消费模式。在研究个人或家庭的消费模式之前,需要做如下假设条件。

人们将收入划分为投资类收入、工薪类收入,将个人或家庭发生的各项支出统一称为"支出"。在实际生活中,伴随着子女的出生、成长、独立生活,个人或家庭支出趋势一般随时间先增长再下降,投资类收入、工薪类收入也不是简单增长或一成不变的。但是,为了把现实问题简单化,假定在图2-1~图2-3所代表的时间内:①工薪类收入是固定不变的;②投资类收入是随时间变化的。在图2-1~图2-3中,L代表工薪类收入曲线;C代表消费曲线(即消费支出曲线);I代表投资类收入曲线;T代表总收入曲线,其中,总收入是投资类收入与工薪类收入的总和。下面用图2-1~图2-3来说明这三种消费模式与工薪类收入、消费支出、投资类收入、总收入的关系。

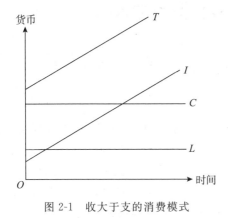

图2-1 收大于支的消费模式

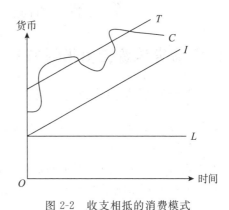

图2-2 收支相抵的消费模式

(一)收大于支的消费模式

由图2-1可以看出,总收入曲线(T)一直在消费曲线(C)的上方,总收入曲线和消费曲线的中间部分是个人或家庭储蓄,此时个人或家庭不但达到了财务安全的目标,而且有一定的结余资金可以用于投资。只要投资得当,随着投资的不断增加,投资类收入曲线(I)将不断上升。当投资类收入曲线穿过工薪类收入曲线(L)时,意味着投资类收入已经成为个人或家庭

的主要收入来源,此时个人或家庭的生活目标有强大的经济保障。当投资类收入曲线穿过消费曲线时,意味着消费已经可以由投资类收入作支撑,这时个人或家庭已经获得财务自由,个人或家庭不再为赚钱而工作。

(二)收支相抵的消费模式

由图 2-2 可以看出,消费曲线围绕总收入曲线上下波动,从长期来看,消费大体等于收入。假设该个人或家庭从初始时期就有一定投资,则投资类收入曲线上升完全依赖投资效益,只要投资是盈利的,投资类收入曲线就会不断上扬,但要实现财务自由还需要很长时间。如果没有初始投资,那么这种消费模式永远不可能实现财务自由。

(三)支大于收的消费模式

由图 2-3 可以看出,这种支大于收的消费模式是十分不可取的,目前常见的"月光族"就是这种消费模式。由于消费支出一直大于工薪类收入,不得不用个人或家庭原有的财富积累填补缺口,如果这种状况持续下去,随着时间的推移,个人或家庭原有财富必然耗尽,个人或家庭必将陷入财务危机。也就是,投资收益不断下降,直到为零。

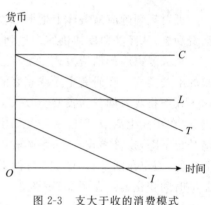

图 2-3　支大于收的消费模式

由以上三种消费模式的比较可知,支大于收的消费模式显然是不可取的,至于其他两种消费模式,理财规划师要结合客户的实际情况,帮助客户理解正确的消费模式,理顺客户的工薪类收入、消费支出、投资类收入的关系。

第二节　制订消费支出规划方案

一、制订住房消费支出规划方案

(一)住房消费支出规划的必要性

随着住房商品化政策的推行,普通大众多选择贷款的方式购房。近年来,在多种因素的影响下,我国房地产价格一直居高不下,个人或家庭购房往往对个人或家庭生活影响较大,甚至成为个人或家庭一定时期内最沉重的负担,有人还因此沦为债务负担沉重的"房奴"。巨大的还贷压力一方面严重影响了个人或家庭目前的生活质量,另一方面也会影响个人或家庭其他财务目标的实现。另外,普通大众不知如何合理的选择贷款方式和还款方式。

为了避免这些问题,在个人或家庭购房之前,可以进行财务规划,包括:根据负担能力,个人或家庭所处的生命周期阶段选择合适的住房;设定购房目标,提前准备;根据客户的财务状况,在各种还款方式中选择最佳的还款方式;将住房消费支出规划与其他规划(如子女教育规划、风险管理与保险规划、退休养老规划等)相结合,综合考量,最终确定最佳的理财规划方案,等等。

(二)住房支出的分类

目前住房支出在个人或家庭消费支出结构中所占的比重越来越高。如何规划住房支出成为人们越来越关心的问题,对住房消费支出方面的理财需求也逐步增加。

根据目的不同,住房支出可以分为住房消费和住房投资两类。具体详情参见图2-4。

1. 住房消费

住房消费是指居民为取得住房提供的庇护、休息、娱乐和生活空间的服务而进行的消费。

住房消费的实现形式可以是买房,也可以是租房。按照国际惯例,住房消费价格常常用租金价格来衡量。

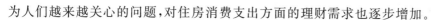

图2-4 住房支出构成图

2. 住房投资

住房投资是指将住房看成投资工具,以住房价格上升来应对通货膨胀,获得投资收益,达到资产保值或增值的目的。

在国外,有时住房投资还被用来避税,不过按照我国目前的税收制度,住房投资避税的作用不大。此外,住房以其使用的长期性而被划分为资产,是任何财富拥有者都能够拥有的财富。

(三)购房目标

理财规划师了解了客户的购房需求后,应该帮助客户确定购房目标。任何可供理财规划的目标必须是量化的。购房目标包括客户个人或家庭计划购房的时间、希望的居住面积、届时房价三大要素。

由于房价起伏变化较大,因此在考虑未来房价时,理财规划师可以参考房地产专业报告或者其他资料,并结合房价的历史走势估算得出。最终得到诸如"我希望在2年以后,购买150平方米左右,价格为10000元/平方米的房屋"这样的描述,才算明确了客户的购房目标。而不是停留在"我希望过几年换套大一点的房子,让家人住得舒服一些"。

(四)购房原则

目前市面上不同面积的商品房种类繁多,如何帮助客户选择适宜居住,且经济上能够承担的住房,是理财规划师的必备技能。在确定购房面积需求时,理财规划师应把握以下原则。

1. 不必盲目求大

房屋的主要功能是满足人们居住的需要,如果房子买得太大,势必有一部分面积闲置。现在房价普遍较高,为不经常使用的面积买单,是不明智的选择。

2. 无须一次到位

一些客户,尤其是年轻客户往往喜欢一步到位,认为买的房屋面积大,可以一劳永逸。实际上这是一种错觉。随着时代的发展,人们对住房的需求会发生改变。人们在一套房子里住一辈子的可能性越来越小,每隔10~20年更换一套住房比较普遍。且从户型设计角度看,即使现在最好的户型,10年或20年后也会跟不上时代前进的步伐。另外,一般来说,子女成家后会另择新居,一旦子女离开,闲置的面积会更多,不符合理财规划的初衷。

3. 量力而行

一些客户为了面子,会倾向于买大面积的房子。面积大的房子,势必总价高,首付多,贷款多,贷款利息也多,月供负担沉重,用于生活的日常开支就不得不紧缩,影响生活质量,这与理财规划的目的是相违背的。购房面积的大小,取决于客户的资金及还贷能力。以贷款比例

70%为例,如果客户有30万元首付款,则可购买总价为100万元(30÷(1−70%))的房子。

另外,小面积的房子由于总价低,需求大,会比大户型房屋容易转手。因此,对于购买第一套住房的客户,理财规划师应对以上原则进行慎重的考虑。

(五)购房的区位和面积选择

房价取决于两个因素,一是区位,二是面积。下面从购房的区位选择、面积选择两个方面进行分析。

1. 购房的区位选择

住宅区位,不仅指住宅在城市区域或空间中所坐落的地理位置,而且包括由该位置出行的便捷程度即通达性,以及居住在该位置所获得的非经济方面的满足程度。具体来说,住宅区位就是指住宅坐落的地理位置和以此为基点在工作、上学、购物、就医、娱乐等出行活动中所需的交通成本,包括货币成本和时间成本两个方面。受城市经济发展水平的制约,对于大多数的消费者而言,住宅的价格和居民的可支配收入之间是不平衡的。

(1)自然环境条件。在住房价格可承受的前提下,客户应该考虑居住的生活环境,一个好的生活环境,作用是巨大的,往往可以令居住者感到身心愉悦,房屋的增值空间也会更大。

(2)交通运输条件。便利的交通能够反映附近的繁华程度,交通便利的地方往往会出现大片的商业区、行政区。交通条件的改善,可以改变居民对住宅区位的经济价值和综合社会功能的评价。一般来说,交通通达性较好的住宅区,消费者对其评价也较高。基于教育规划,要考量附近是否有学校以及学校质量,学区房往往与学校相距近,便于子女今后的教育发展。

(3)基础性设施。距中心商业区的距离及就业、上学、就居、休闲等活动出行的便捷程度共同决定着住宅区位的通达性,即决定了居住在该区域人们出行的货币成本和时间成本。货币成本是指出行的直接费用,即付给运输公司的车费或者私人车辆所需的运转费用;时间成本是指出行所需时间的机会成本,这在城市中显得更为重要。因此,居住区附近是否有大型超市、商场、医院以及公园等,都将影响到该地区房屋的增值空间。

(4)土地价格。土地价格是指取得土地使用权所需支付的费用。土地价格的高低取决于土地能提供的收益。在充分竞争条件下,城市土地总是被出价最高的使用者获得。在同一区位上,不同使用者的竞租水平不同,这是由于不同的土地用途提供的收益不同,只有出价最高者才能获得该区位的土地。在房地产开发过程中,土地的取得是整个房地产经营活动的开端和基础,开发商总是先获得土地的使用权,然后才能进行房屋开发和经营。居民在选区位时受自身经济实力的影响,逐渐开始选择在离城市中心有一定距离的区域购置住宅。

综上,不同区位的房子单价相差很大,同样一笔钱,买较好地段的房子房价较高,面积也相应较小;而买地段差的房子房价较低,面积会相应较大。地段差的房子,往往离客户的工作地点较远,生活较为不便利,虽然住房面积增大,但是交通成本增加,消耗在路上的时间成本也增加,不能达到最优的理财效果。因此,理财规划师必须综合考虑客户的负担能力,以及环境需求问题,包括客户所居住社区的生活质量、上班的距离、子女上学、配套设施等,这些都是购房时必须考虑的问题。理财规划师在为客户提供住房消费支出规划时,一定要根据客户的购房需求确定购房的区位,也一定要仔细分析客户的购房需求与目标住房的适应性。

2. 购房的面积选择

房子大小主要取决于居住人数。不同家庭购房面积不同,不同购房人群对房屋面积的需求也不同。

(1) 单身族。对于工作趋于稳定的单身群体,选择60平方米以下的小户型或者30平方米以内的超小户型较为合适。小户型面积小,空间安排相对紧凑,客厅面积一般在20平方米以内,卧室面积在15平方米以内,一般有一个卫生间。其特点是每个空间面积都比较小,但能满足生活的基本需求。小户型对单身客户来说,起居比较宽敞实用,即使未来结婚,将此房作为居住场所也未尝不可。等到客户经济条件允许后,可将这套小户型房屋出售,作为换购新房的首付款。

(2) 夫妻。夫妻同样适用上述小户型,但是选择建筑面积略大些的小户型往往更为便利。大户型住房总价高,那些工龄尚短、经济实力相对不强的年轻人一般难以承受。虽然郊区的一些大户型房屋总价不高,环境优越,但交通不便,上下班要花费很长时间。因此,对于还没有小孩的年轻夫妻来说,购买市区小户型的住宅作为过渡性住所,待日后经济实力增强了再考虑以小换大、以旧换新是一项明智的选择。

(3) 独居老人。小户型住宅也是养老的较佳选择。目前我国已经进入老龄化社会,再加上年轻人纷纷自立,老人们迫切需要找一个适合自己养老的居所。受传统观念影响,相当多的老年人不愿意去专门的养老机构,小户型恰好迎合了独居老人的需要,原因包括:地处市区,方便子女探访和邻居、亲友等往来和聚会,使老人不会有"与世隔绝"之感;周围基础设施配套完善,医疗机构齐全且设备先进,万一身体不适,需要医疗救护可以做到及时、方便;由于面积不大,不易使老人产生恐惧感,且易于清洁、打扫。因而对于不与儿孙一起居住的老人而言,可以选择卖掉大房,换购小房,并以差价作为其他投资的资金来源,以便更好地颐养天年。

(4) 三口之家。一对夫妻带着一个孩子组成的三口之家,适宜购买中户型房屋,即面积在80~120平方米的户型。这样的家庭往往夫妻双方已到中年,有一定的经济实力,且一般因为生活水平的大幅度提高,对生活质量的要求随之提高,因此希望从小房换成面积大的住房。对于这种三口之家,往往偏爱中户型的房子。

(5) 三代同堂。三代同堂是指一对夫妻加一个孩子,再加夫妻一方的父母,总共5人。年轻人可以照顾老人,老年人可以照看孙辈,互补性强,可以选择中户型;如果经济条件允许,可以选择大户型。如果选择三室二厅二卫,可以安排夫妻两人、老人、孩子各住一个房间,面积在110~130平方米;如果希望房子宽敞一点,可以选择四室二厅二卫,夫妻两人、老人、孩子各住一个房间,还有一个房间可做书房兼客房。中到大户型的楼盘往往配套设施较好,因此受到高收入者的青睐。另外,160平方米左右的洋房、小高层也可以作为此类家庭的备选计划。

(六) 购房的财务决策

理财规划师在确定客户的购房目标后,应对客户的财务状况进行分析,在保障客户一定财务弹性下,以储蓄及还贷能力估算负担得起的房屋总价,以及每月需要负担的费用。购房开支中除了房款,还需要缴纳契税、印花税、住宅专项维修资金、物业费和取暖费、中介费、装修费、评估费、律师费或公证费、保险费、抵押登记费等各种费用。加总上述各种费用,就可以得到客户个人或家庭在预期的购房时间内总的资金需求,也就是住房消费支出规划要实现的财务目标。

1. 购房财务决策的基本方法

(1) 以储蓄及还贷能力估算负担得起的房屋总价。

$$\begin{aligned}\text{可负担}\atop\text{首付款}&=\text{目前净资产在}\atop\text{未来购房时的终值}+\text{以目前到未来购房这段时间内}\atop\text{年收入在未来购房时的终值}\times\text{年收入中可负担}\atop\text{首付的比例上限}\\&=\text{目前}\atop\text{净资产}\times\text{复利终}\atop\text{值系数}+\text{目前}\atop\text{年收入}\times\text{年金终}\atop\text{值系数}\times\text{年收入中可负担}\atop\text{首付的比例上限}\\&=\text{目前}\atop\text{净资产}\times(F/P,r,n)+\text{目前}\atop\text{年收入}\times(F/A,r,n)\times\text{年收入中可负担}\atop\text{首付的比例上限}\end{aligned}$$

式中,r 为投资报酬率;n 为拟购房年数。

$$\begin{aligned}\text{可负担房贷}&=\text{以未来购房时年收入}\atop\text{为年金的年金现值}\times\text{年收入中可负担}\atop\text{贷款的比例上限}\\&=\text{目前}\atop\text{年收入}\times\text{复利终}\atop\text{值系数}\times\text{年金现}\atop\text{值系数}\times\text{年收入中可负担}\atop\text{贷款的比例上限}\\&=\text{目前}\atop\text{年收入}\times(F/P,g,n)\times(P/A,i,m)\times\text{年收入中可负担}\atop\text{贷款的比例上限}\end{aligned}$$

式中,g 为预计收入增长率;n 为拟购房年数;i 为房贷利率;m 为贷款年限。

可负担房屋总价＝可负担首付款＋可负担房贷款

可负担房屋单价＝可负担房屋总价÷需求面积

【例 2-1】 李太太年收入 10 万元,预计年收入增长率 3%。目前家庭净资产为 15 万元,可承担的储蓄首付款与房贷上限为 40%,打算 5 年后购房,投资报酬率为 10%,贷款年限为 20 年,房贷款利率为 6%。

请问:

① 李太太可负担的首付款是多少?

② 李太太可负担的房贷是多少?

③ 李太太可负担的房屋总价是多少?

④ 假设李太太准备购买 100 平方米的房子,则李太太可负担的房屋单价是多少?

(以上结果均保留两位小数。)

解析:

$$\begin{aligned}\text{李太太届时}\atop\text{可负担的首付款}&=\text{目前}\atop\text{净资产}\times(F/P,r,n)+\text{目前}\atop\text{年收入}\times(F/A,r,n)\times\text{年收入中可负担}\atop\text{首付的比例上限}\\&=15\times(F/P,10\%,5)+10\times(F/A,10\%,5)\times40\%\\&=15\times1.6105+10\times6.105\times40\%\\&=24.1575+24.42\\&\approx48.58(\text{万元})\end{aligned}$$

$$\begin{aligned}\text{李太太届时}\atop\text{可负担的房贷}&=\text{目前}\atop\text{年收入}\times(F/P,g,n)\times(P/A,i,m)\times\text{年收入中可负担}\atop\text{贷款的比例上限}\\&=10\times(F/P,3\%,5)\times(P/A,6\%,20)\times40\%\\&=10\times1.1593\times11.469\times40\%\\&\approx53.18(\text{万元})\end{aligned}$$

李太太届时可负担的房屋总价＝可负担首付款＋可负担房贷款

$$=48.58+53.18$$
$$=101.76(\text{万元})$$

李太太届时可负担的房屋单价＝可负担房屋总价÷需求面积
$$=101.76\div100$$
$$=1.02(万元/平方米)$$

一般来说,房屋贷款占房价比例应小于70％。由例2-1可知,李太太家庭房屋贷款占房价比例＝53.18÷101.76×100％≈52.26％,可见,李太太家庭的贷款计划较为合理。买多大的房子,取决于家庭人口数及空间舒适度的需求。在刚成家时,由于储蓄有限,且家庭人口比较少,一般是夫妻两人,这时并不需要大面积的住房,一室一厅即可。如果5年以后才要买房子,应以届时的家庭人口数计算所需面积的大小,比如是否有下一代出生,是否要把父母接过来一起居住,等等。

(2) 以想购买的房屋价格来计算每月需要负担的费用。

欲购买的房屋总价＝房屋单价×需求面积
需要支付的首付部分＝欲购买房屋总价×首付比例
＝欲购买房屋总价×(1－按揭贷款成数比例)
需要支付的贷款部分＝欲购买房屋总价×按揭贷款成数比例
每月摊还的贷款本息费用＝需要支付的贷款部分以月为单位的准年金值

【例2-2】 张先生欲购买100平方米的房子,若房屋价格是8000元/平方米,则所需要的费用为800000元。假设七成按揭,贷款期限20年,年贷款利率为6％,以等额本息的还款方式还款。

请问:
① 张先生需要支付的首付款是多少?
② 张先生需要支付的贷款是多少?
③ 张先生需要支付的月供是多少?(结果保留两位小数)

解析:张先生需要支付的首付款＝欲购买房屋总价×(1－按揭贷款成数比例)
$$=800000\times(1-70\%)$$
$$=240000(元)$$
张先生需要支付的贷款＝欲购买房屋总价×按揭贷款成数比例
$$=800000\times70\%$$
$$=560000(元)$$

利用理财计算器,求得张先生需要支付的月供(即张先生每月需要摊还的贷款本息费用)为4012.01(元)。

所以,张先生如果每月除了应付日常生活还能节余4012.01元,就可以购买8000元/平方米的房子,首付款为240000元,月供4012.01元。

2. 购房相关的其他税费

在住房消费支出规划中,除了房款,相关的税收和费用也是客户需要考虑的内容。另外,不同类型的房产,税费是不同的。因此,购房者需要根据自己的实际情况确定该缴纳的税费。

(1) 契税。契税是不动产转移登记所需要缴纳的税,房屋的买卖、赠与和交换都需要缴纳契税。契税应由买方缴纳。另外,新房的契税,按照房屋的成交价格来计算,即房屋的成交价格乘以对应的契税税率。二手房的契税,大多数情况下,按照房屋的评估价来计算,即房屋的评估价乘以对应的契税税率。

购买住房需要缴纳3％～5％的契税。购买普通住宅,减半征收契税,即按房屋成交价的

1.5%缴纳契税;购买非普通住宅,按房屋成交价的3%缴纳契税。按北京市建委发布的相关标准,普通住宅是指住宅小区容积率在1.0(含)以上,单套建筑面积在140(含)平方米以下,实际成交价低于同级别土地上普通住房平均交易价格1.2倍以下。不符合上述任何一个条件的,为非普通住宅。

2008年11月1日起,个人首次购买90平方米以及以下普通住房,税率统一下调至1%。

此外,根据财政部、国家税务总局以及住房和城乡建设部三部门联合下发的《关于调整房地产交易环节契税、营业税优惠政策的通知》(2016年2月22日实施),对于缴纳契税有如下规定。

① 对个人购买家庭唯一住房(其中,家庭成员范围包括购房人、配偶以及未成年子女),面积为90平方米及以下的,减按1%的税率征收契税;面积为90平方米以上的,减按1.5%的税率征收契税。

② 对个人购买家庭第二套改善性住房(家庭第二套改善性住房是指已拥有一套住房的家庭购买的家庭第二套住房),面积为90平方米及以下的,减按1%的税率征收契税;面积为90平方米以上的,减按2%的税率征收契税。

③ 北京、上海、广州、深圳的首套房,契税政策同上;二套房和非普通住宅契税为3%。

(2) 印花税。印花税是对合同、凭证、书据、账簿、证券交易等征收的税种。纳税人通过在文件上加贴印花税票,或者盖章来履行纳税义务。

单位和个人与房地产开发商签订商品房买卖合同时,按产权转移书据征收印花税,即按所记载金额的0.5‰贴花。

购房者与商业银行签订个人购房贷款合同时,按借款合同征收印花税,即按借款金额的0.05‰贴花。

个人出租房屋,签订房屋租赁合同,按租赁合同征收印花税,即按租赁金额的1‰贴花;税额不足1元的,按1元贴花。

个人出售住房,签订产权转移书据,按产权转移书据征收印花税,即按所记载金额的0.5‰贴花。

从2008年11月1日起,对个人自售或购买住房,暂免征收印花税。

(3) 住宅专项维修资金。住宅专项维修资金是指专项用于住宅共用部位、共用设施设备保修期满后的维修和更新、改造的资金,不得挪作他用。其中,住宅共用部位一般包括:住宅的基础、承重墙体、柱、梁、楼板、屋顶以及户外的墙面、门厅、楼梯间、走廊通道等;共用设施设备一般包括电梯、消防设施、道路、下水管、非经营性车场车库、公益性文体设施设备及其使用的房屋、监控系统等。

商品住宅的业主、非住宅的业主按照所拥有物业的建筑面积交存住宅专项维修资金,每平方米建筑面积交存首期住宅专项维修资金的数额为当地住宅建筑安装工程每平方米造价的5%~8%。直辖市、市、县人民政府建设(房地产)主管部门应当根据本地区情况,合理确定、公布每平方米建筑面积交存首期住宅专项维修资金的数额,并适时调整。

一般来说,动用住宅专项维修资金需要经占建筑物总面积三分之二以上业主,且占总人数三分之二以上业主的同意。

(4) 物业费和取暖费。物业费是指物业管理人提供物业服务,接受物业服务的业主根据物业服务合同应支付的费用。支付物业费是业主的义务。物业费一般为每月1~5元/平方米。新房交房时,业主一般需要缴纳1年的物业费。

此外,需要供暖的城市还需要缴纳取暖费。以沈阳市为例,住宅,如全不报销按23.3元/平方米收取取暖费,如全额报销按26元/平方米收取取暖费;网点,按32元/平方米收取取暖费。

(5) 中介费。在二手房交易的过程中,中介提供了服务,因此,中介公司需要收取一定的服务费。一般来说,在房屋买卖时,中介费为房屋成交价格的1%～3%;在房屋租赁时,不论成交的租赁期限长短,均按照半个月至1个月的成交租金标准来收取中介费,且双方协商一次性收取。

目前在全国范围内,中介服务费并没有统一的规定,一般按照行业标准或行业习惯来收取。

自己买房、租房,虽然可以省去中介费,但是需要投入较多的时间和精力。

(6) 装修费。市场上出售的新房,一种是毛坯房,一种是精装房。如果购买毛坯房,后续一般会涉及装修问题,装修费是一笔不小的费用支出。根据个人的喜好、预算的多寡、城市房价水平不同,装修费的差异会很大。房子经过装修,打造出一个温馨的家居环境,给人温馨和舒适的"家"的感觉。

一般来说,如果精装修,每平方米大概需要投入1700～2000元;大众化的装修,每平方米大概需要投入1200～1300元;一般化的装修,每平方米大概需要投入900～1000元;简易化的装修,每平方米大概需要投入500～600元。

如果是买精装修的房子,一般就不需要装修费了,也省去了许多装修的麻烦。但是,精装修的房子价格高,且装修的风格不一定是自己喜欢的。

(7) 评估费。商业银行对不同类型的住房贷款抵押品是否需要评估有不同的规定。中国建设银行在个人住房贷款中规定,新建商品房的个人住房贷款,不需要支付评估费;利用公积金贷款购买商品房的申请人签订购房合同后,需要支付评估费。中国工商银行在个人住房贷款中规定,普通商品房、经济适用房认可其销售价格,无须评估;二手房、高档公寓、别墅,需要支付评估费。

办理住房抵押贷款时,需要专业的评估机构对房屋进行评估,银行根据评估价值决定放款金额。不同的评估机构有不同的收费标准,且不同地区有所差异。一般来说,评估费多按成交价的一定比例收取,比如0.5%或0.5‰。同时,评估费应由买方支付给评估机构。

(8) 律师费或公证费。办理公积金贷款时,不需要支付律师费。

办理商业贷款时,银行委托律师事务所或公证部门对借款个人进行资格认证,买房贷款人需要支付律师费或公证费。所需支付金额各地规定不同,目前有些地方律师费已改为"谁委托,谁付费"。2007年1月23日,北京市消费者协会、北京市银行业协会、北京市律师协会发布联合公告,房贷律师费将实行"谁委托,谁付费"原则,以后个人在申请购房贷款时,银行委托律师调查贷款者的还款能力和贷款资格时所产生的"律师服务费",不得再向借款人收取。公告中指出,在个人住房抵押贷款过程中,聘用律师时要坚持"谁委托,谁付费"原则,银行委托律师,由银行付费;消费者委托律师,由消费者付费。申请个人住房商业性贷款时,律师费一般为申请贷款额的3‰,由律师事务所收取。

办理组合贷款时,公积金部分不收,商业贷款部分则要按章收取。

二手房贷款如需要办理公证,公证费每间200元左右。

(9) 保险费。房贷保险的全称是"个人住房抵押综合保险"或"个人抵押贷款房屋综合保险",是借款人向银行申请贷款时,银行为防范房贷风险,要求借款人必须购买的保险。此处所指"贷款"为商业银行贷款,不含公积金贷款部分。

目前房贷保险已经由强制险变成非强制险,因此,并不是每家银行都要求借款人提供保险证明。不过,对于那些以房产为最大资产,且又没有足额人身保障安排的人群来说,购买房贷保险不失为一种聪明的选择。按照贷款多少安排好房贷保险,就不会因为自身遭遇各种意外伤害,失去还贷能力,导致所购房产还不了贷款而被银行收回。

保险费是贷款费用中额度最大的一笔费用,贷款银行一般都要求进行抵押担保的买房贷款人到其认可的保险公司办理抵押物财产保险及贷款信用保险。

商业贷款采用财产抵押担保的,须购买房屋综合险,因此,这种担保形式又被称为财产抵押担保加购房综合险;采用财产抵押并加连带责任保证担保的,必须购买房屋险;采用财产质押担保或连带责任担保的,可以不购买保险。

公积金贷款不需要购买保险。

(10) 抵押登记费。房屋抵押登记费是房屋贷款人到房管局办理住房抵押贷款手续时,向房管局缴纳的服务费用。

抵押登记费的收取对象是申请人。房屋所有权抵押,抵押登记费应当向房屋权利人收取;而商品房预抵押登记,抵押登记费应当向抵押权人收取。

需办理抵押登记的贷款,抵押登记部门将按每平方米(建筑面积)0.3元收取抵押登记费。需办理按揭贷款时,由产籍中心收取抵押登记费,每套80元。

依照规定,如果购买的是期房,在整个购房流程里,产生抵押登记费用的环节有两处:一处是购房者签订商品房预售合同之后,在办理按揭时,和贷款银行共同申请办理预购商品房抵押预告登记,此时会产生80元/件(非住宅是550元/件)的抵押预告登记费;另一处是商品房竣工交付后,购房者需要和贷款银行共同申请办理房屋抵押登记,此时又产生80元/件(非住宅是550元/件)的登记费用。

除上述情况,还可能存在一些与购房相关的开支,比如客户购置新居后需要购买一些家具和家用电器,在出售房屋时需要缴纳增值税和个人所得税,高层的电梯费、小区门禁卡的工本费,等等。综合起来,住房消费支出规划所需要的税费约占房屋总价的10%~20%,是一笔不小的花销。理财规划师最好能够在这些方面向客户提出建议,特别是对于那些缺乏生活经验、初次购房成家的年轻客户。

3. 购房财务决策的主要指标

理财规划师应使用一些支付比率指标来估算最佳的住房贷款额度,其中最重要的两个指标是住房负担比和财务负担比。

(1) 住房负担比。

$$住房负担比 = \frac{房屋月供款}{月税后收入}$$

即房屋月供款占借款人月税后总收入的比率,一般不应超过25%~30%。

(2) 财务负担比。

$$财务负担比 = \frac{年负债支出}{年税后收入}$$

即所有贷款供款与税后总收入的比率。房屋供款加上其他贷款的供款得到的总额占借款人税后总收入的比率,一般应控制在40%以内。

综上,理财规划师应以客户财务决策为基础,制订出符合客户购房目标的住房消费支出规划方案。

（七）住房消费信贷

1. 住房消费信贷的种类

对于大多数人来说，购房的花销太大，很少有人可以一次性付清所有的购房款项，因此，住房消费支出规划中另一个重要问题就是关于购房融资的规划，即贷款购买住房。目前我国各商业银行开办的个人住房消费信贷主要包括个人住房公积金贷款、个人住房商业性贷款、个人住房组合贷款等。

1）个人住房公积金贷款

个人住房公积金贷款是以住房公积金为资金来源，向缴存住房公积金的职工发放的定向用于购买、建造、翻建、大修自有住房的专项住房消费贷款。其中，职工购买的自有住房包括商品住房、经济适用房、私产住房、集资建造住房、危改还迁住房和公有现住房。

与个人住房商业性贷款相比，个人住房公积金贷款的特点如下。

（1）贷款对象。个人住房公积金贷款要求借款人是在本地购买自住住房，同时，借款人是在当地住房公积金管理中心缴存住房公积金的住房公积金缴存人和在职期间缴存住房公积金的离退休职工。但是，住房公积金处于封存状态的职工，不能申请住房公积金贷款。另外，个人住房公积金贷款对借款人年龄的限制没有商业银行个人住房贷款那么严格，没有年龄上的限制。

（2）贷款期限。各地住房公积金管理中心制定的贷款期限不同，个人住房公积金贷款的一般贷款期限为 10~30 年，最长不超过 30 年。

（3）贷款额度。各地住房公积金管理中心规定的公积金贷款额度（即贷款的最高限额）不同。并且，个人住房公积金贷款可由住房公积金管理中心委托银行发放。以北京住房公积金管理中心为例。北京住房公积金管理中心规定：借款申请人购买第一套住房，相关政策规定最高可贷 120 万元；借款申请人购买第二套住房，相关政策规定最高可贷 60 万元。在具体确定借款申请人贷款额度时，应该根据最低首付款比例、最高可贷额度、申请贷款期限、借款申请人缴存住房公积金年限、还款能力等因素进行综合考虑，具体包括：拟申请的贷款额度及需支付的首付款金额应符合北京住房公积金管理中心关于最低首付款比例、最高可贷额度的政策要求；拟申请的贷款期限应符合北京住房公积金管理中心关于贷款期限的政策要求；目前每缴存 1 年可贷 10 万元，不足 1 年的按 1 年计算；在保证借款申请人基本生活费用的前提下，按等额本息还款法计算的月均还款额不得超过申请人月收入的 60%；购买二手住房，申请个人住房公积金贷款的，贷款额度不能超过二手住房最高可抵押价值。

（4）贷款利率。住房公积金贷款利率比商业银行住房贷款利率低，平均低 1%。公积金贷款按个人住房公积金贷款利率执行。贷款期间，利率并不是固定不变的，要随着住房公积金计息利率的调整而调整。利率调整后，借款人要按照新的贷款利率还款。

（5）贷款的担保方式。个人住房公积金贷款的借款人须提供一种担保方式作为贷款的担保，没有担保的，不予贷款。担保方式有抵押加连带责任保证、抵押加购房综合险、质押担保、连带责任保证四种。

① 抵押贷款方式是指贷款银行向贷款者提供大部分购房款项，购房者以稳定的收入，分期向银行还本付息。在未还清本息之前，用其购房契约向银行作抵押。若购房者不能按照期限还本付息，银行可将房屋出售，以抵销欠款。作为个人住房贷款的抵押物，首先是抵押人所

拥有的房屋或者预购房屋,其次是可以用抵押人依法取得的国有土地使用权及贷款银行认可的其他符合法律规定的财产。个人住房抵押贷款在支持个人购房中发挥着较大作用,个人住房抵押贷款可以提高居民购房的支付能力。个人住房抵押贷款作为负储蓄,把个人长期储蓄后才产生的购买力转变为通过信贷方式产生的现实购买力,是用预期收入支付即期住房消费,消费者将一次性巨大的住房开支转化为长期的小额支出,增强住房消费的承受能力,对住房需求产生放大效应。尤其是银行递增式还款的贷款品种,特别有利于刚参加工作、有很好前途的青年人,可使此类客户尽早安居乐业。自有住房的早期实现,有助于提高社会各阶层的生活质量,促进社会稳定。贷款消费则促使借款人更加珍惜工作机会,努力争取良好的工作业绩,减少不必要的家庭支出,从而达到社会整体最优。

② 抵押加购房综合险也是贷款中一种常用的担保方式,即在借款人提供抵押担保的同时,购买购房综合险。此种方式可以不要保证人,其中,抵押物的规定同上。购房综合险是向指定保险公司购买的一种综合险种,包括房屋保险与购房贷款保险两部分,须按照两部分的费率计算所需缴纳的保险费。当借款人无力偿还贷款时,在保险责任内可由保险公司赔付,保险责任外的,由借款人依法处分抵押物还款。

③ 质押担保是贷款的一种担保方式,即借款人可以将银行存款单、债券等权利凭证作为质押物交贷款银行保管。当借款人不能还款时,贷款银行依法处分质押物偿还贷款本息、罚息及相关费用。目前对质押物有较严格的要求,仅限于银行存款单、国家债券、国有银行发行的金融债券、银行汇票、银行本票。其中,银行存款单必须是此项贷款经办银行的存单,且银行承诺免挂失;凭证式国债仅限于此项贷款经办银行代理发行,并兑付的国债。

④ 连带责任保证是贷款的一种担保方式,即由保证人为借款人贷款提供连带责任保证。此种担保方式下,借款人无须提供抵押物,但保证人须对借款人债务承担连带责任,即一旦借款人没有按照借款合同的规定按时还款,贷款银行可以要求保证人为借款人偿还所欠的所有贷款本息、罚息及相关费用。连带责任保证对保证人要求比一般保证严格,且仅限于5年期以下贷款。

(6) 还款方式。个人住房公积金贷款的还款方式以一次性还本付息、等额本金还款法和等额本息还款法为主,等比递增还款法、等额递增还款法、增本减息法和宽限期还款法使用较少。个人住房公积金贷款的还款灵活度高。以北京市为例,贷款需逐月偿还,偿还日遵照借款合同的规定。另外,贷款还款方式采取自由还款方法。住房公积金管理中心根据客户的借款金额和期限,给出一个最低还款额,在每月还款数额不少于这一最低还款额的前提下,借款人可以根据自身的经济状况,自由安排每月还款额。客户提前还款,应当在预定还款日前1个月书面通知银行,同时利息按照借款合同规定的利率和实际贷款期限计算。

(7) 办理个人住房公积金贷款的申请人需要提供以下相关资料。

① 合法的身份证件(居民身份证、户口簿、护照或者其他有效居留证件)。

② 住房公积金储蓄卡及借款人名章。

③ 合法有效的购买、建造、翻建或大修自有住房的合同或协议及其相关资料。

④ 购买住房首期付款证明或者建造、翻建、大修住房自筹资金证明。

⑤ 使用夫妻双方贷款额度的,须有配偶住房公积金储蓄卡、身份证及复印件,结婚证或者其他证明夫妻关系的证明。

⑥ 当地住房公积金管理中心和贷款银行要求提供的其他资料。

⑦ 借款人夫妻双方稳定的经济收入证明。

⑧ 办理房产抵押的借款人,还须提供房产证复印件。
⑨ 符合住房公积金管理中心规定的其他条件。

2) 个人住房商业性贷款

个人住房商业性贷款又称"按揭",是银行以信贷资金向购房者发放的贷款,具体指具有完全行为能力的自然人,购买本市城镇自住住房时,以其购买的产权住房(或银行认可的其他担保方式)为抵押,作为偿还贷款的保证而向银行申请的住房商业性贷款。

各大银行均提供个人住房商业性贷款,但具体规定略有不同。个人住房商业性贷款的种类如下。

(1) 个人住房按揭贷款。个人住房按揭贷款也称一手房贷款,是指银行向借款人发放的用于购买、建造各种类型住房的贷款。

贷款期限:个人住房按揭贷款的贷款期限最长不超过30年,且申请者年龄和贷款期限之和不超过70年。

贷款额度:银行发放的个人住房按揭贷款数额,不高于房地产评估机构评估的拟购买住房的价值或实际购房费用总额的80%(以两者低者为准)。

贷款利率:个人住房按揭贷款的贷款利率执行中国人民银行规定的同档次商业性贷款利率,可在中国人民银行规定的范围内浮动。

申请条件:①具有城镇常住户口或有效居留身份(身份证、户口簿、军人证件、居住证等);②有稳定的职业和收入,信用良好,有按期归还贷款本息的能力;③有所购住房全部价款20%以上的自筹资金,并保证用于支付所购住房的首付款;④有银行认可的资产作为抵押或质押,或有足够代偿能力的单位或个人作为偿还贷款本息,并承担连带责任的保证人;⑤具有购房合同或协议,所购住房价格基本符合银行或银行委托的房地产估价机构的评估价值;⑥银行规定的其他条件。

申请贷款应该提交的资料:①借款人合法的身份证件(居民身份证、户口簿、军官证或其他身份证件);②贷款行认可的经济收入或偿债能力证明(如借款人收入证明、纳税证明或职业证明等);③有配偶的借款人,需提供夫妻关系证明;④有共同借款人的,需提供借款人各方签订的明确共同还款责任的书面承诺;⑤抵押物或质押物的清单、权属证明以及有处分权人同意抵押、质押证明和抵押物估价证明;⑥保证人同意提供担保的书面文件和保证人资信证明;⑦借款人与开发商签订的购买商品房合同意向书或商品房销(预)售合同;⑧开发商开具的首期付款的发票或收据复印件;⑨以储蓄存款作为自筹资金的,需提供银行存款凭证;⑩以公积金作为自筹资金的,需提供住房公积金管理部门批准动用公积金存款的证明;⑪银行要求提供的其他文件或资料。

(2) 个人二手房贷款。个人二手房贷款是银行向借款人发放的用于购买售房人已取得不动产权证书、具有完全处置权利、在二级市场上合法交易的个人住房或商用房的贷款。

贷款期限:一般来说,个人二手房贷款的贷款期限最长不超过30年,且不能超过抵押房产剩余的土地使用权年限。

贷款额度:一般来说,个人二手房贷款的最高额度不超过所购房产评估价值或二手住房交易价格的80%(以两者低者为准)。

贷款利率:个人二手房贷款的贷款利率执行中国人民银行规定的同档次商业性贷款利率,可在中国人民银行规定的范围内浮动。

申请条件:①具有城镇常住户口或有效居留身份(身份证、户口簿、军人证件、居住证等);

②有稳定的职业和收入;③信用良好,具有按期偿还贷款本息的能力。

申请贷款应该提交的资料如下。

一是借款人资料:①借款人合法的身份证件;②借款人经济收入证明或职业证明;③有配偶的借款人,需提供夫妻关系证明;④有共同借款人的,需提供借款人各方签订的明确共同还款责任的书面承诺;⑤有保证人的,必须提供保证人有关资料。

二是所购房屋资料:①与售房人签订的房屋买卖合同;②首付款证明;③所购房屋产权证明;④所购房屋产权共有人同意出售房屋的书面授权文件;⑤已购公有住房、经济适用房等非商品房上市,需提供有关部门准予上市交易的文件或批准证书;⑥房龄在5年(含)以上及贷款人认为房屋价值需评估的,借款人应提供贷款人认可的房地产评估机构出具的房屋价值评估报告;⑦银行要求提供的其他文件或资料。

(3) 个人商用房贷。个人商用房贷也称个人商业住房贷款,是指银行向借款人发放的购置新建自营性商业用房和自用办公用房的贷款。

贷款期限:个人商用房贷的贷款期限原则上最长不得超过10年(含)。

贷款额度:银行发放的个人商业用房贷款数额一般不超过所购房屋总价或经房地产估价机构评估的所购商业用房、办公用房全部价款的60%(以两者低者为准)。

贷款利率:个人商用房贷的贷款利率按中国人民银行规定的同档次期限利率执行,利率不低于中国人民银行公布的同期同档次利率的1.1倍。

申请条件:①自然人须有城镇常住户口或有效居留证件;②信用良好,具有按期偿还贷款本息的能力;③有银行认可的资产作为抵押或质押,或有足够代偿能力的单位或个人作为偿还贷款本息,并承担连带责任的保证人;④有购买商业用房或办公用房的合同或协议;⑤所购商业用房或办公用房价格基本符合银行或其委托的房地产估价机构评估的价格;⑥自筹资金不低于总购房款的40%;⑦银行规定的其他条件。

申请贷款应该提交的资料:①身份证件(居民身份证、户口簿或其他有效居留证件)原件及复印件;②银行认可部门出具的借款人经济收入或偿债能力证明;③符合规定的购买商业用房合同、协议或其他有效文件;④抵押物或质押物清单、权属证明、有处分权人同意抵押或质押的证明及抵押物估价文件;⑤保证人同意提供担保的书面文件及其资信证明;⑥银行要求提供的其他文件或资料。

(4) 个人住房转按揭贷款。个人住房转按揭贷款是指已在银行办理个人住房贷款的借款人在还款期间,由于所购房屋出售、赠与、继承等原因,房屋产权和按揭借款需同时转让给他人,并由银行为其做贷款转移手续的业务。

(5) 目前某些银行除提供上述个人住房贷款品种,还可向国家机关、学校、医院等单位职工参加集资建房和个人自建住房等发放个人住房贷款。

个人住房商业性贷款可选择的贷款方式有抵押贷款、质押贷款、保证贷款、抵押(质押)加保证贷款。

个人住房商业性贷款的还款方式与个人住房公积金贷款的还款方式类似,可以参见个人住房公积金贷款还款方式的相关内容。

3) 个人住房组合贷款

个人住房组合贷款是指住房公积金管理中心和银行对同一借款人所购的同一住房发放的组合贷款。

个人住房组合贷款的特点:借款人申请住房公积金贷款不足以支付购房所需资金时,其不足部分向银行申请住房商业性贷款。申请个人住房组合贷款,只要同时符合个人住房商业性贷款和个人住房公积金贷款的贷款条件即可。需要特别注意的是,个人住房组合贷款的借款人(主贷人)必须是同一人。

个人住房组合贷款额度是指根据客户个人住房公积金月缴额核定出住房公积金贷款的可申请额度,其剩余款项再申请个人住房商业性贷款。个人住房组合贷款分别按照个人住房商业性贷款和个人住房公积金贷款的利率计算利息。个人住房组合贷款中公积金贷款部分及住房商业性贷款部分的贷款期限必须一致。

2. 住房消费信贷的还款方式和还款金额

住房贷款的利率很高,如果期限太长,客户将支付较多的贷款利息;如果选择的期限太短,可能导致客户陷入财务危机,所以理财规划师应帮助客户正确制定适合自己的还款方式,并确定还款金额。下面对不同还款方式下的还款金额及其特点进行分析,并给出提前还贷和延期还贷的方法比较。

1) 首付款和贷款

借款人在申请住房消费信贷时,银行不会给予全额贷款,一般会要求借款人支付房屋总价款的20%~30%,这笔资金称为首付款。

目前各类住房消费贷款的最高贷款额度一般为80%,也就是说,借款人在申请贷款前必须有20%的房款储蓄。例如,借款人小李欲购买一套总价60万元的房子,那么他至少要有$60\times20\%=12$(万元)的自有资金。

对于我国多数居民来说,20%的首付款也不是一笔小开支,为此需要储蓄多年。在首付款不足时,客户购房的首要目标就是积累一笔庞大的首付款,理财规划师可以帮助客户制订年储蓄计划,每年从客户收入中提取一部分资金,投入银行储蓄账户或其他投资项目。

贷款额度决策的关键在于资金的机会成本,如果资金投入其他项目所带来的回报高于增加贷款带来的成本,就应该尽量申请最大额度的贷款。反之,贷款额度不宜过高。虽然银行的最高贷款额度为80%,但是申请贷款时不一定要用满这个额度,首付越多,今后偿还的本金越少,偿还期限可以缩短,利息支付也可以减少。

2) 还款方式和还款金额

借款人获得住房贷款后,须定期向银行归还本息,而住房消费信贷的还款方式和还款金额与借款人选择的贷款期限密切相关。

贷款期限在1年(含)以内的,实行到期本息一次性清偿的还款方式,即一次还清期初的借款本金加上整个贷款期内的利息总额。

贷款期限在1年以上的,可采用等额本息还款法、等额本金还款法、等额递增还款法和等额递减还款法每月偿还。

借款人可以根据需要选择不同的还款方式,当客户由于种种原因需要更改还款方式时,大多数银行会受理客户变更还款方式的申请。但变更时,贷款客户必须带齐身份证、收入证明等相关证明,并以书面形式提出申请,经过银行和客户协商后,对于符合规定条件的,银行将为其办理相应的变更手续。采取分期还款方式时,一般采取按期计息方式。在放款当期一般不要求借款人归还借款,而采取下个结息期归还应还款项的方式。一般将个人住房贷款放款日当期实际天数加计下个结息期为贷款首期。

(1) 等额本息还款法。等额本息还款法是指在贷款期限内每月以相等的金额平均偿还贷款本金和利息的还款方法。

每月等额偿还贷款本息是个人住房商业性贷款中最常见、最为普遍的一种还款方式,也是大部分银行推荐的一种还款方式。等额本息还款法是从借用贷款的第二个月起,每月以相等的额度平均摊还贷款的本金和利息。等额本息还款法可以直接通过理财计算器进行计算,也可以通过下列公式进行计算。

$$每月还款额 = \frac{贷款本金 \times 月利率 \times (1+月利率)^{还款期数}}{(1+月利率)^{还款期数} - 1}$$

适合人群:等额本息还款法适用于收入处于稳定状态的家庭,如公务员、教师、普通工薪族等,这也是目前绝大多数客户采用的还款方式。

这种方式的优点在于每月还款额固定,大部分借款人会选择此种方式。同时,还款操作相对简单,等额支付月供也方便借款人合理安排每月收支。

【例2-3】 李先生向银行申请了20年期30万元贷款,年贷款利率为6.273%,采用等额本息还款。

请问:李先生每月还款额是多少?(结果保留两位小数)

解析:

$$每月还款额 = \frac{贷款本金 \times 月利率 \times (1+月利率)^{还款期数}}{(1+月利率)^{还款期数} - 1}$$

$$= \frac{300000 \times \frac{6.273\%}{12} \times \left(1+\frac{6.273\%}{12}\right)^{20\times12}}{\left(1+\frac{6.273\%}{12}\right)^{20\times12} - 1}$$

$$\approx 2196.81(元)$$

(2)等额本金还款法。等额本金还款法是指在贷款期限内按月偿还贷款利息和本金,其中每月所还本金相等。

等额本金还款法是一种计算非常简便、实用性很强的还款方式。基本算法原理是在还款期内,按期等额归还贷款本金,同时还清当期未归还的本金所产生的利息。等额本金还款法可以直接通过理财计算器进行计算,也可以通过下列公式进行计算。

$$每月还款额 = \frac{贷款本金}{还款期数} + (贷款本金 - 累计已还本金) \times 月利率$$

其中,公式分两部分,前半部分"$\frac{贷款本金}{还款期数}$",是每期要归还的本金数,这个数字在还款期内是不变的,即每一个还款期都是一样的;后半部分"(贷款本金-累计已还本金)×月利率",是当期未归还的本金所产生的利息。

适合人群:等额本金还款法适用于目前收入较高或已经有一定的积蓄,但预计将来收入可能逐渐减少的人群(如面临退休的人,即中老年家庭),或生活负担会越来越重的人群(如养老、看病、孩子读书等),或还款初期还款能力较强,并希望在还款初期归还较大款项来减少利息支出的借款人。

等额本金还款法的特点是本金在整个还款期内平均分摊,利息则按贷款本金余额逐日计算,每月还款额在逐渐减少,但偿还本金的速度是不变的。使用此方法还贷款,开始时每月还款额比等额本息还款要高,在贷款总额较大的情况下,相差甚至可达数千元或数万元,但随着时间的推移,还款负担会逐渐减轻。

【例2-4】 李先生向银行申请20年期30万元的贷款,年贷款利率为6.273%,采用等额本金还款。

请问:李先生每月还款额是多少?(结果保留两位小数)

解析: 第一个月还款额 = $\dfrac{贷款本金}{还款期数}$ + (贷款本金 - 累计已还本金) × 月利率

$= \dfrac{300000}{20 \times 12} + (300000 - 0) \times \dfrac{6.273\%}{12}$

≈ 2818.25(元)

第二个月还款额 = $\dfrac{贷款本金}{还款期数}$ + (贷款本金 - 累计已还本金) × 月利率

$= \dfrac{300000}{20 \times 12} + \left(300000 - \dfrac{300000}{20 \times 12}\right) \times \dfrac{6.273\%}{12}$

$= \dfrac{300000}{240} + (300000 - 1250) \times \dfrac{6.273\%}{12}$

≈ 2811.72(元)

第三个月还款额 = $\dfrac{贷款本金}{还款期数}$ + (贷款本金 - 累计已还本金) × 月利率

$= \dfrac{300000}{240} + (300000 - 1250 \times 2) \times \dfrac{6.273\%}{12}$

≈ 2805.18(元)

……

最后一个月还款额 = $\dfrac{贷款本金}{还款期数}$ + (贷款本金 - 累计已还本金) × 月利率

$= \dfrac{300000}{240} + (300000 - 1250 \times 239) \times \dfrac{6.273\%}{12}$

$= \dfrac{300000}{240} + (300000 - 298750) \times \dfrac{6.273\%}{12}$

≈ 1256.53(元)

(3)等额递增还款法。等额递增还款法是指把还款期限划分为若干时间段,在每个时间段内月还款额相同,下一个时间段的还款额按固定金额递增。

适合人群:等额递增还款法适用于目前收入一般、还款能力较弱,但未来收入预期会逐渐增加的人群。比如,毕业不久的学生或刚刚参加工作的人群。目前收入不高的年轻人可优先考虑此种还款方式。

(4)等额递减还款法。等额递减还款法是指把还款期限划分为若干时间段,在每个时间段内月还款额相同,下一个时间段的还款额按固定金额递减。

适合人群:等额递减还款法适用于目前收入较高、还款能力较强,但预期收入将减少,或者目前经济很宽裕的人,如中年人或未婚的白领人士。

在等额递减还款法下,客户在不同的时期内还款虽然不同,但是有规律地减少,而在同一时期,客户的还款额是相同的。

以上四种还款方式的比较如表2-1和图2-5所示。

(5)等比递增还款法。等比递增还款法是指在贷款期的后一时间段内,每期还款额相对前一时间段内,每期还款额呈一固定比例递增,同一时间段内,每期还款额相等的还款方法。

表 2-1　四种还款方式的比较

还款方式	等额本息还款法	等额本金还款法	等额递增还款法	等额递减还款法
缴款方法	每月偿还固定的金额,含本金与利息	每月偿还金额不固定,含本金与利息,其中,每月所还本金相同。初期利息所占比例较大,然后逐月递减	在每个时间段内月还款额相同,下一个时间段的还款额按固定金额递增	在每个时间段内月还款额相同,下一个时间段的还款额按固定金额递减
缴款负担	每月相同	初期较重,逐月减轻	逐月递增	逐月递减
全期偿付利息总额	较多	较少	较多	较少
其他优缺点	每月付款金额相同,容易做资金规划,还款负担不变,易于管理;实际占用银行贷款的数量更多、占用的时间更长	每月付款金额不同,不易做资金规划,前期还款负担重,但越还越轻松(即第一个月还款额最高,以后逐月减少)	初期负担轻,后期负担重	初期负担重,后期负担轻
适用对象	收入处于稳定状态的家庭,有固定工作的人群,如公务员、教师等;希望还款金额稳定、便利的人群;收入不能承受更高按揭还贷款项的人群	经济能力充裕,当前收入较高,初期能负担较多还款,想省息的购房者;当前有一定资产累积,未来收入会减少的人群;可能提前还款的人群	目前收入一般,还款能力较弱,但未来收入预期会逐渐增加的人群,比如毕业不久的年轻人	目前还款能力较强,但预期收入将减少,或者目前经济很宽裕的人,如中年人或未婚的白领人士

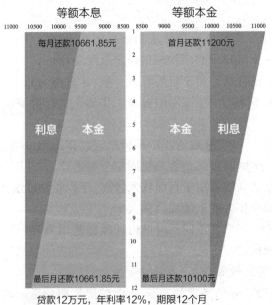

图 2-5　等额本息还款法与等额本金还款法的比较

适合人群:等比递增还款法适用于前期还款压力较小,工作年限短,收入呈上升趋势的年轻人。

(6)等比递减还款法。等比递减还款法是指在贷款期的后一时间段内,每期还款额相对前一时间段内,每期还款额呈一固定比例递减,同一时间段内,每期还款额相等的还款方法。

适合人群:等比递减还款法适合收入较高、还款初期希望归还较大款项,来减少利息支出的借款人。

3)提前还贷

提前还贷是指借款人具有一定偿还能力时,主动向贷款银行提出部分或全部提前偿还贷款的行为。提前还贷可以看成借款人贷款后的隐含期权。目前个人住房公积金贷款以及部分银行的个人住房商业性贷款已增加了允许借款人改变还款计划,提前偿还部分或全部贷款的业务,但是提前还款应视同借款人违约(即未按合同规定办理),必要时银行可收取违约金。

(1)提前还贷的三种情况:借款人在贷款时,对自身的偿还能力估计不足;借款人在贷款时,根据成本效益原则使用较大的住房贷款额度,而将自有资金投入其他高利润的项目,贷款后投资项目收益情况发生改变,借款人因调整投资组合而提前偿还贷款;借款人在贷款一段时间后收入增加,财务状况改善,有能力提前还款。

无论出于何种还款目的,提前还贷的原则仍然是成本效益原则。理财规划师应帮助客户从资产组合的角度,将提前还贷放入资产组合进行整体考虑。

(2)提前还贷的方式:全部提前还款,即客户将剩余的贷款一次性还清,此时不用还利息,但已付的利息不退;部分提前还款,剩余的贷款保持每月还款额不变,将还款期限缩短,节省利息较多;部分提前还款,剩余的贷款每月还款额将减少,保持还款期限不变,减小月供负担,但节省程度低于第二种;部分提前还款,剩余的贷款每月还款额将减少,同时还款期限缩短,节省利息较多;部分提前还款,剩余的贷款每月还款额将增加,同时还款期限缩短,节省利息较多。

(3)提前还贷的选择:在提前还贷的前提下,如何偿还贷款对客户更有利、更经济?下面做相关的分析。

如果客户选择的是商业贷款和公积金贷款构成的组合贷款,先还商业贷款会"优惠"很多。由于公积金贷款含政策性补贴的成分,因此公积金贷款利率比商业贷款利率低,加息幅度也比普通商业贷款小,所以购房者提前归还贷款利率较高的商业贷款,从经济角度讲更合适。

如果客户选择的是纯商业贷款,则需要考虑等额本息还款法、等额本金还款法两种还款方式的区别。两种还款方式相比,在全期还款的条件下,等额本息还款法所要支付的利息将高于等额本金还款法。但是,并非所有的人都要用等额本金还款法来还贷,还要结合自身的财务状况。对于高薪者或收入多元化的客户,不妨采用等额本金还款法;如果客户一开始就想要提前还贷,贷款期限又不是很长,最好选择等额本金还款法;假如客户现在的资金较为雄厚,又不打算提前还贷,也建议采用等额本金还款法,随着时间的推移,每期还款逐渐减少,这种还款方式虽然前期资金压力较大,但可减轻日后压力。如果客户是公务员、普通教师、一般研究人员或者工作平稳,或者要求生活简单,建议选择等额本息还款法,因为这种还款方式各期还款额相等,有利于客户更好地提前安排自己的生活。

但在提前还贷时,由于已支付的利息是不退还的,因此,有提前还贷打算的客户,应综合考虑已还本息之和与提前还贷时需一次偿还本金数加总后的金额,再来选择等额本息还款法还是等额本金还款法。此外,在进行选择时,理财规划师还应提醒客户考虑提前还贷的机会成本。

（4）提前还贷需注意的问题。提前偿还贷款，特别是提前偿还部分贷款，需要调整原借款合同中约定的借款期限、贷款余额等内容，在操作上有一定的复杂性。以下几个方面是理财规划师应当注意的。

① 个人住房按揭贷款的提前还款，原则上必须是签订借款合同1年（含）以后，目前各家银行一般规定，在借款期内、贷款发放满1年以后，经银行同意，借款人可书面申请提前归还部分或全部贷款。不过也有银行允许借款人按照合同约定，在贷款发放后随时提前还款。

② 通常银行对提前还贷次数和起点金额也有要求，随着各家银行竞争的加剧，一些银行已经不再限制还款次数，但对起点金额仍然有规定。

③ 提前还款的前提是借款人以前贷款不拖欠，且以前欠息、当期利息及违约金已还清，若有拖欠本金、利息及违约金的情况，应先归还拖欠及当期利息。

④ 借款人一般须提前15天持原借款合同等资料向贷款机构提出书面申请提前还贷，其中，公积金贷款向住房公积金管理中心提出申请，银行商业性住房贷款向贷款银行提出申请，经其审核同意，方可提前还款；需要提前还贷可按银行要求在相应网点提前申请，有的银行对此也有特殊规定。

⑤ 贷款期限在1年（含）以内的，实行到期本息一次性清偿的还款方法。经贷款行同意，借款人可以提前结清全部贷款，并根据原合同利率按实际使用期限结计利息，但不得提前部分还本。

⑥ 提前还贷违约金各不相同。多年来，银行对提前还贷的规定一直在调整，所以即使在同一家银行，不同时期申请的贷款提前还贷条件也有所不同。因此，如果客户有提前还贷的打算，理财规划师要向其强调先看一下贷款合同，查找其中具体的规定。

⑦ 在办理提前还款的同时，对于已经投保了房贷险的借款人，理财规划师还应提醒其申请退还保险金。如果客户提前一次性将剩余贷款额还清，可以申请房贷险退保（即借款人提前偿还全部贷款后，借款人携带银行开具的"贷款结清证明"原件、原保险单正副本和发票，到保险公司按月退还提前交的保费）；而对于部分提前还贷的借款人，由于借款人仍然处于在保期，一般情况下不能申请办理退保手续。对于提前还贷后退保的问题，根据各个保险公司不同的规定，退保的政策也有所不同。

⑧ 组合贷款不必先还公积金贷款。只有公积金账户里的钱才是必须先用来清偿公积金贷款的。如果是其他自有资金，完全可以根据个人的喜好和需求，决定是先用来还商业贷款，还是先用于冲抵公积金贷款。

⑨ 办理抵押注销。贷款结清后，借款人从贷款行领取"贷款结清证明"，取回房地产权属抵押登记证明文件及保险单正本，并持贷款行出具的"贷款结清证明"到原抵押登记部门办理抵押登记注销手续。由于许多借款人对抵押权比较淡漠，提前还款后往往忘记去产权部门办理抵押注销，这样贷款虽然还清了，但房屋仍在产权部门备案，会为日后的房屋交易带来不必要的麻烦。借款人办理注销时需要将在银行申领退还的抵押权证明书，拿到房屋抵押产权部门领申请注销登记表（注意不要跨区办理），最后附上购房合同或产权证书办理抵押注销。也就是说，还完款项后，要及时办理抵押权的注销登记，凭银行开出的还款凭证以及本人身份证，拿到不动产权证书，此时提前还款才算是真正完成了。

综上所述，提前还贷不要盲目，要计算好成本、支出、利息节省额，同时还应该考虑提前还贷的机会成本。此外，还应注意以下几点：首先，提前还贷要提前预约，各家银行一般规定提前1个月联系贷款发款行；其次，提前还贷不能影响自己的生活质量，不要为了每月少交几十元，而大幅降低生活质量;最后,将多余的钱用来提前还贷固然可以,但也不要错过身边其他更好的投资渠道。

4) 延长贷款

借款人出现财务紧张或由于其他原因不能按时如数还贷,可以向银行提出延长贷款申请。理财规划师应掌握以下延长借款的内容。

(1) 借款人应提前 20 个工作日向贷款行提交个人住房借款延长期限申请书和相关证明。

(2) 延长贷款条件。一是贷款期限尚未到期;二是延长期限前借款人必须先清偿其应付的贷款利息、本金及违约金。

(3) 借款人申请延期只限一次。

(4) 原借款期限与延长期限之和,最长不超过 30 年。

3. 利率调整对住房消费信贷还款金额的影响

(1) 贷款期间的利率变动按中国人民银行的规定执行。贷款期限在 1 年(含)以内的,遇法定贷款利率调整,不调整贷款利率,继续执行合同利率,不分段计息;贷款期限在 1 年以上的,遇法定贷款利率调整,于下年 1 月 1 日开始,按相应利率档次执行新的利率。调整的计算原则是按原利率计算出利率变动点的现值,即未归还的贷款余额,再以调整后的利率重新计算本月还款额。一些客户可能提出这样的疑问:有没有必要在升息之前赶快贷款买房?这样似乎会比升息后再贷款节省很多利息。由上述规定可以看到,贷款利率是浮动的,不是固定不变的,因此在预期升息的情况下,不必急于贷款买房。

(2) 借款合同约定,签订借款合同后与银行发放贷款期间,如遇法定贷款利率调整时,贷款账户开立时执行最新贷款利率。

(八) 租房的选择

1. 适宜租房的人群

(1) 刚刚踏入社会的年轻人。一般来说,刚工作的年轻人,特别是刚毕业的大学生,收入较低,经济能力不强,但生活开销并不低,如果在工作起步的同时买房,不仅会将父母多年的积蓄全部掏空,还会让自己背上沉重的还贷负担。因此,对于刚毕业的大学生来说,租房比较划算,尤其是合租更为经济。

(2) 工作地点与生活范围不固定者。如果因为工作关系需要频繁轮换地方或者被派遣到其他城市工作,那么这一群体不太适宜在一个地方买房固定下来。因为房屋是不动产,不会随着购房者的变动而发生变化。而且在工作尚未稳定时买房,一旦工作调动,就有可能出现工作单位与住所距离较远的情况,由此会产生一笔不菲的交通成本支出;一旦失去工作,将面临无法承担高额月供的危机。因此,这类人群不要冲动买房,可以先租房,等到能够真正安定下来时,再实施买房计划。

(3) 储蓄不多的家庭。当家庭储蓄不多时,首付款可能就消耗了多年的储蓄,此时购买房屋可能使家庭无法应付生活中的危机事件或紧急开支。此外,购买房屋时除了房屋总价款,还要加上缴纳契税、住宅专项维修资金、保险等费用,以及装修房屋,购买家用电器、家具等支出,如此下来,至少要预留出房屋总价款 40% 左右的费用,才能够舒舒服服地搬进新家。储蓄不多的家庭,如果收入也不稳定,购房后的还贷压力较大,一旦出现难以还贷的情况,房产甚至有可能被银行没收。以上种种不确定因素都将考验购房者的资金实力。故对于收入不稳定、财力不够雄厚的消费者来说,租房也不失为一种理想的选择。

(4) 不急于买房且辨不清房价走势者。随着国家宏观调控楼市的推进,房价是涨是跌,众说纷纭。消费者无法把握,也看不清房地产市场的发展方向和房价走势,对于不急于马上买房者来说,不如以静制动,暂且租房,静观其变。

2. 租房与购房的比较

购房不像子女教育、退休一样具有不可替代性,对买不起房子的客户而言,租房也是不错的选择。租房与购房各有各的优点,同时也存在一定的缺陷。客户是选择租房还是购房,与客户的财务状况、对未来房地产市场的预测以及喜好、购买途径等都息息相关。理财规划师应建议客户通过表2-2和表2-3的分析之后,再进行抉择。

表 2-2 租房与购房的比较

比较	租　房	购　房
优点	有能力使用更多的居住空间; 能够应对家庭收入的变化; 租房的成本较低; 方便、灵活,有较大的迁徙自由; 瑕疵或毁损风险由房东负担; 财务负担小,投资机会多; 不用考虑房价下跌的风险; 不必承担购房的相关税费、房屋的维修费用; 可有效节省部分交通费用	对抗通货膨胀; 强迫储蓄累积实质财富; 提高居住质量; 将房屋进行抵押,获得房屋抵押贷款,增强信用能力; 满足拥有住宅的心理效用,满足心理层面的归属感、安全感; 同时提供居住效用与资本增值的机会; 以房养老,晚年生活有保障; 根据自己的个性和意愿进行设计、装修和布置,满足个性化的居住需求; 可保值、增值; 享受税收优惠
缺点	非自愿搬离的风险; 无法按照自己的期望装修房屋; 房租可能上涨; 无法运用财务杠杆追求房价差价利益; 无法通过购房强迫自己储蓄; 没有归属感、稳定感; 没有保障	购买成本大,即使申请住房贷款,首付款仍是一笔很大的开支,还需要承担购房的各种税费; 缺乏流动性,要换房或是变现时,若要顾及流动性可能被迫降价出售; 维持成本高,投入装潢虽可提高居住品质,也代表较高的维持成本; 赔本损失的风险,实质上的风险包括房屋毁损,市场风险包括整体房屋市场下跌的系统风险,与所居住社区管理不善造成房价下跌的个别风险; 负担较重,房贷的压力可能让生活质量大打折扣; 迁徙自由度小
所得	自备款所衍生的收入	增值潜力; 税收优惠
付出	每月的房租	自备款和所衍生的收入; 购房的相关税费
适宜人群	刚刚踏入社会的年轻人; 工作地点与生活范围不固定者; 储蓄不多的家庭; 不急需买房且辨不清房价走势者	有一定社会基础、有多年工作经验的人; 工作地点与生活范围相对固定者; 有一定储蓄积累、经济实力雄厚的家庭; 家庭成员较多者; 希望通过房产增值获利者; 准备结婚的人群; 追求居住环境的购房者

表 2-3　房屋生涯规划表

年　　龄	购/换房	选房因素	月收入	可负担房价
<30 岁	首次购房	房价、便利	3000～5000 元	20 万～35 万元
30～40 岁	第一次换房	学区、交通	5000～10000 元	35 万～70 万元
40～55 岁	第二次换房	环境、治安	10000～15000 元	70 万～100 万元
>55 岁	第三次换房	养老、遗产	3000～8000 元	20 万～50 万元

除以上比较，也可以从财务角度对租房与购房进行分析，即用年成本法或者净现值法来计算租房与购房的资金负担，从而做出租房或购房的决策。

对于年成本法来说，租房者的使用成本是房租，而购房者的使用成本是首付款的占用造成的机会成本，以及房屋贷款利息。租房者与购房者在进行决策时，会比较租房成本与购房成本的大小，选择成本小的方案。

对于净现值法来说，净现值法是考虑一个固定的居住期间内，计算租房的净现值与购房的净现值，比较两者的净现值，净现值较大者为最佳方案。

在此对年成本法、净现值法的相关计算内容不再赘述，请阅读者自学。

（九）编制住房消费支出规划方案

在分析客户住房消费支出规划需求的基础上，理财规划师接下来的工作就是着手编制住房消费支出规划方案。理财规划师在编制住房消费支出规划方案的过程中，可以遵循以下步骤。

1. 建立客户关系

理财规划师与客户进行充分交谈、沟通，确定客户关系，确定客户个人或家庭有购房的意愿和需求，并了解客户个人或家庭的购房目标。

2. 收集客户信息

理财规划师应该收集客户个人或家庭与住房消费支出规划有关的财务信息和非财务信息，其中，财务信息包括客户的现金、活期存款、定期存款、每月各项支出、债务状况等；非财务信息包括客户的姓名、性别、家庭结构、职业、兴趣、爱好、风险偏好、工作地址、交通情况等。

3. 财务分析和评价

（1）理财规划师应该对客户个人或家庭的资产和负债情况进行分类整理，对客户个人或家庭资产和负债的价值进行评估，然后编制客户个人或家庭资产负债表。

（2）理财规划师应该分析客户个人或家庭的收入和支出项目，对客户个人或家庭收入和支出的各项指标进行计算，然后编制客户个人或家庭收入支出表。

（3）理财规划师应该对客户个人或家庭资产负债表和客户个人或家庭收入支出表进行分析，并基于客户个人或家庭财务报表进行财务比率分析与诊断。

4. 确定购房目标

理财规划师应该结合客户个人或家庭财务信息和非财务信息的分析、评价，帮助客户确定符合客户个人或家庭需求的购房目标，包括购房的时间、希望的居住面积和届时的房价。

5. 确定购房款方式

理财规划师应该结合客户个人或家庭的财务信息、非财务信息和购房目标，帮助客户确定是全款购房,还是贷款购房。若选择贷款购房,那么理财规划师需要帮助客户进行贷款规划,比如选择何种贷款方式、还款方式、还款期限等。理财规划师还需要运用相关的税收知识和法律知识,为客户提供必要的支持。

6. 编制住房消费支出规划报告,交付客户

经过以上工作程序,理财规划师已经充分了解、分析客户的购房需求,在结合客户购房目标的基础上,选择适合客户购房需求的相关住房消费支出规划工具,最终编制出满足客户需求的住房消费支出规划方案。

接下来,理财规划师应该根据客户要求完成相应的收尾工作。如果客户仅需要住房消费支出专项规划,则可以形成住房消费支出规划报告,以书面的形式交付客户。如果客户需要综合理财规划服务,则将住房消费支出规划作为分项规划之一纳入综合理财规划建议书,待各分项规划全部完成后再交付客户。

7. 持续提供理财服务

理财规划师应该定期对住房消费支出规划方案进行评估,并且不定期对住房消费支出规划方案进行信息汇总和方案调整。

二、制订汽车消费支出规划方案

(一)汽车消费概述

中国是全球最大的乘用车市场,在经济实力允许的前提下,客户个人或家庭的汽车消费需求往往较为强烈,因此汽车消费支出规划也是个人或家庭重要的消费支出规划之一。

2009年,我国经济和汽车产业都经历了不平凡的一年。国家以汽车产业调整和振兴规划为核心,先后密集出台了养路费取消、购置税减半、"汽车下乡"以及以旧换新等一系列鼓励汽车消费的优惠措施。在良好的宏观经济背景和国家一系列鼓励汽车消费政策的刺激下,我国汽车市场需求超高速增长,2009年全年国产汽车累计产销量分别达到1379.1万辆和1364.5万辆,同比分别增长48.3%和46.2%,我国汽车销量首次超过美国,成为全球第一大汽车市场。为提高市场竞争力,跨国汽车公司纷纷将最新的车型引入中国,自主品牌企业也推出许多新车型。另外,汽车行业迎来景气高峰,需求旺盛,销量继续保持快速增长态势。收入的快速增长和消费者年轻化将不断提高我国汽车消费量,支持汽车需求快速增长。

2022年1月12日,工业和信息化部(以下简称工信部)召开2021年汽车工业发展情况新闻发布会。工信部指出,2021年,我国汽车产销分别达到2608.2万辆和2627.5万辆,同比分别增长3.4%和3.8%,结束了连续3年的下降趋势,为我国工业经济持续恢复发展、稳定宏观经济增长贡献了重要力量。新能源汽车成为2021年汽车产业最大的亮点。2021年,我国新能源汽车销售达到352.1万辆,同比增长1.6倍,连续7年位居全球第一;搭载组合辅助驾驶系统的乘用车新车市场占比达到20%。此外,自主品牌发展和车辆出口也结出硕果。2021年,中国品牌乘用车累计销售954.3万辆,同比增长23.1%,市场份额达44.4%,同比提升6个百分点;汽车整车出口201.5万辆,同比增长1倍,创历史新高。

据公安部统计,2021年全国机动车保有量达3.95亿辆,其中,汽车3.02亿辆,扣除报废注销量比2020年增加2350万辆,增长6.32%。2021年全国新注册登记机动车3674万辆,比2020年增加346万辆,增长10.38%;比2019年增加460万辆,增长14.31%。机动车驾驶人达4.81亿人,其中,汽车驾驶人4.44亿人。新领证驾驶人2750万人。此外,2021年全国新

能源汽车保有量达784万辆,占汽车总量的2.60%,扣除报废注销量比2020年增加292万辆,增长59.25%。其中,纯电动汽车保有量640万辆,占新能源汽车总量的81.63%。2021年全国新注册登记新能源汽车295万辆,占新注册登记汽车总量的11.25%,与2020年相比增加178万辆,增长152.14%。近5年,新注册登记的新能源汽车数量从2017年的65万辆到2021年的295万辆,呈高速增长态势。

虽然相对于房屋,汽车较为便宜,但是对于部分个人或家庭而言,购买汽车仍然是一笔较大的开支,需要合理筹划。汽车消费可以为购买者带来交通上的自由便捷,对一些人来说,拥有汽车也是成功和身份的象征。一般来说,各种税费约占购车总费用的10%~20%。其中,购车时的税费可以从必要花费和商业保险两部分来体现。必要花费包括购置税、上牌费用、车船使用费、机动车交通事故责任强制保险(简称交强险);商业保险包括第三者责任险、车辆损失险(简称车损险,除了包括自然灾害及意外事故造成的车辆损失,全车盗抢、玻璃单独破损、自燃、发动机涉水、不计免赔都属于新规之后车损险的保障范围)、无过失责任险、车身划痕险、车上人员责任险等。除此之外,购车后,每年还需要支付保险费用、车船税、养护费、汽油费、停车泊位费、高速公路通行费、违反交通规则的各种罚款等。这意味着个人或家庭购车之后,每年将有一笔不小的资金流出,如果没有稳定、充足的收入来源,这笔资金流出会给个人或家庭带来一定的负担。

(二)自筹经费购车与贷款购车的决策

一般来说,银行会规定,贷款买车人必须购买指定经销商的汽车,并提供银行认可的财产抵押、质押或第三方保证。个人汽车消费贷款的年限是3~5年,汽车消费贷款的首期付款不得低于所购车辆价格的20%。首付金额高、贷款期限短、每月需偿还本息高,也使许多人觉得贷款买车心里不踏实。购车者普遍认为贷款价格不能比一次性付款贵太多。打算贷款买车的人也普遍感到手续比较烦琐,既要提供身份证、户籍证明、职业和收入等资料,又要接受资信评估调查、提供担保所需的证明,不仅浪费时间,还要出一笔额外的费用。

虽然贷款有不少冗繁的程序,但贷款的好处也确实吸引人。汽车不同于房产,汽车没有增值功能,如果客户对投资较为擅长,也可以考虑通过贷款的方式省下资金另作投资,而实现增值。例如,某客户准备购买一辆15万元左右的家用轿车,钱已备足,但通过贷款方式购车可以向银行贷款12万元(即银行提供八成按揭),期限5年,采用等额本息还款方式。按照年利率7.38%计算,每月需向银行支付贷款本息2398元,5年共需向银行支付利息23880元。假设投资年收益率为6%的平衡型基金,那么5年以后,12万元将产生40587元的收益。所以,采取银行贷款的方式不但有利于增加客户的资金使用效率,而且支付的利息比全款购车付出的机会成本要小。总之,理财规划师需要根据客户的实际情况,帮助其决定是否贷款买车。

(三)汽车消费信贷

1. 个人汽车消费贷款

个人汽车消费贷款是银行向申请购买汽车的借款人发放的人民币担保贷款。个人汽车消费贷款实行"部分自筹、有效担保、专款专用、按期偿还"原则。贷款人、借款人、汽车经销商、保险人和担保人应在同一城市,贷款不得异地发放。

1) 贷款对象和条件

申请贷款的个人必须具有有效身份证明(包括居民身份证、户口簿、军官证、护照、港澳台湾同胞往来通行证等),且具有完全民事行为能力;具有正当的职业和稳定合法的收入来源或足够偿还贷款本息的个人合法资产,必要时须提供家庭收入或财产证明;个人信用良好;在贷款行开立个人账户,能够支付规定的首期付款;能提供贷款行认可的有效担保。

2) 贷款期限

贷款期限一般为3年,最长不超过5年(含)。有的银行还规定,二手车贷款的贷款期限不得超过3年。

3) 贷款利率

汽车消费贷款利率按照中国人民银行规定的同期贷款利率执行。在贷款期间,如遇法定贷款利率调整,贷款期限在1年(含)以下的,按合同利率计算;贷款期限在1年以上的,实行分段计算,于下一年1月1日开始,按相应利率档次执行新的利率。

4) 贷款金额

各家银行对于贷款金额要求略有差异,以某时期内中国工商银行和中国银行的规定为例。

中国工商银行规定:以质押方式担保的,或由银行、保险公司提供连带责任保证的,贷款最高额可达到购车款的80%;以所购车辆或其他财产抵押担保的,贷款最高额可达到购车款的70%;以第三方(银行、保险公司除外)保证方式担保的,贷款最高额可达到购车款的60%。

中国银行规定:个人汽车消费贷款的最高贷款限额应在所购车辆全部价款的80%以内。

5) 贷款的担保方式

下面以某时期内中国工商银行、中国银行、招商银行的规定为例进行介绍。

(1) 中国工商银行规定。贷款担保可采用权利质押担保、抵押担保或第三方保证。采用质押担保方式的,质押物范围包括借款人或第三人由中国工商银行签发的储蓄存单(折)、凭证式国债、记名式金融债券,银行间签有质押止付担保协议的本地商业银行签发的储蓄存单(折)等。采用房产抵押担保方式的,抵押的房产应为借款人本人或其直系亲属名下的自由产权,且未做其他抵押的住房,并办理全额财产保险。采用第三方保证方式的,应提供保证人同意担保的书面文件、保证人身份证件原件及复印件、有关资信证明材料等。

(2) 中国银行规定。客户申请个人汽车消费贷款,应在签订借款合同之前提供中国银行认可的财产抵押、质押或第三方不可撤销的连带责任保证,担保当事人必须签订书面担保合同。

① 以抵押方式申请贷款的,客户将所购汽车作为抵押物,应当以所购车辆的实有价值全额抵押。同时,客户在获得贷款前应办理抵押物登记。

② 以质押方式申请贷款的,客户提供的质押物必须符合相关要求,并办理有关登记手续。客户应按中国银行要求,将所购车辆发票、车辆保险单原件等材料交中国银行执管。中国银行认为需要公证的,客户或质押人还应当办理公证。用于抵(质)押的财产,需要估价的,可由中国银行进行评估,中国银行也可以委托认可的资产评估机构进行估价。抵(质)押担保期间,客户或抵(质)押人未经中国银行同意,不应转移、变卖或重复抵(质)押已被抵(质)押的财产。对质押的有价证券,未经质押权人同意,不得以任何理由挂失。

③ 以第三方保证方式申请贷款的,客户应提供中国银行可接受的第三方保证。

④ 如果客户和保证人的隶属关系、性质、名称、地址发生变更,应提前30天通知中国银行,并与中国银行签订借款合同修正文本和保证合同文本。保证人失去保证能力、保证人破产

或保证人分立的,借款人应及时通知中国银行,并重新提供足额担保和签订保证合同。

(3) 招商银行规定。由保险公司提供信用保证保险或由担保公司提供担保。

6) 贷款保险

关于贷款保险,各银行规定略有不同,这里以某时期内中国银行的规定为例。

在办理汽车消费贷款时,中国银行还要求客户办理抵押物保险,保险期不得短于借款期限,投保金额不得低于贷款本金和利息之和,保险单应注明中国银行为第一受益人,保险单不得有任何有损贷款人权益的限制条件。在贷款未偿清期间,保险单正本交中国银行执管。以所购车辆作为抵押物的,借款人应按照中国银行的要求投保机动车辆险、第三者责任险和附加盗抢险。在保险有效期内,客户不应以任何理由中断或撤销保险;如保险中断,中国银行有权代为投保。如发生保险责任范围以外的损毁,客户应及时通知中国银行并落实其他担保。

7) 还款方式

个人汽车消费贷款的还款方式与个人住房商业性贷款的还款方式大致相同。贷款期限在1年以内(含1年)的,可采用按月(季)偿还贷款本息或到期一次性偿还贷款本息。贷款期限在1年以上的,应按月(季)偿还贷款本息,具体还款方式可采取等额本息还款法(按月)和等额本金还款法(按季)。交通银行还提供了分期付息一次还本法。下面对几种基本的还款方式进行分析。

(1) "等额本息"和"等额本金"。这两种还款方式都侧重本金和利息的组合。等额本息法,每期还款额相等,但固定的还款额中本金逐期递增而利息逐期递减;等额本金法,本金每期平均分摊,利息随本金的减少而递减,每期还款额也逐渐递减。

(2) "按月还款"和"按季还款"。这两种还款方式的侧重点在于还款期间隔的长短。按月还款法,是以月为单位分割还款期;按季还款法,是以每个季度为一个还款期。由这两"大件"可分别组合成按月等额本息、按月等额本金、按季等额本息和按季等额本金四种基本的还款方式组合。在这四种"基本件"中,目前常用的是"按月等额本息"还款方式,由于这款组合每月还款本息相等,便于记忆,又有利于统筹安排财务支出,故而是大部分购车借款人的首选。其次为"按月等额本金"还款法,这款组合其本金逐月减少的速度要比前一种快,相对的,初期的还款本息总额也比前一种多,所以适合初期还款能力较强或有提前还款意愿的借款人。

(3) "递增法"和"递减法"。这两种指的是每个还款年度的还款趋势。递增法表示在上述四种还款方式基础上逐年递增还款,递减法则相反。由此,又可组合出按月等额本息年度递增法、按月等额本息年度递减法、按月等额本金年度递增法、按月等额本金年度递减法、按季等额本息年度递增法、按季等额本息年度递减法、按季等额本金年度递增法、按季等额本金年度递减法八种还款方式组合。

(4) "智慧型"还款。这是一种较新的还款方式。智慧型汽车信贷消费产品,无须找人担保,无须当地户籍就可以直接贷款购车。每期的支出小于传统还款方式,而且最后一期的支付有多重选择与灵活便捷性。例如,可以降低平时月供款,在较高年度分红或奖金时再还最后一期。另外,此还款方式也适合实行车改、拥有员工购车福利计划的集团客户,以及先购买过渡性车辆,计划待将来收入提高后再买更好车辆的客户。以一款价格6.88万元的车首付2.58万元、贷款3年为例,如果采取等额本息还款方式,平均月还款额为1303.47元;若采用"智慧型"还款,每月还款额为985元,最后1个月还款金额最多,为14745元。

在上述还款方式中,借款人平时的还款压力减少,而在年度末分几次或在贷款期末一次偿还贷款本金,适合年底有稳定红利收入或在贷款期末有大额资金回笼的借款人。

【例 2-5】 马先生准备购买一辆大众朗逸,经查询,该车的价格为 11.64 万元。考虑到目前自身的支付能力,马先生决定办理个人汽车消费贷款,贷款年限为 3 年,贷款利率为 4.75%,首付 30%,采用按月等额本息的还款方式。

请问:马先生购车的总费用是多少?

解析:马先生购车的相关费用如表 2-4～表 2-6 所示。

表 2-4 马先生的购车款项

款 项	选 项	金额/元
首付款	首付额度:30%	34920
贷款额	贷款额度:70%	81480
月付额度	还款年限:3 年; 贷款利率:4.75%	2433
首期付款额	首付款+必要花费+商业保险	51888

采用按月等额本息还款方式下,每月还款额为

$$每月还款额 = \frac{贷款本金 \times 月利率 \times (1+月利率)^{还款期数}}{(1+月利率)^{还款期数} - 1}$$

$$= \frac{81480 \times \frac{4.75\%}{12} \times \left(1+\frac{4.75\%}{12}\right)^{3\times12}}{\left(1+\frac{4.75\%}{12}\right)^{3\times12} - 1}$$

$$\approx 2433(元)$$

表 2-5 马先生购车的必要花费费用

项 目	费用/元
购置税=购车型(1+13%)购置率	10301
上牌费用(不同地区费用不同)	500
车船使用税(1.0～1.6L(含))	420
机动车交通事故责任强制保险(家用 6 座以下)	950
总计	12171

表 2-6 马先生购车的商业保险费用

险 种	费用/元
第三者责任险(10 万元)	746
车辆损失险(包括自然灾害及意外事故造成的车辆损失、全车盗抢险、玻璃单独破碎险、自燃损失险、涉水险、不计免赔特约险)	3282
无过失责任险=第三者责任险保险费×20%	149
车身划痕险(赔付额度 5000 元)	570
车上人员责任险(每人保费 50 元)	50
总计	4797

综上可知,马先生办理个人汽车消费贷款后,购车的总费用＝首付总额＋贷款总额＝51888＋2433×3×12＝139476(元)。

【例 2-6】 小王大学毕业 5 年来,一直在一家大型合资制药厂工作,目前已经担任市场营销部门经理助理,月收入为 5500 元。现准备贷款购买一辆汽车,贷款金额为 10 万元,贷款期限为 5 年,贷款利率为 4.75%,当地平均每月养车费用为 1800 元。

请问:小王应该选择哪种还款方式?

解析:如果小王采用按月等额本息还款方式,月还款额将达到以下金额:每月还款额＝

$$\frac{贷款本金 \times 月利率 \times (1+月利率)^{还款期数}}{(1+月利率)^{还款期数}-1} = \frac{100000 \times \frac{4.75\%}{12} \times \left(1+\frac{4.75\%}{12}\right)^{5 \times 12}}{\left(1+\frac{4.75\%}{12}\right)^{5 \times 12}-1} \approx 1875.69(元),再$$

加上每月 1800 元的养车费用,两项合计可达到 1875.69＋1800＝3675.69(元),此金额已经占到小王收入的 $=\frac{3675.69}{5500} \times 100\% \approx 66.83\%$。如果再考虑日常的生活开销和教育投资,以及将来的婚姻筹备费用等,对于小王来说,还款的压力相当大。

根据小王的实际情况来看,虽然目前小王的收入属于中等水平,但其职业前景良好,预期未来的收入会稳步上升。如果采用"按月等额本息年度递增"的还款方式组合,选择递增法,逐年递增还款额,与小王的预计年收入较匹配,这样第一年小王的汽车还贷成本每月可以降低,也可以减轻小王的还款压力。

8) 银行与汽车金融公司贷款的比较

(1) 贷款比例。目前大多数银行规定,最低首付款为全车售价的 20%～40%;而汽车金融公司在贷款比例的要求上较为宽松,比如丰田金融对于信誉非常好的客户可以承诺首付款为全车售价的 20%,以缓解购车者的资金压力。

(2) 贷款期限。银行的贷款期限和汽车金融公司的贷款期限相同,一般分为 3 年和 5 年两种。

(3) 贷款资格。银行的汽车消费贷款看重申请人的收入、户口、抵押物等;而汽车金融公司的贷款看重申请人的信用。此外,目前银行批贷时要考虑申贷人的户口因素,需要本地市民担保、房产证明等一系列烦琐的程序,外省户口者想申请车贷比较困难;而汽车金融公司在贷款资格的要求上较为宽松,持外省户口的消费者在一定条件下也可以申请汽车贷款。

(4) 贷款利率。银行的汽车消费贷款利率按照中国人民银行规定的同期贷款利率计算;而汽车金融公司的贷款利率通常要比银行现行利率高一些,一般要比银行高出 1 个百分点。

(5) 其他费用。银行的汽车消费贷款一般需要一周左右完成,要找担保公司做担保,且收取一定的杂费;而汽车金融公司的贷款一般三天左右完成,最快一天就能放款,且不用交手续费、抵押费、律师费等费用。

2. 个人车库车位贷款

个人车库车位贷款是易贷中国联合银行等合作伙伴定向发放的,用于购买与自住房楼盘配套车位的贷款。

(1) 贷款期限。个人车库车位贷款的期限一般在 1～3 年,最长不超过 5 年。

(2) 还款方式。个人车库车位贷款可以选择等额本息、等额本金等多种还款方式。

(3) 贷款担保方式。个人车库车位贷款需要提供贷款行认可的财产抵押、质押或第三方保证等贷款担保。

（4）申请条件：借款人必须是贷款行所在地常住户口居民，具有完全民事行为能力；借款人能提供相应的担保；借款人能提供相应的消费用途证明；借款人具有还款能力，没有不良贷款记录。

（5）申请资料：借款人身份证件、婚姻状况证明；贷款人认可的部门出具的借款人职业和经济收入证明；贷款用途证明；以财产抵押或质押的，应提供抵押物或质押物清单、权属证明及有权处分人（包括财产共有人）同意抵押或质押的证明，有权部门出具的抵押物估价证明；由第三方提供保证的，应出具保证人同意担保的书面文件，有关资信证明材料及一定比例的保证金；易贷中国合作机构要求提供的其他资料。

（四）编制汽车消费支出规划方案

在分析客户汽车消费支出规划需求的基础上，理财规划师接下来的工作就是着手编制汽车消费支出规划方案。理财规划师在编制汽车消费支出规划方案的过程中，可以遵循以下步骤。

1. 建立客户关系

理财规划师与客户进行充分交谈、沟通，确定客户关系，确定客户个人或家庭有购车的意愿和需求，并了解客户个人或家庭的购车目标。

2. 收集客户信息

理财规划师应该收集客户个人或家庭与汽车消费支出规划有关的财务信息和非财务信息，其中，财务信息包括客户的收入、支出、固定资产等；非财务信息包括客户的姓名、性别、家庭结构、职业、风险偏好、工作地址、交通工具使用情况等。

3. 财务分析和评价

（1）理财规划师应该对客户个人或家庭的资产和负债情况进行分类整理，对客户个人或家庭资产和负债的价值进行评估，然后编制客户个人或家庭资产负债表。

（2）理财规划师应该分析客户个人或家庭的收入和支出项目，对客户个人或家庭收入和支出的各项指标进行计算，然后编制客户个人或家庭收入支出表。

（3）理财规划师应该对客户个人或家庭资产负债表和客户个人或家庭收入支出表进行分析，并基于客户个人或家庭财务报表进行财务比率分析与诊断。

4. 确定购车目标

理财规划师应该结合客户个人或家庭财务信息和非财务信息的分析、评价，帮助客户确定符合客户个人或家庭需求的购车目标。

5. 确定购车款方式

理财规划师应该结合客户个人或家庭的财务信息、非财务信息和购车目标，帮助客户确定是自筹经费购车，还是贷款购车。若选择贷款购车，那么理财规划师需要帮助客户进行贷款规划，如选择银行贷款还是选择汽车金融公司贷款、选择何种还款方式、选择何种还款期限，等等。理财规划师还需要运用相关的保险知识、税收知识和法律知识，为客户提供必要的支持。

6. 编制汽车消费支出规划报告，交付客户

经过以上工作程序，理财规划师已经充分了解、分析客户的购车需求，在结合客户购车目标的基础上，选择适合客户购车需求的相关汽车消费支出规划工具，最终编制出满足客户需求的汽车消费支出规划方案。

其中,汽车消费信贷计划的实施,以银行贷款购车为例,可以遵循图2-6的程序。

（1）贷款申请。借款人向银行提出申请,书面填写申请表,同时提交相关资料。借款人应提供以下资料：借款人本人有效身份证件及复印件、婚姻状况证明；配偶的有效身份证件原件及复印件,以及同意抵押的书面证明；与贷款人指定的经销商签订的购车协议或合同；居住地址证明(户口簿或近3个月的房租、水费、电费、煤气费等收据)；职业和收入证明(工作证件原件及复印件,银行代发工资存折等)；有效联系方式及联系电话；提供不低于银行规定比例的首付款凭证；贷款担保所需的证明资料或文件。以财产抵押或质押的,应提供抵押物或质押物清单、权属证明及有权处分人(包括财产共有人)同意抵押或质押的证明,有权部门出

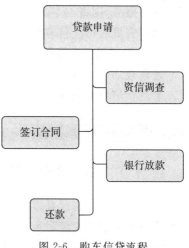

图2-6 购车信贷流程

具的抵押物所有权或使用权证明、书面估价证明、同意保险的文件；质押物须提供权利证明文件,由第三方提供保证的,应出具保证人同意履行连带责任保证的文件、有关资信证明材料及一定比例的保证金；在银行开立的个人结算账户凭证；银行规定的其他资料。

（2）资信调查。贷款行自收到借款人申请及符合要求的资料后,按规定对借款人和保证人的资信情况、偿还能力、材料的真实性进行审查,并在审查后做出答复。

（3）签订合同。贷款行审查同意贷款后,借款人办理如下手续：借款人办理汽车消费贷款保证保险；银行与借款人签订借款合同和担保合同,办理相关公证、抵押登记和保险等有关手续。

（4）银行放款。不同商业银行的贷款放款有不同的规定。某时期内中国工商银行规定,经银行审批同意发放的贷款,办妥所有手续后,银行按合同约定以转账方式直接划入汽车经销商的账户。某时期内招商银行规定,贷款行在借款人办妥相关手续后,将贷款发放至借款人个人账户,并根据借款人的委托将贷款划付相关的收款方账户。

（5）还款。借款人按借款合同约定的还款计划、还款方式偿还贷款本息。客户可根据需要选择还款方式,但一笔借款只能选择一种还款方式,合同签订后,未经银行同意不得更改。客户如果因正当理由不能按原计划偿还贷款本息,可与银行协商进行债务重整,即调整贷款期限和还款方式等。贷款重整原则上不超过一次。贷款期限在1年以内并采用一次性归还贷款本息方式的,如果客户不能按照合同规定的期限偿还贷款本息,应提前30个工作日向贷款人申请展期。展期申请经银行审查批准后,借贷双方应签订展期协议。展期协议须经抵(质)押人、保证人书面认可,并办理延长抵(质)押登记、保险手续；对以分期付款方式偿还贷款的,不得办理展期,但借贷双方可协商进行贷款重整。另外,贷款结清包括正常结清和提前结清两种：正常结清,即在贷款到期日(一次性还本付息类)或贷款最后一期(分期偿还类)结清贷款；提前结清,即在贷款到期日前,借款人如提前部分或全部结清贷款,须按借款合同约定,提前向银行提出申请,由银行审批后到指定会计柜台进行还款。贷款结清后,借款人应持本人有效身份证件和银行出具的贷款结清凭证领回由银行收押的法律凭证和有关证明文件,并持贷款结清凭证到原抵押登记部门办理抵押登记注销手续。

接下来,理财规划师应该根据客户要求完成相应的收尾工作。如果客户仅需要汽车消费支出专项规划,则可以形成汽车消费支出规划报告,以书面形式交付客户。如果客户需要综合

理财规划服务,则将汽车消费支出规划作为分项规划之一纳入综合理财规划建议书,待各分项规划全部完成后再交付客户。

7. 持续提供理财服务

理财规划师应该定期对汽车消费支出规划方案进行评估,并且不定期对汽车消费支出规划方案进行信息汇总和方案调整。

三、制订消费信贷支出规划方案

(一) 个人综合消费贷款

个人综合消费贷款是银行向借款人发放的用于指定消费用途的人民币担保贷款。个人综合消费贷款可用于大额耐用消费品、住房装修、一般助学贷款、出国留学,但不能用于购置房屋或者投资金融市场、证券市场。个人综合消费贷款具有消费用途广泛、贷款额度较高、贷款期限较长等特点。中国工商银行、中国农业银行、招商银行等商业银行均有此项贷款业务。

其中,大额耐用消费品指单价在 3000 元(含)以上,正常使用寿命在 2 年以上的家庭耐用商品,包括家用电器、计算机、家具、健身器材、卫生洁具、乐器等(住房、汽车除外)。

1. 贷款额度

由银行根据借款人资信状况及所提供的担保情况确定具体贷款额度。以个人住房抵押的,贷款金额最高不超过抵押物评估价值的 70%;以个人商用房抵押的,贷款金额最高不超过抵押物评估价值的 60%。

2. 贷款期限

一般来说,贷款期限最长不超过 5 年,对于贷款用途为医疗和留学的,期限最长可为 8 年(含),不展期。根据不同贷款银行的规定,个人综合消费贷款年限最长不超过 13 年。

3. 贷款利率

按照中国人民银行规定的同期同档次期限利率执行。个人综合消费贷款的执行利率根据各个贷款银行的不同政策要求,贷款利率至少在基准利率的基础上上浮 10%。

4. 还款方式

贷款期限在 1 年(含)以内的,可采用按月还息,按月、按季、按半年或一次还本的还款方式;贷款期限超过 1 年的,采用按月还本付息方式。

5. 银行放贷

银行以转账方式向借款人指定个人结算账户发放贷款。其他操作同个人汽车消费贷款。

6. 申请条件

(1) 在贷款银行所在地有固定住所、有常住户口或有效居住证明、年龄在 65 周岁(含)以下、具有完全民事行为能力的中国公民。

(2) 有正当职业和稳定的收入,具有按期偿还贷款本息的能力,并能够提供相关的证明文件。

(3) 具有良好的信用记录和还款意愿,无不良信用记录。

(4) 能提供银行认可的合法、有效、可靠的担保。

(5) 有明确的贷款用途,且贷款用途符合相关规定。

(6) 在贷款银行开立个人结算账户。

(7) 银行规定的其他条件。

(8) 在银行及其他金融机构无不良贷款记录。
(9) 对采用担保方式的,能提供银行认可的合法、有效的质押、抵押或保证担保。

7. 需要提供的申请材料

借款申请人向银行提出申请,书面填写申请表,同时提交以下资料。

(1) 有效身份证件。
(2) 常住户口证明或有效居住证明,以及固定住所证明。
(3) 婚姻状况证明。
(4) 收入证明或个人资产状况证明。
(5) 采用房屋抵押方式贷款的,需要提供抵押房屋的房屋所有权证,抵押房屋财产所有人(含法定共有人)的身份证件、婚姻状况证明、同意抵押的书面证明;并按规定对抵押物价值进行评估,提供评估报告;抵押住房免于评估的,应提供符合免于评估条件的相关证明材料,包括交易合同或上一次评估报告,等等。
(6) 贷款用途使用计划或声明。
(7) 银行要求提供的其他资料。

(二) 个人耐用消费品贷款

个人耐用消费品贷款是银行对个人客户发放的用于购买大件耐用消费品的人民币贷款。

耐用消费品指单价在 2000 元以上,正常使用寿命在 2 年以上的家庭耐用商品(住房、汽车除外)。

下面以某时期内中国建设银行开办的此类业务为例进行说明。

1. 贷款对象

中国建设银行规定贷款对象为年满 18 周岁至 60 周岁的具有完全民事行为能力的中国公民。

2. 贷款额度

贷款起点不低于人民币 3000 元(含),最高贷款额度不超过人民币 5 万元(含)。其中,采取抵押方式担保的,贷款额度不得超过抵押物评估价值的 70%;采取质押方式担保的,贷款额度不得超过质押权利票面价值的 90%;采取信用或第三方保证方式的,根据借款人或保证人的信用等级确定贷款额度。

3. 贷款期限

中国建设银行规定,贷款期限最短为半年,最长期限不超过 3 年(含)。

4. 贷款利率

按中国人民银行规定的同期贷款利率执行,并可在中国人民银行规定的范围内上下浮动。

5. 担保方式及要求

中国建设银行提供的担保方式有保证、抵押和质押三种。

(1) 借款人以自有财产或第三人自有财产进行抵押的,抵押物必须进行评估,并办理抵押登记手续。
(2) 借款人以自己或者第三人的符合规定条件的权利凭证进行质押的,可以质押的权利凭证包括政府债券、定期储蓄存单以及中国建设银行认可的其他权利凭证。质押权利凭证必须合法有效。贷款期限不长于质押权利凭证的到期期限。
(3) 借款人以保证方式提供担保的,保证是连带责任的保证,保证人可以是自然人、法人或其他经济组织。保证人为自然人的,信用等级经中国建设银行评定须达 A 级(含)以上。保证人是法人、其他经济组织的,必须符合法律规定条件并具有代为偿还全部贷款本息的能力,且须是中国建设银行认可的资信评级在 A 级以上的优质客户。

(4) 未经贷款银行同意,抵押期间借款人(抵押人)不得将抵押物转让、出租、出售、馈赠或再抵押。在抵押期间,借款人有维护、保养、保证抵押品完好无损的责任,并随时接受贷款人的监督检查。

6. 需要提供的申请材料

(1) 有效身份证件原件和复印件。

(2) 中国建设银行个人耐用消费品贷款申请书。

(3) 中国建设银行认可部门出具的借款人收入证明。

(4) 中国建设银行营业网点出具的自付款存款凭证。

(5) 以抵押或质押方式申请贷款的借款人,应提供抵押物或质押财产权利凭证清单、权属证明及有权处分人(包括财产共有人)同意提供担保的书面文件和有关资信证明材料。

(6) 贷款行要求提供的其他材料。

【例 2-7】 王先生家刚装修完房子,积蓄的钱已花得差不多。上初中的儿子因学习急需一台计算机。王先生想无论发生什么事,也不能耽误孩子的学习。

请问: 王先生应该使用什么方法购买孩子学习用的计算机?

解析: 在我国各大银行已经推出个人耐用消费品贷款。王先生可以从银行借款 1 万元,期限 3 年,贷款利率 4.75%,每月还款仅 300 多元,只占家庭收入的很小部分,对于王先生来说负担也不重。这样既合理安排了生活,又不影响孩子的学习。

(三) 编制消费信贷支出规划方案

理财规划师应该根据客户的消费支出规模,帮助客户使用合适的信贷方式。在分析客户消费信贷支出规划需求的基础上,理财规划师接下来的工作就是着手编制消费信贷支出规划方案。理财规划师在编制消费信贷支出规划方案的过程中,可以遵循以下步骤。

1. 建立客户关系

理财规划师与客户进行充分交谈、沟通,确定客户关系,了解初步的信息,确定客户个人或家庭有消费信贷的意愿和需求,并了解客户个人或家庭的消费信贷目标。

2. 收集客户信息

理财规划师应该收集客户个人或家庭与消费信贷支出规划有关的财务信息和非财务信息。具体内容可以参考住房消费支出规划、汽车消费支出规划中的相关内容。

3. 财务分析和评价

(1) 理财规划师应该对客户个人或家庭的资产和负债情况进行分类整理,对客户个人或家庭资产和负债的价值进行评估,然后编制客户个人或家庭资产负债表。

(2) 理财规划师应该分析客户个人或家庭的收入和支出项目,对客户个人或家庭收入和支出的各项指标进行计算,然后编制客户个人或家庭收入支出表。

(3) 理财规划师应该对客户个人或家庭资产负债表和客户个人或家庭收入支出表进行分析,并基于客户个人或家庭财务报表进行财务比率分析与诊断。

4. 确定消费信贷目标

理财规划师应该结合客户个人或家庭财务信息和非财务信息的分析、评价,帮助客户确定符合客户个人或家庭需求的消费信贷目标。

5. 确定消费信贷方式

理财规划师应该结合客户个人或家庭的财务信息、非财务信息和消费信贷目标,帮助客户确定贷款规划,如选择何种贷款方式、还款方式、还款期限等。理财规划师还需要运用相关的法律知识,为客户提供必要的支持。

6. 编制消费信贷支出规划报告,交付客户

经过以上工作程序,理财规划师已经充分了解、分析客户的消费信贷需求,在结合客户消费信贷目标的基础上,选择适合客户消费信贷需求的相关消费信贷支出规划工具,最终编制出满足客户需求的消费信贷支出规划方案。

接下来,理财规划师应该根据客户要求完成相应的收尾工作。如果客户仅需要消费信贷支出专项规划,则可以形成消费信贷支出规划报告,以书面的形式交付客户。如果客户需要综合理财规划服务,则将消费信贷支出规划作为分项规划之一纳入综合理财规划建议书,待各分项规划全部完成后再交付客户。

7. 持续提供理财服务

理财规划师应该定期对消费信贷支出规划方案进行评估,并且不定期对消费信贷支出规划方案进行信息汇总和方案调整。

本 章 小 结

本章主要介绍消费支出规划,包括分析客户消费支出规划需求、制订消费支出规划方案。其中,分析客户消费支出规划需求主要包括消费支出规划概述、金融市场与消费支出、收入、支出与财务安全和财务自由;制订消费支出规划方案主要包括制订住房消费支出规划方案、汽车消费支出规划方案、消费信贷支出规划方案。本章是客户个人或家庭有购房、购车、消费信贷需求需要做的理财规划方案。作为理财规划师,必须掌握本章的主要内容,并且能够通过分析客户个人或家庭的消费支出规划需求,结合客户个人或家庭的消费支出规划目标,恰当选择适合客户个人或家庭的消费支出规划工具,制订出符合客户个人或家庭需求的消费支出规划方案。

复习思考题

一、单项选择题

1. 住房消费是指居民为取得住房提供的庇护、休息、娱乐和生活空间的服务而进行的消费。按照国际惯例,住房消费价格常常是用(　　)来衡量的。
    A. 公允价值　　　B. 市场价格　　　C. 租金价格　　　D. 个别价格
2. 理财规划师在确定了客户希望购房时,应帮助其确定购房目标。购房目标不包括要素为(　　)。
    A. 客户家庭计划购房的时间　　　B. 区位
    C. 希望的居住面积　　　　　　　D. 届时房价
3. (　　)不属于理财规划师在为客户制订住房消费方案时应把握的原则。
    A. 无须一次到位　　　　　　　　B. 不必盲目求大

  C. 量力而行　　　　　　　　　D. 买大面积的房子

4. 小李刚刚参加工作1年,初步打算明年9月结婚,并决定在结婚前买一套房子。他打算买一套一室一厅的小户型商品房,但小李工作时间不长,月收入为3000元。如果房贷过重,会影响其日常生活,但小李估计会有良好的职业发展前景。小李适合采用(　　)还款方式。

  A. 等额本金　　B. 等额递增　　C. 等额本息　　D. 等额递减

5. 下列选项中不属于延长贷款条件的是(　　)。

  A. 贷款期限尚未到期

  B. 延长期限前借款人必须先清偿其应付的贷款利息、本金

  C. 延长期限前借款人必须先清偿违约金

  D. 贷款期限已到期

6. 某客户因出现财务紧张,需要向银行提出延长住房贷款,延期后他的原借款期限与延长期限之和最长不超过(　　)年。

  A. 20　　　　B. 25　　　　C. 30　　　　D. 50

7. 下列人群中,不适宜租房的是(　　)。

  A. 刚刚踏入社会的年轻人　　　　B. 工作地点与生活范围不固定者

  C. 储蓄不多的家庭　　　　　　　D. 经济收入稳定的家庭

8. 下列选项中不属于理财规划师建议购买小户型住宅客户群的是(　　)。

  A. 单身客户　　　　　　　　　　B. 夫妻

  C. 子女分开居住的老年夫妇　　　D. 三代同堂

9. (　　)适用于目前还款能力较强,但预期收入将减少,或者目前经济很宽裕的人,比如中年人或未婚的白领人士。

  A. 等额本金还款法　　　　　　　B. 等额本息还款法

  C. 等额递减还款法　　　　　　　D. 等额递增还款法

10. 下列选项中关于个人汽车信贷对象和条件的说法错误的是(　　)。

  A. 必须具有有效身份证明且具有完全民事行为能力

  B. 具有能够部分偿还贷款本息的个人合法资产

  C. 在银行开立个人账户,能够支付规定的首付款

  D. 能提供贷款行认可的有效担保

11. 质押担保的质押物可以是(　　)。

  A. 不动产　　B. 汽车　　C. 银行存款单　　D. 家用电器

12. 下列选项中关于汽车金融公司的描述错误的是(　　)。

  A. 在贷款比例上较为宽松

  B. 通过汽车金融公司,持外地户口的消费者一定条件下也可以申请汽车贷款

  C. 汽车金融公司无杂费

  D. 贷款期限上较为宽松

13. 下列选项中关于汽车消费贷款的说法正确的是(　　)。

  A. 贷款人、借款人、汽车经销商、保险人和担保人应在同一城市,贷款不得异地发放

  B. 贷款人、借款人、保险人应在同一城市,贷款不得异地发放;汽车经销商和担保人与贷款人、借款人、保险人可以不在同一个城市

  C. 银行汽车贷款一般首付为五成

D. 汽车贷款年限一般不超过 4 年

14. 理财规划师应告知客户申请汽车消费贷款需要提供一些材料,但不包括(　　)。
    A. 借款人身份证、婚姻状况证明
    B. 低于首期款的存款凭证或首期款收据
    C. 与贷款人指定的经销商签订的购车合同
    D. 贷款人认可的部门出具的借款人职业和经济收入证明

15. 下列选项中关于贷款买车的说法不正确的是(　　)。
    A. 没有繁杂的程序
    B. 通过贷款方式省下资金另作投资实现增值
    C. 有利于增加现金流动
    D. 支付的利息比全款买车付出的机会成本要小

16. 下列选项中不属于个人综合消费贷款特点的是(　　)。
    A. 消费用途广泛　　　　　　B. 贷款额度较高
    C. 贷款期限较长　　　　　　D. 贷款利率较低

17. 以下属于耐用消费品的是(　　)。
    A. 单价 1500 元的录像机　　B. 单价 3000 元的健身器材
    C. 汽车　　　　　　　　　　D. 房屋

18. 下列选项中关于个人消费信贷说法正确的是(　　)。
    A. 以个人住房抵押的,贷款金额最高不超过抵押物价值的 50%
    B. 以个人商用房抵押的,贷款金额最高不超过抵押物价值的 60%
    C. 贷款用途为医疗和留学的,期限最长不超过 5 年
    D. 贷款到期前可以展期

二、多项选择题

1. 根据目的不同,住房支出可以分为(　　)两类。
   A. 住房消费　　B. 买房　　C. 住房投资　　D. 租房

2. 关于购房的优缺点,下列说法中不正确的是(　　)。
   A. 优点是房子有增值潜力,可满足心理层面的归属感和安全感
   B. 缺点是不稳定,物业服务费高
   C. 所得是增值潜力,税收优惠
   D. 付出是每月的房租

3. 下列选项中,(　　)是理财规划师应当注意的事项。
   A. 组合贷款必须先还公积金贷款
   B. 在办理提前还款的同时,对于已经投保了房贷险的借款人,理财规划师还应提醒其申请退还保险金
   C. 组合贷款不必先还公积金贷款
   D. 持贷款行出具的"贷款结清证明"到原抵押登记部门办理抵押登记注销手续

4. (　　)是属于等额递增还款法的适合人群。
   A. 毕业不久的学生
   B. 目前收入一般、还款能力较弱,但未来收入预期会逐渐增加的人群

C. 适合收入较高、还款初期希望归还较大款项来减少利息支出的借款人

D. 适用于前期还款压力较小，工作年限短，收入呈上升趋势的年轻人

5. 下列选项中关于个人住房按揭贷款申请条件的说法正确的是（   ）。

   A. 所购住房全部价款20%以上的自筹资金，并保证用于支付所购住房的首付款

   B. 具有城镇常住户口或有效居留身份

   C. 具有购房合同或协议

   D. 不需要抵押或质押

6. 若王女士要购买一套房龄3年的二手房，则她在申请个人二手房贷款时，必须提供的资料有（   ）。

   A. 有共同借款人的，需提供借款人各方签订的明确共同还款责任的书面承诺

   B. 有保证人的，必须提供保证人有关资料

   C. 贷款人认可的房地产评估机构出具的房屋价值评估报告

   D. 与售房人签订的房屋买卖合同

7. 下列选项中关于提前还贷的说法正确的是（   ）。

   A. 个人住房按揭贷款的提前还款，原则上必须是签订借款合同2年（含）以后

   B. 提前还款的前提是借款人以前贷款不拖欠，且以前欠息、当期利息及违约金已还清

   C. 借款人一般须提前15天持原借款合同等资料向贷款机构提出书面申请提前还贷

   D. 公积金贷款向贷款银行提出申请

8. 在购房和租房之间进行选择时，可以采用的方法有（   ）。

   A. 年成本法　　　B. 净现值法　　　C. 获利指数法　　　D. 综合计算法

三、判断题

1. 在个人或家庭购房之前，可以提前进行行之有效的财务规划。（   ）
2. 房子大小主要取决于居住人数的多少。（   ）
3. 一般来说，房屋贷款占房价比例应小于70%。（   ）
4. 商业银行对不同类型的住房贷款抵押品是否需要评估有不同的规定。（   ）
5. 个人汽车消费贷款实行"部分自筹、有效担保、专款专用、按期偿还"原则。（   ）
6. 无论未来客户个人或家庭情况是否发生变动，都不需要调整贷款方案进行提前还贷或者延期还贷。（   ）
7. 大件耐用消费品中的"大件"是指体积、容积大。（   ）

四、计算题

1. 张先生欲购买100平方米的房子，若房屋价格是3000～6000元/平方米，则购买100平方米的房子所需要的费用为30万～60万元。假设七成按揭，贷款期限20年，年贷款利率为6%，以等额本息的还款方式还款。

请问：

（1）张先生需要支付的首付款是多少？

（2）张先生需要支付的贷款是多少？

（3）张先生需要支付的月供是多少？（结果保留两位小数）

2. 张先生欲购买100平方米的房子,目前市面上一般价格是6000元/平方米,则购买100平方米的房子所需要的费用为60万元。假设按七成按揭,贷款期限20年。

请问:

(1) 张先生需要支付的首付款是多少?

(2) 张先生需要支付的贷款是多少?

(3) 除了房款,张先生还需要缴纳的费用有哪些?(至少写四种,且无须计算)

(4) 张先生购买了一套普通住宅,成交价为100万元,他应缴纳多少契税?

(5) 张先生购买了一套非普通住宅,成交价为100万元,他应缴纳多少契税?

3. 李先生向银行申请20年期30万元的贷款,利率为6.044%,采用等额本金还款法。

请问:

(1) 李先生第一个月的还款额是多少?(结果取整数)

(2) 李先生第二个月的还款额是多少?(结果取整数)

(3) 李先生最后一个月的还款额是多少?(结果取整数)

4. 小王大学毕业5年来,一直在一家大型合资公司工作,目前任市场营销部门经理助理,月收入为5500元。现准备贷款购买一辆汽车,贷款金额为10万元,贷款期限为5年,贷款利率为5.85%,当地平均每月养车费用1800元。

请问:

(1) 小王如果采用等额本息还款法,月还款额是多少?(结果取整数)

(2) 小王每月汽车消费支出是多少?

(3) 小王每月汽车消费支出占月收入的百分比是多少?(结果保留两位小数)

五、案例题

1. 赵小姐欲购买100平方米的房子,目前市面上一般价格为5000元/平方米。除了房款,赵小姐还需要缴纳契税、印花税、房屋买卖手续费、公证费、律师费等。

请问:

(1) 赵小姐购房需要缴纳多少契税?

(2) 如果赵小姐利用公积金贷款,那么公积金的风险由谁来承担?

(3) 如果赵小姐办理按揭贷款,那么她承担的抵押登记费是多少?

(4) 赵小姐购房的房屋月供款不应超过月税后总收入的比例是多少?

2. 宋先生30岁,在政府机关工作,每月收入约7000元,收入稳定,2022年他向银行申请了30年期30万元贷款,利率为6%。

请问:

(1) 若宋先生采用等额本息还款法来还贷,则他每月的还款额是多少?

(2) 若宋先生采用等额本金还款法来还贷,则他第一个月的还款额是多少?

(3) 若宋先生在贷款期的后一时间段内,每期还款额相对前一时间段内呈一固定比例递增,同一时间段内,每期还款额相等,则他采用的是哪种还款方式?

(4) 理财规划师应该建议宋先生选择哪种还款方式?

(5) 若宋先生与银行所签的借款合同还款期限是1年以内,则他应该选择哪种还款方式?

(6) 若宋先生打算向银行提出延长贷款申请,则他可以申请延期多少次?

3. 赵先生要购买一栋价值50万元的普通住宅,因此打算向某银行申请贷款。

请问:

(1) 若申请个人住房按揭贷款,则赵先生所申请贷款的贷款期限最长不超过多少年?

(2) 接上题,若赵先生的实际购房费用为52万元,则赵先生所申请贷款的数额最高是多少?

(3) 若赵先生向银行申请贷款所购买的房屋为自用办公用房,则赵先生所申请贷款的贷款期限原则上最长不得超过多少年?

(4) 接上题,若赵先生所购买房屋总价款为60万元,则赵先生购房时的自筹金额应不低于多少?

4. 邹先生是期货公司职员,计划购买一辆20万元的汽车。

请问:

(1) 如果邹先生向银行申请个人汽车消费贷款,那么可使用贷款的最高年限是多少年?

(2) 若邹先生以个人商用房为抵押申请综合消费贷款,该房屋价值40万元,则贷款金额不超过多少?

(3) 若邹先生欲购车,则首付款不得低于多少?

(4) 若邹先生以个人住房为抵押申请综合消费贷款,该房屋价值40万元,则贷款金额不超过多少?

第三章

教 育 规 划

通过本章的学习,理财规划师应该掌握教育规划原则,能够按照教育规划步骤,根据客户的实际情况确定教育费用的额度,了解教育资金的主要来源,掌握各种教育规划工具;能够根据每个客户的不同情况给出合理的理财规划方案,并根据因素变化调整教育规划方案。

第一节 分析客户教育规划需求

一、教育规划概述

教育规划是指为实现预期教育目标所需要的费用而进行的一系列资金管理活动。

根据教育对象不同,教育规划可以分为个人教育规划和客户对子女教育费用进行财务规划两种。

个人教育规划是指对客户本身的教育投资,是个人自我完善和终身学习的重要形式,是提高个人素质、提高劳动生产率以及提高个人生活质量的重要途径。其中,个人教育是指个人接受政治、经济、科学、技术等方面的继续教育、培养教育和社会文化生活教育,是个人自我完善和终身学习的重要形式,是提高个人素质、提高劳动生产率、提高个人生活质量的重要途径。一般来说,个人教育可以通过自学、培训和进修等方式进行。例如,通过考取职业资格证书、就读在职 MBA、考取硕士研究生或博士研究生等方式来增加自身的资本,为自己以后的发展奠定基础。

子女教育规划是指客户对子女将来的教育费用进行计划和投资。其中,子女教育又可以分为基础教育和高等教育。无论是个人教育规划还是子女教育规划的教育消费,使用的规划方法都十分相似。由于大多数国家的高等教育都不是义务教育,高等教育费用普遍较高,并且对子女的高等教育投资通常是所有教育投资项目中花费较高的一项,因此,对其进行理财规划的需求也最大。

此外,个人教育规划在消费的时间、金额等方面不确定性较大,子女教育规划通常是家庭理财规划的核心。因此,本书主要讨论客户子女的高等教育部分,即客户子女的大学教育规划。

二、教育规划的必要性

(一) 良好的教育对个人意义重大

百年大计,教育为本。教育是立国之本,一个国家有没有发展潜力看的是教育,这个国家富不富强看的也是教育。对个人而言，教育可以获取知识、掌握技巧、改变命运，为未来的幸福生活奠定基础。接受良好的教育，已成为人们生存发展的第一需要和终身受益的财富。随着市场对优质人力资本需求的增加，接受良好的教育成为提高自身本领和适应市场变化的重要条件，在市场经济条件下，一般劳动者收入与受教育程度成正比例关系。一般来说，文化程度越高的就业者，薪资水平越高，收入的增长速度也越快，教育在一定程度上具有社会分配与社会分层的功能。很多人希望通过接受更高水平的教育来获得政治、经济、文化与社会利益，改变、改善自己或子女现有的生活状态。较高的教育收益预期加上日渐增加的教育支出，使教育规划成为个人或家庭理财规划中的一项重要内容。同时，为了子女将来能够有更好的发展前途，过上更好的生活，父母要为子女做更好的教育规划，使其能够好好学习，培养文化素养，提高受教育程度，为美好前程打下良好的基础。

（二）教育费用逐年增长

随着社会经济的发展以及社会竞争的日益激烈，人们对增强自身竞争能力产生了更加迫切的需要，人们对接受教育程度的要求越来越高，教育费用也在持续上升，这使得教育开支占家庭总支出的比重越来越大。除此之外，随着收入的提高和家庭财富的进一步增长，国内越来越多家庭对子女出国留学接受海外教育的需求不断增加，对一般家庭而言，除非是公费出国留学，否则出国留学费用是一个不小的负担。如果不提前筹备，临时筹集高额的学费并不容易。同时，教学费用由于包含了子女受教育期间的所有费用，包括学费、生活费等，因此易受到通货膨胀和教育费用增长率的影响而逐年上升。通常来说，使用"教育负担比"来衡量教育开支对家庭生活的影响。

$$教育负担比 = \frac{届时子女教育金费用}{家庭届时税后收入} \times 100\%$$

【例 3-1】 客户冯先生有一个女儿刚刚考入国内某大学。女儿正式入学之前，冯先生计算了一下女儿读大学一年的费用，主要包括全年学费 12000 元、住宿费 3000 元、日常各项开支预计每月 1000 元（以全年 10 个月计，共需 10000 元）。预计冯先生和冯太太全年税后收入 80000 元。

请问：冯先生女儿就读大学所需的教育费用开支对其家庭生活有怎样的影响？

解析：

$$\begin{aligned} 届时子女教育金费用 &= 学费 + 住宿费 + 日常开支 \\ &= 12000 + 3000 + 10000 \\ &= 25000(元) \end{aligned}$$

$$\begin{aligned} 教育负担比 &= \frac{届时子女教育金费用}{家庭届时税后收入} \times 100\% \\ &= \frac{25000}{80000} \times 100\% \\ &= 31.25\% \end{aligned}$$

由此可见，冯先生女儿就读大学所需的教育费用开支占家庭税后收入的 31.25%，对于冯先生家庭来讲尽管可以承受，但显然会影响到冯先生家庭的其他财务安排。通常情况下，如果预计教育负担比高于 30%，就应尽早做准备。另外，在运用"教育负担比"这一指标时还应注意，由于学费增长率可能高于收入增长率，因此以现在水准估计的教育负担比可能偏低。

（三）高等教育金的特性

与其他理财规划相比，子女教育金是最没有时间弹性与费用弹性的理财目标，因此更需要预先进行规划，这样才不会造成因父母财力不足而导致子女无法接受高等教育的遗憾。

从时间弹性来看，一般子女到18岁左右就要步入大学，届时父母就应该已经准备好至少一年的高等教育金。这一点与购房规划、退休养老规划不同，对于这两项规划，如果财务状况不允许，可以推迟理财目标的实现时间，如推迟购房时间、延后退休等，子女教育规划则完全没有这样的时间弹性，所以更应该提早准备高等教育金。

从费用弹性来看，高等教育金相对固定，不管每个家庭收入与资产状况如何，教育负担基本相同，不会因为家庭有钱或者没钱而有所差异，也不会像购房规划、退休养老规划可以适当降低标准。因为子女教育规划没有费用弹性，所以要及早为子女准备足额的高等教育金。

从高等教育金的准备时间来看，子女就读大学时年龄多为18岁左右，而家长的年龄届时通常为40多岁，距离退休还有10~20年。子女高等教育金支付期与退休金准备期高度重叠，为了平衡这两种需求，提早进行教育规划是十分必要的。

除此之外，子女的资质是无法事先预测的。孩子出生时很难知道孩子在独立前要花费多少钱。父母希望子女能接受良好的教育，但不一定能考上计划中的高等院校。在求学期间的费用，不是父母可以事先控制的，所以要从宽规划子女的教育费用。另外，子女的教育资金还会受到通货膨胀的影响。

许多父母在子女出生不久就开始规划子女成长的教育基金，但往往无法花充足的时间去了解投资产品，也无法及时掌控投资产品的变化趋势，所以规划手段单一、收益不高。因此，许多父母在进行教育规划时需要听取专业理财规划师的建议，通过合理的财务计划，确保将来有能力合理支付自身及其子女的教育费用，充分达到个人或家庭的教育期望。

三、我国高等教育体系

（一）高等教育概况

高等教育在我国具有重要的地位，一直是教育系统中发展最快的部分。我国的高等教育包括专科、本科、研究生教育三个层次。我国实施高等教育的机构为大学、学院和高等专科学校。高等学校承担教学、科研和社会服务三大任务。根据教育部发布的《2022年全国教育事业发展统计公报》，全国共有高等学校3013所。其中，普通本科学校1239所（含独立学院164所），比上年增加1所；本科层次职业学校32所；高职（专科）学校1489所，比上年增加3所；成人高等学校253所，比上年减少3所。另有培养研究生的科研机构234所。各种形式的高等教育在学总规模4655万人，比上年增加225万人。高等教育毛入学率59.6%，比上年提高1.8个百分点。普通本科学校校均规模16793人，本科层次职业学校校均规模19487人，高职（专科）学校校均规模10168人。研究生招生124.25万人，比上年增加6.60万人，增长5.61%；其中，博士生13.90万人，硕士生110.35万人。在学研究生365.36万人，比上年增加32.12万人，增长9.64%；其中，在学博士生55.61万人，在学硕士生309.75万人。毕业研究生86.22万人，其中，毕业博士生8.23万人，毕业硕士生77.98万人。普通本科招生467.94万人，比上年增加23.34万人，增长5.25%，另有专科起点本科招生86.62万人；在校生1965.64万人,比上年增加 72.54 万人,增长 3.83%;毕业生 471.57 万人,比上年增加 43.47 万人,增长 10.15%。

我国高等教育包括普通高等教育和成人高等教育。普通高等教育分为专科教育(学制 2~3 年)、本科教育(学制 4 年)和研究生教育(包括硕士和博士学位)三个阶段。我国现行的成人高等教育包括以下类型:①广播电视大学;②职工高等学校;③农民高等学校;④管理干部学院;⑤教育学院;⑥独立函授学院;⑦普通高等学校举办的函授部、干部专修科、电大(国家开放大学)、普通专科班。

1998 年年底,全国高等教育在学总人数为 643 万人,高等教育毛入学率仅为 9.8%。到了 2005 年年底,全国高等教育在学总人数超过 2300 万人(其中,普通本、专科在校生接近 1500 万人,在学研究生超过 90 万人),高等教育毛入学率达到 21%,这标志着我国高等教育进入国际公认的大众化发展阶段,在世纪之交取得了历史性的跨越式发展。此后,我国高等教育大众化水平不断提高,到 2022 年,全国各类高等教育在学总规模达到 4655 万人,高等教育毛入学率达到 59.6%。

(二)学位制度

中国的学位分为学士、硕士和博士三个级别。学科门类分为哲学、经济学(包括理论经济学、应用经济学)、法学(包括政治学、社会学、民族学等)、教育学(包括教育学、心理学、体育学)、文学(包括语言学、新闻传播学等)、历史学(包括考古学、中国史、世界史)、理学(包括数学、物理学、化学、天文学、地理学、生物学、统计学等)、工学(包括力学、机械工程、电气工程、水利工程、交通运输工程、信息与通信工程等)、农学(包括作物学、园艺学、畜牧学、林学等)、医学(包括基础医学、临床医学、中医学、护理学等)、军事学(包括战略学、战役学、战术学、军事管理学等)、管理学(包括工商管理、农林经济管理、图书情报与档案管理等)、艺术学(包括音乐与舞蹈学、戏剧与影视学、美术学、设计学等)、交叉学科(包括集成电路科学与工程、国家安全学),共 14 个学科门类。

高等学校本科学生完成教学计划所规定的各项要求,其课程学习和毕业论文的成绩合格,授予学士学位;高等学校和科学研究机构的硕士研究生,通过硕士学位的课程考试和论文答辩,成绩合格,授予硕士学位;高等学校和科学研究机构的博士研究生,通过博士学位的课程考试和论文答辩,成绩合格,授予博士学位。

(三)高等教育费用

1. 学费

1996 年以前,我国大学教育基本上是不收学费或者象征性地收取学费。1996 年,高等教育试行并轨招生,学费每年达到 2000 元左右。1997 年全面并轨后,学费一直维持在 3000 元左右。2000 年的收费在 1999 年的基础上提高了近 15%,大学生学费超过 4000 元。从近几年的收费情况来看,各高校学费每年一般在 5000~30000 元,总体呈上涨趋势。

2. 生活费

生活费也是高等教育费用的一部分。在校学习期间,大学生一般住在学校,因此,地域差别对消费的影响并不大。大学生的生活费主要包括住宿费、伙食费、通信费、日常生活用品费、交通费及其他。从目前情况来看,我国各高校住宿费每年通常为 1000~5000 元;伙食费每年在10000元左右;通信费每年在1000元左右;日常生活用品花费根据地区和性别有所差异,且不断上升;每年往返探亲的交通费因地域不同、使用的交通工具不同,而有所差异。

(四)奖学金制度及勤工俭学政策

我国各高校均制定了奖学金制度,奖学金的发放办法、数额、发放对象各不相同。例如,有些高校设有综合素质奖、突出贡献奖、优秀学生奖学金、优秀新生奖学金(即新生入学奖学金)、优秀毕业生奖学金、单项奖学金、专项奖学金,等等,奖学金数额从几百元到几千元不等,有的甚至可以达到万元。此外,为解决贫困大学生接受高等教育问题,各高校还采取了特殊的帮扶政策,如专项奖学金、国家助学贷款、勤工助学、困难补助、减免学费等勤工俭学政策。

第二节 制订教育规划方案

一、教育资金的主要来源

教育支出主要的资金来源是客户的收入和资产。稳定的收入和充足的资产是教育支出坚实的资金保证。但对于工薪阶层来说,税后可支配的收入总量可能不大,也不可能将税后收入全部用于教育,还必须考虑衣、食、住、行等其他方面的支出,尤其对于贫困家庭而言,教育支出更是不容乐观。因此,除了客户的收入和资产,理财规划师还应了解和利用其他学费来源,帮助客户节约成本。具体来说,其他教育资金来源主要有政府教育资助、奖学金、工读收入、教育贷款、留学贷款。

(一)政府教育资助

教育公平是社会公平的重要基础,促进教育公平是国家的基本教育政策。党和国家高度重视家庭经济困难学生的上学问题。近些年,国家有关部门密集出台相关资助政策、落实资助措施,已建立覆盖学前教育至研究生教育的学生资助政策体系,从制度上保证不让一个学生因家庭经济困难而失学。

政府每年都会在财政预算中拨出一部分资金用于教育资助。政府教育资助通常有严格的资助限制,主要包括特殊困难补助及减免学费政策、"绿色通道"政策等。

1. **特殊困难补助及减免学费政策**

特殊困难补助及减免学费政策是高校资助政策的辅助性措施。这两个政策共同的特点就是无偿性资助。特殊困难补助是指各级政府和高校对经济困难学生遇到一些特殊性、突发性困难给予的临时性、一次性的无偿补助。减免学费政策是指国家对部分确因经济条件所限,缴纳学费有困难的学生,特别是对孤残学生、少数民族学生及烈士子女、优抚家庭子女等实行减免学费政策。

2. **"绿色通道"政策**

"绿色通道"是指让有经济困难、无法交足学费的新生在不交学费的情况下顺利办理全部入学手续。2003年7月,教育部发布《关于切实做好资助高校经济困难学生工作的紧急通知》,指出:"今年新学期开学时,各高校都要一律设立'绿色通道'制度,确保今年新录取的经济特殊困难学生顺利入学。"为切实保证贫困家庭学生顺利入学,教育部规定,各公办普通高等学校都必须建立"绿色通道"制度,即对被录取入学、无法缴纳学费的家庭经济困难的新生,先办理入学手续,然后根据学生的实际情况,采取不同的办法予以资助。2022年中国学生资助发展报告显示,2022年秋季学期,通过"绿色通道"入学的家庭经济困难学生为154.04万人。

理财规划师必须充分了解政府教育资助的有关信息,包括资助条件、资助种类、资助期限等。由于政府拨款有限,即使是符合条件的申请人,也不一定能够获得资助。因此,理财规划师在为客户提供子女教育规划时应当注意以下几点:①充分收集客户及其子女争取政府教育资助的相关信息;②由于政府拨款有限,拨款数量具有很大的不确定性,子女教育规划方案应减少对这种筹资渠道的依赖,特别是在客户子女距离上大学时间长于5年,而客户本身有稳定收入时,子女教育规划方案应首先考虑以客户自有资源满足子女高等教育费用。

(二)奖学金

政府的教育资助有时以奖学金方式发放,但这类奖学金所占比例较小,各类民间机构和组织,如企业、公司、基金、宗教慈善团体、服务机构、学术组织等都通过学校设立种类繁多的奖学金。无论是哪种奖学金,都是有条件的,奖学金一般要求申请人在学业、社会活动或是体育技能方面有所专长。虽然奖学金也是教育费用的一项来源,但是客户子女能否获取奖学金具有很大的不确定性,所以理财规划师应对客户子女的相关信息有充分的了解,在做子女教育规划时要从稳健性原则出发,给出合理的建议。

根据我国现行的奖学金制度,目前国家设立的奖学金包括以下几种类型:本、专科生奖学金分为三种,即优秀学生奖学金、专业奖学金和定向奖学金;研究生奖学金分为两种,即研究生优秀奖学金、研究生普通奖学金;国家奖学金。

下面重点介绍优秀学生奖学金和国家奖学金。

1. 优秀学生奖学金

优秀学生奖学金是指用于鼓励德、智、体、美全面发展,品学兼优的本、专科学生而设立的奖学金。

优秀学生奖学金的资金来源是按照国家教委、财政部制定的《普通高等学校本、专科学生实行奖学金制度的办法》和《普通高等学校本、专科学生实行贷款制度的办法》规定:"学校可建立奖学金和学生贷款基金(简称奖贷款基金),其来源是从主管部门拨给高等学校的经费中,按原助学金标准计算的80%~85%转入奖贷基金账户。"

优秀学生奖学金分为三个等级:一等奖学金、二等奖学金、三等奖学金,此外,还可设立单项奖。国家规定的优秀学生奖学金的标准是:一等奖学金,每人每年350元;二等奖学金,每人每年250元;三等奖学金,每人每年150元。随着社会物价和生活水平的变化,一般高校的优秀学生奖学金标准已高于上述规定标准,具体可见各校每年的招生简章。各高校的优秀学生奖学金数额和种类,根据各学校的实际情况而有所不同。一般来说,优秀学生奖学金数额从数百元到上千元不等。

优秀学生奖学金的考评过程坚持"公开、公正、公平"原则,根据学生总数按一定的比例评出。优秀学生奖学金的评定比例为:一等奖学金,按本、专科学生人数的5%评定;二等奖学金,按本、专科学生人数的10%评定;三等奖学金,按本、专科学生人数的10%评定。有关文件规定,学校可在按规定标准和比例计算的经费总额内,适当降低一、二等奖学金的比例和标准,增加三等奖学金比例或增设单项奖。但获得一、二、三等奖学金和单项奖的人数比例应控制在本、专科学生人数的35%以内。其中,获得单项奖的应控制在本、专科学生人数的5%以内。各高等院校均根据自身具体情况,按照优秀学生奖学金的条件,制定出合理可行的综合测评办法。

此外,享受学生贷款的学生在获得奖学金后,原则上应抵还贷款。

2. 国家奖学金

国家奖学金是指为了激励普通本科高校、高等职业学校和高等专科学校学生勤奋学习、努力进取,在德、智、体、美等方面全面发展,由中央政府出资设立的用来奖励特别优秀学生的奖学金。

国家奖学金以国家的名义发放,自2002年9月1日起正式实行。作为大学生,能获得国家奖学金,是一项莫大的荣誉。国家奖学金也是当前高校大学生能够获得的荣誉等级最高的国家级奖学金,其评审最为规范,标准最为严格。因此,国家奖学金受到各高校大学生的广泛关注,在执行过程中,各学校都十分重视,并制定了相关的管理条例。全国每年超过2000所高校,近2700万名在校学生角逐6万个国家奖学金名额,获奖比例仅为0.2%。

国家奖学金可以分为本、专科国家奖学金和研究生国家奖学金。

(1) 本、专科国家奖学金。中央部属高校的国家奖学金名额由财政部会商有关部门确定。地方高校的国家奖学金名额由各省(自治区、直辖市)根据财政部、教育部确定的总人数,以及高校数量、类别、办学层次、办学质量、在校本专科生人数等因素确定。在分配国家奖学金名额时,对办学水平较高的高校,以农、林、水、地、矿、油、核等国家需要的特殊学科专业为主的高校,予以适当倾斜。本、专科国家奖学金的奖励标准定为每生每年8000元。

(2) 研究生国家奖学金。中央财政出资设立研究生国家奖学金,用于奖励普通高等学校中表现优异的全日制研究生。研究生国家奖学金每年奖励4.5万名在读研究生。其中,博士研究生1万名,硕士研究生3.5万名。博士研究生国家奖学金的奖励标准定为每生每年3万元,硕士研究生国家奖学金的奖励标准定为每生每年2万元。

(三) 工读收入

高等学校组织学生参加勤工助学活动,是高等学校收费制度改革的一项重要配套措施。这项活动不仅能够促进学生德、智、体、美、劳全面发展,而且可以使学生通过参加劳动取得相应报酬。同时,这项活动也强化了付出就有收获的概念,有利于大学生及早树立理财观念。学校设置校内勤工助学岗位,并为学生提供校外勤工助学机会,家庭经济困难的学生优先考虑。但是目前各高校勤工助学岗位普遍不足。

客户子女接受高等教育期间,通过假期和课余打工获得的工读收入也可以作为教育费用来源。但是,工读收入取得的时间、金额都不容易确定,实际上大学生在学习期间的工作机会并不多。所以,理财规划师在做子女教育规划时,不应将工读收入计算在内。

(四) 教育贷款

教育资金的来源除了客户拥有的收入、资产和政府(或民间机构)的资助,还包括政府为家庭贫困学生提供的各种无息或低息贷款。教育贷款是教育费用重要的筹资渠道,我国的教育贷款主要包括以下三种形式。

1. 学生贷款

学生贷款是指学生所在学校为那些无力解决在校学习期间生活费的全日制本、专科在校学生提供的无息贷款。学生贷款是高校利用国家财政资金为学生办理的无息借款。实行专业奖学金办法的高等院校或专业,不实行学生贷款制度。学生贷款审定机构应由学生管理部门、财务部门、教师和学生等方面代表组成。目前在各高校的实际运作中,学生贷款的具体审定工作通常由学校学生处牵头负责。如果贷款的学生违约,不能如期归还所借贷款,那么其担保人要承担全部还款责任,并缴纳一定数额的违约金。目前各高校学生贷款实际额度一般每年在1000元以上。

2. 国家助学贷款

国家助学贷款是党中央、国务院在社会主义市场经济条件下,利用金融手段完善我国普通高校资助政策体系,加大对普通高校贫困家庭学生资助力度所采取的一项重大措施。国家助学贷款是由政府主导、财政贴息、财政和高校共同给予银行一定风险补偿金,银行、教育行政部门与高校共同操作的专门帮助高校贫困家庭学生的银行贷款。也就是说,国家助学贷款是由政府主导,金融机构向高校家庭经济困难学生提供的不需要担保或抵押的信用助学贷款。借款学生不需要办理贷款担保或抵押,但需要承诺按期还款,并承担相关法律责任。借款学生通过学校向银行申请贷款,用于弥补在校期间各项费用的不足,毕业后分期偿还。贷款学生在校期间的贷款利息全部由财政贴息,毕业后的利息由学生支付,并按约定偿还本金。申请国家助学贷款有两种模式:一是校园地国家助学贷款,即通过就读学校向经办银行申请;二是生源地信用助学贷款,即通过户籍所在县(市、区)的学生资助管理机构提出申请(有的地区直接到相关金融机构申请)。

3. 一般性商业助学贷款

一般性商业助学贷款是指各金融机构以信贷原则为指导,为高校学生、学生家长或其监护人办理的,以支持学生完成学习为目的的一种商业性贷款。这种助学贷款近年来得到快速发展,是对国家资助政策的有益补充。申请一般性商业助学贷款的条件是必须有符合条件的信用担保,贷款人为当地居民。

学生贷款、国家助学贷款、一般性商业助学贷款这几种贷款形式在贷款对象、贷款利息、贷款额度、贷款期限等方面不尽相同,详见表3-1。

表3-1 学生贷款、国家助学贷款、一般性商业助学贷款的区别

项　　目	学　生　贷　款	国家助学贷款	一般性商业助学贷款
贷款经办机构	学生所在学校	政府按隶属关系委托助学贷款管理中心通过招投标方式确定国家助学贷款经办银行	开办此项业务的商业银行和城乡信用社
贷款对象	无力解决在校学习期间生活费用的全日制本、专科在校学生,但不包括实行专业奖学金制度的学校或专业	无力支付学费、住宿费和生活费的全日制本、专科学生(含高职学生)、研究生和第二学士学位学生	年满18周岁,具有完全民事行为能力的在校大学生、研究生
贷款利息	无息	在校期间的贷款利息全部由财政补贴,毕业后全部自付〔2020年1月1日起,新签订合同的国家助学贷款利率按照同期同档次贷款市场报价利率(LPR)减30个基点执行〕	按法定贷款利率执行

续表

项　　目	学 生 贷 款	国家助学贷款	一般性商业助学贷款
贷款担保	采用信用担保的形式，由学生家长担保	无担保信用贷款	采用保证担保、抵押担保、质押担保等形式，担保人可以是法人也可以是自然人
学校介入程度	完全由学校负责	学校负责协助经办银行办理	学校一般只负责证明借款学生的学生身份及其在校表现
贷款额度	贷款额度＝基本生活费用－奖学金（额度较小）	每人每年最高贷款额度12000元	一般在2000～20000元（额度较大）
贷款期限	最长为毕业后6年内	学制加15年，最长不超过22年。一般来说，毕业后视就业情况，在1～2年内开始还贷，6年内还清	各商业银行规定期限不同，一般贷款期限不会很长
贷款减免偿还措施	有	无	无

另外，学生偿还贷款的形式主要有以下几种。

（1）学生毕业前，一次或分次还清。

（2）学生毕业后，由其所在的工作单位将全部贷款一次垫还给发放贷款的部门。

（3）毕业生见习期满后，在2～5年内由所在单位从其工资中逐月扣还。

（4）毕业生工作的所在单位，可视其工作表现，决定减免、垫还的贷款。

（5）对于贷款的学生，因触犯国家法律、校纪，而被学校开除学籍、勒令退学或者学生自动退学的，应由学生家长负责归还全部贷款。

除此之外，选择教育贷款时应注意，教育贷款的归还依赖客户或其子女工作后的现金流，可能影响客户的其他生活计划，如退休养老计划。客户可能为了归还贷款推迟退休，甚至将用于退休的储蓄挪用，以致影响其退休后的生活。理财规划师的作用就在于为客户安排贷款计划，使教育消费和其他支出之间不产生冲突。

（五）留学贷款

留学贷款是指银行向出国留学人员或其直系亲属或其配偶发放的，用于支付出国留学人员学费、基本生活费等必需费用的个人贷款。相比国内住房消费信贷、汽车消费信贷，留学贷款条件要苛刻得多，手续也比较复杂。

1. 留学贷款借款人应具备的条件

（1）借款人应具有完全民事行为能力，在贷款到期日时实际年龄不得超过55周岁。

（2）借款人无违法乱纪行为，身体健康，具备诚实守信的品德。

（3）借款人为出国留学人员本人的，在出国留学前应具有贷款人所在地的常住户口或其他有效居住身份。

（4）借款人为出国留学人员直系亲属或配偶的，应具有贷款人可控制区域内的常住户口或其他有效居住身份，有固定的住所，有稳定的职业和收入来源，具备按期还本付息的能力。

(5) 借款人应持有拟留学人员的国外留学学校出具的入学通知书(包括学费的收费标准)或其他有效入学证明,以及已办妥拟留学人员留学学校所在国入境签证的护照。

(6) 借款人须提供贷款人认可的财产抵押、质押或第三方保证。抵押财产仅限于可设定抵押权利的房产;质押品仅限于国债、贷款行存单、企业债券等有价证券;保证人应为具有代偿能力的法人或自然人,并愿意承担连带还款责任。

(7) 贷款人规定的其他条件。

2. 留学贷款的贷款额度

(1) 房产抵押。以可设定抵押权利的房产作为抵押的,贷款最高额不超过经贷款人认可的抵押物价值的60%。

(2) 质押。以国债、贷款行存单作质押的,贷款最高额不超过质押物价值的80%;以企业债券作质押的,贷款额根据债券发行人的资信而定,贷款最高额不超过质押物票面价值的60%。

(3) 第三方保证(即信用担保)。以第三方提供连带责任保证的,若保证人为经银行认可的法人,则贷款可全额发放;若为经银行认可的自然人,则贷款最高额不超过20万元人民币。

3. 留学贷款的贷款期限

留学贷款的贷款期限根据留学期限、借款人收入状况和保证人及担保物的担保能力而定,最长不超过6年(含)。

4. 留学贷款要求借款人应提供的主要材料

(1) 借款人及配偶的身份证、结婚证、户口簿或有权机构出具的有效居留证件原件及复印件。

(2) 拟留学学校出具的入学录取通知书、接受证明信及其他有效入学证明资料以及有关必需费用证明,同时提供本人学历证明资料,包括已办妥拟留学学校所在国入境签证手续的中华人民共和国护照。

(3) 提供具有完全民事行为能力的中国公民作为借款人的国内代理人,并提供其国内代理人的身份证、有关居住证明及通信地址。

(4) 以财产抵押或质押的,应提供抵押物权属证明或质押物正本、单据和有权处分人(包括财产共有人)同意抵押或质押的证明,必要时应提供有权部门出具的抵(质)押物估价证明。

(5) 若担保人为法人,应出具保证人同意担保的书面文件(担保人为法人分支机构的,应同时出具法人授权担保文件)、企业法人营业执照、经审计的上年度和近期财务报表及有关资信证明材料;若担保人为自然人,应提供保证人的身份证、户口簿、收入或财产证明及其他资信证明。

(6) 贷款人要求提供的其他资料。

目前,我国商业银行中开办留学贷款业务的主要有中国银行、中国工商银行、中国建设银行、中国农业银行、民生银行、中信银行,等等。

除此之外,如果客户有意让其子女出国留学,就必须考虑汇率问题。因为在国外留学,除了测算以当地货币计算的留学成本,还要充分考虑汇率的波动风险,汇率波动因素不容忽视。表3-2是部分国家本科生阶段出国留学费用汇总,具体花费因汇率及留学年份不同而略有差异。

表 3-2 部分国家本科生阶段出国留学费用汇总

国家	学制	学费	生活费	汇率
美国	一般为 4 年	公立大学:10 万～30 万元人民币/年; 私立大学:30 万～50 万元人民币/年; 学费按照学分来结算,选择的学分越多,所要缴纳的学费就越多	一、二线城市,如纽约、旧金山、华盛顿、芝加哥等,6500～13000 元人民币/月; 三线城市,如得克萨斯州、伊利诺伊州、密歇根州等,4000～5000 元人民币/月; 四线城市,如密苏里州,3000～4000 元人民币/月。 具体花费因个人生活习惯不同而略有差异	1 美元 = 6.3345 元人民币
英国	一般为 3 年	15 万～20 万元人民币/年; 少数商科,20 万～25 万元人民币/年。 具体课程因学校专业及地区不同,学费也有所差异	一般而言,伦敦地区费用最高,15 万～20 万元人民币/年; 非伦敦地区,约 10 万元人民币/年。 具体花费因个人生活习惯不同而略有差异	1 英镑 = 8.6244 元人民币
加拿大	一般为 3～4 年	5 万～15 万元人民币/年。 不同城市的物价指数、教育政策、专业设置等有较大差异,一般而言,中心城市大学比东海岸及中西部大学学费高	6 万～15 万元人民币/年。 具体花费因个人生活习惯不同而略有差异	1 加元 = 4.9686 元人民币
日本	一般为 4 年	国公立大学:3 万～6 万元人民币/年; 私立大学:6.5 万元人民币/年	3.5 万～7 万元人民币/年。 具体花费因个人生活习惯不同而略有差异	1 日元 = 0.05517 元人民币
澳大利亚	一般为 3 年	9 万～16 万元人民币/年。 学校排名、地理位置、教学设施等对费用有直接影响,排名越靠前的学校,费用也越高	一线城市,如悉尼、墨尔本地区,约 10 万元人民币/年; 二线城市,如布里斯班、珀斯地区,8 万～10 万元人民币/年; 三线城市,如阿德莱德、堪培拉地区,6 万～9 万元人民币/年; 具体花费因个人生活习惯不同而略有差异	1 澳元 = 4.5589 元人民币

根据目前的情况计算出来的学费,还不能作为子女教育规划的最终数据,因为随着经济的增长,物价也在增长,必须对学费的增长率加以预测。教育费用与物价是联系在一起的,一般情况下,教育费用的增长要高于通货膨胀的增长速度,因此可以结合一国的通货膨胀情况,适当加上几个百分点作为教育费用的增长预期。

综上可知,其他教育资金来源在取得上及政策规定方面有较大的不确定性,因此,在确定客户教育资金来源时,理财规划师应以客户的收入和资产为主,以其他教育资金来源为辅。

二、子女教育规划的原则

虽然每个客户为子女设定的教育目标并不相同,自身情况也千差万别,但制订子女教育规划都应遵循以下几个重要原则。

（一）目标合理

父母的期望与子女的兴趣、能力可能存在差距，而且子女的兴趣爱好在发生变化。因此，理财规划师帮助客户为其子女设定最终教育目标时，应充分考虑孩子的特点，并结合客户家庭的实际经济情况、风险承受能力设定理财目标，既不能好高骛远、揠苗助长，也不能降低标准，更不能盲目效仿他人。比如，是上普通大学还是艺术院校，是上公立学校还是民办学校，是在国内上大学还是出国留学，出国留学是去公立大学还是私立大学，等等。子女教育基金不像其他资产或退休规划有时间弹性和费用弹性，加之每个孩子的资质不同，其兴趣爱好随时可能发生转变。因此，理财规划师为客户制订子女教育规划方案时应采用相对灵活的资金积累方式，以适应客户子女在未来不同的选择。

（二）提前规划

子女教育基金的设立与规划并非仅学费那么简单，这笔开销还包括子女的饮食、交通、服装、教育费、娱乐费和医疗费用等，若考虑未来不确定的通货膨胀因素，子女教育费用将成为家庭中仅次于购房的一项重要支出，所以，理财规划师应该使客户认识到子女教育规划的重要性，尽早规划子女的教育基金。从量上看，在制订子女教育规划时要相对宽松些，以防有超出计划的需要。当然，在保证客户家庭日常开支的前提下，积累足够的教育基金才是合理的选择。子女教育规划没有时间弹性和费用弹性，对教育投资准备的时间越长，给家庭带来的财务压力就越小，实现子女教育规划的目标也就更加容易。不同阶段的子女高等教育规划如表3-3所示。

表 3-3 不同阶段的子女高等教育规划

阶段划分	子女刚出生时，进行高等教育规划	子女上小学时，进行高等教育规划	子女上初中时，进行高等教育规划
投资总额	32400元	32400元	32400元
投资收益率	5%	5%	5%
投资年限	18年	12年	6年
每月投资金额	150元	225元	450元

由表3-3可以看出，在子女高等教育投资总额、投资收益率固定的情况下，子女高等教育投资的年限越长，每月投资的子女高等教育金额就越少，家庭对于子女高等教育支出的压力就越小，对家庭财务支出的影响也就越小。

另外，子女受教育程度取决于父母期望、子女资质、学习能力、兴趣爱好，所以教育费用往往难以准确估算，而且难以缩减，加之高等教育的学费在不断增加，若考虑通货膨胀因素，子女教育费用是一笔不小的支出，因而准备教育费用应宁多毋少。充裕的经费是孩子接受良好教育的财务保障。子女教育规划与客户退休养老规划几乎是同时进行的，多余的子女教育资金可以划入退休账户，用于养老。在筹集教育经费的时候，还是以宽松为好，即使筹集的教育资金较多，也可以将多余的教育资金当作客户未来的退休金，降低退休后对子女的依赖程度。因为对一般家庭而言，退休金与子女教育金很难兼顾，培养子女的独立性，才有可能以有限的投资与储蓄在父母的退休金与子女教育金之间取得平衡。

（三）定期定额

通常情况下，人们不易坚持按月存款。因而利用定期定额计划，用实际数字来量化理财目标，对定期储蓄自制力差的人采取强制储蓄措施，通常可以奏效。每月存一部分，虽然单次储蓄额不多，但坚持习惯性储蓄才能为子女教育基金打下坚实的基础。目前有很多投资工具可以用来强制储蓄，如教育储蓄、教育保险等。当子女考上大学时，至少这部分学费已通过强制储蓄的方式准备好，不会因经费问题阻断子女的求学之路，造成无法弥补的遗憾。即使投资获利没有达到预期的金额，已上大学的子女也可以通过勤工俭学或兼职的方式，来筹措住宿或继续深造的经费。

（四）稳健投资

子女教育基金并非越多越好，理财规划师切不可因筹集资金的压力而选择高风险的投资工具，因为本金遭受损失对未来子女教育的不利影响会更大。根据收益与风险相配比原则，任何可能获得高收益的投资都将伴随着高风险，所以，投资要坚持稳健性原则。对于那些距子女读大学时间较短的客户来讲，这一点尤为重要。

三、教育规划的工具

客户子女从出生到接受高等教育，教育消费时间跨度长、涉及数额大，这就给子女教育规划留下了很大的空间。在了解客户对其子女的教育需求、教育目标以后，理财规划师要做的是分析怎样才能更好地为客户做子女教育规划，以帮助其实现子女教育规划目标。因此，教育费用筹集投资工具的选择成为教育规划的一项重要内容。大体上来说，教育投资工具可以分为短期教育规划工具和长期教育规划工具。

（一）短期教育规划工具

短期教育规划工具主要指各类教育贷款，主要包括学校贷款、政府贷款、银行贷款，即学生贷款、国家助学贷款、一般性商业助学贷款，这部分内容在前文中已有介绍。

另外，由于很多客户的教育规划主要针对自身学历的提升或是子女进入高中后再规划其高等教育阶段的费用，因此可以通过短期投资来实现，如银行理财产品、一次性基金投资、债券投资等。这些投资工具也可以作为短期投资工具。

如果子女教育规划编制得比较晚，在短期内就需要一笔资金来支付子女的教育费用，则应考虑通过教育贷款来实现子女的教育规划目标。采用教育贷款这种方式很容易占用退休养老规划的资金，所以在做决定之前应该慎重考虑，并确保不会影响退休养老规划和其他安排。一般情况下，可以先考虑让子女就读学费较低的学校。其次，可以将债务归在子女的名下，自己作为债务的担保人或第三方，只有当子女的财务状况显示其无法偿还债务时，才需要为其承担此义务。另外，不少学校为了吸引优秀的学生，会为本校学生提供低息贷款。学生还可以申请国家助学贷款或者一般性商业助学贷款，但各种教育贷款各有利弊，还需要加以权衡。

（二）长期教育规划工具

客户如果尽早制订子女教育规划，其所承担的经济负担和风险较低，所以通常情况下，理财规划师会指导客户较早制订子女教育规划。与其他理财规划相比,教育规划更重视长期工具的运用和管理。长期教育规划工具包括传统教育规划工具和其他教育规划工具。

1. 传统教育规划工具

传统教育规划工具主要有教育储蓄和教育保险。传统教育规划工具的优点是风险较低、有稳定的收益。

(1) 教育储蓄。为了鼓励城乡居民以储蓄存款方式为其子女接受非义务教育储蓄资金,促进教育事业的发展,中国人民银行制定了教育储蓄方法。教育储蓄是指个人为其子女接受非义务教育的需要,每月按固定金额存入银行,到期一次性支取本息的一种特殊的零存整取的定期储蓄。教育储蓄的特点是储户特定、存期灵活、利率优惠、利息免税。教育储蓄采用实名制,办理开户时,必须凭储户本人(即学生)的户口簿或居民身份证以储户本人(即学生)的姓名开立账户,金融机构根据储户提供的相关证明办理。开户对象为在校小学四年级(含)以上学生。教育储蓄的存期分为1年、3年、6年。教育储蓄50元起存,每户本金最高限额为2万元。1年期、3年期教育储蓄按开户日同期同档次整存整取定期储蓄存款利率计息,6年期教育储蓄按开户日5年期整存整取定期储蓄存款利率计息。教育储蓄在存期内遇利率调整,仍按开户日利率计息。开户时客户须与银行约定每次固定存入的金额,分次存入,中途如有漏存,应在次月补齐,未补存者按零存整取定期储蓄存款的有关规定办理。到期支取时,客户凭存折、身份证和户口簿(户籍证明)和学校提供的正在接受非义务教育的学生身份证明(税务局印制),一次支取本金和利息,每份证明只享受一次利息税优惠。也就是说,在非义务教育的三个学习阶段(即全日制高中/中专,大专和大学本科,硕士和博士研究生)可分别享受一次2万元教育储蓄的免税和利率优惠,即一个人至多可以享受三次优惠。客户如不能提供证明,其教育储蓄不享受利息税优惠,应按有关规定征收储蓄存款利息所得税。教育储蓄提前支取时必须全额支取。提前支取时,客户能提供证明的,按实际存期和开户日同期同档次整存整取定期储蓄存款利率计付利息,并免征储蓄存款利息所得税;客户无法提供证明的,按实际存期和支取日活期储蓄存款利率计付利息,并按有关规定征收储蓄存款利息所得税。教育储蓄超过原定存期部分(即逾期部分),按支取日活期储蓄存款利率计付利息,并按有关规定征收储蓄存款利息所得税。此种储蓄方式的收益比较有保证,而且由于是零存整取,大大增加了资金的流动性,比较适合为子女积累学费,培养客户的理财习惯。另外,教育储蓄存款方式适合工资收入不高、有资金流动性要求的家庭,其收益有保证,零存整取,可积少成多,比较适合为小额教育费用做准备。

教育储蓄的主要优点是无风险、收益稳定,与活期存款相比,其执行整存整取的优惠利率,且免征利息税,收益率较高。但是,教育储蓄也有很大的局限性,具体有以下几个方面。

① 办理教育储蓄的投资者范围比较小。只有小学四年级(含)以上的学生才能办理教育储蓄。按银行规定,支取教育储蓄款必须开具非义务教育的入学证明或者学生身份证明,否则不能享受利率优惠和免税优待。账户到期支取时,必须持存折、户口簿或身份证到税务部门领取免税证明,并经教育部门盖章才可支取。这样就将长达9年的义务教育费用排除在外。

② 教育储蓄的规模非常小。教育储蓄存款最高为2万元,这样非义务教育的三个学习阶段加起来为6万元,因此,单凭教育储蓄一般无法满足孩子的教育基金的需求。

③ 教育储蓄面临存款利率变动的风险。家长在为孩子准备教育储蓄的时候,还必须考虑到存款利率变动带来的风险。由于教育储蓄按开户日利率计息,如在升息前存入,且选择的存期太长,储户不能享受升息的利好。因此,教育储蓄只能成为家长为孩子准备教育基金的一种

方式,而不能依靠这一工具,也不能成为全部。

(2) 教育保险。教育保险又称教育金保险、子女教育保险、孩子教育保险,是以为孩子准备教育基金为目的的保险。教育保险是储蓄性的险种,既具有强制储蓄的作用,又有一定的保障功能。按保障期限,教育保险主要分为非终身型教育保险和终身型教育保险两种。非终身型教育保险针对教育阶段来返还,一般是在孩子进入高中或大学这两个重要时间节点开始返还资金,到大学毕业或创业阶段再一次性返还,属于真正"专款专用"的规划工具。终身型教育保险通常会考虑到一个人一生的变化,一般是几年一返还,孩子小的时候可以用作教育金,年老时可以转换为养老金。本书介绍的是非终身型教育保险。教育保险相当于将短时间急需的大笔资金分散开逐年储蓄,投保年限通常最高为18年,所以越早投保,家庭的缴费压力越小,领取的教育金越多。反之,越晚购买,由于投资年限短,保费就越高。

与教育储蓄相比,教育保险具有范围广、可分红、强制储蓄以及特定情况下保费可豁免等优点。

① 客户范围广泛。一般孩子只要出生60天就能投保教育保险,有的保险公司还扩展到出生仅30天的婴儿。目前教育保险有分红型和非分红型两种,具有储蓄、保障、分红和投资等功能。教育保险不设上限,除了提供教育金,有的还将婚嫁金纳入保障范围。

② 有的教育保险可分红。一般情况下,如果保额相同,具有分红功能的教育保险保费要稍高一些。分红型的教育保险可以从孩子上中学开始,分期从保险公司领取保险金,一定程度上规避了物价上涨带来的货币贬值风险。

③ 强制储蓄功能。教育保险具有强制储蓄的作用,保障性强。家长可以根据自己的预期和孩子未来受教育水平的高低来为孩子选择险种和金额。买了保险以后,保费每个月强制缴纳或者每年必须存入约定金额,因而能够起到强制储蓄的作用,且不可挪用。这一点对于缺乏时间弹性、费用弹性的子女教育规划是非常合适的。另外,教育保险具备强制储蓄的功能,因而这类保险在保费缴纳超过一定时期后会具备现金价值,如果出现不时之需,可以将保单进行质押救急,但要切记:保单质押后应在规定期限内偿还,否则保单可能失效,从而影响教育金的支付。

④ 投保人出意外,保费可豁免。所谓保费豁免,是指保单的投保人如果不幸身故或者因严重伤残而丧失缴纳保费的能力,保险公司将免去其以后要缴的保费,而领保险金的人可以领到与正常缴费一样的保险金。也就是说,一旦投保的家长遭受不幸,出现大病、意外身故或者高残等风险,保险公司将豁免所有未缴保费,子女还可以继续得到保障和资助。这一条款对孩子来说非常重要,也正因如此,教育保险与银行储蓄有了本质上的区别。

虽然如此,教育保险也不宜多买。满足孩子的需要就够了。因为保险金额越高,每年需要缴付的保费也就越多。有的保险产品的回报率是参照购买时银行存款利率设定的,一旦银行升息,这些险种的现金回报率将低于银行存款。因此,投保人在选择教育保险产品的同时,还要考察产品收益是不是受银行储蓄存款利率变动的影响。

总体来讲,保险产品的特点在于保障功能,并非最有效率的资金增值手段,因此,保险产品只能作为教育金投资组合的一部分。此外,一旦加入保险计划,中途想要退出的话,往往只能拿到较低的现金价值,相对而言变现能力较低、资金流动性较差。且与其他保险产品相比,教育保险以为孩子准备教育金、存钱为主,保障功能稍弱一些,因此,要根据客户家庭的财务状况以及子女的预期教育目标等因素进行综合考虑。

2. 其他教育规划工具

其他教育规划工具主要有政府债券、股票和公司债券、大额存单、子女教育信托、基金等。其他教育规划工具的价格会随着供求关系和通货膨胀的变化而变化，为客户提供一定的保障。

（1）政府债券。政府债券是指政府财政部门或其他代理机构为筹集资金，以政府名义发行的债券。政府债券的发行主体是政府。政府债券有两大类：一类是中央政府发行的债券，称为国家债券（即国债），国家债券占政府债券的绝大部分；另一类就是由地方政府各职能部门发行的债券，称为地方债券。20世纪80年代末至90年代初，我国许多地方政府都发行过地方债券，但1993年被国务院制止。直到2010年，财政部下发通知，新疆、青海、重庆等地由财政部代理首批发行地方债券，地方债券才重新发行。

政府债券具有安全性高、流动性强、容易变现和可以免税的优点。政府债券由政府发行，其信用程度高、风险较小，可以分为短期政府债券、中期政府债券和长期政府债券。同时政府债券特别是国债的发行额十分庞大，发行相对容易，其二级市场十分发达，流通和转让极其方便，容易变现。此外，大多数国家都规定，购买国家债券的投资者可享受利息收入税收减免。我国也规定，国债利息可免征所得税，而股票红利要征收20%的所得税。另外，政府债券价格发生变动时，可以及时调整计划，还可以利用组合将投资的收回期固定在需要支付大学学费之前，保证投资收益最大化。政府债券因收益的安全性与稳定性而成为子女教育规划的主要投资工具之一。

（2）股票和公司债券。股票是股份公司所有权的一部分，也是发行的所有权凭证，是股份公司为筹集资金而发行给各个股东作为持股凭证，并借以取得股息和红利的一种有价证券。公司债券是指股份公司在一定时期内（如10年或20年）为追加资本而发行的借款凭证。与政府债券、大额存单、基金等相比，股票和公司债券的收益和风险都明显高于上述三个品种。股票和公司债券更多依赖所投资企业经营业绩的好坏，股票不但受上市公司经营业绩的影响，还受股市大环境的影响。此外，股票和公司债券受宏观经济的影响较大，如财政政策和货币政策等，一旦赶上提高利率，债券价格将受到非常大的冲击，股市也会受到很大影响。

股票和公司债券收益高，风险也随之增大。由于子女教育时间弹性小，基于稳健性原则，理财规划师在制订子女教育规划时并不鼓励客户投资风险过高的品种。但是，如果子女教育规划时间长（一般要在7年以上），客户承受风险能力强，且对股票和公司债券这两种投资工具有很好的驾驭能力，那么也可以适当选用股票和公司债券，其较高的回报率，可以帮助客户家庭较早或更好地完成子女教育规划。但是，在整个投资组合中，股票和公司债券所占的比重不应过大。

（3）大额存单。大额存单一般又称大额可转让存单，是银行或银团发行的一种固定面额、固定期限，可以在金融市场上转让流通的银行定期存款凭证。大额存单的固定面额是指存单的面额有法律的限定，不得任意变更；固定期限是指大额存单有法定的期限档次，同一般定期存款不一样，大额存单不得提前支取，不分段计息，而且到期后一次还本付息，不计付逾期利息，期限为1个月、3个月、6个月、9个月、12个月、24个月，等等。

大额存单有以下几个特点：固定面额、固定期限、可以转让，且利率比一般定期存款要高。大额存单可以转让，对存单所有者来说，购买存单既可得到定期存款的利息收入，又可使资金保持一定的流动性。因此，大额存单的回报率较高，安全性和收益性的协调是其成为子女教育规划工具的主要原因。

（4）子女教育信托。信托是指信托委托人（如家长）基于财产规划的目的，将其财产所有权委托给受托人(如信托机构),使受托人按照信托协议的约定为受益人(如客户子女)的利益或特定目的,管理或处分信托财产的行为。子女教育信托是指父母(委托人)以子女(受益人)的教育为目的,与受托人(信托公司)签订信托契约,依委托人指示,可一次或定期将资金转入信托专户,由受托人代为投资运用,并约定在某个特定时间,将信托财产定期或不定期转移给子女。简单来说,子女教育信托就是由父母委托一家专业信托机构帮忙管理自己的一笔财产,并通过合同约定这笔钱用于支付子女未来的教育和生活费用。当然,专业机构也要为自己提供的服务收取费用。由于目前我国信托业发展尚未成熟,因此这种子女教育信托业务在我国发展得较慢,但相信随着信托业的不断完善和发展,子女教育信托将在子女教育规划中发挥重要的作用。

设立子女教育信托具有多方面的积极意义。

① 鼓励子女努力奋斗。家长在设立子女教育信托时,可以给孩子预定相应的目标,只有孩子实现预定目标才能取得相应的资金,这样就能给孩子一定的激励,促使其努力学习。家长仅给孩子提供必要的生活、学习开支,其他的费用由子女通过自己的努力而获得,这样还能培养孩子的勤俭节约意识,以及靠自己辛勤工作实现愿望的价值观念。

② 防止子女养成不良嗜好。受托人对教育金的直接管理还可以防止受益人对资金的滥用。对于人数不少的海外留学青少年而言,这一信托品种具有突出的意义。青少年往往还不具备足够的自控能力,如果青少年直接拥有大量资金将是一种巨大的风险,将教育资金置于信托中,则可以解决此类问题。设立子女教育信托后,受托人将定期支付孩子在国外的各种相关费用,基本满足孩子在学习、生活方面的开支,这样既可以免去家长对孩子的担忧,也使孩子无法肆意挥霍父母的血汗钱。

③ 从小培养理财观念。设立子女教育信托后,孩子在生活、学习方面的开支都将与银行、信托机构等紧密联系,这有助于从小培养孩子节俭、合理规划的理财意识。同时,受托人也会对孩子的学习、生活起到一定的监督作用,无形中增加了一位监护人。

④ 规避家庭财务危机。设立子女教育信托后,可以避免因家庭财务危机而给孩子的学习生活造成不良影响,实现风险隔离,这是设立子女教育信托的最大优势。有些家长为孩子的教育奋斗了十几年,甚至是大半生,一旦发生意外,孩子的教育经费可能得不到保障。设立子女教育信托后,信托财产不会因为父母企业经营状况的变化而发生变动,更不用担心遭到债权人追偿清算,这样就能保证子女将来的学业和工作,父母也就没有后顾之忧了。

⑤ 专业理财管理。受托人一般都是具有雄厚实力的资深机构或者来自投资理财领域的专业理财规划师,其成熟丰富的理财投资经验可以使信托财产得到最好的规划与配置,保证子女将来的学业和生活,可谓一举两得。

【例3-2】 张先生和太太是双薪家庭,只有一个女儿小小,今年8岁,张先生夫妻希望将来可以送小小出国留学,为了保证到时能够支付小小的留学费用,两人计划拿出50万元人民币委托海外某信托机构,办理"子女教育信托"。

解析:预计小小出国留学的费用大约每年需要20万元人民币,在国外念大学4年的费用是80万元人民币。张先生可以把50万元人民币作为信托财产委给海外某信托机构,约定10年后,当小小18岁时才将信托资金交给她,并在未来10年,每年追加3万元人民币的信托资金,到小小18岁时恰好达到80万元人民币,可以满足小小未来出国留学的费用。

双方还可以在信托合同中约定,信托期间如果小小出国深造,则由该信托机构每年支付20万元人民币作为出国留学资金;如果小小以后没有出国,那么这部分资金将用来支付小小购买房子的费用。此外,由该信托机构代为管理、运用及投资这笔信托资金所产生的收益将每年定期支付给张先生。

在这个案例中,张先生设立子女教育信托是为女儿小小积攒未来出国留学的费用,受益人是女儿小小。通过规定信托财产的管理方式,可以使小小的教育费用得到保证。

(5)基金。基金是指通过公开发行基金单位的方式,集中投资者的资金,由基金托管人托管,由基金管理人管理和运用资金,从事股票、债券等金融工具投资。根据投资对象不同,基金分成不同类型,每种类型的收益和风险特征都不一样,因此,在进行基金投资时,应根据自己的情况,确定投资哪种类型的基金。

由于客户所掌握的投资知识及精力有限,为达到获利的目的,将资金交由专人或专业机构投资于各种投资标的或工具,由专家或专业机构管理操作,比个人投资更加专业。而且,投资所需资金少,弹性极大,随时可以买卖,资金流动性佳,变现性好。这种投资方式的最大优点就是投资多样化和灵活性好,可以在需要时将资金在不同的基金之间转换。比如,随着子女年龄的增长和税收政策的变化而变化。子女的年龄越小,家长承受风险的能力越强,选择基金就可以抗御风险。使用这种投资方式,需要了解家长的风险承受能力和投资时间的长短。距离子女上大学的时间越近,家长的风险承受能力就越弱。

在选择投资基金的时候要注意风险的组合。货币型基金通常没有风险,且没有申购和赎回费用,适合短期投资,但缺点是收益较低。债券型基金通常收益居中,但受到债券市场价格波动的影响,有一定的风险,但风险不是很大。同时,债券型基金有申购和赎回费用,所以要尽量延长投资周期,降低费用。偏股型基金风险较大,直接受证券市场的影响,收益也最高,有申购和赎回费用,适合长期投资,可以降低赎回费用。

购买基金有两种方式,即单笔投资和定期定额投资。其中,定期定额投资就是所说的"定投",是指在固定的时间(如每月5日或每周的周一)以固定的金额(如1000元)投资到指定的开放式基金中,类似于银行的零存整取。办理基金定投后,代销机构会在每个固定的日期自动扣缴相应的资金用于申购基金,投资者只需确保银行卡内有足够的资金即可,省去了去银行或者其他代销机构办理的时间和精力。基金定期定额投资是一种值得推荐的教育规划工具,基金定期定额投资类似长期储蓄,能积少成多,平摊投资成本,降低整体风险,还有自动逢低加码、逢高减码的功能,因为无论市场价格如何变化,总能获得一个比较低的平均成本,因此定期定额投资具有抹平基金净值的高峰和低谷、消除市场波动性的功能。基金定投具有平均成本、适合长期投资、手续简单的特点,适宜作为子女教育规划的工具。只要选择的基金整体增长,投资者就会获得一个相对平均的收益,不必再为入市时机而苦恼。投资的要诀是"低买高卖",但很少有人在投资时掌握到最佳的买卖点获利,为避免这种人为的主观判断失误,投资者可通过"定投计划"来投资市场,不必在乎进场时点和市场价格,无须为其短期波动而改变长期投资决策。另外,基金由于自身的特点,特别是一些平衡型基金,很适合作为子女教育规划工具。目前很多银行推出了"基金定投"业务,是一种值得推荐的子女教育规划工具。基金定投需注意的问题主要有:最好选择股票型基金或者配置型基金,长期投资选择波动性较大的基金,活用各种弹性的投资策略,根据财务能力弹性调整投资金额。"定投计划"收益为复利,本金所产生的利息加入本金继续衍生收益,实现利滚利的效果,随着时间的推移,复利效果越发明显。基金定投的复利效果需要较长时间才能充分展现,因此不宜因市场短线波动而随便终止。只要长线前景佳,市场短期下跌反而是积累更多便宜单位数的时机,一旦市场反弹,长期积累的单位数就可以一次性获利。虽然基金定投的优势明显,但也面临市场风险、流动性风险和操作风险。因此在操作过程中,购买子女教育基金的父母要对定投风险有充分的理解和把握,从而规避基金投资中的风险,以免造成不必要的损失。定期定额投资有个升级版叫作"基智定投",即定期不定额。这种定投方式依然是每周或者每月定期投资,但投入的金额不固定,要跟踪指数均线,在市场指数低于指数均线水平时增加金额,在高于指数均线水平时减少金额,以摊平长期申购成本,降低投资风险。定期不定额理论上的收益会高于定期定额,但实际操作比较复杂,比如后续资金的保证、参照指标的选择,如果想买的是中小盘基金却选择了中证500指数,就是南辕北辙了。

除此之外,选择子女教育规划工具时应注意的问题是,教育理财产品是家庭理财组合的一部分,对于大多数工薪阶层来说,在选择教育理财产品的时候,应该全面权衡,不能仅考虑收益率。首先应该考虑安全性。教育基金作为孩子将来得到良好教育的经济基础,不能大量投资风险过高的理财产品,如股票投资,如果为了博取较高的收益,投资高风险产品,运气好还可以,运气不好则很可能致使本金受到极大损失,从而耽误孩子的教育大事。即使投资,也只能少量参与,最好不要投资股票。其次应该考虑收益性。作为长期投资,在相对安全的前提下,能够有一个稳定的高收益,这样孩子将来的教育会得到有力的经济支持。在谈到长期投资的时候,人们通常忽视了复利的概念,就是本金部分在增长,而收益部分实际上也在增长,长期投资之后,将出现比预期更好的收益,但前提是维持稳定的高收益。最后应该考虑利率变动的风险。目前我国还处于利率较低的水平,如果大量买入教育保险或者长期银行存款,一旦银行存款利率上调,就会不可避免地出现利息损失。所以,在选择受利率影响较大的理财产品时,不要全部投资在教育保险或长期银行存款方面,可以扩大投资范围,如选择国债、信托、基金等。

四、编制教育规划方案

在分析客户子女教育规划需求的基础上,理财规划师接下来的工作就是着手编制子女教育规划方案。理财规划师在编制子女教育规划方案的过程中,可以遵循以下步骤。

(一)建立客户关系

理财规划师与客户进行充分交谈、沟通,确定客户关系,了解初步的信息,确定客户有编制子女教育规划的意愿和需求,并了解客户及其子女的教育规划目标。

(二)收集客户信息

理财规划师应该收集客户家庭与子女教育规划有关的财务信息和非财务信息,即在子女教育规划中,理财规划师在为客户提供理财规划服务之前,先要对客户家庭的成员结构和收支水平有全面的了解。

(三)财务分析和评价

(1)理财规划师应该对客户家庭的资产和负债情况进行分类整理,对客户家庭资产和负债的价值进行评估,然后编制客户家庭资产负债表。

(2)理财规划师应该分析客户家庭的收入和支出项目,对客户家庭收入和支出的各项指标进行计算,然后编制客户家庭收入支出表。

(3) 理财规划师应该对客户家庭资产负债表和客户家庭收入支出表进行分析，并基于客户家庭财务报表进行财务比率分析与诊断。

(4) 理财规划师应该通过对客户家庭资产负债表和客户家庭收入支出表进行分析，结合对客户的询问，判断客户对待风险的态度，以及客户承受风险的能力。

（四）确定子女教育规划目标

理财规划师应该结合客户家庭财务信息和非财务信息的分析、评价，以及客户家庭的风险承受能力，帮助客户确定符合客户家庭需求的子女教育规划目标。在做客户教育需求分析时，理财规划师应明确客户希望子女完成哪个级别的教育，客户希望子女上什么类型的大学，客户希望子女在何地完成大学教育，客户子女目前的年龄是多大。我国不同类型的大学收费是不同的，不同国家的大学收费更是存在巨大差异，即使同一个国家同一所大学的收费也可能因所学专业不同而学费各异。并非学校的学费越高，教育质量就越高。学校的教育质量需要从多方面评价，更重要的是根据子女的实际情况选择学校。因此除考虑学费情况，理财规划师还有必要请客户综合考虑各类学校、各国学校的特点，如学校的地理位置、师资力量、学费高低，以及子女的兴趣爱好、学习能力等。

（五）估算教育费用

理财规划师首先应对客户教育需求进行分析，然后利用理财工具试算，依实际需求，试算出客户子女未来的教育经费预估金额，并针对目标金额挑选适宜的理财工具进行规划。在确定大学教育费用时，理财规划师要充分考虑客户的家庭情况，确定教育消费计划时间和大学类型。如果客户经济实力较强，还要能够估算将来子女出国接受教育所需的费用。随着经济的发展，教育费用越来越高，教育费用的增长率一般要比通货膨胀率高，因此在计算未来所需教育费用时，要将通货膨胀率因素考虑在内。

要预测未来的大学教育收费情况，一是明晰目前的收费标准，二是预测未来教育收费的通货膨胀率，计算未来客户子女入学时所需要的费用。要准确预测未来的通货膨胀率并不容易，一般情况下，通货膨胀率每年都会发生变化。但子女教育规划并不需要精确的数值，因为进行该计划的目标是保证投资的收益能够支撑子女未来的教育支出。理财规划师可以对近年来的通货膨胀率进行平均计算，再结合未来的经济发展趋势和大学收费标准的变化，对未来子女教育规划期内的通货膨胀率做出合理的预测。近年来，随着经济的发展，各国的大学教育费用在不断提高，涨幅通常高于通货膨胀率，所以，在计算时，应该在通货膨胀率的基础上加上2~3个百分点。如果预测未来的一般通货膨胀率为每年5%，则估计大学的费用至少每年应该增加7%~8%。教育费用具有无时间弹性与费用弹性的特点，为了避免资金不足的情况出现，所以一般会预计多一点教育费用。虽然对通货膨胀率的预测并不需要十分精确，但从个人财务规划的合理性角度出发，对大学费用增长率的预测越准确越好。当无法决定时，建议采用保守的计算方式，以避免出现无法支付教育费用的情况。如果子女上大学后，客户发现子女教育规划筹集的资金大于实际支付额，则可以将多余的部分资金用于其他理财规划方案。总的来说，对大学费用增长率的预测越高，子女的教育资金筹措就越有保障。当然，过高的预测会增加家长的负担，从而使得整个子女教育规划变得不切实际。

在估算教育费用时，理财规划师一般要遵循以下步骤。设定一个通货膨胀率；按预计通货膨胀率计算所需要的最终费用;分别计算采用一次性投资计划所需的金额现值和采用分期投资计划每月所需支付的年金。

估算各种预期教育的费用,一方面是为了针对这个费用进行投资规划,另一方面是为了确定家庭究竟是不是有相应的支付能力。这些教育费用包括子女接受基本教育的费用、子女学习特长教育的费用、子女未来出国接受教育的费用。另外,客户子女的入学年龄是教育费用筹集的重要变量。如果客户的子女现在只有5岁,则其教育消费计划时间为13年(假设子女入大学年龄为18岁);如果客户子女现在为14岁,则只有4年(假设子女入大学年龄为18岁)来实施教育消费计划。对于这两类客户而言,资金安排方式是截然不同的。确定了教育消费计划时间和大学类型后,理财规划师应收集有关大学的收费信息和未来相应的学费上涨率。理财规划师收集大学的收费信息时,除学费、住宿费和膳食费(这类信息可以通过学校招生办公室获得)等信息,还应了解包括交通费、医疗保险费、通信费、其他生活费用等信息。最后,根据大学收费信息和未来费用通货膨胀趋势,就可以估算出未来的教育费用,并确定客户每月必须储蓄投资的数额。

(六)选择适当的子女教育规划工具

理财规划师应该结合客户家庭的财务信息、非财务信息、风险承受能力、子女教育规划的目标,帮助客户选择适当的子女教育规划工具。在选择子女教育规划工具时,理财规划师不但要了解具体的子女教育规划理财工具,还要清楚地知道各种子女教育规划工具的优缺点(此部分内容已在本节教育资金的主要来源和教育规划的工具两部分有所介绍),来为客户选择最适合的子女教育规划工具。一般情况下,投资工具的回报率越高,初期投资的金额就越少,与之相对应的风险就越高。假如没有足够的本金进行投资,可能就要降低子女教育规划目标或者选择风险、收益相对高一些的投资产品,在投资时就要对风险管理投入更多的时间和精力。另外,假如初期没有足够的单笔投资资金,利用定期定额计划来实现子女教育基金的积累也是一种较为科学的方式。对父母而言,选择定期定额业务的好处是可以分散风险、减少经济压力、强制储蓄,即在不加重经济负担的情况下,做小额、长期、有目的性的投资,以满足未来对大额资金的需求,从而达到轻松储备子女教育金的目标。理财规划师还需要运用相关的法律知识,为客户提供必要的支持。

(七)编制子女教育规划报告,交付客户

经过以上工作程序,理财规划师已经充分了解、分析客户的子女教育规划需求,在结合客户及其子女教育规划目标的基础上,选择适合客户子女教育规划需求的规划工具,最终编制出满足客户需求的子女教育规划方案。

接下来,理财规划师应该根据客户要求完成相应的收尾工作。如果客户仅需要子女教育专项规划,则可以形成子女教育规划报告,以书面的形式交付客户。如果客户需要综合理财规划服务,则将子女教育规划作为分项规划之一纳入综合理财规划建议书,待各分项规划全部完成后再交付客户。

(八)持续提供理财服务

理财规划师应该定期对子女教育规划方案进行评估,并且不定期对子女教育规划方案进

行信息汇总和方案调整。也就是说,理财规划师应该针对客户未来可能发生的变化,对子女教育规划方案进行调整,提供持续理财服务。子女教育规划方案要定期(一般为1年)审视并做出评估和调整,以使理财规划方案更加符合实际。客户家庭或资产如果发生重大变化,应当及时通知理财规划师,理财规划师将对子女教育规划方案及时做出调整。理财规划师也应当将一些理财信息和投资信息及时告知客户,以便客户做出合理的判断和选择。除此之外,子女教育基金计划制订后就要严格执行,坚持专款专用。在现实生活中,往往会出现由于买房、医疗等支出过大而动用孩子教育基金的情况,这种行为不但使孩子的教育基金储备受到影响,还形成了一种教育基金可以随便支取的错误观念。因此,必须严格按照子女教育基金储蓄计划执行,同时要定期检查子女教育基金计划的落实情况。

【例3-3】 王先生夫妻收入中等,王先生月收入11000元,王太太月收入5000元,存款10万元。夫妻二人没有理财经验,也没有进行任何风险投资。除了给12岁的儿子买了一份月保费为2000元的保险,夫妻二人没有再购买其他保险。关于孩子的教育问题,王先生夫妇有以下设想:18岁时在国内读大学,本科毕业后到澳大利亚继续攻读硕士研究生。

请问:王先生夫妻应如何进行子女的教育规划?

解析:

(1)进行客户需求分析。

① 收入支出情况分析。王先生家庭的收入支出情况见表3-4。

表3-4 王先生家庭的收入支出情况　　　　　　　　　　单位:元

收　　入	金额	支　　出	金额
月工资、薪金收入 (王先生夫妻)	16000	保险费	2000
		日常生活开支	2000
		孩子的费用	1200
总收入	16000	总支出	5200
每月结余		10800	

从家庭收支情况来看,王先生夫妻都有收入,不是过分集中在某一个人身上。整个家庭的收入来源是工资性收入(即主动性收入),理财收入或投资性收入(即被动性收入)很少,距离财务自由还有很长的距离。

② 其他财务情况分析。王先生家庭的其他财务情况主要体现在两方面。一方面,王先生夫妻没有购买任何保险,作为家庭经济支柱的王先生和王太太的保障缺失,这将严重威胁到整个家庭的财务安全,一旦发生意外,王先生家庭将出现较为严重的经济问题,因此,在理财规划中首先应该增加王先生夫妻的保障需求。另一方面,王先生家庭的金融资产全部为银行存款,没有做过任何投资,由此可以看出,王先生家庭的投资经验和投资知识匮乏,并且王先生家庭的风险承受能力较低。

(2)进行教育费用需求分析。

① 教育费用估算。

a. 国内本科教育费用估算。假设通货膨胀率=生活支出增长率=3%,大学学费增长率=5%。那么,王先生的儿子在国内读大学4年的总教育费用估算,如表3-5所示。

表 3-5　王先生儿子的国内本科教育费用估算

项目	学费	生活费	其他费用	合计
费用/元	40000	32000	8000	80000
增长率/%	5	3	3	—
6年后终值/元	53603	38210	9552	101365

由表 3-5 可知，王先生儿子在国内读大学的学费每年为 10000 元，生活费每年为 8000 元，其他费用 4 年合计为 8000 元。

b. 国外研究生教育费用估算。假设通货膨胀率=生活支出增长率=3%，大学学费增长率=5%，汇率为 6.1。那么，王先生儿子在国外读研究生 2 年的总教育费用估算，如表 3-6 所示。

表 3-6　王先生儿子的国外研究生教育费用估算

项目	学费	生活费	探亲费	其他费用	合计
费用/元	183000	122000	18300	30500	353800
增长率/%	5	3	3	3	—
6年后终值/元	245238	145674	21851	36419	449182
10年后终值/元	298088	163958	24594	40989	527629

由表 3-6 可知，王先生儿子在国外读研究生的学费每年为 91500 元，生活费每年为 61000 元，探亲费每年为 9150 元，其他费用 2 年合计为 30500 元。

② 计算所需教育费用总额及每年应准备的金额。假设投资的平均实际报酬率为 8%。那么，王先生家庭所需的教育费用总额及每月应准备的金额如下。

a. 教育费用总额。6 年后王先生家庭所需国内本科教育费用总额为 101365 元，6 年后王先生家庭所需国外研究生教育费用总额为 449182 元，6 年后王先生家庭所需教育费用总额为 550547 元。

b. 每年应准备的金额。终值 FV=550547，期数 N=6，每年利率 I/YR=8，使用财务理财计算器计算得出，每年支付金额（即王先生家庭每年应准备的教育费用总额）PMT=75048 元。

（3）制订教育资金规划。

由于大学教育在时间上没有弹性，所需费用总额又非常高，因此王先生夫妻要马上对这笔教育资金的来源进行规划。从子女教育规划工具上来看，教育储蓄只能享受最高 2 万元的额度，这笔钱相比所需的巨额教育费用来说实在太低；投资公司债券或股票，风险偏大，不太适合王先生夫妻的风险偏好。因此，根据投资组合理论，理财规划师认为，结合王先生家庭的基本情况，应该采取组合产品方案实现其子女的成长教育基金储备计划。

① 进行定期定投，作一个投资组合，建议这个投资组合中 1/3 是债券型开放式基金，1/3 是指数型基金，1/3 是股票型基金，这样一个稳健型的组合投资方案既可以有效规避风险，又可以获得较高的收益。如果这个投资组合在未来 6 年内可以获得年均 8% 的综合回报，则客户每个月须投入 6254 元（75048÷12），这笔钱约占目前客户家庭月收入的 35%，虽然比重有些大，但基本上不会影响王先生家庭的收支状况与现金流。

② 为预防王先生夫妻身故或残疾，致使子女教育费用可能无从着落的情况发生，王先生夫妻应该买一份每年 6000 元左右，保障 30 年，赔偿金额在 30 万元左右的人寿保险或者健康

保险。此外,王先生夫妻应该再购买一份每年1000元左右,保额在50万元左右的意外伤害保险。

例3-3值得大家注意的问题如下。

① 该子女教育规划方案是基于目前的市场情况做出一些假设制订出来的,这些假设会随着国家经济的变化而变化,如物价水平的变动、证券市场的波动、经济增长率的变化、汇率的变动、政策变化,等等。

② 生活支出除了受到物价水平的影响,还要考虑未来生活品质的提高,以及医疗、保健等方面的支出。这些支出需求将不断增加,影响到其他目标的实现。

③ 王先生家庭现在每月子女教育花费较高,也是其不善于理财,且子女教育规划时间较晚的一个结果。如果王先生家庭能够提前10年进行子女教育规划,教育目标不变,那么每月花费在储备子女接受高等教育上的费用要低得多。

本章小结

本章主要介绍教育规划,包括分析客户教育规划需求、制订教育规划方案。其中,分析客户教育规划需求主要包括教育规划概述、教育规划的必要性、我国高等教育体系;制订教育规划方案主要包括教育资金的主要来源、子女教育规划的原则、教育规划的工具、编制教育规划方案。本章是每个有子女的家庭必做的理财规划方案,也是理财规划中专门针对子女教育而进行的理财规划方案。作为理财规划师,必须掌握本章的主要内容,并且能够通过分析客户家庭的子女教育规划需求,结合客户家庭的子女教育规划目标以及风险承受能力,恰当选择适合客户家庭的子女教育规划工具,制订出符合客户家庭需求的子女教育规划方案。

复习思考题

一、单项选择题

1. 个人教育规划在消费的时间、金额等方面的不确定性较大,(　　)通常是家庭理财规划的核心。

　　A. 住房消费支出规划　　　　　　B. 子女教育规划
　　C. 汽车消费支出规划　　　　　　D. 投资规划

2. 理财规划师在为客户进行教育规划、估算教育费用时,第一步要做的是(　　)。

　　A. 设定一个通货膨胀率
　　B. 计算所需要的各项费用
　　C. 按预计通货膨胀率计算所需要的最终费用
　　D. 分别计算采用一次性投资计划所需的金额现值和采用分期投资计划每月所需支付的年金

3. 由于(　　)取得的时间、金额都不容易确定,因此在做教育规划时不应将其计算在内。

　　A. 减免学费政策　　　　　　　　B. 国家助学贷款
　　C. 工读收入　　　　　　　　　　D. 学生贷款

4. (　　)是各级政府和高校对经济困难学生遇到一些特殊性、突发性困难给予的临时性、一次性的无偿补助。

  A. 特殊困难补助   B. 减免学费政策

  C. 国家助学贷款   D. 学生贷款

5. ( )是指各金融机构以信贷原则为指导,对高校学生、学生家长或其监护人办理的,以支持学生完成学习为目的的一种商业性贷款。

  A. 国家助学贷款   B. 一般性商业助学贷款

  C. "绿色通道"政策   D. 学生贷款

6. 留学贷款是指银行向出国留学人员或其直系亲属或其配偶发放的,用于支付出国留学人员学费、基本生活费等必需费用的个人贷款。对申请留学贷款的借款人的年龄要求是( )。

  A. 在贷款到期日时实际年龄不得超过50周岁

  B. 在贷款到期日时实际年龄不得超过55周岁

  C. 申请贷款时实际年龄不得超过55周岁

  D. 申请贷款时实际年龄不得超过50周岁

7. 学生贷款、国家助学贷款和一般性商业助学贷款在贷款利息方面的区别是( )。

  A. 学生贷款利息最低   B. 国家助学贷款利息最低

  C. 一般性商业助学贷款利息最低   D. 全部免息

8. 下列选项中,不属于教育保险的优点的是( )。

  A. 范围广   B. 可分红   C. 强制储蓄   D. 规模小

9. ( )就是由父母委托一家专业信托机构帮忙管理自己的一笔财产,并通过合同约定这笔钱用于支付子女未来的教育和生活费用。

  A. 投资信托   B. 子女教育信托

  C. 养老信托   D. 资产信托

二、多项选择题

1. 通常用( )来衡量教育开支对家庭生活的影响。

  A. 流动性比率

  B. 教育负担比

  C. $\dfrac{届时子女教育基金费用}{家庭届时税后收入} \times 100\%$

  D. 子女教育费用占家庭税前收入的比值

2. 与其他的家庭理财规划相比,子女教育基金要预先进行规划,原因在于( )。

  A. 子女教育基金有时间弹性

  B. 子女教育基金有费用弹性

  C. 学费增长率可能高于收入增长率,所以以现在水准估计的负担比可能偏低

  D. 教育规划不可以像推迟购房时间、延后退休一样推迟理财目标的实现时间

3. 确定大学教育费用时,理财规划师首先要充分考虑( )。

  A. 客户的家庭情况   B. 客户子女目前的年龄是多大

  C. 确立教育消费计划时间   D. 大学类型

4. 高等教育费用主要包括( )。

  A. 学费   B. 交通费   C. 住宿费   D. 生活费

5. 政府教育资助是指政府每年都会在财政预算中拨出一部分资金用以对符合条件的人提供教育资助。政府教育资助主要包括( )。
   A. 特殊困难补助   B. 奖学金   C. 减免学费政策   D. "绿色通道"政策
6. 关于奖学金,下列选项中正确的是( )。
   A. 政府的教育资助以奖学金方式所占比例较小
   B. 各类民间机构和组织都通过学校设立种类繁多的奖学金
   C. 奖学金都是有条件的
   D. 客户子女能否获得奖学金具有很大的不确定性
7. 关于学生贷款,下列选项中正确的是( )。
   A. 实行专业奖学金办法的高等院校或专业(体育院校),不实行学生贷款制度
   B. 学生贷款按银行同期贷款利率计息
   C. 学生贷款审定机构应由学生管理部门、财务部门、教师和学生等方面代表组成
   D. 如果贷款的学生违约,不能如期归还所借贷款,其担保人要承担全部还款责任,并缴纳一定数额的违约金
8. 子女教育规划的原则有( )。
   A. 目标合适   B. 提前规划   C. 定期定额   D. 稳健投资
9. 属于短期教育规划工具的有( )。
   A. 学校贷款   B. 银行贷款   C. 教育储蓄   D. 政府债券
10. 属于长期教育规划工具的有( )。
    A. 教育储蓄   B. 教育保险   C. 政府债券   D. 股票和公司债券
11. 教育储蓄的主要优点是( )。
    A. 无风险   B. 收益稳定   C. 可分红   D. 回报较高
12. 关于教育储蓄,下列选项中正确的是( )。
    A. 只有小学四年级以上的学生才能办理教育储蓄
    B. 能办理教育储蓄的投资者范围比较大
    C. 规模非常大
    D. 规模非常小
13. 关于教育保险,下列选项中正确的是( )。
    A. 越晚投保,家庭的缴费压力越小,领取的教育金越多
    B. 越早投保,家庭的缴费压力越小,领取的教育金越多
    C. 购买越晚,由于投资年限短,保费就越高
    D. 购买越早,由于投资年限长,保费就越高
14. 教育保险具有( )等多项功能。
    A. 储蓄   B. 保障   C. 分红   D. 投资
15. 与教育储蓄相比,教育保险具有( )优点。
    A. 范围广   B. 可分红
    C. 强制储蓄   D. 特定情况下保费可豁免
16. 教育保险的客户范围广泛,主要表现在( )。
    A. 一般孩子只要出生30天就能投保教育保险
    B. 一般孩子只要出生60天就能投保教育保险
    C. 教育保险有上限

D. 教育保险不设上限
17. 下列选项中,不属于可供子女教育规划选择的主要投资工具的是( )。
   A. 股票　　　　　B. 公司债券　　　C. 政府债券　　　D. 大额存单
18. 设立子女教育信托的积极意义有( )。
   A. 鼓励子女努力奋斗　　　　　　B. 防止子女养成不良嗜好
   C. 从小培养理财观念　　　　　　D. 规避家庭财务危机
19. 关于投资基金,下列选项中正确的是( )。
   A. 货币型基金通常没有风险,适合短期投资
   B. 货币型基金收益较低
   C. 债券型基金有申购和赎回费用,所以要尽量延长投资周期,降低费用
   D. 股票型基金风险较大,适合短期投资

三、判断题

1. 根据教育对象不同,教育规划可以分为个人教育规划和客户对子女教育费用进行财务规划两种。　　　　　　　　　　　　　　　　　　　　　　　　　　　　　　　( )
2. 教育与个人的收入和发展没有什么关系。　　　　　　　　　　　　　　　　　　( )
3. 我国的高等教育包括专科、本科、研究生、博士生,共四个教育层次。　　　　　　( )
4. 我国的学位分为学士、硕士和博士三个级别。　　　　　　　　　　　　　　　　( )
5. 国家奖学金以国家的名义发放,自2002年9月1日起正式实行。作为大学生,能获得国家奖学金是一项莫大的荣誉。　　　　　　　　　　　　　　　　　　　　　　　( )
6. 目前我国商业银行中开办留学贷款业务的主要有中国银行、中国工商银行、中国建设银行、中国农业银行、民生银行、中信银行等。　　　　　　　　　　　　　　　　　( )
7. 大额存单同一般定期存款一样,可以提前支取,不分段计息,不计付逾期利息。( )
8. 客户家庭的子女教育规划方案一旦确定下来,就要按照方案执行,不需要进行任何调整。
　　　　　　　　　　　　　　　　　　　　　　　　　　　　　　　　　　　　　( )
9. 不管客户是否有意让其子女出国留学,在制订子女教育规划方案时,都应该考虑汇率问题。　　　　　　　　　　　　　　　　　　　　　　　　　　　　　　　　　( )
10. 不同类型的大学收费不同,不同国家的大学收费也不同,即使同一个国家同一所大学的收费也可能因所学专业不同而学费各异。　　　　　　　　　　　　　　　　　( )

四、计算题

假设学费每年上涨6%,客户子女10岁,预计18岁上大学。目前大学4年学费24000元。客户打算以现有的10000元作为子女教育启动资金,投资于收益率为7%的理财产品。
请问:
(1) 客户子女未来所需的教育费用总额是多少?
(2) 8年后客户为子女准备的教育启动资金是否能够满足客户子女的教育费用?如果不能,请计算出需补缺额是多少?

五、案例题

1. 万女士准备去美国攻读博士,但是资金不足,理财规划师建议她申请留学贷款。

请问：

(1) 如果万女士申请某银行的留学贷款,且必须以其拥有的价值 30 万元的房产作抵押,那么万女士可申请的贷款最高额是多少?

(2) 如果万女士申请某银行的留学贷款,且必须以其拥有的价值 30 万元的存单作质押,那么万女士可申请的贷款最高额是多少?

(3) 如果万女士申请某银行的留学贷款,且必须以该银行认可的自然人提供的信用担保作保证,那么万女士可申请的贷款最高额是多少?

(4) 如果万女士申请某银行的留学贷款,那么留学贷款借款人应具备哪些条件?

2. 兰先生的女儿今年 10 岁,预计 18 岁上大学,假设目前大学每年费用为 5000 元,学费上涨率每年为 5%,大学为 4 年制,教育投资收益率为 10%,不考虑通货膨胀率,理财规划师根据下列问题为兰先生家制订子女教育规划方案。

请问：

(1) 假定大学 4 年学费在大学第一学期一次性付清,每年的学费上涨率为 5%,那么兰先生女儿上大学的学费是多少?

(2) 如果兰先生想选择一种强制储蓄的投资工具,那么在股票、教育保险、货币市场基金、活期储蓄中选择哪种呢？为什么？

(3) 在股票、教育保险、货币市场基金、活期储蓄等投资工具中,最不适合作为兰先生子女教育规划工具的是哪一个？为什么？

(4) 兰先生女儿距离上大学时间长于 5 年,而且兰先生本身有稳定的收入,在制订子女教育规划方案时应首先考虑以什么来满足子女的大学教育费用?

(5) 理财规划师在为兰先生家庭制订子女教育规划方案时不应将什么收入计算在内？为什么？

(6) 如果兰先生选择的子女教育规划工具是教育储蓄,那么与其他子女教育规划工具相比,教育储蓄有哪些优势?

(7) 如果兰先生选择的子女教育规划工具是教育保险,那么教育保险的投资年限通常最高是多少年?

(8) 假定大学 4 年学费在大学 4 年毕业后一次性缴费,每年的学费上涨率为 5%,那么兰先生女儿上大学的学费是多少?

(9) 在考虑投资收益率的情况下,如果兰先生现在储蓄 1.5 万元,那么兰先生是否能够在女儿将来大学入学时一次性付清学费?

(10) 如果综合考虑学费上涨率和教育投资收益率,那么兰先生选择在大一开学、大二开学、大三开学、大四结束哪个时间支付学费能够使学费成本最低?

第四章 风险管理与保险规划

 学习目标

通过本章的学习,理财规划师应该熟悉风险管理及保险相关基础知识,掌握保险及风险管理基本原则,熟悉人身保险基础知识及财产保险基础知识;为理财规划师从业过程中对个人或家庭保险的规划做理论准备,能够制订风险管理与保险规划方案。同时,风险管理与保险规划是理财规划师从业必须掌握的重要知识。

第一节 分析客户风险管理与保险规划需求

一、风险管理与保险规划概述

风险管理与保险规划是指客户通过对风险的识别度量和理解,并在此基础上选择与优化组合各种风险管理技术,对风险实施有效控制和妥善处理风险所致损失的后果,以尽量小的成本去争取最大的安全保障和经济利益的行为。

理财规划师面对的是需要制订风险管理与保险规划的客户,大多是小型商业保险购买者(以个人保险购买行为为主)。与大型商业保险购买者相比,小型商业保险购买者的需求一般简单一些。这些客户通常具有以下特征。

1. **对保险产品的保障性需求大于投资性需求**

如果客户只是为了获得较高的回报率,那么完全可以通过投资基金、债券或者期货的方式,不必购买保险。客户购买保险,主要是对自身可能面临的风险进行风险转移。因此,理财规划师在制订风险管理与保险规划时,一定要多注重保险产品的保障性,在比较各种保险产品时应把保险产品的保障性作为重要的考虑因素。

2. **对保险条款不太了解,或者说不太熟悉**

目前我国保险知识的普及是很不充分的,人们的保险意识还很薄弱。大多数商业保险购买者,尤其是个人保险购买者对保险合同的条款并不熟悉。在没有充分保险作保障的情况下,一旦家庭主要经济支柱发生风险事故,将给客户的家庭和个人带来极为重大的经济损失。

3. **大多数客户的家庭经济状况较为良好**

这使得客户把保险视为一种生活必备品,并且有较为迫切的购买保险产品的需求和欲望。

在收集完制订风险管理与保险规划所必需的信息后,理财规划师应该将这些信息汇总,并编制成相应的表格,以便查阅。例 4-1 为理财规划师在制订风险管理与保险规划之前,收集与整理客户信息的例子。

【例 4-1】 理财规划师在与客户李先生签订理财规划合同和保密协议后,通过沟通了解到李先生及其家庭的基本状况,汇总整理资料如表 4-1～表 4-3 所示。

表 4-1 李先生家庭成员基本情况

姓名	性别	年龄	职业	工作稳定度	健康状况
李先生	男	40 岁	律师	稳定	良好
李太太	女	38 岁	公务员	稳定	良好
李宝宝	男	10 岁	在读小学生	稳定	良好

表 4-2 李先生家庭资产负债表

日期:2022 年 12 月 31 日

资产			金额/元
金融资产	现金与现金等价物	现金	20000
		活期存款	60000
		定期存款	100000
	现金与现金等价物小计		180000
	其他金融资产	股票	60000
		保险理财产品	5000
	其他金融资产小计		65000
	金融资产小计		245000
实物资产	自住房		310000
	投资的房地产		120000
	机动车		100000
	珠宝和收藏品类		30000
	实物资产小计		560000
	资产总计		805000
负债			金额/元
负债	信用卡透支		3000
	其他负债		2500
	负债总计		5500
	净资产(总资产－总负债)		799500

表 4-3 李先生家庭收入支出表

日期:2022 年 1 月 1 日至 2022 年 12 月 31 日

项目			金额/元
收入	工资和薪金	姓名:李先生	250000
		姓名:李太太	45000

续表

	项　　目		金额/元
收入	投资收入	利息和分红	24000
		其他（房租收入）	18000
	总收入（Ⅰ）		337000
支出	家电、家具和其他大件消费购买和维修汽车	汽油及维护费用	10000
		保险费、养路费、车船税等	5000
		过路与停车费等	1000
	日常生活开支	水、电、气等费用	6000
		通讯费	9000
		外出就餐	36000
	购买衣物开支	衣服、鞋子及附件	24000
	个人护理支出	化妆品、头发护理、美容、健身	12000
	休闲和娱乐（旅游）		20000
	医疗费用		4800
	其他项目（子女学杂费）		3600
	总支出（Ⅱ）		131400
	现金结余（或超支）[（Ⅰ）－（Ⅱ）]		205600

二、风险基础知识

（一）风险的概念

风险是指某种事件发生的不确定性。在人们从事某种活动或做出某种决策的过程中，未来结果可能具有不确定性，从而导致某种事件的发生或者不发生。

风险是一种不确定性，然而并不是所有的不确定性都是风险。不确定性是风险的必要非充分条件。对于微观经济主体来说，只有可能影响到其经济利益的不确定性才是风险。换句话说，特定的不确定事件并非对所有的微观经济主体都是风险，只有可能带来盈利或者损失的不确定性才是风险。

从广义上讲，这种事件发生的不确定性，或者说未来结果的不确定性，既包括盈利发生的不确定性，也包括损失发生的不确定性。只要某个事件的发生存在两种或者两种以上的可能，抑或某种行动或决策可能导致两种或者两种以上的结果，都可以说存在着风险。

从狭义上讲，风险仅指损失发生的不确定性。在保险的理论分析和实务研究中，通常从狭义的角度理解和界定风险。具体来说，就是保险标的损失发生的不确定性，包括风险是否发生的不确定性、何时发生的不确定性和产生损失程度的不确定性。

(二) 风险的特征

1. **客观性**

风险是一种状态,无论人们是否意识到,风险都是客观存在的。自然灾害和意外事故(如地震、台风、洪水、瘟疫、疾病、死亡等)都不以人的意志为转移,自然灾害和意外事故是独立于人的意识之外的客观存在。这是因为无论是自然界的物质运动还是社会发展的规律,都由事物的内部因素决定,由超出人们主观意识的客观规律决定。人们在一定的时间和空间可以发挥主观能动性,改变某种风险存在和发生的条件,降低某种风险发生的频率和损失程度,但绝不可能彻底消灭风险。同时,风险的客观性还表现在可以用客观尺度来测度,即可以根据概率论来度量风险发生概率的大小。风险的客观性决定了进行风险管理,并采取诸如保险之类化解风险的措施,对任何团体与个人都具有必要性。

2. **普遍性**

人类的历史就是与风险相伴的历史。人类出现以后就面临着各种各样的风险,如自然灾害、疾病、伤害、战争等。随着科学技术的发展、生产力的提高、社会的进步、人类的进化,可能产生新的风险,而且风险波及的范围、事故造成的损失可能越来越大,如核能泄漏、原子弹爆炸等。投资者要面临生、老、病、死、失业和意外伤害等风险;企业要面临自然风险、技术风险、经营风险、财务风险和信誉风险等;国家政府机关也要面临各种风险,如自然灾害导致的重大突发事件,罢工、骚乱等社会不安定因素,由债务危机引发的偿债风险,等等。总之,风险已经渗入个人生活、企业、社会的方方面面,并且无处不在、随时可能发生。正是由于这些普遍且对人类社会生产或人们生活构成威胁的风险的存在,才有了保险存在的必要和发展的可能。

3. **不确定性**

虽然风险是客观存在的,但是就某一具体风险而言,风险的发生是偶然的,是一种随机现象。风险也可以认为是经济损失的不确定性。风险的不确定性通常包括五点:一是风险是否发生是不确定的;二是风险发生的时间是不确定的;三是风险发生的地点是不确定的;四是风险所致的损失或收益的大小是不确定的;五是风险所致损失或收益的承担主体是不确定的。

4. **可测性**

风险是一种损失的不确定性。然而,在有大量损失经历的情况下,人们往往可以在概率论和数理统计的基础上,利用测算损失分布的方法来计算风险发生的概率、损失的大小及损失的波动性。也就是说,个别风险事故的发生是偶然的,但大量风险事故的发生有其必然性。通过对大量风险事故的观察、分析和事后的归纳、总结,人们发现,风险的发生往往呈现明显的规律性。利用概率论和数理统计等方法可测算出风险事故发生的概率及损失程度,并可构造出损失分布的模型。该模型可以作为风险估测的基础。

5. **发展性**

人类社会进步和发展的同时,也创造和发展了风险,尤其是当代高新科学技术的发展与应用,使风险的发展性更为突出。第一,风险的性质是可以变化的;第二,风险发生的概率大小是可以随着人们对风险认识的提高和管理措施的完善而发生变化的;第三,风险的种类是可以发生变化的。

(三)风险的构成要素

1. 风险因素

风险因素是指促成某一特定风险事故发生,或增加其发生的可能性,或扩大损失程度的原因和条件。风险因素是风险事故发生的潜在原因,是造成损失的间接原因,也是促使和增加损失发生的频率或严重程度的条件。构成风险因素的条件越多,发生损失的可能性就越大,损失就会越严重。

根据风险因素的性质不同,通常可以将其分为有形风险因素和无形风险因素两种类型。其中,有形风险因素是直接影响事物物理功能的物质性风险因素。例如,老化的电线,年久失修的排水系统,刹车系统失灵,某人有吸烟、嗜酒的不良偏好,等等。无形风险因素是文化、习俗和生活态度等非物质的、影响损失发生可能性和受损程度的因素。无形风险因素又可以进一步分为道德风险因素和心理风险因素。道德风险因素是与人的品德修养有关的无形的因素,即个人的不诚实、不正直或不轨企图导致风险事故发生,以致引起社会财富损毁或人身伤亡的原因或条件。例如,欺诈、纵火、谋杀被保险人,等等。心理风险因素是与人的心理状态有关的无形因素,又称风纪风险因素。心理风险因素是人们主观上的疏忽或过失,以致增加风险事故发生的机会或扩大损失程度的因素。例如,企业或个人投保财产保险后,放松对财产的保护措施;个人投保人身保险后,忽视自己的身体健康。在保险实务中,实质风险因素所引起的风险损失大多属于保险责任范围。

2. 风险事故

风险事故又称为风险事件,是指造成人身伤害或财产损失的偶发事件,是造成损失的直接或外在原因,没有风险事故就不可能有损失的发生。风险事故意味着风险的可能性转化为现实性,即风险的发生。因此,风险事故是导致损失发生的媒介。例如,火灾、地震、洪水、龙卷风、雷电、爆炸、盗窃、抢劫、疾病、死亡等都是风险事故。

对于某一事故来说,在一定条件下,如果此事故是造成损失的直接原因,那么此事故就是风险事故;而在其他条件下,如果此事故是造成损失的间接原因,那么此事故便成为风险因素。例如,下冰雹,路滑,发生车祸,造成人员伤亡,这时冰雹是风险因素,车祸是风险事故;冰雹直接砸伤行人,这时冰雹是风险事故。

3. 风险损失

风险损失是指偶然发生的、非预期的经济价值的减少或灭失。风险损失通常是指可以用货币来计量的经济损失,风险损失既包括风险事故发生导致的直接损失,又包括由此引发的关联损失(或称间接损失)。

在保险实务中,一般将损失分为两种形态,即直接损失和间接损失。直接损失又称实质损失,是指风险事故导致的财产损失和人身伤害;间接损失则是指由直接损失引起的其他损失,包括额外费用损失、收入损失和责任损失等。在某些情况下,间接损失的金额很大,甚至超过直接损失。在风险管理理论中,通常将损失分为四类,即实质损失、额外费用损失、收入损失和责任损失。

4. 风险载体

风险载体是指风险的直接承受体,即风险事故直接指向的对象。风险载体既可以是自然人,也可以是有形财产和无形财产。事实上,风险载体通常分为人身载体和财产载体。其中,人身载体是指人的身体、生命、健康、失业和老年人赡养等方面发生风险损失时的承载主体。

此外,还有两类特殊情况。一是责任事故,其所造成的经济损失是个人或组织因为法律规定所应承担的民事损害赔偿责任。二是信用风险,发生在权利人与义务人之间,其直接承受体既可以是自然人,也可以是法人。

因此,风险是由风险因素、风险事故、风险损失和风险载体构成的统一体。风险各构成要素之间的逻辑关系可以表述为:风险因素导致风险事故的发生,此风险事故引起风险损失,并由风险载体承受此风险损失。具体的逻辑关系如图4-1所示。

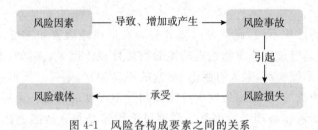

图 4-1　风险各构成要素之间的关系

(四) 风险的种类

1. 纯粹风险与投机风险

按照风险的性质或风险未来结果的不确定性,风险可以划分为纯粹风险和投机风险。

(1) 纯粹风险。纯粹风险是指只产生损失而不导致收益的不确定性状态。这种风险只存在受损的可能性,而没有获利的机会。例如,人们通常概念中的风险,如地震、洪水、海啸等自然灾害,交通事故、火灾、爆炸等意外事故,以及疾病等,都属于纯粹风险。

(2) 投机风险。投机风险是指既可能产生收益也可能造成损失的不确定性状态。这种风险所导致的结果有三种情况:损失、无变化、获利。例如,股票投资,投资者购买某种股票后,可能由于股票价格上升而获得收益,也可能由于股票价格下降而蒙受损失,但股票的价格到底是上升还是下降,幅度有多大,这些都是不确定的,因而这类风险就属于投机风险。

此外,有时同一对象可能既面临纯粹风险又面临投机风险。例如,一个企业既面临火灾、水灾等纯粹风险,又面临技术风险、经营风险等投机风险。尽管如此,区别纯粹风险和投机风险仍是非常重要的。纯粹风险会有损失,对人类是不利的;投机风险则不同,出于盈利的可能性,有些人会甘愿冒险。在一般情况下,只有纯粹风险才是可以投保的,投机风险则不能投保。

2. 自然风险、社会风险、经济风险与政治风险

按照损失发生的原因,风险可以划分为自然风险、社会风险、经济风险和政治风险。

(1) 自然风险。自然风险是指自然原因(如自然现象或物理现象)引起的风险,是不以人的主观意志为转移且人力难以抗衡的风险。比如,地震、水灾、火灾、风灾、雹灾、冻灾、旱灾、虫灾以及各种瘟疫等自然现象,在现实生活中是大量发生的。

(2) 社会风险。社会风险是指人为原因(如个人行为的反常或不可预料的团体行为)引起的风险。这种风险的特性与人类自身(包括自然人、法人乃至国家、社区等)行为密切相关,行为失常或出现不可预料的行为后果等均可以归入社会风险。需要强调的是,经济风险、政治风险和法律风险是值得高度重视的社会风险。

(3) 经济风险。经济风险是指因经济前景的不确定,各经济实体在从事正常的经济活动时,蒙受经济损失的可能性。或者说,经济风险是指在产销过程中,各种因素的变动或估计的

错误导致产量减少或价格涨跌所致损失的风险。经济风险是市场经济发展过程中的必然现象。市场经济中的经济风险和经济利益是并存的,高风险往往伴随着高收益。经济风险可以说是一把"双刃剑",既能激励经济主体趋利避害,加强和改善经营管理,改进技术,更新设备,降低消耗,提高经济效益,促进经济迅速发展,又能使市场主体患得患失,顾虑重重,追求盈利的冲动受到可能蒙受的经济风险的制约,使市场经济主体在保持经济行为理性化的同时,有可能失去发展的良机,由此使经济运行趋于稳定或停滞。因此,必须正视经济风险的抑制作用,强化风险制约的功能,同时采取积极的措施,充分发挥经济风险的激励作用。

(4) 政治风险。政治风险是指种族宗教的冲突、叛乱、战争所引起的风险。例如,政党的衰败、国家的分裂、社会的动荡,等等。

3. 基本风险与特定风险

按照风险影响的范围对象,风险可以划分为基本风险和特定风险。

(1) 基本风险。基本风险是指特定的社会个体所不能控制或者预防的风险。基本风险是由非个人的或是个人不能阻挡的因素所引起的风险,涉及范围通常较大,对整个团体乃至整个社会产生影响。基本风险是全社会普遍存在的风险,是其损害波及社会的风险。此类风险的形成通常需要较长的过程,一旦形成,任何特定的个体都很难在短时间内遏制其蔓延,必须阶段性的预防才能克服。基本风险的起因及影响都不与特定的人有关,至少是个人所不能阻止的风险。与社会或政治有关的风险,与自然灾害有关的风险都属于基本风险。

(2) 特定风险。特定风险是指与特定的社会个体有因果关系的风险。特定风险通常由特定的因素引起,是由个人或家庭、企业来承担的损失风险,不影响整个团体和社会。特定风险一般易为人们所控制和防范。例如,火灾、爆炸、盗窃及对他人财产损害或人身伤害所负的法律责任等均属此类风险。

4. 人身风险、财产风险、责任风险与信用风险

按照风险损失的对象,风险可以划分为人身风险、财产风险、责任风险和信用风险。

(1) 人身风险。人身风险是指人们因生、老、病、死、伤、残等原因而导致经济损失的风险。人身风险通常分为生命风险和健康风险。其中,生命风险是与人的生存有关的风险,而健康风险主要影响人们身体健康的程度。需要说明的是,死亡是人的生命中必然发生的事,并无不确定可言,但死亡发生的时间是不确定的;健康风险则具有明显的不确定性,如伤残是否发生、疾病是否发生、其损害健康的程度大小,等等,均是不确定的。人身风险所致的损失一般有两种:一种是收入能力损失,如丧失劳动能力、失业等导致收入终止或减少的风险;另一种是额外费用损失,如死亡、生病、受伤、残疾、意外事故等导致丧葬、医疗护理等额外费用的发生。人身风险的原因多种多样,主要有身患重大疾病、落水、坠楼、坠崖、撞伤、摔伤、烧伤、烫伤、电伤、割伤、他伤、砸伤等,导致伤残、死亡或丧失劳动能力,这些都会直接或间接给个人和家庭造成严重的经济损失。

(2) 财产风险。财产风险是指可能导致财产发生毁损、灭失和贬值的风险。或者说,财产风险是指个人、家庭或企业对其所有的、使用的和保管的财产发生财产贬值、损毁或者灭失所承担的风险。具体来说,财产风险是指因发生自然灾害、意外事故而使个人或家庭占有、控制或照看的一切有形财产遭受损毁、灭失或贬值的风险以及经济的或金钱上损失的风险。对于个人或家庭来说,所拥有的房屋、家具、衣物、家用电器以及车辆等,可能因为火灾、水灾、地震等自然灾害而造成损失,也可能因为失窃或者是遭受抢劫而丢失。例如,建筑物因火灾、地震、暴雨等风险事故的发生遭受损毁,家庭物品因他人盗窃而发生丢失,机械设备由于折旧、更新

等原因而贬值等。这些财产损失直接导致个人或家庭的资产减少和支出增加,给个人或家庭的财务活动带来负面影响。财产损失通常包括财产的直接损失和间接损失两方面。

(3) 责任风险。责任风险是指因侵权或违约依法对他人遭受的人身伤亡或财产损失应负赔偿责任的风险。责任风险中的"责任",少数属于合同责任,绝大部分是指法律责任,包括刑事责任、民事责任和行政责任。在保险实务中,保险人所承保的责任风险仅限于法律责任中对民事损害的经济赔偿责任。也就是,责任风险是在法律基础上产生的损害赔偿责任,责任风险是人们的过失或侵权行为导致他人的财产毁损或人身伤亡,在合同、道义、法律上负有经济赔偿责任的风险。责任风险又可以分为对人的赔偿风险和对物的赔偿风险。例如,对于产品设计或制造上的缺陷所致消费者的财产或人身伤害,产品的设计者、制造者、销售者依法要承担经济赔偿责任;汽车撞伤了行人,如果是驾驶员的过失,驾驶员就应依法对受害人或其家属进行经济赔偿;医生、会计师、审计师等专业人员因工作疏忽给有关当事人带来了损失,也应依法承担经济赔偿责任;当理财规划师因疏忽而向客户提供一些不当的建议,导致客户遭受损失,理财规划师可能要面临被客户起诉的风险;孩子损坏他人的物品,家长应付赔偿责任风险,等等。责任风险将导致个人支出的增加,导致财务状况恶化。另外,还有居家第三者责任风险,即居民房屋及附属物由于意外事故造成第三者的人身财产损失的风险。例如,家中客人在室内受伤,饲养的宠物咬伤人,窗台花盆或空调外挂机掉落砸伤人或车,家中水管爆裂使邻居家遭到水浸损失等风险。这些风险一旦发生,可能影响邻里关系,也会给家庭带来相当大的经济损失。

(4) 信用风险。信用风险是指人们在经济交往过程中,权利人和义务人之间由于一方违约或犯罪而使对方发生经济损失的风险。信用风险,又称违约风险。例如,银行存在的主要风险是信用风险,即交易对手不能完全履行合同的风险。也就是说,银行将贷款贷出后,银行将面临借款人不还款或拖延还款的风险。这种风险不只出现于贷款中,也发生在担保、承兑和证券投资等表内、表外业务中。再如,债券发行公司不能按时支付债券利息或偿还本金,而给投资者带来损失的可能性;上市企业由于出现经营风险而做出一系列违规行为,如对外宣布虚假信息、财务上做假账、内部交易,等等,由此导致投资者对上市企业的诚信产生怀疑,进而影响上市企业在投资市场上的声誉;某商业银行在个人理财业务中由于对风险管理不善,投资者对其产生负面评价,进而出现信誉风险;卖方将商品发给买方,而买方尚未付清货款时,卖方将面临买方违约的风险。信用风险会导致个人资金管理活动不畅,扰乱预算收支安排。信用风险不仅涉及企业诚信,而且涉及企业的社会责任、公共道德问题,也是整个社会面临的一种公共道德风险。

综上所述,风险的种类如表 4-4 所示。

表 4-4 风险的种类

分类标准	风险的种类
按照风险的性质或风险未来结果的不确定性划分	投机风险
	纯粹风险
按照损失发生的原因划分	自然风险
	社会风险
	经济风险
	政治风险

续表

分 类 标 准	风险的种类
按照风险影响的范围对象划分	基本风险
	特定风险
按照风险损失的对象划分	人身风险
	财产风险
	责任风险
	信用风险

(五) 风险对财务状况的影响

风险的存在往往会对经济单位的财务状况产生影响。这种影响主要表现在以下几方面。

1. 准备足够的资金

在风险客观存在的情况下,为保证人们的生产和生活正常进行,人们必须有足够的资金应对损失发生对其财务所带来的巨大打击。

2. 消费水平降低

风险所带来的物质损失会使人们的消费水平降低。例如,火灾烧毁了人们的住房,导致人们无法继续居住。

3. 支出增加

风险引起的损失还使得支出相应增加。例如,发生医疗费用、丧葬费用等。

所有这一切不利的情况都是良好的理财规划需要避免的。人们需要事先有应对风险的措施,即以适当的方式来分散、转移风险,从而使企业或个人的财务状况能够经得起严重不确定事件的打击。

(六) 风险与保险的关系

风险存在于人类生产与生活的方方面面,给人们的生产、生活造成严重威胁,人们自然会产生对风险进行管理的需要,以减少其发生的频率和损失。为了规避风险损失,人们采取了各种方法。比如,在股票投资中,一种较好的避险方法就是组合投资。通过投资组合,可以最大限度地减少非系统性风险。此外,金融市场上的远期合约、期货合约、期权合约等金融工具也都具有套期保值的避险功能。

保险则是一种应用广泛的、重要的风险管理手段,与组合投资、期货合约等风险管理手段不同的是,传统的保障意义上的保险并不针对投机风险和收益风险,而是针对如何规避和抵御纯粹风险。风险与保险有着非常密切的关系,具体表现为以下几点。

1. 风险是保险产生和发展的前提

首先,风险无处不在,时时威胁生命和财产安全,从而构成了保险关系的基础。其次,风险的发展是保险发展的客观依据,主要表现在风险是随着社会经济的发展和科学技术的进步而不断发展变化的,从而促使保险业不断根据形势的变化,设计新险种、开发新业务,最终使保险业获得持续发展。

2. 保险对风险管理也有实质性的影响

保险是风险管理中传统有效的财务转移机制,人们通过保险将自行承担的风险损失转嫁给保险人,以小额、固定的保费支出来换取对未来不确定的、巨大风险损失的经济保障,使风险的损害后果得以减轻或消化。同时,保险人作为与各种风险打交道的专业机构,不仅具有丰富的风险管理经验,而且通过积极参与社会防灾防损以及督促保险客户加强防灾防损,直接有效化解了某些风险,从而成为社会化风险管理的重要组成部分。

保险对风险管理的影响,还在于保险是适应风险的不确定性与不平衡性发生规律的合理机制。一方面,保险通过平时的积累应对保险事故发生时的补偿之需;另一方面,保险将时间与空间上不平衡发生的各种风险进行有效分散,这是其他机制都无法实现或者说无法完全实现的。

3. 风险与保险存在互制互促的关系

一方面,保险经营效益受到风险管理技术的制约。这包括两层含义:一是保险经营属于商业交易行为,其经营过程同样存在着风险,需要风险管理技术来控制经营过程中的风险;二是对于保险所承保风险的识别、估测、评价和处理,受到风险管理技术的制约。

另一方面,保险的发展与风险管理的发展相互促进。保险人丰富的风险管理经验,可使各经济单位更好地了解风险并选择最佳的风险管理对策,从而促进经济单位的风险管理,完善风险管理实践,促进风险管理的发展;而经济单位风险管理的加强和完善,也会促进保险业的健康、稳定发展。

三、保险基础知识

(一) 保险的概念

保险是指集合具有同类风险的众多单位或个人,以合理计算分担金的形式,实现对少数成员约定风险事故所致经济损失或由此引起的经济需要进行补偿或给付的行为。《中华人民共和国保险法》第一章第二条对保险是这样定义的:"本法所称保险,是指投保人根据合同约定,向保险人支付保险费,保险人对于合同约定的可能发生的事故因其发生所造成的财产损失承担赔偿保险金责任,或者当被保险人死亡、伤残、疾病或者达到合同约定的年龄、期限等条件时承担给付保险金责任的商业保险行为。"另外,本章所讲的风险管理与保险规划主要是针对商业保险进行分析和阐述的,所以本章中的"保险"均指商业保险。

各国学者一般从经济、法律两个角度对保险进行定义。

1. 从经济角度来看

作为一种经济制度,保险是指人们为了保障生产、生活的顺利进行,将具有同类风险保障需求的个体集中起来,通过合理的计算建立起风险准备金的经济补偿制度或给付安排。

(1) 保险是一种经济行为。从需求角度看,整个社会存在着各种形态的风险,与之有利害关系的主体愿意付出一定的代价将其转移给保险人,从而获得损失补偿或资金给付,保证经济生活的稳定。从供给角度看,保险人通过概率论、大数法则的科学手段在全社会范围集中和分散风险,提供风险保障服务。

(2) 保险是一种金融行为。保险人通过收取保险费聚集了大量的资金,对这些资金进行运作,实际上在全社会范围内起到了资金融通的作用。

(3) 保险是一种分摊损失的财务安排。保险的运行机制是全体投保者缴纳保险费,共同出资组成保险基金。当某一被保险人遭受损失时,由保险人从保险基金中拿出资金对其进行补偿。因此,受损失人实际获得的是全体投保人的经济支持。

2. 从法律角度来看

保险是指当事人双方通过订立合同的方式规定双方的权利、义务,并依此建立起来的风险保障机制。

(1) 保险是一种合同行为。保险人与投保人是在平等、自愿的基础上通过要约与承诺,达成一致并签订合同。英国的马歇尔斯这样定义保险:保险是指当事人的一方收受商定的数额,对于对方所受损失和发生危险予以补偿的合同。

(2) 保险双方的权利和义务在合同中约定。投保人的义务是依照合同约定缴纳保险费,权利是在合同约定的风险事故发生后要求保险人进行赔偿或给付保险金。保险人的义务是按合同约定在事故发生后向被保险人支付赔款或保险金,权利是向投保人收取保险费。

(3) 保险合同中所载明的风险必须符合特定的要求。在保险合同中保险人所承保的风险一般是在概率论和数理统计的基础上可测算的,且当事人双方均无法控制风险事故发生的纯粹风险。

综上所述,保险的定义如表 4-5 所示。

表 4-5　保险的定义

名　称	角度类型	定　义
保险	从经济角度看	保险是一种经济行为
		保险是一种金融行为
		保险是一种分摊损失的财务安排
	从法律角度看	保险是一种合同行为
		保险双方的权利和义务在合同中约定
		保险合同中所载明的风险必须符合特定的要求

(二) 保险要素

1. 保险的前提要素:风险存在

风险存在是保险成立的前提。保险与风险同在,无风险则无保险可言。因此,特定的风险事故是保险成立的前提,是首要要素。

人类社会可能遭遇的风险很多,但大体上可以归纳为四大类,即人身风险、财产风险、责任风险和信用风险。所谓风险事故,是指上述人类四大风险中可能引起损失的偶然事件。风险事故具有以下特点。

(1) 事件发生与否很难确定。也就是说事件可能发生,也可能不发生,两种可能同时存在,缺一不可。如果约定的某一事件根本不可能发生,是不会有人愿意花钱去买这种毫无意义的保险的。反之,如果能确定某一事件一定会发生,承保则意味着必然赔偿,无法集合风险、分散损失,也不会有承保人愿意承担这种责任。

(2) 事件何时发生很难确定。也就是说一些偶然事件虽然可以判断,但究竟何时发生,很难预料。例如,人的生、老、病、死,这是自然规律,但人何时生病、何时死亡,谁都无法预知。所以,人的死亡、伤残和疾病,均属于可保事件。发生时间不可预知的事件,当然是将来有可能发生的事件,属于偶然事件。过去或现在已发生的事件,不属于偶然事件。

(3) 事件发生的原因、结果很难确定。也就是说事件的发生是偶然的,排除当事人的故意行为及保险标的的必然现象。事件发生若是当事人或其利害关系人的故意行为所致,比如,谋杀被保险人或被保险人的自杀、纵火等,或保险标的的自然灭失、消耗等,都不属于偶然事件。由于偶然事件是"将来的事件",因此,不仅发生与否无法预料,一旦发生将造成多大损失也很难预知。例如,房屋、汽车等财产都有遭受火灾、冰雹等灾害破坏的可能,但这种潜在性的灾害发生时将造成多大的损失,受灾前是任何人都无法准确知道的。

2. 保险的基础要素:众人协力

众人协力是保险成立的基础。众人协力是建立在"我为人人,人人为我"这一社会互助基础之上的,其基本原理是集合风险、分散损失。这就要求参加保险者不只是几个人、几个单位,也不只是社会中的少部分人和少部分单位,要动员全社会力量,使众多人参加保险。只有众多的社会成员参加保险,其所缴纳的保险费,才能积聚成巨额的保险基金,从而确保少数人的意外损失能够获得足额且及时的补偿。

其中,众人协力就是经济上的互助共济关系。这种经济上的互助共济关系,组织形式有两种,一是直接关系,二是间接关系。相互保险组织中的众人协力所体现的互助共济关系,就是一种直接的互助共济关系。因为这种保险组织的成员都是由具有同一风险的多数人所组成。他们中的每个成员,既是被保险者也是共保人。除其成员,众人协力所体现的互助共济关系则是一种间接的互助共济关系。因为组成这种互助关系的千万个保险合同并非在投保者之间订立,而是投保者分别与保险公司建立合同关系。大部分投保人在投保时,未必意识到他们的投保行为已经结成这种互助共济关系。但无论他们意识到与否,只要投保,与保险公司建立了保险合同关系,他们就处于这种互助共济关系中,并受到保险的保障。

3. 保险的功能要素:损失赔偿

损失赔偿是保险成立的功能。保险的功能并非消灭风险,风险是客观存在的。从严格意义上说,保险也不可能消灭风险。虽然在实际生活中,人们往往习惯将投保行为称为"买保险",将投保人缴纳保险费,与保险人确立保险合同关系称为"付出一笔代价,买进一个安全",但是投保人向保险公司缴纳了保险费,并非真正买到了一个安全。签订了保险合同,也不意味着保险公司就能保证被保险人此生不出事故。事实上,投保人支付一笔代价(保险费)后,他所买到的只是一个机会,即将来发生保险事故时可能获得补偿的机会,而不是真正意义上的安全。由此可见,保险的直接功能就是补偿被保险人因意外所受的经济损失。

(三) 保险的特性

1. 经济性

从根本上说,保险是一种经济行为,保险从萌芽开始到现在对人们的生活影响越来越大。保险业的迅猛发展说明社会对保险产品的需求是不断增大的。从保险需求来看,随着社会的发展和进步,人们所面临的风险有增无减,并且新的风险在不断出现,个体面对风险时也更加脆弱,他们迫切希望通过某种方式将损失的不确定性转移出去,甚至宁愿付出一定的成本。从保险的供给来看,从早期的基尔特制度到现代化的商业保险,其经营的基本理念是不变的,都是保险人通过集合大量的同质风险,运用大数法则和概率论等相关技术进行合理定价,设计出将不确定的风险损失转化为确定的小额费用支出的保险产品。于是在保险经营中,投保人通过缴纳保费,购买保险产品,将自身所面临的风险损失转嫁给保险人;保险人收取保费,形成保险基金,用于未来的赔付。

2. **互助性**

这是从众多被保险人的角度来看保险。保险的运行机制是大家共同出资,通过保险人建立保险基金,当有被保险人遭受损失时,就可以从共同的保险基金中提取资金对其进行损失补偿。这就意味着一个人的损失由大家共同来承担,体现了"人人为我,我为人人"的互助共济精神。在保险的组织形式中,至今仍然存在的相互制保险公司就深刻地体现了保险互助性的特点。

3. **契约性**

一些保险学说把保险视为一种合同,虽然此说法有些片面,但也说明保险有较强的契约性特点。从法律关系的角度来看,保险是一种合同行为。保险双方当事人通过合同的形式约定双方的权利和义务,并且合同的履行以及变更等都要受到相关法律的制约。根据《中华人民共和国保险法》第二章第十三条规定:"投保人提出保险要求,经保险人同意承保,保险合同成立。"根据《中华人民共和国保险法》第二章第二十三条规定:"保险人收到被保险人或者受益人的赔偿或者给付保险金的请求后,应当及时作出核定;对属于保险责任的,在与被保险人或者受益人达成赔偿或者给付保险金的协议后十日内,履行赔偿或者给付保险金义务。"因此,保险双方当事人的意愿通过履行保险合同来体现,双方意愿的改变通过合同的变更来实现。保险的契约性是保险的一个重要性质。

4. **科学性**

保险的健康、快速发展离不开相应的技术。意大利学者费芳德认为,保险的性质主要体现在技术方面。保险公司在经营过程中,运用概率论和大数法则等工具,通过将大量的面临相同风险的个体集中起来,对整体风险发生的概率进行测算,计算出保险产品的价格,从而建立起科学的保险基金,促进保险业的稳健发展。保险经营雄厚的数理基础正是保险科学性的体现,而随着保险精算技术的发展与应用,保险的经营将更加稳健和科学。

(四)可保风险应具备的理想条件

并非所有的风险都可以通过保险予以处理。保险研究的对象是满足特定条件的可保风险。可保风险是指可以被保险人接受的风险,或可以向保险人转移的风险。一般来说,作为理想的可保风险,应符合以下条件。

1. **必须是纯粹风险**

纯粹风险的结果只有损失而没有获利,这种性质有助于对损失进行预测。同时,该风险的一大特征表现为个人受损时社会也受损。因此,可允许有相当多的人参加保险,这时可充分发挥保险的风险分散作用,将个别人的损失转化成由多数人分担。

2. **风险必须具有不确定性**

风险的不确定性有几层含义,即风险是否发生是不确定的;风险发生的时间是不确定的;风险发生的原因和结果等是不确定的。

3. **风险所致的损失是可以预测的**

要预测损失,就需要有大量的损失数据。如果没有足够多的损失数据,就会增加预测的困难,至少是影响预测的准确性。如果特定风险的损失缺乏可度量性和可预测性,那么保险的科学性必将受到质疑。

4. 损失的程度不要偏大或偏小

风险的损失偏大,超过保险公司所能承受的范围,自然不理想。过于微小的损失则会加大保险经营的成本,因而也不理想。同时对于被保险人而言,风险一旦发生,由其导致的损失必须是被保险人无力承担的。

5. 存在大量同质风险单位

同质风险是指风险单位在种类、品质、性能、价值等方面大体相近。如果风险不同质,那么风险事故的发生概率就不同,集中处理这些风险将十分困难。只有存在大量同质的风险单位,且只有少数风险单位受损时,才能体现大数法则所揭示的规律,正确计算损失概率。

6. 损失的发生纯属意外

损失的发生必须具有偶然性。若非意外损失,则有悖保险的宗旨。

(五)保险的分类

1. 按照保险性质分类

按照保险性质分类,保险可以分为商业保险、社会保险、政策保险。

商业保险体现的是保险经济领域中的商品性保险关系,社会保险和政策保险体现的是保险经济领域中的非商品性保险关系。

(1) 商业保险。商业保险是指投保人根据合同约定,向保险人支付保险费,保险人对于合同约定的可能发生的事故因其发生所造成的财产损失承担赔偿保险金的责任,或者当被保险人死亡、伤残、疾病或者达到合同约定的年龄、期限时承担给付保险金责任的行为。

(2) 社会保险。社会保险是国家通过立法建立的一种社会保障制度。社会保险的存在在于使劳动者因为年老、患病、生育、伤残、失业、死亡等原因而暂时中断劳动或者永久丧失劳动能力,不能获得劳动报酬,本人和供养的家属失去生活来源时,能够从社会(国家)获得物质帮助。社会保险具有强制性、低水平、广覆盖的特点,主要险种有社会基本养老保险、失业保险和医疗保险三种。社会保险是社会保障制度的主要组成部分。

(3) 政策保险。政策保险是指政府为了一定的政策目的,运用一般保险技术而开办的一种保险。政策保险的种类包括社会政策保险和经济政策保险两大类。具体项目有:一是为国民生活安定而开设的国民生活保险,如劳动者财产损失保险、汽车赔偿责任保险、地震保险、住宅融资保险等;二是为农业增产增收而开设的农业保险,如种植业保险、养殖业保险等;三是为扶持中小企业发展而开设的信用保险,如无担保保险、能源对策保险、预防公害保险、特别小额保险等;四是为促进国际贸易而开设的输出保险,如出口信用保险、外汇变动保险、出口票据保险、海外投资保险、存款保险等。

在个人或家庭理财规划的风险管理与保险规划中,可操作性最强的是商业保险,因此,本章所讲的风险管理与保险规划主要针对商业保险进行分析和阐述。此外,以下几种保险分类方式的分析和阐述,也主要建立在商业保险的基础之上。

2. 按照保险标的分类

按照保险标的分类,保险可以分为财产保险、人身保险、责任保险、信用保证保险。

(1) 财产保险。财产保险是指以财产及其有关利益为保险标的,保险人对保险事故的发生所导致的财产损失给予补偿的一种保险。财产保险有广义和狭义之分。广义的财产保险是指人身保险之外的一切保险业务的统称;狭义的财产保险也可称为财产损失保险,是指以有形的财产物资及其有关利益为保险标的的一种保险。此处的财产保险是指狭义的财产保险,通常根据保险标的来划分,按照属性相同或相近归属成火灾保险、运输保险、工程保险,每一业务种类又由若干具体的保险险种构成。

(2) 人身保险。人身保险是指以人的寿命和身体作为保险标的的一种保险。根据保障范围的不同,人身保险可以分为人寿保险、年金保险、意外伤害保险和健康保险。人寿保险是以人的生命为保险标的,以人的生死为保险事件,当保险事故发生时,保险人履行给付保险金责任的一种保险。传统的人寿保险包括定期寿险、终身寿险和生死两全保险;创新型人寿保险包括万能寿险、变额万能寿险和分红保险。年金保险是指在被保险人生存期间,保险人按照合同约定的金额、方式,在约定的时间内有规则、定期向被保险人给付保险金的保险。意外伤害保险是以被保险人遭受意外伤害造成死亡、残废为给付保险金条件的一种人身保险。健康保险是以人的身体为保险标的,保证被保险人在疾病或意外事故所致伤害时的费用或损失获得补偿的一种保险。

(3) 责任保险。责任保险是指以被保险人依法应负的民事损害赔偿责任或经过特别约定的合同责任作为保险标的的一类保险。责任保险属于广义的财产保险范畴。责任保险承保的范围主要包括侵权责任和违约责任两种。企业、团体、家庭和个人在各种生产活动或日常生活中由于疏忽、过失等行为对他人造成人身伤亡或财产损害而依法应承担的经济赔偿责任,可以通过投保有关责任保险转移给保险人。

(4) 信用保证保险。信用保证保险属于广义的财产保险范畴。信用保证保险的保险标的是合同的权利人和义务人约定的经济信用,以义务人的信用风险为保险事故,对义务人(被保证人)的信用风险致使权利人遭受的经济损失,保险人按合同约定,在被保证人不能履约偿付的情况下负责提供损失补偿,属于一种担保性质的保险。按照投保人的不同,信用保证保险又可以分为信用保险和保证保险两类。其中,信用保险是指保险人对债权人在信用借贷或商业赊销中因债务人不如约履行债务而使债权人蒙受损失予以经济补偿的一种保险。信用保险的投保人是权利人,以义务人为被保险人。信用保险主要包括一般商业信用保险、投资保险(也称政治风险保险)和出口信用保险。保证保险是指被保证人(债务人)根据权利人(债权人)的要求,请求保险人担保自己信用的保险。保证保险的保险人代被保证人向权利人提供担保,如果被保证人不履行合同义务或者有犯罪行为致使权利人受到经济损失,由其负赔偿责任。保证保险主要包括合同保证保险、产品质量保证保险和忠诚保证保险。保证保险一般由商业保险公司经营,但有些国家规定,必须由政府批准的、具有可靠偿付能力的专门保险公司经营。

3. 按照风险转移层次分类

按照风险转移层次分类,保险可以分为原保险、共同保险、重复保险、再保险。

(1) 原保险。原保险是指投保人和保险人之间直接签订合同,确立保险关系,投保人将风险损失转移给保险人。这里的投保人不包括保险公司,仅指除保险公司以外的其他经济单位和个人。

(2) 共同保险。共同保险也称共保。具体有两种情况:一种是投保人与两个以上保险人之间就同一可保利益、同一保险标的、同一风险,在同一保险期间内缔结保险合同,而且保险金额不能超过保险标的价值;发生赔偿责任时,赔偿金依照各保险人承保的金额在各保险人之间按比例分摊。另一种是保险人和被保险人共同分担保险责任,这实际上是指投保人的投保金额小于标的物价值的情况,不足额被视同由被保险人承担,这主要是防止投保人出现道德风险。共同保险的风险转移形式是横向的。

(3) 重复保险。重复保险是指投保人对同一保险标的、同一保险利益、同一保险事故，在同一保险期间内分别与两个以上保险人签订保险合同的保险。重复保险与共同保险不同的地方在于其保险金额的总和超过了保险标的的保险价值。这一概念主要应用在财产保险中，因为人身保险的保险标的——人的寿命和身体是无价的，不存在重复投保一说。这种保险方式是不被鼓励的，因为投保人采用这种保险方式，很可能是为了骗取保险金，而保险的一个基本思想，是补偿被保险人的经济损失，但是不能让被保险人因为保险事故而获得额外收益。因此，重复保险的保险事故发生后，被保险人也不能获得高于其保险标的保险价值的保险金。

(4) 再保险。再保险也称分保，是指保险人将其所承保的业务的一部分或全部，分给另一个或者几个保险人承保。再保险的投保人本身就是保险人，称为原保险人，又称再保险分出人；再保险业务中接受投保的保险人称为再保险人，又称再保险分入人。再保险这种风险转移是纵向的，再保险人面对的是原保险人，再保险人并不直接与最初的投保人打交道。再保险的意义在于扩大原保险人的业务经营能力，提高其财务的稳定性。根据《中华人民共和国保险法》第四章第一百零二条规定："经营财产保险业务的保险公司当年自留保险费，不得超过其实有资本金加公积金总和的四倍。"根据《中华人民共和国保险法》第四章第一百零三条规定："保险公司对每一危险单位，即对一次保险事故可能造成的最大损失范围所承担的责任，不得超过其实有资本金加公积金总和的百分之十；超过的部分应当办理再保险。"这就使保险公司由于资本金的局限而限制了其所能承保的业务量。通过再保险，虽然不能增加保险公司的自留保费，但是可以增加保险公司承保的业务量，因为保险公司可以把超过自留额部分的保费转移给再保险人。这就可以帮助保险公司占领市场份额，并提高其财务的稳定性。

4. 按照实施方式分类

(1) 自愿保险。自愿保险也称合同保险或任意保险，是指保险双方当事人通过签订保险合同，或是需要保险保障的人自愿组合、实施的一种保险。例如，商业保险就是保险双方通过签订保险合同而实施的。自愿保险的保险关系是当事人之间自由决定、彼此合意后所成立的合同关系。投保人可以自由决定是否投保、向谁投保等，也可以选择所需保障的类型、保障范围、保障程度和保障期限等。保险人也可以根据情况自愿决定是否承保、以怎样的费率承保以及以怎样的方式承保等。

(2) 强制保险。强制保险也称法定保险，是指国家对一定的对象以法律、法令或条例规定其必须投保的一种保险。例如，世界各国一般都将机动车第三者责任强制保险规定为强制保险的险种。法定保险的保险关系不是产生于投保人与保险人之间的合同行为，而是产生于国家或政府的法律效力。法定保险的范围可以是全国性的，也可以是地方性的。法定保险的实施方式有两种：一是保险对象与保险人均由法律限定；二是保险对象由法律限定，但投保人可以自由选择保险人。不论哪种形式的法定保险都具有以下特征：一是全面性。法定保险的实施以国家法律形式为依据，只要属于法律规定的保险对象，不论是否愿意都必须参加该保险。二是统一性。法定保险的保险金额和保险费率不是由投保人和保险人自行决定的，而是由国家法律统一规定的。

综上所述，保险的分类如表4-6所示。

表 4-6　保险的分类

分类依据	类型	
按照保险性质分类	商业保险	
	社会保险	社会基本养老保险
		失业保险
		医疗保险
	政策保险	社会政策保险
		经济政策保险
按照保险标的分类	财产保险	
	人身保险	人寿保险
		年金保险
		意外伤害保险
		健康保险
	责任保险	
	信用保证保险	信用保险
		保证保险
按照风险转移层次分类	原保险	
	共同保险	
	重复保险	
	再保险	
按照实施方式分类	自愿保险	
	强制保险	

（六）保险的职能和作用

1. 保险的基本职能

分散风险和进行损失补偿是保险的基本职能，体现了保险制度的本质特征，反映了保险活动的基本内容。

（1）分散风险职能。从本质上来说，保险是一种分散风险的机制。这种分散风险的机制建立在灾害事故的偶然性和必然性这种矛盾对立统一的基础上。对个别投保人和单位来说，灾害事故的发生是偶然的、不确定的，但对所有投保人和单位来说，灾害事故的发生又是必然的、确定的。分散风险是将处在同类风险中的多数单位和个人，通过直接或间接的方式集合为一个整体，根据风险发生的频率、损失的额度及保险金额，在风险事故发生之前，以收取保费的方式平均分摊给所有被保险人，形成保险基金；当风险事故发生后，以此赔偿少数单位或个人所遭受的损失，从而实现风险分散。保险只有均摊损失的功能，而没有减少损失的功能。

（2）补偿损失职能。补偿损失是在集合多数人分散风险、共同建立保险基金的基础上，对因风险事故发生而遭受损失的少数成员予以经济上的补偿。保险补偿损失职能的发挥是基于人们对风险保障的需要和对安全感的追求。因此，这一职能是保险的本质职能，也是保险的最终目的。

分散风险与补偿损失是相辅相成的有机整体。分散风险通过一定的组织形式，把社会上相互独立的个体集合在一起，形成保险基金，为补偿损失提供了前提条件，使分散风险和填补损失成为现实。补偿损失以分散风险为前提，分散风险是达到补偿损失的一种手段，而补偿损失是保险的最终目的。没有风险分散就没法进行损失补偿，两者相互依存，体现保险机制运行中手段与目的的统一。

2. 保险的派生职能

（1）融通资金职能。现代金融基本的功能就是对储蓄资源进行时间上和空间上的配置，实现储蓄向现实投资的转化。作为金融产业中的重要组成部分，保险同样表现出融通资金职能。保险的融通资金职能主要体现在两个方面：一方面，保险公司通过开展承保业务，将社会中的闲散资金汇集起来，形成规模庞大的保险基金，即将各经济主体和个人可支配收入中的一部分以保费的形式汇集起来，能够起到分流部分社会储蓄的作用，有利于促进储蓄向投资的转化；另一方面，保险公司通过投资将积累的保险资金运用起来，以满足未来偿付和保险基金保值、增值的需要。保险基金的资金来源稳定、期限较长、规模庞大，通过持股或者参股的形式，成为资本市场上重要的机构投资者和资金供应方，是金融市场中最活跃的成员之一。同时保险基金要考虑未来对被保险人的偿付，因此投机程度不强，也是资本市场上重要的稳定力量。

对于投保人而言，保险尤其是长期寿险，可为投保人提供临时的融资功能。这种功能主要通过保单质押贷款来实现。保单质押贷款的根本作用在于满足保险单的流动性和变现要求。这种保单质押贷款有别于商业贷款，主要体现在：一是保单持有人没有偿还保单质押贷款的法定义务，由此保单持有人与保险公司之间并非一般的借贷关系。二是保险人只需要根据保单的现金价值审批贷款，不必对申请贷款的保单持有人进行资信审查。而商业贷款，银行有严格的审查。因此，对于保险公司而言，保单质押贷款业务可以看作一项附加服务，管理成本较低；对于投保人而言，利用保单贷款是一种较为便捷的获得临时资金的方式。

（2）防灾防损职能。保险的防灾防损职能是指保险人参与了防灾防损活动，提高了社会的防灾防损能力。保险公司作为以营利为目的的商业机构，也参与到防灾防损活动中是有其客观必然性的。首先，保险公司从自身利益出发，愿意主动参与防灾防损工作。防灾防损做得好，风险事故就发生得少，保险公司的经济赔偿就会减少，其利润就会增加。其次，从自身条件来看，保险公司有能力参与防灾防损工作。最后，保险将提高被保险人的防灾防损意识。根据《中华人民共和国财产保险合同条例》第三章第十三条规定："投保方应当遵守国家有关部门制订的关于消防、安全、生产操作和劳动保护等有关规定，维护劳动者和保险财产的安全。保险方可以对被保险财产的安全情况进行检查，如果发现不安全因素，应及时向投保方提出消除不安全因素的合理建议，投保方应及时采取措施消除。否则，由此引起保险事故造成的损失，由投保方自己负责，保险方不负赔偿责任。"所以，参加保险的单位和个人都会重视自身检查，消除不安全因素，以避免出现不符合规定而最终得不到保险金赔偿的情况，这也是一种防灾防损的表现。

（3）社会管理职能。保险的社会管理职能是指保险公司在提供商业保险产品的过程中，能够客观上起到为社会生产、人民生活提供必要保障的作用，从而解除社会生产者的后顾之忧，缓解国家财政支出、企业生产成本增长、社会矛盾激化等压力，对整个社会产生积极的作用。保险的社会管理职能的内涵是随着保险实践的发展而不断发展的，从现阶段来说，保险的社会管理职能主要包括四个方面的内容,即社会保障管理、社会风险管理、社会关系管理和社会信用管理。

(4) 分配职能。保险的分配职能是指保险实际上参与了对国民收入的再分配。保险通过向多数投保人收取保费,建立保险基金,并在保险事故发生后向少数被保险人给付经济补偿,就像财政中的转移支付一样,这一部分资金实现了再分配。

(5) 风险监督职能。分散风险的代价是分摊保险费,被保险一方必然要求以尽可能低的保费获取同样的保险保障。因此,被保险人之间、被保险人与保险人之间必然对风险加强相互监督,以期尽量减小乃至消除不利的风险因素,达到减少损失和减轻负担的目的,这就是保险的风险监督职能。

综上所述,保险的职能如表 4-7 所示。

表 4-7　保险的职能

类　　型	具　体　职　能
保险的基本职能	分散风险职能
	补偿损失职能
保险的派生职能	融通资金职能
	防灾防损职能
	社会管理职能
	分配职能
	风险监督职能

3. 保险的作用

保险的作用是保险职能的发挥而产生的影响和效果。保险的作用主要表现在微观经济和宏观经济两个方面。

(1) 保险在微观经济中的作用。保险在微观经济中的作用是指保险作为经济单位或个人风险管理的财务处理手段所产生的经济效应。从一般意义上说,保险在微观经济中的作用表现在以下几个方面:①有助于受灾企业及时恢复生产经营;②有利于企业加强经济核算;③有助于企业加强风险管理;④有利于安定人民生活;⑤能够提高企业和个人信用;⑥有利于均衡个人财务收支;⑦有助于民事赔偿责任的履行。

(2) 保险在宏观经济中的作用。保险在宏观经济中的作用是指保险对全社会和整个国民经济总体所产生的影响和效果。保险在宏观经济中的作用主要表现在以下几个方面:①有利于社会再生产的顺利进行;②有利于国民经济持续稳定的发展;③有利于科学技术的推广与应用;④有利于社会的安定;⑤有利于推动社会经济交往;⑥有利于增加外汇收入,增强国际支付能力;⑦有利于实现社会公平,推动社会进步。

(七) 保险的基本原则

1. 最大诚信原则

1) 最大诚信原则的含义

诚信即坦诚、守信用。诚信是世界各国对民事、商事活动的基本要求。具体来说,就要求一方当事人对另一方当事人不得隐瞒、欺骗,做到诚实;任何一方当事人都应善意、全面地履行自己的义务,做到守信用。由于保险经营活动的特殊性,保险活动中对诚信原则的要求更为严格,要求做到最大诚信,即要求保险双方当事人在订立与履行保险合同的整个过程中,做到最大化的诚实守信。

最大诚信原则可表达为:保险合同当事人在订立保险合同时及在保险合同的有效期内,应依法向对方提供影响对方做出是否缔约以及缔约条件的全部实质性重要事实,同时绝对信守合同订立的约定与承诺。否则受到损害的一方可以此为理由宣布合同无效或者不履行合同约定的义务或责任,还可以对由此受到的损失要求对方予以赔偿。

2)最大诚信原则的基本内容

最大诚信原则的基本内容包括告知、保证、弃权、禁止反言。早期的保险合同及有关法律规定中的告知与保证是对投保人与被保险人的约束,现代保险合同及有关法律规定中的告知与保证则是对投保人、被保险人和保险人的共同约束。弃权与禁止反言的规定主要是约束保险人的。

(1)告知。

① 告知的含义。从理论上讲,告知分为广义告知和狭义告知两种。广义的告知是指保险合同订立时,投保方必须就保险标的的风险状态等有关事项向保险人进行口头或书面陈述,以及合同订立后,将保险标的风险变更、增加或者保险事故的发生通知保险人。而狭义的告知仅指投保方在保险合同订立时,将保险标的的重要事实向保险人进行口头或书面陈述。事实上,在保险实务中所称的告知,一般是指狭义的告知。关于保险合同订立后,保险标的的风险变更、增加或保险事故发生时的告知,一般称为通知。

② 重要事实。重要事实是指能够影响一个正常的谨慎的保险人决定是否接受承保或者据以确定保险费率或者是否在保险合同中增加特别约定条款的事实。投保人应如实告知的重要事实通常包括以下四项:一是足以使被保险人风险增加的事实;二是为特殊动机而投保的,有关这种动机的事实;三是表明被保险风险特殊性质的事实;四是显示投保人在某方面非正常的事实。

一个事实是否构成重要事实,即是否足以影响保险人接受投保单、确定合理的保险费率进而达成保险合同,并不取决于被保险人自己认为此事实是否重要,不是以被保险人的主观意志为转移的,通常也不是以某一个特定保险人的看法为标准,而是以一个合理谨慎的保险人在这种情况下是否会受到影响为标准。这种标准也叫作客观合理的保险人标准。此标准较为重视客观,以大多数保险人的立场来衡量一个事实的重要性。

③ 告知的内容。告知是保险双方的义务。对投保人来说,通常称为如实告知义务;对保险人来说,称为说明义务。

从理论上讲,投保方必须告知的内容有五类:一是保险合同订立时,根据保险人的询问,对已知或应知与保险标的及其风险有关的重要事实应如实回答。二是在保险合同有效期内,若保险标的的风险程度增加,应及时通知保险人。三是重复保险的投保人应将重复保险的有关情况告知保险人。四是保险事故发生后,应及时通知保险人。五是保险标的转让应通知保险人,并且经保险人同意变更合同后,继续承保。

投保方无须告知的重要事实包括:一是众人皆知的法律常识。例如,海洛因是禁止贩卖和服用的毒品。二是保险人理应知道的常识。例如,珠宝比木材更吸引小偷的目光。三是保险标的风险减少的事实。四是保单明示保证条款规定的内容。五是保险人能够从投保人提供的情况中发现的事实。六是保险人表示不需要知道的事实。

④ 告知的方式。

a. 投保人的告知方式。从各国保险立法来看,关于投保人或被保险人的告知方式一般分为两种,即无限告知和询问回答告知。其中,无限告知,又称客观告知,比如法律或保险人对告知的内容没有确定性的规定,投保人或被保险人应将所有保险标的的风险状况及相关重要事实如实告知保险人。询问回答告知,又称主观告知,是指投保人或被保险人只需对保险人询问的问题如实告知,对询问以外的问题投保人无须告知。目前我国采用的是询问回答告知方式。

b. 保险人的告知方式。保险人的告知方式也可以分为两种,即明确列明与明确说明。明确列明是指保险人只需将保险的主要内容明确列明在保险合同当中,即视为已告知投保人。明确说明是指不仅应将保险的主要内容明确列示在保险合同中,还需要对投保人进行明确提示,并加以适当、正确的解释。通常在国际上只要求保险人做到明确列明保险合同的主要内容,而我国为了更好地保护被保险人的利益,要求保险人做到向投保人明确说明保险合同的主要条款和责任免除的内容。

(2) 保证。

① 保证的含义。保险中的保证是指那些保险合同中以书面文字或者法律规定的形式使被保险人承诺某一事实状态存在或不存在,或对某一事项的作为与不作为的保险合同条款。保证是保险人签发保险单或承担保险责任时要求投保人或被保险人履行某种义务的条件,其目的在于控制风险,确保保险标的及其周围环境处于良好的状态中。例如,投保家庭财产保险时,投保人或被保险人保证不在家中放置危险物品,此承诺即为保证。若无以上保证,则保险人将不接受承保,或将改变此保单所适用的费率。

② 保证的构成。保险保证必须是书面的,保险保证作为保险合同中最重要的条款,可以记载于保单中的任何部分,因为保险保证必须是保险合同的一部分。除了海上保险合同中存在默示保证(即法定保证),其他保险合同中均不存在默示保证。也就是说,全部保证均应明确记载于保险合同中或记载于作为保险合同一部分的其他文件中。在没有法律规定特别限制的情况下,保险人可以要求投保人同意投保书中所申明的事实或承诺均被视为保证。在这种情况下,投保书中申明事实的错误或所做承诺的不履行,均会产生违反保证的法律后果。

③ 保证的种类。依据不同的标准,可以将保证划分为不同的类型,具体如下。

a. 根据保证事项是否已存在,保证可以分为确认保证和承诺保证两种。确认保证,又称为事实保证,是指投保人或被保险人对过去或现在某一特定事实的存在或不存在的保证。确认保证要求对过去或投保当时的事实做出如实的陈述,而不是对该事实以后的发展情况作保证。承诺保证是指投保人或被保险人保证某种状况不仅存在于保险合同订立之时,而且将持续存在于整个保险期间;或者保证在保险期间对某一事项的作为或不作为。

b. 根据保证存在的形式,保证可以分为明示保证和默示保证两种。明示保证是指以文字或书面的形式载明于保险合同中约定的事项或指保险合同的保证条款。默示保证一般是国际惯例所通行的准则,习惯上或社会公认的被保险人应在保险实践中遵守的规则,而不载明于保险合同中。默示保证的内容通常是以往法庭判决的结果,是保险实践经验的总结。默示保证在海上保险中运用比较多。默示保证与明示保证具有同等的法律效力,被保险人必须严格遵守。

(3) 弃权与禁止反言。

① 弃权。弃权是指保险合同的一方当事人放弃其在保险合同中可以主张的某项权利,通

常是指保险人放弃保险合同的解除权与抗辩权。例如,某寿险公司出具的寿险保单规定,如果被保险人参军或者参加武警部队,保险公司可以宣布保单无效。之后恰好在保险期间,一位被保险人参加武警部队并在一次围剿毒贩的行动中牺牲。保险公司在得知这一情况后,给保单受益人写了一封信,信中说被保险人为国捐躯,本公司放弃以其参加武警部队而死亡为理由的抗辩。这就是一种典型的弃权行为。

构成保险人弃权必须具备两个要件:其一,保险人必须有弃权的意思表示,无论是明示的还是默示的;其二,保险人必须知道被保险人有违背约定义务的情况及因此享有的抗辩权或解约权。

② 禁止反言。禁止反言也称为禁止抗辩或禁止反悔,是指保险合同一方放弃其在合同中的某项权利,日后不得再向另一方主张这种权利。从法律意义上解释,一个人对他所做的陈述已被他人合理的相信,允许推翻过去所做的陈述将是不公正的。

在保险实践中,禁止反言主要用于约束保险人。比如,前面所举弃权一例,如果过了不久,保险公司又给受益人发去了一封信,告诉受益人保险公司改变了立场,宣布该保单无效。在这种情况下,受益人可以通过诉讼解决,法庭将判决保险公司第一封信构成了保险人对抗辩权利和宣布保单无效权利的明示放弃,因而不得再主张这一权利。

构成保险人禁止反言需要符合三个条件:第一,保险人一方,包括保险代理人,对一项重要事实的错误陈述;第二,投保人(被保险人)对该项陈述的合理依赖;第三,如果该项陈述不具备法律约束力,将给投保人(被保险人)造成危害或损害。

弃权与禁止反言在人寿保险中有特殊的时间规定,保险人只能在保险合同订立之后一定期限内(通常为2年)以被保险人告知不实或隐瞒为由解除保险合同,超过规定期限没有解除保险合同的,视为保险人已经放弃该权利,不得再以此为由解除保险合同。弃权与禁止反言的规定,可以约束保险人的行为,并要求保险人为其行为及其代理人的行为负责,同时也维护了被保险人的权益,有利于保险双方权利与义务关系的平衡。

3) 违反最大诚信原则的法律后果
(1) 违反告知的法律后果。

① 投保方违反告知的法律后果。在保险业务中,投保人在订立保险合同或整个保险合同存续期间,未将重要事实告知保险人,即构成违反告知义务。投保人违反告知义务的表现主要有漏报、误告、隐瞒和欺诈。对违反告知义务的法律后果,各国保险法律的规定不尽相同,主要分为保险合同无效和保险人有权解除保险合同两种。

根据《中华人民共和国保险法》第二章第十六条,对投保人不履行如实告知义务的法律后果做出了具体的规定:"订立保险合同,保险人就保险标的或者被保险人的有关情况提出询问的,投保人应当如实告知。投保人故意或者因重大过失未履行前款规定的如实告知义务,足以影响保险人决定是否同意承保或者提高保险费率的,保险人有权解除合同。投保人故意不履行如实告知义务的,保险人对于合同解除前发生的保险事故,不承担赔偿或者给付保险金的责任,并不退还保险费。投保人因重大过失未履行如实告知义务,对保险事故的发生有严重影响的,保险人对于合同解除前发生的保险事故,不承担赔偿或者给付保险金的责任,但应当退还保险费。保险人在合同订立时已经知道投保人未如实告知的情况的,保险人不得解除合同;发生保险事故的,保险人应当承担赔偿或者给付保险金的责任。"

另外,被保险人或者受益人在未发生保险事故的情况下,谎称发生了保险事故,向保险人提出赔偿或者给付保险金请求的,保险人有权解除保险合同,并不退还保险费。投保人、被保险人或者受益人故意制造保险事故的,保险人有权解除保险合同,不承担赔偿或者给付保险金的责任,也不退还保险费。保险事故发生后,投保人、被保险人或者受益人以伪造、变造的有关证明、资料或者其他证据,编造虚假的事故原因或者夸大损失程度的,保险人对其虚报的部分不承担赔偿或者给付保险金的责任。同时,投保人、被保险人或者受益人有前面三种行为之一,致使保险人支付保险金或者支出费用的,应当退回或者赔偿。

② 保险方违反告知的法律后果。对于保险人来说,保险人在订立保险合同时未履行责任免除说明义务的,该保险合同责任免除条款无效,即自保险合同成立时起对投保人不产生效力。保险人在承保时务必加以重视,严格遵守,避免产生不必要的分歧。保险公司及其工作人员在保险业务中隐瞒与保险合同有关的重要情况,欺骗投保人、被保险人或者受益人,构成犯罪的,依法追究刑事责任;尚不构成犯罪的,由保险监督管理机构对保险公司处以5万元以上30万元以下的罚款;对有违法行为的工作人员,处以2万元以上10万元以下的罚款;情节严重的,限制保险公司业务范围或者责令停止接受新业务。另外,保险公司及其工作人员阻碍投保人履行如实告知义务,或者诱导其不履行如实告知义务,构成犯罪的,依法追究刑事责任;尚不构成犯罪的,由保险监督管理机构责令改正,对保险公司处以5万元以上30万元以下的罚款;对有违法行为的工作人员,处以2万元以上10万元以下的罚款;情节严重的,限制保险公司业务范围或者责令其停止接受新业务。

(2) 违反保证的法律后果。因为大多数保证属于明示保证,在保险合同中已用条款形式列明,而且保证的事项均为重要事实,所以,判定被保险人是否违反保证义务比较容易。但是,从保险惯例来看,对于被保险人违反保证义务而对保险合同的影响,有着严格的规定。

① 保证的事项均假定为重要的,保险人只要证明保证已被破坏即可。

② 无论故意还是无意违反保证义务,对保险合同的影响是一致的。

③ 即使违反保证的事实更有利于保险人,保险人仍能以违反保证为由,使保险合同无效;从违反保证义务的后果看,被保险人一旦违反保证的事项,保险合同即告无效,而且保险人一般无须退还保费。

2. 可保利益原则

1) 可保利益及其构成要件

(1) 可保利益的定义与性质。可保利益是指投保人或被保险人对投保标的所具有的利害关系,可保利益体现了投保人或被保险人与保险标的之间经济利益上的利害关系。衡量投保人或被保险人对保险标的是否具有可保利益的标志,是看投保人或被保险人是否因保险标的的损害或丧失而遭受经济上的损失,即当保险标的安全时,投保人或被保险人可以从中获益;当保险标的受损时,投保人或被保险人必然遭受经济损失,则投保人或被保险人对该标的具有可保利益。需要注意的是,保险标的与可保利益之间的关系,即可保利益是建立在保险标的之上的,而不是保险标的本身;保险标的是可保利益产生的前提和物质载体,可保利益体现了保险标的与投保人或被保险人的经济利益关系。

可保利益的性质如下。

① 可保利益是保险合同的客体。投保人和被保险人要求保险人予以保障的是其对保险标的的经济利益,保险合同保障的也是投保人对保险标的所具有的利益关系,即可保利益。

② 可保利益是保险合同生效的依据。可保利益是保险合同关系成立的根本前提和依据,只有当投保人或被保险人对保险标的具有可保利益时,才能对该保险标的投保。也就是说,投保人对保险标的应当具有保险利益;投保人对保险标的不具有保险利益的,保险合同无效。

③ 可保利益并非保险合同的利益。可保利益体现了投保人或被保险人与保险标的之间存在利益关系,该关系在保险合同签订前已经存在或已有存在的条件。保险合同的利益是指因保险合同生效而取得的利益,即保险权益,如受益人在保险事故发生后的保险金申领权。

(2) 可保利益的构成要件。

① 可保利益应为合法的利益。投保人对保险标的所具有的利益要为法律所承认,如果是不受国家法律认可的利益投保,则保险合同无效。

② 可保利益应为经济上的利益。保险保障是通过货币形式的经济补偿或给付来实现其职能,如果投保人或被保险人的利益不能用货币来反映,则保险人的承保和补偿就难以进行。因此,投保人对保险标的的可保利益应该可以用货币来计量,无法定量的利益不能成为可保利益。

③ 可保利益应为客观确定的利益。可保利益必须是一种确定的利益,是投保人对保险标的在客观上或事实上已经存在或可以确定的利益。这种利益是可以用货币形式估价而且是客观存在的利益,不是当事人主观臆断的利益。

2) 可保利益原则的含义及作用

(1) 可保利益原则的含义。可保利益原则可以表述为:在订立和履行保险合同的过程中,投保人或者被保险人对保险标的必须具有可保利益,如果投保人对保险标的不具有可保利益,签订的保险合同无效;当保险合同生效后,投保人或者被保险人失去了对保险标的的保险利益,则保险合同随之失效;发生保险责任事故后,被保险人不得因保险而获得保险利益额度外的利益。

(2) 可保利益原则的作用如下。

① 可保利益原则的使用可以有效防止和遏止投机行为的发生。保险合同是投机性合同(即射幸合同),当事人义务的履行取决于机会的发生或是不发生,即保险金的给付以保险合同中约定的保险事故的发生为条件,具有一定的投机性。如果允许不具有保险利益的人以他人的生命或是财产作为保险标的,以自己作为受益方进行投保,那么一旦发生保险事故,此人就不承担任何损失而获取远远超过保险费的保险给付,保险活动就完全成为投机赌博行为,丧失了转移风险、减少损失的作用。受益方是保险赔偿金的接受者,与保险合同有直接的利益,如果不规定受益方须有保险利益,必然使保险的投机性大大增加。

② 防止道德风险的发生。道德风险是一种人为风险。如果投保人对保险标的不具备保险利益而能取得赔款,就可能故意制造风险事故。如果发生损失所得的赔款仅能弥补保险事故所带来的保险责任范围内的损失,就不容易有蓄意图谋的危险。

③ 可保利益原则规定了保险保障的最高限额,并限制了赔偿的最高金额。投保人对保险标的所具有的可保利益是保险标的受保险合同保障的最高限额。投保人不能因保险标的的意外损失而获得超额赔偿。可保利益原则为投保人确定了保险保障的最高限度,同时为保险人进行赔付提供了科学依据。

3) 可保利益的适用时限

财产保险不仅要求投保人在投保时对保险标的具有可保利益,而且要求可保利益在保险有效期内始终存在,特别是在发生保险事故时,被保险人对保险标的必须具有可保利益。但根据国际惯例,在海上保险中对可保利益的要求有所例外,不要求投保人在合同订立时具有可保利益,只要求被保险人在保险标的遭受损失时具有可保利益,否则就不能取得保险赔偿。这是由于海上保险的利益方比较多,经济关系复杂,保险合同经常随物权的转移而转让,保险标的不受被保险人控制。

人身保险特别是人寿保险的可保利益必须在保险合同订立时存在,至于在保险事故发生时是否存在可保利益则无关紧要。人身保险要求可保利益在保险合同订立时存在,是为了防止投保人为没有密切利害关系的被保险人投保,引发道德风险,危及被保险人的生命安全。人身保险不要求可保利益在保险事故发生时存在,是为了维护投保人的利益,如果在保险合同订立后因保险利益消失而取消保险责任,对已经履行缴费义务的投保人显失公平。因此,人身保险的可保利益,不必限于保险事故发生时存在。

4)可保利益原则的适用对象

(1)根据《中华人民共和国保险法》第二章第三十一条规定,在人身保险中,投保人对下列人员具有保险利益:本人;配偶、子女、父母;前项以外与投保人有抚养、赡养或扶养关系的家庭其他成员、近亲属;与投保人有劳动关系的劳动者;被保险人同意投保人为其订立合同的,视为投保人对被保险人具有保险利益。

(2)在财产保险中,凡可使投保人产生经济利害关系的标的,都具有保险利益。

3. 近因原则

1)近因及近因原则的含义

(1)近因的含义。近因理论是确定保险中损失原因与损失结果之间关系的一种理论。近因理论既有利于保险人,也有利于被保险人。对保险人来说,保险人只负责赔偿承保危险作为近因所造成的损失,对于承保危险不属于近因所造成的损失不承担赔偿责任,避免了保单项下不合理的索赔;对被保险人来说,被保险人可以防止保险人以损失原因不属于近因为借口,解除保单项下的责任,不承担承保危险所造成的损失。兰博法官在1904年的一个判例中对近因下了一个权威的定义,兰博法官指出,近因就是这样一种原因,它是积极的、有效的因素,成为一系列事件推动力的原因,没有一个新的独立的因素形成的力量所干扰的原因。兰博法官的这个定义全面概括了近因的要求,得到了普遍认同。现在一般认为近因就是指引起保险标的损失的最直接、最有效、起决定性作用的原因。

(2)近因原则的含义。保险中的近因原则是经过了几个世纪才被普遍接受的,这一原则虽然适用于所有的保险,但解释和确立这一原则的诉讼大多与海上保险有关。关于近因原则,1906年英国《海上保险法》是这样规定的,除保险单另有约定外,保险人对于由所承保的危险近因造成的损失,负赔偿责任;但对于不是由所承保的危险近因造成的损失,概不负责。一般情况下,近因原则可以表述为:若引起保险事故发生、造成保险标的损失的近因属于保险责任,则保险人承担损失赔偿责任;若近因属于除外责任,则保险人不负赔偿责任。也就是说,只有当承保风险或承保危险是损失发生的近因时,保险人才负赔偿责任。

2)近因原则的应用

(1)确定近因原则的基本方法。在保险中要准确确定损失原因与损失结果之间的关系,尤其是在先后或者同时存在几种原因时,要对造成承保损失最具有现实性、支配性和有效性的原因加以确定往往不是一件容易的事。确定近因原则的基本方法有两种。

① 由因推果。从最初事件出发,按照逻辑推理,问下一步将发生什么。若最初事件导致了第二事件,第二事件又导致了第三事件,如此推理下去,导致最终事件,那么最初事件为最终事件的近因;若其中两个环节无明显联系,出现中断,则其他事件为致损原因。

② 执果索因。从损失开始,沿系列自后往前推,问为什么会发生这样的情况。若追溯到最初的事件,且系列完整,则最初事件为近因;若逆推中出现中断,则其他事件或原因为致损原因。

(2) 近因原则的运用。近因原则是判断保险事故与保险标的损失之间的因果关系,从而确定保险赔偿责任的一项基本原则。在保险实践中,对保险标的的损害是否进行赔偿是由损害事故发生的原因是否属于保险责任来判断的。保险标的的损害并不总是由单一原因造成的,其表现形式多种多样,即或者多种原因同时发生,或者多种原因不间断发生,或者多种原因时断时续发生。近因原则就是要从中找出哪些属于保险责任、哪些不属于保险责任,并且据此来确定保险人是否需要进行赔偿。

① 单一原因造成的损失。如果造成保险标的损失的原因只有一个,那么这一原因就是损失的近因,只要该原因属于承保风险,保险人就应负赔偿责任。例如,企业投保财产保险综合险,如果厂房、机器由于火灾而损毁,则保险人承担赔偿责任;如果因地震而损毁,则保险人不承担赔偿责任。

② 多种原因造成的损失。下面分三种情况介绍损失由多种原因所致时近因的判定和保险责任的承担问题。

a. 多种原因相互延续。在多种原因连续发生所造成的损失中,如果后因是前因所直接导致的必然结果,或者后因是前因合理的延续,或者后因属于前因自然延长的结果,那么前因为近因。前因属于承保风险的,即使后因不属于承保风险,保险公司仍然承担偿付责任。著名的艾思宁顿诉意外险保险公司案中,被保险人打猎时不慎从树上掉下来,受伤后的被保险人爬到公路旁边等待救援,因夜间天冷又染上肺炎死亡。肺炎是意外险保单中的除外责任,但法院认为被保险人的死亡是意外事故——从树上掉下来,因此,保险公司应承担给付保险金的责任。

b. 多种原因交替。在因果关系链中,有一个新的独立原因介入,使原有的因果关系链断裂并直接导致损失,该新介入的独立原因为近因。例如,意外险的被保险人因车祸入院,在急救过程中因心肌梗死死亡。在此案例中,被保险人的致死原因——疾病就是新介入的独立原因。如果该近因属于保险责任范围内的风险,则保险公司应对其所致的损失予以赔付;反之,则不赔。再如,投保人投保了火灾险而没有投保盗窃险,当火灾发生时,一部分财产被抢救出来后又被盗走,则保险公司对被盗部分损失不承担赔偿责任。

c. 多种原因并存。多种原因并存具体又可以分为以下两种情况。

第一种情况是多种原因各自独立,无重合。假如损害可以划分,保险公司仅对承保风险承担责任。如果上述因车祸入院、急救过程中因心肌梗死死亡的被保险人同时在车祸中丧失一条腿,则人身意外险保险公司在拒绝给付死亡保险金的同时,并不免除意外伤残保险的给付责任。因为死亡的近因是除外风险——疾病,而丧失肢体(即一条腿)的近因是保险责任范围内的意外事故——车祸。

第二种情况是多种原因相互重合,共同作用。各种原因之间的关联性,使得从中判定某个原因为最直接、最有效的原因有一定困难,甚至从中强行分出主、次原因会产生自相矛盾的结论。当这种情况发生时,首先看多种原因中是否存在除外原因,造成的结果是否可以分解。如果同时存在导致保险事故的多种原因均为保险责任,则保险人应承担全部赔付责任;如果同时导致保险事故的多种原因均为除外责任,则保险人不承担任何赔付责任。另外,当同时发生的导致保险事故的多种原因中,没有除外责任时,只要其中有一个为承保风险,则不论其他原因如何,保险人应负赔偿责任;当导致保险事故的多种原因中,既有保险责任又有除外责任时,则应分析损失结果是否易于分解。如果多种原因中有除外风险和承保风险,而损失结果可以分解,则保险人只对承保风险所导致的损失承担赔付责任;如果损失的结果不能分解,则除外责任为近因,保险人可以不负偿付责任。例如,汽车由于发动机故障而自燃,同时又遭遇冰雹袭击,后因及时救助,车辆未全损。该车辆若投保了机动车辆保险(即车险),自燃为除外责任,又未附加自燃损失险,则在自燃的损失与外界冰雹的砸伤易于分解时,保险人只承担冰雹造成的损失。

4. 损失补偿原则

1) 损失补偿原则的含义

损失补偿原则是指对于价值补偿性保险合同,当保险标的发生保险责任范围内的损失时,保险人应当按照保险合同的约定履行赔偿义务,从而使被保险人恢复到受灾前的经济状况,但不能使被保险人获得额外利益。

损失补偿原则包含两层含义:第一,损失补偿以保险责任范围内的损失发生为前提,即有损失发生则有损失补偿,无损失发生则无损失补偿。因此,在保险合同中强调,被保险人因保险事故所致的经济损失,依据保险合同有权获得赔偿。第二,损失补偿以被保险人的实际损失为限,而不能使其获得额外利益。通过保险赔偿使被保险人的经济状态恢复到保险事故发生前的状态。被保险人的实际损失既包括保险标的的实际损失,也包括被保险人为防止或减少保险标的的损失所支付的必要的、合理的施救费用和诉法费用,因此,在保险赔付中应包含这两部分的金额。这样保险赔偿才能使被保险人恢复到受损失前的经济状态,同时被保险人又不会获得额外利益。

损失补偿原则集中体现了保险的宗旨。坚持这一原则对于维护保险双方的正当权益,防止被保险人通过保险赔偿而得到额外利益,避免道德风险的产生具有十分重要的意义。

损失补偿原则适用于补偿性保险,财产损失保险、责任保险、信用保证保险和一部分健康保险都属于补偿性保险,但是人寿保险和意外伤害保险不适用该原则。

2) 损失补偿原则的派生原则

(1) 代位求偿原则。

① 代位求偿原则的含义。代位求偿原则是指在财产保险中,保险标的发生保险事故造成推定全损,或者保险标的由于第三者责任而产生保险损失,保险人按照保险合同的约定履行赔偿责任后,依法取得对保险标的的所有权或对保险标的损失负有责任的第三者的追偿权。

② 代位求偿原则的主要内容。一是权利代位。权利代位即追偿权的代位,是指在财产保险中,保险标的由于第三者责任而产生保险损失,保险人向被保险人支付保险赔款后,依法取得对第三者的索赔权。二是物上代位。物上代位是指保险标的遭受保险责任范围内的损失,保险人按保险金额全数赔付后,依法取得该项标的的所有权。

(2) 重复保险分摊原则。

① 重复保险分摊原则的含义。重复保险分摊原则是指在重复保险的情况下,当保险事故发生时,各保险人应采取适当的分摊方法分配赔偿责任,使被保险人既能得到充分的补偿,又不会超过实际损失而获得额外的利益。

② 重复保险必须具备的条件。重复保险必须具备的条件是同一保险标的、同一可保利益、同一保险期间、同一保险风险,与数个保险人订立数个保险合同,且保险金额总和超过保险标的的价值。

③ 重复保险的分摊方式。重复保险的分摊方式包括以下三种:一是比例责任分摊方式,即各保险人按其所承保的保险金额与总保险金额的比例分摊保险赔偿责任。计算公式为:各保险人承担的赔款=损失金额×该保险人承保的保险金额÷各保险人承保的保险金额总和。

二是限额责任分摊方式,即以在没有重复保险的情况下,各保险人依其承保的保险金额而应付的赔偿限额与各保险人应负赔偿限额总和的比例承担损失赔偿责任。计算公式为:各保险人承担的赔款＝损失金额×该保险人的赔偿限额÷各保险人赔偿限额总和。三是顺序责任分摊方式,是指由先出单的保险人首先负责赔偿,后出单的保险人只有在承保的保险标的损失超过前一保险人承保的保额时,才依次承担超出的部分。

3) 损失补偿原则的实现方式

(1) 现金赔付。在大多数情况下,保险人采用现金赔付方式。这样既可以减少很多麻烦,也符合大多数被保险人的意愿。

(2) 修理。某些有形财产,当保险标的发生部分损失或部分零部件的损残时,保险人便可以委托有关修理部门对受损害的被保险标的物予以修复,其费用由保险人来承担。比如,汽车保险。

(3) 更换。因保险责任事故发生,被保险标的物受到损失,保险人也可以采用替代、更换的办法,对受损的被保险标的物的零部件或整个被保险标的物予以更换。比如,玻璃单独破碎险、汽车保险。

(4) 重置。对于被保险人的财产毁损或灭失,保险人负责重新购置与所保标的等价的标的,以恢复被保险人财产的原来面目。这种方式多适用于不动产保险。

4) 损失补偿原则的例外

损失补偿原则虽然是保险的一项基本原则,但是在保险实务中有一些例外的情况。

(1) 定值保险。定值保险是指保险合同双方当事人在订立保险合同时约定保险标的的保险价值,并以此来确定保险金额。当保险事故发生时,不论保险标的损失当时的市价如何,如为全部损失,保险人一律按保险金额赔付;如为部分损失,则按保险标的的损失比例,乘以保险金额进行赔付。在这种情况下,有可能出现保险赔款超过被保险人所遭受的实际损失的情况,因此,定值保险是损失补偿原则的例外。在实际操作中,定值保险合同多适用于海上保险、国内货物运输保险、国内船舶保险及一些以不易确定价值的艺术品为保险标的的财产保险。通常船舶保险、货物运输保险,以及文物、古玩、字画等价值难以确定财产的保险,均采用定值保险形式。

(2) 重置成本保险。重置成本保险是指以被保险人重置或重建保险标的所需费用或成本确定保险金额的保险。一般财产保险是按保险标的的实际价值投保,发生损失时按实际损失赔付,使受损的财产恢复到原来的状态,由此恢复被保险人失去的经济利益。但是,在通货膨胀的情况下,当财产受损后,保险赔款常常不足以进行重置或重建。为了满足被保险人对受损财产进行重置或重建的需要,保险人允许投保人按超过保险标的的实际价值重置或重建价值投保,发生损失时按重置费用或成本赔付。这样就可能出现保险赔款超过实际损失的情况。所以,重置成本保险也是损失补偿原则的例外。

(3) 施救费用的赔偿。通常保险合同规定,保险事故发生时,被保险人有义务积极抢救保险标的,防止损失进一步扩大。被保险人抢救保险标的所支出的合理费用由保险人负责赔偿。根据《中华人民共和国保险法》第二章第五十七条规定:"保险事故发生时,被保险人应当尽力采取必要的措施,防止或者减少损失。保险事故发生后,被保险人为防止或者减少保险标的的损失所支付的必要的、合理的费用,由保险人承担;保险人所承担的费用数额在保险标的损失赔偿金额以外另行计算,最高不超过保险金额的数额。"这样保险人实际上承担了两个保险金额的补偿责任,显然扩展了损失补偿的范围与额度,因此,施救费用的赔偿也是损失补偿原则的例外。施救费用的赔偿主要是为了鼓励被保险人积极抢救保险标的,减少社会财富的损失。

(4) 人身保险。人身保险是指以人的寿命和身体为保险标的的一种保险。然而,人的生命和身体是不能简单用货币来衡量价值的,其可保利益也是无法估价的。被保险人发生伤残、死亡等事件,对其本人及家庭所带来的经济损失和精神上的痛苦都不是保险金所能弥补得了的,保险金只能在一定程度上缓解被保险人及其家庭由于保险事故的发生所带来的经济困难,帮助其摆脱困境,给予经济上的补偿、精神上的安慰,所以,人身保险合同不是补偿性保险合同,而是给付性保险合同。保险金额是根据被保险人的需求程度和支付保险费的能力来确定的,当保险事故发生时,保险人按双方事先约定的金额给付,所以,损失补偿原则不适用于人身保险。也就是说,人身保险也是损失补偿原则的例外。

(八) 商业保险与社会保险的区别

1. 保险的目的和主体不同

社会保险属于政策性保险,不是以营利为目的,而是为了确保社会安定,提高社会福利,执行的主体是政府。

商业保险是有偿交易的买卖行为,是以营利为目的,为满足各方对保险的需求,从而达到互助互利,执行的主体是具有法人资格的商业保险公司。

2. 保险的对象不同

社会保险的对象是法律法规规定的社会劳动者,即工薪劳动者和雇佣劳动者,目的在于保障社会劳动者在老、弱、病、残和失业时的基本生活。

商业保险的对象是自愿按照保险合同缴纳保险费的人,被保险对象是为了获得一定的经济补偿。

3. 保险的实施方式及保险关系建立的依据不同

社会保险是通过国家立法强制性实施,是一种强制保险,特别是基本保险,一定要通过国家或地方立法来强制推行,保险关系的建立是以法律为依据,双方不能另行约定。

商业保险是通过双方当事人协商订立,具有自愿性,不能强制,是约定保险。

4. 保险金的构成不同

社会保险的参保人按照统一的规定缴纳保险费,而且大部分保险费是由用人单位缴纳的,并按统一标准享受待遇,同样的条件,收费相同,享受的待遇也相同,不存在差别,较好地体现了社会的公平性。社会保险虽然也考虑效率,但首先考虑的是公平,特别是基本保险,主要体现的是公平。

商业保险的保险金由投保人承担,有钱投保,无钱则不投保;钱多可以投高额保险,钱少保障就低。商业保险主要体现商业的公平竞争性。

5. 权利和义务对等关系不同

社会保险强调"社会公平",只要劳动者履行了为社会贡献劳动的义务并依法缴费,就有享受社会保险的权利。

商业保险强调"个人公平",投保人缴纳保险费的多少决定保险金的多少,即体现了"多投多保,少投少保,不投不保"的等价交换原则。

6. 待遇水平的给付办法不同

社会保险基本保障水平受国家财政承受能力的影响,还要随着物价的变化进行调整,随着社会生产水平的提高保障水平也逐步调高。

商业保险给付水平的确定,只考虑投保人缴费的多少,而不考虑被保险人的工作年限、工资收入、生活水平、物价上升等因素。

7. 管理体制不同

社会保险由中央政府或地方政府直接领导,实行行政管理,待遇基本统一,属于行政领导体制。

商业保险由国家金融监督管理总局监管,各类保险公司作为相对独立的经济实体,自主灵活经营,属于金融体制。

8. 立法范畴不同

社会保险由劳动法及其配套法规进行规范,是劳动者的基本权利,属于劳动立法范畴。

商业保险是企业活动中的金融经营行为,由经济法、保险法和配套法规进行规范,属于经济立法范畴。

综上所述,社会保险与商业保险各司其职,并行不悖,两者相辅相成,不能互相代替;商业保险是社会保险的一种补充。

(九) 保险与储蓄的区别

1. 实施方式不同

保险是依靠多数人实施互助共济,实际上是一种互助合作行为。

银行储蓄是一种自助的个别行为。

2. 给付与反给付不同

保险在给付与反给付之间,不必建立个别的均等关系,只要有综合的均等即可。

储蓄在给付与反给付之间,以成立个别均等关系为必要条件,储蓄者可以利用的金额以其存款金额为限。

3. 目的不同

保险一般是针对意外事故所致的损失,一般用于不可预测的情况。

储蓄作为应对经济不稳定的一种措施,一般是在可以预测的,且后果可以计算得出来的情况下才采用。

4. 作用不同

保险中的储蓄型寿险,可以说是立体型储蓄。也就是说,在储蓄型寿险的储蓄价值不断提高的同时,储蓄型寿险始终具有相当高的保障价值,即使由于某种原因其储蓄价值终止了,也不影响其保障价值的存在。而且在某些条款的支持下,储蓄型寿险的储蓄价值仍然可以继续累积。

储蓄可以说是一种单边型储蓄,也就是说储蓄只具备储蓄价值,没有保障价值。

(十) 保险与保证的区别

保险依约赔偿损失或给付保险金是履行自己应尽的义务。保险人一般无代位求偿权,除非财产保险事故是由第三人的过错造成的。

一般的保证,保证人对债权人履行债务是有条件的,那就是被保证人不履行义务。保证人代偿债务后,有权向被保证人进行追偿。

第二节 制订风险管理与保险规划方案

一、个人或家庭面临的主要风险

个人或家庭理财是一项充满风险的经济活动。所谓个人或家庭理财风险是指在理财过程中,由于外部环境的复杂性和变动性以及投资者对环境认知能力的有限,导致未来预期收益出现下降或损失的可能性。对于个人投资者来说,除了年老、病、死和意外事故的风险,理财风险主要是理财产品所带来的风险。个人理财产品的种类繁多、形式多样,有储蓄存款类理财产品、个人证券理财产品、个人保险理财产品、个人外汇理财产品、个人信托理财产品等。随着我国经济的发展、消费者收入和消费水平的不断提高、消费者投资需求的增加和多样化、个性化特点的增强,金融领域的产品将不断创新,金融衍生产品也将越来越多,由此衍生的产品风险也将形成新的风险。

对于理财规划师来说,客户个人或家庭面临的主要风险包括人身风险、财产损失风险、责任风险和投资风险。

(一)人身风险

1. 生命风险

个体的死亡不仅会导致所在家庭发生额外的费用,还会带来更大的财物损失,即家庭未来收入的丧失。这种风险就是生命风险。

为了评估一个负担家庭生计者的死亡对家庭产生的财务影响,根据风险管理的方法可以建立一个生命价值分析模型。该模型将家庭可能遭受的财物损失以经济价值取代,此价值通常是购买寿险的依据。利用该模型可以帮助人们决定是否需要购买人寿保险产品,以及确定合理的保险金额。

2. 健康风险

健康状况不佳与死亡一样会造成两种损失,即所得的损失和额外的费用。用于死亡所引起的经济损失的评估方法,同样可以用于计算健康风险所引起的损失。

受伤、生病引起的非预期的额外费用主要包括住院费、手术费、药费、护理费等。但是要评估健康风险非常困难。因为患病率不像死亡率,无法准确预测,生病的严重性与发生频率也难以确定,缺乏社会公共疾病统计数据。一般保险公司会收集和掌握一些疾病的相关统计资料,以便确定相关保险产品的费率。

(二)财产损失风险

个人或家庭拥有并运用一定的财产物资,这些财产的损毁就会导致财产损失。通常财产可以分为两种基本类型,即不动产和动产。

1. 不动产

不动产是指依自然性质或法律规定不可移动的土地、土地定着物、与土地尚未脱离的土地生成物、因自然或者人力添附于土地并且不能分离的其他物。不动产主要包括土地及其附属物,如房屋、设施等。个人或家庭拥有的常见的不动产是住宅,其他类型的不动产也会面临财产损失的风险。例如,共管住宅单位的所有者不仅对他们所有的住宅单位享有所有权,而且对小区财产的公共区域,如土地、游泳池和娱乐区享有所有者权利,这些权利可能给他们带来风险。不动产主要面临火灾、爆炸、自然灾害、空中运行物体坠落的风险。

2. 动产

动产是指能够移动而不损害其经济用途和经济价值的物。动产一般指金钱、器物等,与不动产相对。动产包括除不动产之外所有有形财产和无形财产。个人或家庭财产可以是具有实物形态、能触摸的有形财产,也可能是不具有实物形态、看不见摸不着的专利权、版权等无形财产。为了确定个人或家庭财产损失风险的类别并为其提供保险,可以将个人或家庭所拥有的动产分为以下类别。

(1) 住所用品。具体包括家具、电器设备、厨房用具、食品、衣物、运动器材等居家常用物品。

(2) 贵重个人物品。例如,金银器皿、珠宝、毛皮等高价值的财产。

(3) 特殊财产。例如,古董、艺术品、邮票等。特殊财产具有独一无二的品质,价值很难确定。

(4) 商业个人财产。例如,办公室家具、计算机设备等用于商业目的的个人财产。

(5) 机动车辆、游艇和私人飞机等交通工具或娱乐设施。

动产除了会面临火灾、爆炸、自然灾害等风险,还会面临盗窃、抢劫、保管不善等风险。贵重个人物品和特殊财产还会面临市场价格波动的风险,而机动车辆、游艇等会面临碰撞、第三者责任等风险。

(三) 责任风险

责任风险是指因个人或团体的疏忽或过失行为,造成他人的财产损失或人身伤亡,按照法律、契约应负法律责任或契约责任的风险。

民事责任包括侵权责任和违约责任。侵权责任,又称违反法律规定的民事责任,包括过失责任和无过失责任;违约责任,即违反合同约定的民事责任。另外,还有其他违反民事义务的责任,即凡不属于侵权责任和违约责任的其他民事责任。

1. **侵权责任**

个人或家庭成员在从事各项业务和日常活动中,由于疏忽、过失等行为造成他人的损害,或虽无过错但根据法律规定应对受害人承担民事赔偿责任。个人或家庭面临的侵权损害赔偿责任的诉讼可能是由以下原因引起的。

(1) 过失。这是普遍的责任损失原因。为了证明过失侵权的发生,受害方必须证明过失侵权行为的四个法律要素都已具备,即行为人实施了侵害行为,发生了人身伤害或者财产损失,侵害行为与人身伤害或者财产损失之间有因果关系,行为人主观上有过错。

(2) 故意侵权。由故意行为导致的责任,而不管损害本身是不是侵权方的意图。例如,诽谤、造谣、侵犯、殴打、侵入和妨害等。

(3) 绝对责任。不需要证明侵权方有过失责任即有权要求对方负民事赔偿责任。例如,如果一个人喂养的狗咬伤了邻居,那么不论是否已经证明狗的主人有无过失的存在,该人都必须承担相应的民事损害赔偿责任。

2. **违约责任**

如果当事人不履行合同中约定的义务,或者法律直接规定的义务,就可能导致违约并承担违约责任。例如,债务人在客观上已经没有履行能力、债务人延迟履行、不完全履行、拒绝履行、债权人延迟履行,等等,都属于违约行为的具体形态。

3. 其他民事责任

凡不属于侵权责任和违约责任的其他民事责任都可以归入这一类。例如,不当得利、无因管理等产生的责任等。

(四) 投资风险

对于个人或家庭而言,除了上述人身风险、财产损失风险和责任风险,通货膨胀风险和投资风险也是日常生活中经常碰到的。各种投资工具主要面临以下风险。

1. 利率风险

利率风险是指利率的波动使资产价值或利息收入减少,或者使负债利息支出增加的可能性。对于普通家庭来说,经常面临的利率风险是借款利息成本增加和利率变动引起的证券价格的波动。

2. 通货膨胀风险

当发生通货膨胀时,货币的实际购买能力下降,会出现投资收益在量上虽然增加,但是在市场上能够买得起的东西减少的情况。

3. 价格变动风险

价格变动风险即证券市场价格变化带来损失的可能性。

4. 信用风险

信用风险即发行债券的企业未如约定期支付本息的风险。

5. 流动性风险

当个人急于将手中的证券转让出去时,有时不得不在价格上折价销售,或者是支付一定的佣金。

除了上述几种风险,还有可能遇到再投资风险、回收性风险等。这些风险中,价格风险、利率风险和通货膨胀风险统称为系统性风险(即与整个市场有关),其他的风险都归于非系统性风险(只与单个公司或企业有关)。

二、保险合同

(一) 保险合同的概述

1. 保险合同的定义

根据《中华人民共和国保险法》第二章第十条规定:"保险合同是投保人与保险人约定保险权利义务关系的协议。"此保险合同的定义揭示了保险合同的基本内涵,即根据当事人双方的约定,投保人支付保险费给保险人,保险人在保险标的发生约定事故时承担经济损失补偿责任,或者当约定事件发生时承担给付保险金的义务。

2. 保险合同的特点

保险合同属于合同的一种,因此具有一般合同共有的法律特征,即保险合同的当事人必须具有民事行为能力;保险合同是合同当事人双方一致的法律行为;保险合同必须符合法律的有关规定,等等。但与一般合同相比较,保险合同又有其特殊性,因此保险合同是一种特殊类型的合同。这些特殊性主要体现在以下方面。

（1）保险合同是双务合同。保险合同的双务性体现在保险合同的当事人双方都享有权利并承担相应的义务，即投保人负有按照保险合同约定缴纳保费的义务，而保险人负有在保险事故发生时赔偿或给付保险金的义务。与其他双务性合同不同的是，虽然投保人缴纳了保费，但保险人赔付责任的履行是以保险事故的发生为前提条件。

（2）保险合同是附和合同。保险合同一般采用保险单、暂保单或其他保险凭证等形式订立，订立保险合同时，保险合同已由保险人或保险监管部门事先拟定，当事人双方的权利与义务已经规定在保险条款中，投保人一般只是做出同意或不同意的意思表示。尽管投保人可以与保险人协商，增加特别约定条款，或对保险责任进行限制或扩展，但一般不能改变保险条款的基本内容和结构。

（3）保险合同是射幸合同。根据合同的效果在缔约时是否确定为标准，合同分为实定合同和射幸合同。实定合同是指合同的法律效果在缔约时已经确定的合同，或者指合同订立时当事人的给付义务即已确定的合同。绝大多数合同是实定合同。射幸合同是指合同的法律效果在缔约时不能确定的合同，或者指合同订立时当事人的给付义务尚未确定的合同。例如，保险合同、彩票合同、有奖抽奖或有奖销售合同等均属于射幸合同。保险合同是一种射幸合同，或者说，保险合同是一种机会合同。这种合同的效果在订立合同时是不确定的。这是因为保险事故的发生有偶然性，在保险合同中，投保人是以缴付保险费为代价，得到一个将来获得补偿的机会，而保险人以对将来可能发生的损失给予补偿为条件，换取一种无偿收取保险费的可能。付出代价的当事人最终可能是一本万利，也可能是一无所获。当然，保险合同为射幸合同，是就单个具体的保险合同来说的，如果从总体上看，保险费与赔偿金额的关系是依据概率计算出来的，保险人所负的赔偿责任与被保险人所获得的赔偿和给付保险金的权利都是肯定的。保险合同的射幸性体现在两点：一是单个保险合同的履行是建立在事件可能发生也可能不发生的基础上；二是保险人一旦履行保险合同，被保险人获得的给付或赔偿的保险金将大于或远远大于投保人支付的保险费。

（4）保险合同是最大诚信合同。保险合同的最大诚信性是指保险合同的订立、履行都应当遵守最大诚信原则。订立保险合同，保险人是否予以承保以及保险费率的确定，在很大程度上取决于投保人向保险人提供的情况，这些情况主要包括投保人对保险标的是否具有保险利益、保险标的的风险状况，等等。保险人往往是在投保人提供有关情况及资料的基础上，再进行必要的实地调查，然后才决定是否承保，并进一步确定保险费率。所以，保险合同所具有的诚信程度应当比一般合同要求要高，是最大诚信合同。当事人双方在订立保险合同时都必须讲究诚实信用，不允许有欺诈、蒙骗行为。根据《中华人民共和国保险法》第一章第五条规定："保险活动当事人行使权利、履行义务应当遵循诚实信用原则。"同时，对于保险合同双方当事人违反最大诚信原则的行为，《中华人民共和国保险法》规定了严厉的处罚措施。

（5）保险合同是有偿合同。保险合同的有偿性区别于一般等价有偿。保险合同当事人在合同中享有的权利，是以付出一定代价为条件的。投保人支付保险费，以取得保险人承诺约定的保险事故发生后，承担相应的补偿或给付责任。而保险人通过为被保险人提供保障，获取相应合理的报酬。

（6）保险合同是要式合同。保险合同的这一特点体现在投保人与保险人订立保险合同，不能采取任意的方式，必须用法律规定的方式记载法律规定的事项，否则将影响保险合同的效力。

3. 保险合同的种类

保险合同可以依据不同的分类标准进行多种划分,保险合同主要有以下几种类型。

1) 按照保险标的的性质来划分

(1) 财产保险合同。财产保险合同是指以财产及其有关利益为保险标的的保险合同。财产保险合同的保险标的既包括有形财产,也包括无形财产和财产的有关利益。纳入保险责任范围的财产损失,可以是积极利益的损失,也可以是消极利益的损失,还可以是预期利益的损失。财产保险合同大多数属于损失补偿性质的保险合同。

(2) 人身保险合同。人身保险合同是指以人的寿命和身体为保险标的的保险合同。人的生、老、病、死、残等都可以作为保险标的,只要发生约定的保险事故或被保险人生存到保险合同约定的保险期限,保险人都要履行给付义务。

2) 按照保险合同的经济性质来划分

(1) 补偿性保险合同。补偿性保险合同是指保险人根据保险标的所遭受的实际损失进行经济补偿的保险合同。财产保险合同和医疗保险合同均属于补偿性保险合同。

(2) 给付性保险合同。给付性保险合同是指事先由保险合同双方当事人约定保险金额,当被保险人发生保险事故时,由保险人按约定的保险金额给付保险金的保险合同。人身保险的许多险种都属于定额保险,特别是寿险。因为人的生命和身体是不能用经济价值来衡量的,只能根据双方约定的保险金额来确定给付金额。人身保险合同属于给付性保险合同。

3) 按照保险金额与保险价值的关系来划分

这种保险合同的分类只适用于财产保险合同。

(1) 足额保险合同。足额保险合同又称全额保险合同,是指保险合同中确定的保险金额与保险价值相等的保险合同。订立足额保险合同以后,当保险标的发生全部损失时,保险人按保险金额全部赔偿;如果保险标的发生部分损失,则采取实际损失补偿原则,保险人按照实际损失赔偿保险金。

(2) 不足额保险合同。不足额保险合同又称低额保险合同,是指保险合同中确定的保险金额小于保险价值的保险合同。订立不足额保险合同以后,当保险标的发生全部损失时,保险人按照保险金额进行赔偿,其与保险价值的差额部分由被保险人自己承担;如果保险标的遭受部分损失,由保险人按保险金额与保险价值的比例承担责任,即采取比例分担原则。根据《中华人民共和国保险法》第二章第五十五条规定:"保险金额低于保险价值的,除合同另有约定外,保险人按照保险金额与保险价值的比例承担赔偿保险金的责任。"

(3) 超额保险合同。超额保险合同又称溢额保险合同,是指保险合同中确定的保险金额高于保险价值的保险合同。关于超额保险合同的效应,各国立法不尽相同。根据《中华人民共和国保险法》第二章第五十五条规定:"保险金额不得超过保险价值。超过保险价值的,超过部分无效,保险人应当退还相应的保险费。"可见,我国立法采取的是超过部分无效做法。

4) 按照保险标的的价值是否事先在保险合同中约定来划分

(1) 定值保险合同。定值保险合同是指保险合同当事人事先约定保险标的的价值并在保险单中载明的保险合同。在保险实务中,较为常见的定值保险合同有海上保险合同和国内货物运输保险合同。根据《中华人民共和国保险法》第二章第五十五条规定:"投保人和保险人约定保险标的的保险价值并在合同中载明的,保险标的发生损失时,以约定的保险价值为赔偿计算标准。"

(2) 不定值保险合同。不定值保险合同是指保险合同当事人事先不约定保险标的的价值,仅约定保险金额,在保险事故发生后再确定保险标的的实际价值的保险合同。在保险实务中,如果没有特别约定,大多数的财产保险合同都是不定值保险合同。根据《中华人民共和国保险法》第二章第五十五条规定:"投保人和保险人未约定保险标的的保险价值的,保险标的发生损失时,以保险事故发生时保险标的的实际价值为赔偿计算标准。"

5) 按照保险责任范围不同来划分

(1) 特定风险保险合同。特定风险保险合同是指承保一种或某几种风险责任的保险合同。该保险合同通常以列举的方式进行,如地震险、战争险等。

(2) 综合风险保险合同。综合风险保险合同是指保险人对"责任免除"以外的任何风险造成的损害负承保责任的保险合同。该保险合同订立的特点是以列举"责任免除"的形式约定保险合同适用的险情。

6) 按照订立保险合同的主体不同来划分

(1) 原保险合同。原保险合同是指投保人与保险人之间就保险标的约定保险权利与义务的协议。

(2) 再保险合同。再保险合同是指保险合同的分出人与分入人就保险责任的分担约定保险权利与义务关系的协议。

综上所述,保险合同的种类如表 4-8 所示。

表 4-8 保险合同的种类

分类标准	种类
按照保险标的的性质来划分	财产保险合同
	人身保险合同
按照保险合同的经济性质来划分	补偿性保险合同
	给付性保险合同
按照保险金额与保险价值的关系来划分	足额保险合同
	不足额保险合同
	超额保险合同
按照保险标的的价值是否事先在保险合同中约定来划分	定值保险合同
	不定值保险合同
按照保险责任范围不同来划分	特定风险保险合同
	综合风险保险合同
按照订立保险合同的主体不同来划分	原保险合同
	再保险合同

(二) 保险合同的主体、客体、内容、形式

1. 保险合同的主体

保险合同的主体一般包括保险合同的当事人和保险合同的关系人。

1) 保险合同的当事人

保险合同的当事人是指订立保险合同并享有和承担保险合同所确定的权利与义务的人。保险合同的当事人通常是投保人和保险人。

（1）投保人。投保人又称要保人，根据《中华人民共和国保险法》第二章第十条规定："投保人是指与保险人订立保险合同，并按照合同约定负有支付保险费义务的人。"投保人是任何保险合同不可或缺的当事人，投保人既可以是自然人也可以是法人。要成为合格的投保人通常需要具备以下三个要件：第一，具有完全的权利能力和行为能力；第二，对保险标的必须具有保险利益；第三，负有缴纳保险费的义务。

（2）保险人。保险人又称承保人，根据《中华人民共和国保险法》第二章第十条规定："保险人是指与投保人订立保险合同，并按照合同约定承担赔偿或者给付保险金责任的保险公司。"保险人的成立通常需要具备以下三个条件：第一，保险人须具备法定资格；第二，保险人须以自己的名义订立保险合同；第三，保险人须依照保险合同承担保险责任。

2）保险合同的关系人

保险合同的关系人是指在保险事故发生或者保险合同约定的条件满足时，对保险人享有保险金给付请求权的人。保险合同的关系人主要是被保险人和受益人。

（1）被保险人。根据《中华人民共和国保险法》第二章第十二条规定："被保险人是指其财产或者人身受保险合同保障，享有保险金请求权的人。投保人可以为被保险人。"被保险人可以是自然人，也可以是法人。要成为合格的被保险人须具备以下两个条件：第一，必须是约定的保险事故发生时遭受损害的人；第二，必须是享有赔偿请求权的人。

（2）受益人。根据《中华人民共和国保险法》第二章第十八条规定："受益人是指人身保险合同中由被保险人或者投保人指定的享有保险金请求权的人。投保人、被保险人可以为受益人。"要成为人身保险合同的受益人应当具备以下两个条件：第一，必须经投保人或被保险人指定；第二，必须是享有保险金请求权的人。受益人一般由投保人或者被保险人在保险合同中加以指定，投保人指定受益人时必须经被保险人同意。如果被保险人是无民事行为能力人或限制民事行为能力人，则受益人可以由被保险人的监护人指定；如果没有指定受益人，则在被保险人死亡时，由其继承人领受保险金。被保险人或者投保人可以变更受益人，但是应当书面通知保险人。投保人变更受益人必须经被保险人同意。

2. 保险合同的客体

保险合同的客体是指保险法律关系的客体，即保险合同当事人的权利与义务所指向的对象。由于保险合同保障的对象不是保险标的本身，而是被保险人对其财产或者生命、健康所享有的利益，即保险利益，所以保险利益是保险合同当事人的权利与义务所指向的对象，是保险合同的客体。可保利益是投保人或被保险人对保险标的所具有的法律上承认的利益。这主要是因为保险合同保障的不是保险标的的安全，而是保险标的受损后投保人或被保险人、受益人的经济利益。

保险标的只是可保利益的载体。只有对保险标的具有保险利益的人，才具有投保人的资格，投保人具有保险利益是保险合同生效的依据和条件。当投保人对保险标的不具有保险利益时，不能与保险人订立保险合同。保险人即使在不知情的情况下与不具有保险利益的人订立了保险合同，该保险合同仍然无效。履行保险合同过程中，如果投保人丧失了保险利益，保险合同也无效。

3. 保险合同的内容

保险合同的内容是保险合同当事人双方依法约定的权利和义务,通常以条文形式,即保单条款来表现。

保险合同的条款是规定保险人与被保险人之间基本权利和义务的条文,保险合同的条款是保险公司对所承保的保险标的履行保险责任的依据。根据保险合同内容不同,保险条款可以分为基本条款和特约条款。其中,基本条款是关于保险合同当事人和关系人权利与义务的规定,以及按照其他法律一定要记载的事项,是保险合同必须具备的条款,《中华人民共和国保险法》对此以列举方式进行了直接的规定;特约条款是除基本条款以外,经投保人选择或与保险人协商确定的保险合同的其他条款,是投保人与保险人根据需要特别约定的保险合同条款,所以叫作特约条款。无论是基本条款还是特约条款,都是保险合同的条款,都具有法律效力。

1) 保险合同的基本条款

《中华人民共和国保险法》第二章第十八条对保险合同的基本条款做出了具体的规定。保险合同的基本条款应当包括下列事项。

(1) 保险人的名称和住所。

(2) 投保人、被保险人的姓名或者名称、住所,以及人身保险的受益人的姓名或者名称、住所。

明确当事人的姓名和住所,是为保险合同的履行提供一个前提。因为在合同订立之后,保费的缴纳、保险金额的赔偿均与当事人及其住所有关。由于保单是由保险人印制的,因此,保险公司的名称及住所已在保单上面,保单上需要填写的只是被保险人或所有人的姓名和住所。如果被保险人不止一人,则需要在保险合同中列明。

(3) 保险标的。当事人在订立保险合同时,必须将保险标的明确记载于合同中,这样才能决定保险的种类,并据以判断投保人或者被保险人是否对之具有保险利益。同一保险合同中并不限于单一的保险标的。在很多情况下,集合多个保险标的而订立一份保险合同也是常见的。例如,集合保险合同和综合保险合同。

(4) 保险责任和责任免除。保险责任是保险合同必须约定的内容,是确定保险当事人权利与义务的依据。保险责任范围给出了保险人承担责任的界限,是保险人承担的基本义务。在财产保险中,保险责任是保险人对于合同约定的可能发生的事故因其发生所造成的财产损失承担赔偿保险金的责任。例如,机动车辆发生碰撞后,保险人可能要承担车辆损失的赔偿或者承担第三者的人身、财产损失等。责任免除又称除外责任,是指保险人依法或依据合同约定,不承担保险金赔偿或给付责任的风险范围或者种类,其目的在于适当限制保险人的责任范围。

(5) 保险期间和保险责任开始时间。保险期间即保险合同的有效期限,也就是保险合同从开始生效到终止的这一期间。保险期限是计算保费的依据,也是保险人履行其赔偿或者给付义务的根据。保险合同是承担风险的合同,风险的不确定性决定了保险合同明确规定期限的特殊性。只有在保险期限内发生保险事故,保险人才承担赔偿或给付的责任。保险责任开始的时间是保险人开始承担保险责任的时间。根据《中华人民共和国保险法》第二章第十四条的规定:"保险合同成立后,投保人按照约定交付保险费,保险人按照约定的时间开始承担保险责任。"因此,保险合同的当事人可以在保险合同中约定保险责任开始的时间,该时间可以约定在保险合同生效前的某一时间点,也可以约定在保险合同生效后的某一时间点。

(6) 保险金额。保险金额是由保险合同的当事人确定,并在保单上载明的被保险标的的金额。保险金额又可以被看作保险人的责任限额。保险金额涉及保险人与投保人(被保险人、受益人)之间的权利与义务关系。对于保险人来说,保险金额既是收取保费的计算标准,也是补偿给付的最高限额;对于投保人(被保险人、受益人)来说,保险金额既是缴纳保费的依据,也是索赔和获得保险保障的最高数额。

(7) 保险费以及支付办法。保险费是指投保人向保险人购买保险所支付的价格。保险费是建立保险基金的源泉。保险人是否有赔偿能力,取决于保险人所收取的保费总额是否能够弥补保险人所承担的全部赔偿责任。保险费的支付办法是指约定的支付时间、支付地点、支付方式、使用货币等。

(8) 保险金赔偿或者给付办法。保险金数额依保险标的的损失程度等因素而定,保险赔偿及支付办法是保险合同的必备重要条款。

(9) 违约责任和争议处理。违约责任是指保险合同当事人违反合同约定的义务应承担的法律后果。保险合同必须有违约责任条款。争议处理包括约定解决争议的机构等内容,保险合同争议解决条款是保险合同必不可少的内容。

(10) 订立合同的年、月、日,也就是订立合同的时间。保险合同订立的时间,是保险合同的基本条款,在所有保险合同中都应当载明,这是保险合同必须具备的条款。

2) 保险合同的特约条款

在保险合同中,广义的特约条款包括附加条款、保证条款和协会条款三种类型;狭义的特约条款仅指保证条款。

(1) 附加条款。附加条款是指保险合同当事人在基本条款的基础上另行约定的补充条款。附加条款一般采取在保单空白处批注或在保单上附贴批单的方式,使之成为保险合同的一部分。

(2) 保证条款。保证条款是指投保人或被保险人就特定事项担保的条款。投保人或被保险人必须遵守保证条款,如有违反,保险人有权解除保险合同或拒绝赔付。

(3) 协会条款。协会条款是指保险同业之间根据需要协商约定的条款。目前仅存在于海上保险合同中,协会条款是对原合同的修改、补充或变更。

3) 保险合同的解释

保险合同的解释由人民法院或仲裁机关做出。对保险合同的解释应当遵循附加条款优于标准合同条款原则、文字解释原则、当事人真实意图解释原则、专业解释原则、"疑义的利益"解释原则等。

(1) 附加条款优于标准合同条款原则。在标准保险合同中,基本条款是事先印就的。如果被保险人要求变更,可以用下列几种方法:贴上已印就的附加条款的纸条、打字或书写。在这几种文字形式发生矛盾时,书写内容的效力优于打字的内容,打字的内容又优于贴上的附加条款,贴上的附加条款又优于保险单上原来印就的条款。

(2) 文字解释原则。文字解释原则要求按条款的文字所表达的意思来解释保险合同。文字表达是将当事人的意思表达于外的一种表示行为。文字表达是明确的,就不应穿凿附会、节外生枝、主观臆断,要严格按文字本身含义来解释。

(3) 当事人真实意图解释原则。如果保险条款前后用词不一,或者用词有矛盾之处,则可以结合条款上下文来解释,即探索当事人真实意图。发生这种争议时,可从一个无利害关系的第三者的角度出发,根据订约时的背景、客观情况进行逻辑分析,力求探索当事人本来的真实意图，而不拘泥于所用词句。

（4）专业解释原则。保险合同条款中使用专门术语应按该行业的专门技术含义来解释。

（5）"疑义的利益"解释原则。"疑义的利益"解释原则要求当保险合同条款的用词发生疑义时，或者含义不明确时应作有利于被保险人的解释。有利于被保险人的解释原则是有客观依据的。首先，保险合同一般是依据保险人拟订的保险基本条款订立的，因此，保险人有责任也有义务将条款意思表达清楚。如果发生疑义，应由保险人承受其不利。其次，保险人应比被保险人熟悉保险业务，应能准确地字斟句酌，对保险合同条款的准确性承担更大的责任。如有歧义，也应由保险人承受其不利。但是，在适用"疑义的利益"解释原则时，不能无限扩大，甚至错误地认为凡是被保险人与保险人有争讼时，就要作有利于被保险人的判决。因为保险是一种特殊性质的经济补偿制度。保险人所承担的风险赔偿责任实际上是由全体参加保险的成员来分担的，对个别成员有利的，并非对全体成员有利，因此，在适用"疑义的利益"解释原则时，必须合情、合理。

4. 保险合同的形式

保险合同的形式是指投保人与保险人就其保险权利与义务关系达成协议的方式，即保险合同当事人意思表示一致的方式。《中华人民共和国保险法》并未对保险合同应采取何种形式做出直接的规定，既没有明确规定必须采取书面形式，也没有禁止口头形式。在保险实务中，因为保险合同的复杂性、技术性和非及时结清性等，保险合同通常采取书面形式。保险合同依照其订立的程序，大致可以分为下列几种书面形式。

1）投保单

投保单又称要保书，是指投保人向保险人申请订立保险合同的书面要约。因为险种不同，保险人通常会设计不同的投保单，投保人依照保险人所列项目逐一填写。无论是出于投保人自动，还是保险人（保险代理人或保险经纪人）的邀请，都不能改变投保单的要约性质。投保单经保险人承诺后，即成为保险合同的重要组成部分。投保人在投保单中所填写的内容会影响保险合同的效力。如果投保人在投保单中告知不实，在保险单上又没有修正，保险人即可以投保人未遵循保险合同的最大诚信原则为由，在规定的期限内解除保险合同。

2）暂保单

暂保单又称临时保单，是指在需要进一步处理、正式保单签发之前的临时保单。订立暂保单并不是订立保险合同的必经程序。暂保单的法律效力与正式保单完全相同，但有效期较短，大多由保险人具体规定。当正式保单交付后，暂保单自动失效。保险人也可以在正式保单发出前终止暂保单的效力，但必须提前通知投保人。暂保单的形式既可以是书面形式的，也可以是口头形式的。为了避免口说无凭产生纠纷，人们大多还是使用书面形式。

使用暂保单的情况如下。

（1）保险代理人在争取到业务时，还未向保险人办妥保险单手续之前，给被保险人的一种证明。

（2）保险公司的分支机构在接受投保后，还未获得总公司的批准之前，先出立的保障证明。

（3）在洽谈或续订保险合同时，订约双方还有一些条件需要商讨，在没有完全谈妥之前，先由保险人出具给被保险人的一种保障证明。

（4）出口贸易结汇时，保险单是必备的文件，在保险人尚未出具保险单或保险凭证之前，先出立暂保单，以证明出口货物已经办理保险。

3）保险单

保险单（简称保单）是指保险合同成立后，保险人向投保人（被保险人）签发的正式书面凭证。保险单必须明确、完整地记载有关保险双方的权利和义务，通常由声明事项、保险事项、责任免除和条件事项四个部分组成。保险单所记载的内容是保险合同双方当事人履约的依据。

4）保险凭证

保险凭证又称小保单，是指保险人向投保人签发的证明保险合同已经成立的书面凭证，是一种简化了的保险单。保险凭证的法律效力与保险单相同，只是内容较为简单。在保险实务中，保险凭证没有列明的内容，以同一险种的正式保险单为准；保险凭证与正式保险单内容相抵触的，以保险凭证的特约条款为准。

5）批单

批单又称背书，是指保险人应投保人或被保险人的要求出立的，修订或更改保险险单内容的证明文件，是变更保险单内容的批改书。批单可以在原保险单或保险凭证上批注，也可以另外出立一张变更合同内容的附贴便条。凡经批改的内容，以批单为准；多次批改，应以最后批改为准。批单一经签发，就自动成为保险单的重要组成部分。

6）其他书面形式

除了以上印刷的书面形式，保险合同也可以采取其他书面协议形式。例如，保险协议书、电报、电传等。

（三）保险合同的相关解释

1. 保险合同的订立

保险合同的订立是指投保人与保险人之间基于意思一致而进行的法律行为。保险合同签订时，除必须遵循保险的原则，还应当遵循平等互利、协商一致、自愿订立、合法的原则。

合同的订立，必须经过要约和承诺两个阶段，保险合同的订立也是如此。

1）要约与承诺

（1）要约。要约是希望和他人订立保险合同的意思表示。该意思表示应当表明经受要约人承诺，要约人即受该意思表示约束。在保险合同中，一般以投保人提交填写好的投保单为要约，即投保人向保险人提交要求订立保险合同的书面意思表示。当然，保险人也可以是要约人。例如，保险人接到投保人提交的已填好的投保单后，又向投保人提出某些附加条件，此时，保险人所做出的意思表示并不是完全接受投保人订立合同的意思表示，而是向投保人发出了新的意思表示，这在法律上被视为新的要约。在该情形下，保险人是新的要约人，投保人则为受要约人，如果投保人同意接受保险人提出的附加条件，则表明投保人接受保险人的新要约，至此，投保人便成为受要约人。

（2）承诺。承诺是受要约人同意要约的意思表示。通常保险人在接到投保人的投保单后，经核对、查勘及信用调查，确认一切符合承保条件时，签章承保，即为承诺，保险合同即告成立。承诺的方式可以是按法律规定向投保人签发保险单或保险凭证或暂保单，也可以是保险人直接在投保人递交的投保单上签章表示同意。但是，不应认为承诺人一定是保险人，如上文所述，要约、承诺是一个反复的过程，投保人与保险人对标准合同条款以外的内容可以进行协商。当当事人双方就合同的条款达成协议后，保险合同成立。之后，保险人应当及时向被保险人签发保险单或者其他保险凭证，并在保险单或者其他保险凭证中载明当事人双方约定的合同内容。

2) 保险合同的订立过程

(1) 填写投保单。保险人为了业务上的需要,会印好各种单证备用。投保人提出保险要求,向保险人索取单证并如实、完整地填写其想得到相应保险险种的投保单。

(2) 将投保单交付保险人。投保人在认可保险人设计的保险费率和保险条款的前提下,将保险单交付给保险人,便构成了要约。

(3) 保险人承诺后,保险合同成立。保险人经过对投保人填写的投保单进行必要的审核,没有其他疑问的,通常表示接受并在投保单上签章,构成承诺,保险合同成立。保险人应当及时向投保人签发保险单或者其他保险凭证,并在保险单或者其他保险凭证中载明当事人双方约定的合同内容。

保险合同的有效订立,即意味着订立的保险合同对双方当事人产生法律约束力,当事人必须严格履行保险合同,否则除了法定例外,必须承担违约责任。因而,保险合同的有效订立事实上包括两个方面:一是双方商定了保险合同的条款,即保险合同已经成立;二是保险合同对双方产生法律约束力,即保险合同生效。

2. 保险合同的生效

1) 保险合同生效的含义

保险合同的"成立"与"生效"是两个不同的概念。保险合同的成立是指保险合同当事人就保险合同的主要条款达成一致协议。《中华人民共和国保险法》第二章第十三条规定:"投保人提出保险要求,经保险人同意承保,保险合同成立。"保险合同成立的时间往往是保险人在投保书或者其他保险协议上签字或盖章的时间。保险合同的生效是指保险合同条款对当事人双方已产生法律上的效力,要求当事人双方恪守保险合同,全面履行保险合同规定的义务。保险合同的成立与生效的关系有两种:一是保险合同一经成立即生效,当事人双方便开始享有权利,承担义务;二是保险合同成立后不立即生效,而是等到保险合同生效的附条件成立或附期限到期后才生效。其中,附条件是指在保险合同中,特别规定一个条件,以此条件来决定保险合同的法律效力;附期限是指在保险合同中约定一个时间,以此期限是否到达来决定保险合同的法律效力。

2) 保险合同生效的要件

根据《中华人民共和国民法典》第一编第六章第三节第一百四十三条规定:"具备下列条件的民事法律行为有效:①行为人具有相应的民事行为能力;②意思表示真实;③不违反法律、行政法规的强制性规定,不违背公序良俗。"当事人订立保险合同,应当具有相应的民事权利能力和民事行为能力。因而,保险合同若要有效订立,当事人必须具备相应的民事权利能力和民事行为能力,并在保险合同内容不违反法律、行政法规的强制性规定和不违背公序良俗的基础上意思表示真实。

下面以个人人身险保险合同为例。人身保险合同的订立一般要经历以下步骤:第一步,保险业务员通过向潜在的投保人进行宣传及保险规划等发出保险销售信息;第二步,投保人根据保险人的要求,在保险业务员的指导下填写相关文件并提交相应资料以提出保险要求(投保);第三步,保险人根据投保人的情况进行审核并做出审核决定;第四步,审核决定经投保人确认后保险人印制保单并交付投保人(承保)。从法律的角度看,此过程可以归结为要约邀请、要约(投保)、承诺(承保)三个阶段。在该过程中,保险人的审核决定根据保险标的风险状况的不同而不同。

3. 保险合同的无效

保险合同的无效是指因法定原因或者约定原因,保险合同的全部或部分内容不产生法律约束力。

1) 认定保险合同无效的条件

(1) 因具备《中华人民共和国保险法》上的无效原因而无效。

① 超额保险。超额保险是保险金额高于保险价值的保险合同。各国保险立法均认同,对于损失补偿性保险合同,因受"损失补偿原则"的制约,需防止被保险人获不当得利而引发道德风险。所以,当保险金额超过保险价值时,超过的部分无效,被保险人不得就该部分主张保险金请求权。

② 无保险利益。保险利益原则作为《中华人民共和国保险法》的一项重要原则,其作用在于有效消除赌博的可能性和防止道德风险的发生。保险利益原则是指投保人对保险标的应具有法律上承认的利益,即投保人对保险标的应当具有保险利益。投保人对保险标的不具有保险利益的,保险合同无效。因而,保险利益可以作为保险合同的一个效力要件。

(2) 保险合同因其他的法定无效原因而无效。保险合同作为民事合同,应当符合《中华人民共和国民法典》第三编合同的相关规定。因此,《中华人民共和国民法典》第三编合同中有关合同无效的规定,同样适用于保险合同。

在以下几种情况下,保险合同为无效保险合同。

① 内容违反法律、行政法规的强制性规定的。根据《中华人民共和国保险法》第二章第三十四条规定:"以死亡为给付保险金条件的合同,未经被保险人同意并认可保险金额的,合同无效。"例如,如果投保人未经被保险人同意而为之订立以死亡为给付保险金条件的人身保险合同,则该人身保险合同无效。

② 无权代理。无权代理所订立的保险合同为效力待定的保险合同,但是,可以肯定的是,无权代理行为若未经追认,所订立的保险合同为无效保险合同。需要注意的是,代理人虽无代理权,但是导致第三人误认的,构成表见代理,在这种情况下,无权代理人与第三人所订立的保险合同仍然有效,由被代理人向第三人承担保险合同责任。

③ 损害国家利益和社会公众利益。损害国家利益和社会公共利益是指订立保险合同的目的或者履行保险合同的后果,严重损害了国家利益或社会公共利益。例如,保险合同的承保范围包含某些犯罪行为、妨害社会公共安全,以及危害国家安全和社会公共利益的行为。

(3) 保险合同因合同当事人约定的原因而无效。当事人对于合同效力的约定,可以分为三种情况:约定解除合同、约定合同不生效、约定合同失效。而保险合同因当事人约定无效一般是指后两种情况:一种情况是保险合同附生效条件,当事人约定保险合同在一定情况下生效,生效条件未成就时为无效;另一种情况是保险合同约定合同失效条件,发生某种特定事由可使保险合同归于无效。

综上所述,只要符合下列条件之一,即可认定保险合同无效。

① 保险合同的当事人不具备法定资格。

② 保险合同的内容不合法,即保险合同的条款内容违反国家法律、行政法规。

③ 保险合同的当事人意思表示不真实,即保险合同不能反映当事人的真实意思。

④ 保险合同违反国家利益和社会公共利益,违背公序良俗。

2) 无效保险合同是否应退还保险费

保险合同无效的,在发生保险合同约定的保险事故时,保险人不承担保险责任。保险合同被确认无效后,当事人因无效合同取得的财产应返还给受损失的一方;有过错的一方应赔偿对方因此所遭受的损失,双方都有过错的,应当各自承担相应的责任;双方恶意串通,订立无效合同损害国家、集体或第三人利益的,应当追缴双方所得的财产,收归国家、集体所有或者返还给第三人。按照通行的原则,合同无效为自始至终无效。所以,因该合同取得的财产应当返还,有过错的一方承担过错责任,双方都有过错的,各自承担相应的责任。

通过保险合同进行欺诈、恶意损害第三人的利益、故意未履行如实告知义务、以合法形式掩盖非法目的等行为,特别是在人寿保险范畴,会导致不知情的第三人的生命和身体处在危险之中。在这种情况下,保险合同从订立开始就无效,虽然其过错责任并未造成经济损失,但是应判定不退还保险费,数额达到一定程度的还应当追究刑事责任。例如,在公共场所恶意携带爆炸物的行为,危害了公共安全,虽然没有引爆造成损失,但是警察会没收其爆炸物并进行处罚。

4. 保险合同的履行

保险合同的履行是指保险合同当事人双方依法全面完成保险合同约定义务的行为。保险合同是双务合同,权利和义务是对等的,一方的权利就是另一方的义务。

1) 投保人应当履行的义务

(1) 及时缴纳保险费。

(2) 接受保险人检查,维护保险标的处于安全状态。

(3) 风险增加的通知义务。

(4) 发生保险事故及时通知。

(5) 发生保险事故尽力施救。

(6) 索赔时提供相关证明和资料。

2) 保险人应当履行的义务

(1) 及时签发保险单。

(2) 索赔时及时赔偿或给付保险金。

(3) 依法支付施救费用、调查费用、诉讼或者仲裁费用。

(4) 拒保及时通知投保人,对所知道的投保人、被保险人、保险标的和受益人情况保密。

5. 保险合同的变更

保险合同的变更是指保险合同没有履行或没有完全履行之前,当事人根据情况变化,按照法律规定的条件和程序,对原保险合同的某些条款进行修改或补充。保险合同的变更可以分为保险合同的主体变更、客体变更、内容变更。

1) 主体变更

如上文所述,保险合同的主体包括保险合同的当事人和保险合同的关系人。保险合同的当事人包括投保人和保险人,保险合同的关系人包括被保险人和受益人。因此,保险合同的主体不同,变更所涉及的法律程序规定也不相同。

(1) 投保人的变更,属于保险合同的转让或者保险单的转让。例如,在转移财产所有权或者经营管理权的同时,将保险合同一并转让给新的财产受让人。《中华人民共和国保险法》第二章第四十九条规定:"保险标的转让的,保险标的的受让人承继被保险人的权利和义务。保险标的转让的,被保险人或者受让人应当及时通知保险人,但货物运输保险合同和另有约定的合同除外。"

(2) 被保险人的变更,只能发生在财产保险合同中。在人身保险合同中,保险标的即被保险人的寿命和身体,这是保险关系确立的基础,是不能变更的。在财产保险合同中,保险标的的变更实际上意味着投保人的变更。

（3）受益人的变更，根据《中华人民共和国保险法》第二章第四十一条规定："被保险人或者投保人可以变更受益人并书面通知保险人。保险人收到变更受益人的书面通知后，应当在保险单或者其他保险凭证上批注或者附贴批单。投保人变更受益人时须经被保险人同意。"

2）客体变更

保险合同客体的变更主要是指保险标的的种类、数量的变化，从而导致保险标的价值的变化，引起保险利益的变化，进而需要变更客体，以获得足够的保险保障。保险合同客体的变更也需要经过保险人加批后才能生效。

3）内容变更

保险合同内容的变更是指保险合同中规定的各事项的变更。《中华人民共和国保险法》第二章第二十条规定："投保人和保险人可以协商变更合同内容。变更保险合同的，应当由保险人在保险单或者其他保险凭证上批注或者附贴批单，或者由投保人和保险人订立变更的书面协议。"这一规定是保险合同内容变更的总原则，即须双方协商同意后由保险人批注或者附贴批单或者双方订立变更的书面协议。

保险合同内容的变更须经保险人同意，这样会出现保险人故意或是无意拖延的情况。为求实际便利和保险关系的确定，有些国家规定，在一定情况下，如仅限在财产保险合同中投保人或被保险人提出变更保险合同，经一定期间如保险人并无反对之意即视为保险人同意变更保险合同。保险合同内容的变更有两种情况：一是投保人因自己的实际需要提出变更；二是因某种法定情况的发生，保险合同一方依法须提出变更，另一方也不得拒绝变更。

（1）投保人因自己的实际需要提出变更请求，主要是因变更保险金额而变更保费。

① 保险金额的增加。如保险价值因市场价格上涨，投保人可提出按照或者不按照保险价值的增加比例增加保险金额，当然也需要增加保费；投保人也可在保险价值并无增加的情况下，在保险价值限度内提出增加保险金额的请求。

② 保险金额的减少。不论保险价值是否存在减少的情况，投保人均可提出减少保险金额的请求，只是一些保单规定保险人并不受理保险金额减少的请求，此种保单多为人寿保险保单。

（2）保险合同内容的变更包括保费的变更及其他内容的变更，主要是保费的变更。

法定须予变更的情况有以下两种。

① 保费的增加。《中华人民共和国保险法》第二章第五十一条规定："投保人、被保险人未按照约定履行其对保险标的的安全应尽责任的，保险人有权要求增加保险费或者解除合同。"《中华人民共和国保险法》第二章第五十二条规定："在合同有效期内，保险标的的危险程度显著增加的，被保险人应当按照合同约定及时通知保险人，保险人可以按照合同约定增加保险费或者解除合同。"《中华人民共和国保险法》第二章第三十二条规定："投保人申报的被保险人年龄不真实，致使投保人支付的保险费少于应付保险费的，保险人有权更正并要求投保人补交保险费，或者在给付保险金时按照实付保险费与应付保险费的比例支付。"

② 保费的减少。《中华人民共和国保险法》第二章第五十三条规定："有下列情形之一的，除合同另有约定外，保险人应当降低保险费，并按日计算退还相应的保险费：一是据以确定保险费率的有关情况发生变化，保险标的的危险程度明显减少的；二是保险标的的保险价值明显减少的。"

6. 保险合同的中止

保险合同的中止是指保险合同生效后,由于某种原因,保险合同的效力处于暂时停止的状态,即保险合同暂时失效,待符合法定或约定条件时,可以恢复合同效力。在保险合同中止期间,保险标的发生保险事故时,保险人不负保险责任,不赔付保险金。保险合同中止主要有以下几种情况。

(1) 在人身保险合同中。根据《中华人民共和国保险法》第二章第三十六条规定:"合同约定分期支付保险费,投保人支付首期保险费后,除合同另有约定外,投保人自保险人催告之日起超过三十日未支付当期保险费,或者超过约定的期限六十日未支付当期保险费的,合同效力中止,或者由保险人按照合同约定的条件减少保险金额。被保险人在前款规定期限内发生保险事故的,保险人应当按照合同约定给付保险金,但可以扣减欠交的保险费。"

(2) 在财产保险合同中。被保险人故意或者过失使保险标的面临的危险程度增加的,保险人享有请求被保险人更正其故意或过失行为的权利,在被保险人更正其行为之前,保险合同效力中止。

7. 保险合同的复效

保险合同的复效主要是就人身保险合同而言的。保险合同的复效是指人身保险合同效力中止的,经保险人与投保人协商并达成协议,在投保人补缴保险费后,合同效力恢复。人身保险合同的复效应具备如下条件。

(1) 投保人应在保险合同效力中止后2年内提出复效申请。超过这一复效申请保留期的,保险人有权解除保险合同,但保险人未解除保险合同的,投保人仍可提出复效申请。

(2) 经保险人同意,双方就保险合同复效条件达成书面或口头协议。

(3) 投保人应一次性补缴保险合同效力中止期间的保费。在保险实务中,保险合同一般约定,投保人应同时补足欠缴部分保费的利息。

对于保险合同效力中止期间,未经与保险人达成保险合同复效协议,投保人直接补足欠缴保费,而保险人收取的,应视为双方默示保险合同的复效,保险人放弃主张保险合同效力中止的权利。

保险人解除保险合同并不表明保险人不承担任何义务,投保人已经缴足2年以上保险费的,保险人有义务按照保险合同的约定退还保险单的现金价值;投保人没有缴足2年保险费的,保险人应当在扣除手续费后,将保险费退还给投保人。

8. 保险合同的终止

保险合同终止是指保险合同成立后,因法定或约定事由发生,保险合同确定的权利与义务关系消灭,法律效力完全消失的事实。保险合同终止有如下几种情形。

1) 保险合同因期限届满而终止

保险合同订立后,虽然未发生保险事故,但是如果保险合同的有效期已届满,则保险人的保险责任自然终止。这种自然终止是保险合同终止的普遍、基本原因。保险合同终止,保险人的保险责任也终止。

2) 保险合同因双方解除而终止

(1) 法定解除。法定解除是指法律规定的原因出现时,保险合同当事人一方(一般是保险人)依法行使解除权,消灭已经生效的保险合同关系。法定解除是一种单方面的行为。从程序上说,依法由有解除权的当事人向对方做出解除合同的意思表示,即可发生解除合同的效力,而无须征得对方同意。

(2) 约定解除。约定解除是指双方当事人约定解除保险合同的条件,一旦约定的条件出现,一方或双方即有权利解除保险合同。约定解除习惯上称为协议注销。保险合同一旦注销,保险人的责任就告终止。

(3) 任意解除。任意解除是指法律允许双方当事人有权根据自己的意愿解除保险合同。但是并非所有的保险合同都可以由当事人任意解除和终止,一般有着严格的限制。

3) 保险合同因违约失效而终止

因投保人或被保险人的某些违约行为,保险人有权使保险合同无效。例如,被保险人没有如期缴纳保险费,投保人没有按约定遵守保证,等等。

4) 保险合同因履行而终止

保险事故发生后,保险人完成全部保险金额的赔偿或给付义务之后,保险责任即告终止。常见的财产损失保险中,保险标的发生全损,被保险人领取了全部保险赔偿以后,即使保险期限尚未届满,保险合同也因履行了全部赔付责任而终止。

5) 保险合同因保险标的的灭失或被保险人的死亡而终止

可保利益以保险标的的存在为前提。如果保险标的非因保险事故而灭失,投保人就不再具有可保利益,保险合同没有了存在的基础,也就随之而消灭。

9. **保险合同的解除**

保险合同的解除是指保险合同的双方当事人经商定同意消灭既存的保险合同效力的法律行为,或保险合同当事人一方根据法律或合同中的约定行使解除权而采取的单独行为。

对于投保人来说,解除保险合同比较宽松,除了保险条款约定保险合同不可解除的情形,投保人可以无任何原因解除保险合同。根据《中华人民共和国保险法》第二章第五十四条规定:"保险责任开始前,投保人要求解除合同的,应当按照合同约定向保险人支付手续费,保险人应当退还保险费。保险责任开始后,投保人要求解除合同的,保险人应当将已收取的保险费,按照合同约定扣除自保险责任开始之日起至合同解除之日止应收的部分后,退还投保人。"一般来说,保险事故发生导致保险人支付了保险金,但未达到保险金额,保险金额剩余部分仍旧有效的情形下,保险条款规定保险合同不可解除。

对于保险人来说,法律规定不可随意解除保险合同,除非有如下几种情形。

(1) 投保人违反如实告知义务(故意未履行如实告知义务的,不退还保险费)。

(2) 被保险人或者受益人有违法行为(不退还保险费)。

(3) 投保人、被保险人未按照约定履行对保险标的承担责任。

(4) 保险标的危险程度增加。

(5) 人身保险合同效力中止2年。

10. **处理保险合同的争议**

保险合同争议纠纷是指保险合同成立后,保险合同主体就保险合同履行时的具体做法产生的意见分歧或纠纷。这种意见分歧或纠纷有些是由于保险合同双方对保险合同条款的理解互异造成的,有些则是由于违约造成的。而不管是什么原因,发生争议后都需要按照一定的原则和方式来处理。

1) 保险合同的解释原则

保险合同的解释是指当保险当事人对保险合同内容的理解不同而发生争议时,依照法律规定的方式或者约定俗成的方式,对保险合同的内容或者文字的含义予以确定或说明。保险合同的解释原则通常有以下几种:文义解释原则、意图解释原则、有利于被保险人或者受益人的解释原则、专业解释原则、其他补充解释原则。其中,其他补充解释原则,即当保险合同条款约定的内容有遗漏或不完整时,应借助商业习惯、国际惯例、公平原则等对保险合同的内容进行务实、合理的补充解释,以便保险合同继续履行。

2) 保险合同争议的解决方式

按照我国法律的有关规定,保险合同争议的解决方式主要有以下几种。

(1) 协商。保险合同双方当事人在自愿互谅的基础上,按照法律规定和保险合同的约定,友好地解决争议,消除分歧。自行协商解决方式简便,有助于增进双方的信任与合作,并且有助于保险合同的继续执行。

(2) 调解。调解是指在保险合同管理机关或法院的参与下,通过说服协调,使双方自愿达成协议,平息争端。调解必须遵循法律、政策与平等的原则。调解具有以下几个特点:一是自愿性。保险合同争议是否申请调解,由持有争议的双方自主决定。二是平等性。争议双方在调解过程中处于平等地位,调解过程要充分听取双方的意见,进行充分协商。三是公正性。调解工作将以事实为依据,以法律和保险条款为准绳,严格按照规定程序,独立、客观、公正地进行。

(3) 仲裁。仲裁是指争议双方依照仲裁协议,自愿将彼此间的争议交由双方共同信任、法律认可的仲裁机构的仲裁员居中调解,并做出裁决。仲裁方式具有法律效力,实行"一裁终局"制,当事人必须予以执行。尤其是在再保险合同中,双方当事人大多约定采用仲裁方式解决争议。

(4) 诉讼。诉讼是指争议双方当事人通过国家审判机关——人民法院进行裁决的一种方式,诉讼是最极端的一种方式。双方当事人因保险合同发生争议时,有权以自己的名义直接请求法院通过审判给予法律上的保护。当事人提起诉讼应当在法律规定的诉讼时效内。

三、人身保险基础知识

(一) 人身保险的概述

1. 人身保险的定义

人身保险是指以人的寿命和身体为保险标的的一种保险。人身保险的投保人按照保单约定向保险人缴纳保险费,当被保险人在人身保险合同期限内发生死亡、伤残、疾病等保险事故或达到人身保险合同约定的年龄、期限时,由保险人依照人身保险合同承担给付保险金的责任。

2. 人身保险的特点

(1) 保险标的的不可估价性。人身保险的保险标的是人的寿命和身体,而人的生命和身体是很难用货币来衡量价值的。在保险实务中,人身保险的保险金额是由投保人和保险人双方约定后确定的,此约定金额既不能过高也不宜过低,一般从两个方面来考虑:一方面是被保险人对人身保险需求的程度;另一方面是投保人缴纳保费的能力。

(2) 保险金额的定额给付性。人身保险的保险标的是人的寿命和身体,而人的生命或身体的价值是无法用钱来衡量的,因此,人身保险的保险金额是依照被保险人对保险的需求和交付保险费的能力来确定的。人身保险不属于损失补偿,而是定额给付,也就是当约定保险事故发生时,给付金额是按照订约时预先约定的金额为准。因此,除医疗费用保险,人身保险不适用补偿原则,所以,也不存在比例分摊和代位追偿的问题。

(3) 保险期限的长期性。人身保险合同特别是人寿保险合同一般是长期合同,保险期限可为人的一生。在既定的保费缴纳方式下,人身保险的保费收入稳定,可积聚巨额的、可供长期运用的资金。但也正因为其保险期限的长期性,人身保险的经营易受到利率因素、通货膨胀因素等外界因素的影响。

(4) 生命风险的相对稳定性。人身保险的主要风险因素是死亡率,死亡率直接影响人身保险的成本。但据死亡率的研究结论,死亡率因素较其他非寿险风险发生的概率波动要稳定,所以在寿险经营中巨灾风险较少,经营稳定性较强,对于再保险的运用相对于财产保险较少,保险公司只是对大额的次标准体保险进行再保险安排。

(5) 人身保险的储蓄性。人身保险除提供一般的保险保障,多数人身保险还具有储蓄性,尤其是寿险保单中的终身死亡保险和两全保险,正因为人身保险的某些险种具有储蓄性质,人身保险的被保险人可以在保险单的现金价值内用保单作抵押向保险人借款,也可以在中途解除保险合同时领回退保金,以及利用这种"存款"改投其他保险险种等。

(二) 人身保险合同的主要条款

1. 不可抗辩条款

不可抗辩条款又称不可争议条款,是指在被保险人生存期间,自保险合同生效之日起满2年后,除非投保人停止缴纳续期保险费,保险人将不得以投保人在投保时的误告、漏告和隐瞒事实等为由,主张保险合同无效或拒绝给付保险金。保险合同订立后的头2年为可抗辩期。

2. 年龄误告条款

年龄误告条款规定,投保人在投保时误告被保险人的年龄,致使投保人支付的保险费少于或多于应付保险费的,保险人有权更正并要求投保人补缴保险费或向投保人退还多缴的保费,或者根据投保时被保险人的真实年龄调整保险金额。如果发现投保时被保险人的真实年龄已超过可以承保的年龄限度,保险人可以解除保险合同,并将已收的保险费扣除手续费后,无息退还给投保人。但是,自保险合同成立之日起,逾2年后发现的除外。根据《中华人民共和国保险法》第二章第三十二条规定:"投保人申报的被保险人年龄不真实,并且其真实年龄不符合合同约定的年龄限制的,保险人可以解除合同,并按照合同约定退还保险单的现金价值。保险人行使合同解除权,适用本法第十六条第三款、第六款的规定。投保人申报的被保险人年龄不真实,致使投保人支付的保险费少于应付保险费的,保险人有权更正并要求投保人补交保险费,或者在给付保险金时按照实付保险费与应付保险费的比例支付。投保人申报的被保险人年龄不真实,致使投保人支付的保险费多于应付保险费的,保险人应当将多收的保险费退还投保人。"

3. 宽限期条款

宽限期条款是指对没有按时缴纳续期保费的投保人给予一定的时间宽限去缴纳续期保费。在宽限期内,即使未缴纳保险费,合同仍然具有效力;超过宽限期仍未缴纳保险费,保险合同效力中止。

4. 保费自动垫缴条款

保费自动垫缴条款规定,投保人按期缴纳保费满一定时期以后,因故未能在宽限期内缴纳保险费时,保险人可以用保单的现金价值自动垫缴投保人所欠保费,使保单继续有效。

5. 复效条款

复效条款是指保险单因投保人欠缴保费而失效后,投保人可以在一定时期内申请恢复保险合同的效力。

6. 所有权条款

所有权条款规定,保单的所有权归属、保单所有人的权利,等等。

7. 不丧失价值条款

不丧失价值条款通常规定,保单所有人享有保单现金价值的权利,不因保单效力的变化而丧失。

8. 保单贷款条款

保单贷款条款通常规定,投保人在缴纳保费一定年限后,如有临时性的经济上的需要,可以将保单作为抵押向保险人申请贷款;货款金额以不超过保险单所具有的现金价值的一定比例为限。当借款本息等于或者超过保险单的现金价值时,保单所有人应在保险人发出通知后的一定期限内还清贷款,否则保险单失效。

9. 保单转让条款

一般认为,只要不是出于不道德或非法的考虑,在不侵犯受益人权利的情况下,保单可以转让。对于不可变更的受益人,未经受益人同意保单不能转让。

10. 受益人条款

受益人条款一般包括两方面内容:一是明确规定受益人;二是明确规定受益人是否可以更换。

11. 红利任选条款

在分红保险产品中,保单所有人可以享受到红利。红利的领取方式在红利任选条款中规定。

12. 保险金给付任选条款

保险金的给付是在保险事故发生后,保险人对被保险人或受益人给予的经济补偿或给付保险金的行为。保险单通常有可供投保人自由选择的给付方式,由投保人根据需要选择。通常有以下几种方式:一次性给付现金方式、利息收入方式、定期收入方式、定额收入方式、终身收入方式。

13. 自杀条款

在以死亡为保险金给付条件的保险合同中,都有属于保险人免责条款的自杀条款。自杀条款通常规定:在保险合同成立之日起及复效后的一段时间内,被保险人自杀的,保险人不承担给付保险金的责任,但是,对投保人已支付的保险费,保险人按照保险单退还其现金价值或所缴保费;而超过这段时间之后,如果被保险人自杀,保险人可以按照保险合同给付保险金。

14. 战争除外条款

战争除外条款规定,将战争和军事行动作为人身保险的除外责任。

15. 共同灾难条款

共同灾难条款规定,只要第一受益人与被保险人同死于一次事故中,如果不能证明谁先死,则推定第一受益人先死。

16. 犹豫期条款

犹豫期是指投保人可以撤销保险合同全额收回已缴保费的约定期限。犹豫期起算日期是自保单送达日,或接受邮局邮戳日期的次日。犹豫期通常为期10天。在此期间,投保人可以撤销保单,并取回全额首期保费。另外,取回保费时,保险公司通常会要求支付不超过10元的工本费。

（三）人身保险的分类

1. 按照保险责任分类

按照保险责任分类，人身保险可以分为人寿保险、年金保险、健康保险和意外伤害保险。

（1）人寿保险。人寿保险是指以人的寿命为保险标的，以被保险人的生存或死亡为保险事件，当发生保险事故时，由保险人履行给付责任的一种人身保险。

总的来看，人寿保险可以分为传统人寿保险和创新型人寿保险两大类。其中，传统人寿保险包括定期寿险、终身寿险和生死两全保险。创新型人寿保险包括万能寿险、变额万能寿险、分红保险等。这类创新产品是在传统寿险基础上设计的新型寿险。尽管名称、特点各异，但是都以基础的寿险保障功能为前提。

（2）年金保险。年金保险是指在被保险人生存期间，保险人按照合同约定的金额、方式，在约定的时间内开始有规则、定期向被保险人给付保险金的保险。

按照年金保险的购买方式不同，年金保险可以分为趸缴年金和分期缴年金；按照年金保险给付频率的不同，年金保险可以分为按年给付年金、按季给付年金、按月给付年金等。

（3）健康保险。健康保险是指以被保险人的身体为保险标的，使被保险人在疾病或意外事故所致伤害时发生的费用或损失获得补偿的一种保险。

按照保险责任的不同，健康保险可以分为重大疾病保险、个人医疗费用保险、长期护理保险和伤残收入保险。

（4）意外伤害保险。意外伤害保险是指被保险人在保险有效期内，因遭受非本意的、外来的、突然发生的意外事故，身体蒙受伤害而残疾或死亡时，由保险公司按照保险合同的规定给付保险金的保险。

意外伤害保险可以分为个人意外伤害保险和团体意外伤害保险两类。意外伤害保险只需支付少量保费就可获得高保障，投保简便，无须体检，所以，意外伤害保险的承保人次较多。例如，旅行意外伤害保险、航空意外伤害保险等。

2. 按照保险期间分类

按照保险期间分类，人身保险可以分为保险期间在1年以上的长期业务和保险期间在1年以下（含1年）的短期业务。

（1）保险期间在1年以上的长期业务。人身保险中的寿险和年金险大多数为长期业务，例如，定期寿险、终身寿险等。其保险期限长达十几年、几十年，甚至终身。同时，这类保险储蓄性也较强。

（2）保险期间在1年以下（含1年）的短期业务。人身保险中的意外伤害保险和健康保险大多为短期业务，其保险期限为1年或几个月。同时，这类保险储蓄性较低，保单通常没有现金价值。

3. 按照承保方式分类

按照承保方式分类，人身保险可以分为团体保险和个人保险。

（1）团体保险。团体保险是指一张保单为某一单位的所有员工或其中的大多数员工提供保险保障的保险。团体保险可以分为团体人寿保险、团体年金保险、团体健康保险等。

（2）个人保险。个人保险是指一张保单只为一个人或为一个家庭提供保险保障的保险。

四、财产保险基础知识

(一)财产保险概述

财产保险是指投保人根据合同约定,向保险人缴付保险费,保险人按保险合同的约定对所承保的财产及其有关利益因自然灾害或意外事故造成的损失承担赔偿责任的保险。

财产保险可以分为广义财产保险、狭义财产保险两种。其中,广义财产保险是指包括各种财产损失保险、责任保险、信用保证保险等业务在内的一切非人身保险业务。狭义财产保险是指各种财产损失保险,狭义财产保险强调保险标的是各种具体的财产物资。狭义财产保险是广义财产保险的重要组成部分。本部分主要介绍狭义财产保险的相关内容,而广义财产保险中的责任保险、信用保证保险的相关内容将在下一部分进行介绍。

(二)财产保险的种类

我国财产保险的种类主要可以分为以下五大类。

1. 火灾及其他灾害事故保险

火灾及其他灾害事故保险主要承保火灾以及其他自然灾害和意外事故引起的直接损失。

火灾及其他灾害事故保险的主要险种有承保国内全民、集体企事业单位和机关、团体财产的企业财产保险,承保城乡居民财产的普通家庭财产保险和兼有到期还本性质的家庭财产两全保险,承保外资企业财产的涉外财产保险,等等。

2. 货物运输保险

货物运输保险主要承保货物运输过程中自然灾害和意外事故引起的财产损失。

货物运输保险的主要险种有承保国内水运、陆运货物的国内货物运输保险,承保国内空运货物的国内航空运输保险,承保涉外海、陆、空运货物的海洋(陆上、航空)运输货物保险,承保通过邮局递运国际邮包的邮包保险和承保偷盗、提货不着、舱面等各种附加险和特约保险。

3. 运输工具保险

运输工具保险主要承保运输工具因遭受自然灾害和意外事故造成的运输工具本身的损失及第三者责任。

运输工具保险的主要险种有承保车辆损失和第三者责任的机动车辆保险,承保船舶本身及碰撞责任的船舶保险,承保飞机机身、第三者责任和旅客法定责任的飞机保险和其他运输工具保险。

4. 工程保险

工程保险主要承保国内外专业工程综合性风险所造成的损失。

工程保险的主要险种有承保土木建筑工程由于一切不可预料及突然发生的事故造成损失、费用和责任的建筑工程一切险,承保安装设备过程中由于一切突发事故及安装不善等造成损失、费用和责任的安装工程一切险,承保机器设备因设计制造和安装错误、工人技术人员操作失误、离心力引起断裂、锅炉缺水等造成损失的机器损坏保险,承保船舶建造全过程因自然灾害、意外事故、设备故障、设计错误、潜在缺陷、清除残骸等造成损失及费用和对第三者船、货、码头建筑物造成损失赔偿责任的船舶建造险,等等。

5. 农业保险

农业保险主要承保种植业、养殖业、捕捞业的生产过程中自然灾害或意外事故所致的损失。

农业保险的主要险种有水稻保险、小麦保险、棉花保险、生猪保险、奶牛保险、养鱼保险和畜禽保险等。

（三）财产保险的特征

与人身保险相比，财产保险具有以下特征。

1. 对象范围上的广泛性

财产保险的保险标的是法人和自然人拥有的物质财产及与之有关的经济利益的损害赔偿责任。其既包括有形财产，还包括物质财产产生的经济利益（如租金、运费、预期利润）和由物质财产引起的可能影响被保险人经济利益的损害赔偿责任。

2. 财产保险合同的损失补偿性

由于财产保险的标的一般具有明确的价值或可估计其价值，财产损失的数额也是可以确定的。所以，财产保险合同具有损失补偿的性质，即以被保险人的投保金额和利益损失为赔偿的依据。

3. 保险期限较短

与人身保险比较，财产保险的期限较短，通常在1年或1年以内，在经营中往往以年度来计算损益。这使得财产保险在资金融通方面的作用通常低于人身保险。

4. 经营内容具有复杂性

由于财产保险的承保与理赔涉及多种多样的财产标的以及相关的利益与责任，因此财产保险的经营内容具有复杂性。这主要体现在承保过程与承保技术的复杂性和风险管理技术的复杂性上。

5. 财产保险适用保险代位求偿原则

在财产保险中，保险事故的发生是由第三者造成并负有赔偿责任的，则被保险人既可以根据法律的有关规定向第三者要求赔偿损失，也可以根据保险合同要求保险人支付赔款。如果被保险人首先要求保险人给予赔偿，则保险人在支付赔款以后，保险人有权在保险赔偿的范围内向第三者追偿，而被保险人应把向第三者要求赔偿的权利转让给保险人，并协助其向第三者要求赔偿。反之，如果被保险人首先向第三者请求赔偿，并且获得损失赔偿，被保险人就不能再向保险人索赔。

6. 财产保险适用重复保险分摊原则

此特征与财产保险业务中发生的重复保险密切相关。重复保险分摊原则是指投保人向多个保险人重复保险时，投保人的索赔只能在保险人之间分摊，赔偿金额不得超过损失金额。在重复保险的情况下，当发生保险事故，对于保险标的所受损失，由各保险人分摊。如果保险金额总和超过保险价值，各保险人承担的赔偿金额总和不得超过保险价值。这是损失补偿原则在重复保险中的运用，以防止被保险人因重复保险而获得额外利益。

（四）财产保险的索赔和理赔

1. 索赔和理赔的定义

索赔是指被保险人在保险标的遭受损失后，根据保险合同的约定向保险人要求履行赔偿的行为。

理赔是指在承保的保险标的发生事故，被保险人提出索赔后，保险人根据合同的约定对保险事故造成的损失进行的一系列调查,并予以赔偿的行为。

2. 索赔时效

保险索赔申请必须在索赔时效内提出,超过索赔时效,被保险人或受益人不向保险人提出索赔,不提供必要单证和不领取保险金,视为放弃权利。

保险的险种不同,索赔时效也不同。根据《中华人民共和国保险法》第二章第二十六条规定:"人寿保险以外的其他保险的被保险人或者受益人,向保险人请求赔偿或者给付保险金的诉讼时效期间为二年,自其知道或者应当知道保险事故发生之日起计算。人寿保险的被保险人或者受益人向保险人请求给付保险金的诉讼时效期间为五年,自其知道或者应当知道保险事故发生之日起计算。"

3. 索赔和理赔的原则

(1) 保险利益原则。有无保险利益,不仅关系到哪些人能成为投保人的问题,而且直接关系到哪些人享有请求赔偿权的问题。依照法律,对保险标的已无保险利益的人,不能获得保险人的赔偿;虽有保险利益,但所能获得赔偿的数额,以投保人或被保险人的保险利益为限度。

(2) 实际现金价值原则。保险赔偿,应坚持实际现金价值的原则。关于保险赔偿金额,各国一般的做法是:保险人的赔偿责任,仅以保险标的损失时的实际现金价值为限。所谓保险标的的实际现金价值,不是指该保险标的的投保时本身所具有的价值,而是以重置成本减掉折旧之后的余额,即以损失时的市价来确定。

(3) 主动、迅速、准确、合理的原则。

4. 索赔和理赔的程序

索赔的程序主要包括出险通知、采取合理的施救、整理措施;接受检验;提供索赔单证;领取保险金和开具权益转让书等步骤。

理赔通常需要经过确定理赔责任、确定损失原因、勘查损失、赔偿给付、损余处理、代位追偿等程序。

(五) 保险代位

1. 保险代位的定义

保险代位是指在财产保险中保险人按照保险合同的规定,对保险标的的全部或部分履行了经济补偿后,应即取得对该项保险标的的所有权和对过错的第三者享有代位求偿权。

保险代位权为财产保险以及同财产保险具有相同属性的填补损害的保险所专有的制度。

2. 保险代位的分类

保险代位可以分为物上代位和权利代位两种。

(1) 物上代位。物上代位又称所有权代位,是指保险标的因遭受保险事故而发生全损或推定全损,保险人在全额支付保险赔偿金之后,即拥有对该保险标的物的所有权,即代位取得对受损保险标的的权利和义务。

(2) 权利代位。根据《中华人民共和国保险法》第二章第六十条规定:"因第三者对保险标的的损害而造成保险事故的,保险人自向被保险人赔偿保险金之日起,在赔偿金额范围内代位行使被保险人对第三者请求赔偿的权利。"一般的保险代位,仅指权利代位。

3. 代位求偿的成立要件

1) 被保险人因保险事故对第三人有损失赔偿请求权

(1) 如发生的事故并非保险事故,与保险人无关,也就不存在所谓保险人行使权利的问题。

(2) 保险事故的发生与第三人的过错有直接关系，正因为如此，才存在被保险人对第三人的损失赔偿请求权，被保险人也才可能将此权利转移给保险人。

(3) 被保险人虽然对第三人有赔偿请求权，但如果被保险人事先放弃了权利，保险人也无法代位行使被保险人已经没有的权利。因此，法律要求被保险人在保险代位前，不得损害保险人的代位求偿的权益。不仅如此，被保险人在保险人代位求偿的过程中还应当积极协助保险人。如果保险人发现被保险人损害了其代位求偿的利益，可以拒绝赔偿。

2) 代位求偿权的产生必须是在保险人给付赔偿金之后

在保险实践中，通常的做法是：发生保险事故后，应当先由被保险人向负有责任的第三者提出赔偿要求。被保险人依法从第三者处取得赔偿后，即免去了保险人的赔偿义务。然而，被保险人为了节约时间和精力，一般都直接向保险人提出赔偿义务。在这种情况下，保险人应先进行赔偿，然后依法行使代位求偿权。因此，代位求偿权是在保险人支付保险金之后自动转移的。被保险人依法从第三者处获得赔偿后，保险人如果在不知情的情况下又向其支付了赔偿金，保险人有权要求被保险人返还其已支付的赔偿金。保险人向第三者追索的金额以不超过保险人所赔偿的保险金额为限。其中，如有多余的赔偿金，保险人应当归还给被保险人。

（六）委付

1. 委付的定义

委付是指投保人或者被保险人将保险标的物的一切权利转移给保险人，由此请求其支付全部保险金额的一种行为。委付主要是海上保险的特殊规定，大多数财产保险是禁止使用这一行为的。

2. 委付应注意的问题

(1) 委付必须经保险人同意，保险人对被保险人提出的委付要求，可以接受，也可以拒绝。保险人接受委付要求，可先取得标的物的物权，然后赔付全部保险金额。如果保险人拒绝委付，不影响被保险人的索赔权利。委付一经被接受，就不能中途撤回。

(2) 委付应就保险标的物的全部提出请求，而不能仅就一部分标的物请求委付，另一部分标的物不委付。因为委付是以推定全损为前提，同时，委付不能附有条件。

(3) 委付时，被保险人必须向保险人提出书面通知。如保险人接受并同意给付赔偿时，尚需从被保险人方面取得授权书，保险人据以取得对该项保险标的的代位求偿权，即履行完成委付手续。

五、责任保险和信用保证保险基础知识

（一）责任保险

1. 责任保险的定义

责任保险是指以被保险人依法应负的民事损害赔偿责任或经过特别约定的合同责任为承保责任的一类保险。

2. 责任保险的适用范围

(1) 各种公众活动场所的所有者、经营管理者。

(2) 各种产品的生产者、销售者、维修者。

(3) 各种运输工具的所有者、经营管理者或驾驶员。

(4) 各种需要雇用员工的法人或个人。

(5) 各种提供职业技术服务的单位。

(6) 城乡居民家庭或个人。

3. 责任保险的主要分类

根据业务内容的不同,责任保险可以分为公众责任保险、产品责任保险、雇主责任保险、职业责任保险和第三者责任保险。

(1) 公众责任保险。公众责任保险又称普通责任保险或综合责任保险,是以被保险人的公众责任为承保对象,是责任保险中独立的、适用范围最为广泛的保险类别。公众责任保险主要承保被保险人在各个固定场所或地点进行生产经营活动时,因发生意外事故对他人造成的人身伤害或者财产损失,依法应承担的经济赔偿责任和与之相关的诉讼费用。例如,大型商场、旅馆、公园、体育场、剧场等。

(2) 产品责任保险。产品责任保险是指以产品制造者、销售者、维修者等的产品责任为承保风险的一种责任保险。产品责任保险以产品为具体指向物,以产品可能造成的对他人的财产损害或人身伤害为具体承保风险,以制造或能够影响产品责任事故发生的有关各方为被保险人的一种责任保险。此外,产品责任以各国的产品责任法律制度为基础。

(3) 雇主责任保险。雇主责任保险又称劳工赔偿保险,是指被保险人的雇员在受雇期间工作时遭受意外事故导致人身伤害或者死亡或者患职业疾病时,依照法律或雇佣合同应由雇主支付医疗费和其他的经济赔偿责任的责任保险。雇主责任保险属于法律规定的强制保险,投保人为雇主,受益人为雇员或其家属。雇主责任保险具有社会保险性质,不同于商业保险,保险费主要用于支付保险金及营业开支,少有营利,费率较低。

(4) 职业责任保险。职业责任保险又称职业赔偿保险,是指承保专业技术人员因职业上的疏忽或过失致使合同对方或其他人遭受人身伤害或财产损失,依法应承担赔偿责任的保险。职业责任保险仅对专业人员因从事本职工作时的疏忽或失职造成的赔偿责任负责,而对与其本职工作无关的活动的赔偿责任不负责。保单除负责被保险人,还可包括其雇员,以及被保险人的业务前任和从事该业务的雇员的前任在工作中的疏忽行为造成的赔偿责任。职业责任保险的承保对象,包括医生、会计师、建筑师、工程师、律师、保险经纪人、交易所经纪人与其他专业技术人员。职业责任保险一般由承保对象从事专业技术服务的单位投保。

(5) 第三者责任保险。第三者责任保险一般指机动车第三者责任保险。第三者责任保险是指被保险人或其允许的驾驶人员在使用保险车辆过程中发生意外事故,致使第三者遭受人身伤亡或财产直接损毁,依法应当由被保险人承担的经济责任,保险公司负责赔偿。其中,第三者不包括被保险机动车本车上人员、投保人和保险人。具体来说,被保险人或驾驶人以及他们的家庭成员的人身伤亡及其所有或保管的财产的损失,车上人员的人身伤亡以及保险车辆的财产损失,由保险事故引起的任何有关精神损害赔偿,等等,这些都是第三者责任保险的免责内容。

(二) 信用保险和保证保险

1. 信用保险

1) 信用保险的概念

信用保险是指权利人向保险人投保债务人的信用风险的一种保险,即作为债权人的被保险人在信用贷款或售货交易过程中,当债务人不清偿或不能清偿时,保险人经代为赔偿后而代位向债务人索赔的一种财产保险。

2）信用保险的特征

(1) 合同的公益性。信用保险的产生是商品经济发展、贸易发展的需要。因此,在政府的支持下,办理信用保险的保险公司都开诚布公地宣布其经营目标是保护本国企业的利益,为本国的企业提供安全保障,以实现国家整体经济利益的需求。

(2) 主体的特殊性。由于信用保险具有政策引导性,因此经营信用保险的保险人必须取得主管部门的特别授权。

(3) 承保风险的无规律性。国际政治经济形势风云突变,事先是不可预料和难以把握的。例如,买方所在国实行进口管制,买方所在国发生战争,等等,这些因素往往是不可控制的。

3）信用保险的种类

(1) 出口信用保险。出口信用保险是以出口贸易中外国买方的信用为保险标的,或海外投资中借款人的信用为保险标的,承保出口商因买方不履行贸易合同的义务遭受经济损失的信用保险。出口信用保险是在国内信用保险的基础上发展起来的,目前已经成为信用保险中的重要险种。出口信用保险主要包括普通出口保险、寄售信用保险、出口融资信用保险、托收方式出口信用保险、中长期延付出口信用险、海外工程出口信用险。

(2) 投资保险。投资保险又称政治风险保险,是承保被保险人在投资期间因战争、罢工、政府没收、征用、对外汇实行限制等政治原因造成的投资损失的保险。投资保险的承保对象是海外投资者。

(3) 商业信用保险。商业信用保险是为企业之间赊销、预付等信用形式和金融机构贷款而向个人等推出的保险,承保商业合同一方因另一方的违约行为而遭受的经济损失。

4）信用保险的保险责任

(1) 政治风险责任。政治风险责任包括战争、类似战争行为、叛乱、罢工、暴动,政府有关部门征用或没收,政府有关部门汇兑限制。

(2) 信用风险责任。信用风险责任包括买方无力偿付债务;买方收货后超过付款期限4个月以上未支付货款;买方拒绝收货及付款,而其原因并非由于被保险人违约,且被保险人已采取了必要措施,包括必要时起诉买方,迫使买方收货付款。

2. 保证保险

1）保证保险的概念

保证保险是指保险人为被保证人向权利人提供担保的保险。另外,保证保险合同是指作为被保证的债务人或雇员未履行债务或是以欺骗舞弊行为,给债权人或雇主造成经济损失时,保险人代为赔偿后从而取得代位追偿权的一种保险合同。

2）保证保险的特征

(1) 保险人资格的特许性。承办保证保险业的保险人,必须是经国家保险行政管理部门审批的。

(2) 承保风险的特殊性。保证保险的承保风险多是一般财产保险中不予承保的风险。

(3) 合同的不可解除性。

3）保证保险的种类

(1) 诚实保证保险。诚实保证保险主要险种包括个人保证保险、团体保证保险、总括保证保险、流动保证保险、超额流动保证保险、职工保证保险。

(2) 确实保证保险。确实保证保险主要险种包括合同保证保险、行政保证保险、司法保证保险。

3. 信用保险与保证保险的异同

1) 相同点

（1）当事人订立合同的目的相同。两种合同的订立，都是一种担保行为，担保人都是保险公司。

（2）合同履行条件及方式相同。两种合同只要发生保险人赔付行为，必然产生保险人的代位追偿权。

2) 不同点

（1）投保人不同。信用保险是由权利人投保义务人的信用风险；保证保险是由义务人（被保证人）投保自己的信用风险。

（2）保险公司作用不同。信用保险的被保险人（也是投保人）是权利人，承保的是被保证人（义务人）的信用风险，除保险人外，在保险合同中只涉及权利人和义务人两方；保证保险是义务人应权利人的要求投保自己的信用风险，义务人是被保证人，由保险公司出立保证书担保，保险公司实际上是保证人。

（3）风险大小不同。在信用保险中，被保险人缴纳保费是为了把可能因义务人不履行义务而使自己受到损失的风险转嫁给保险人，信用保险的承保风险比较大；在保证保险中，义务人缴纳保费是为了获得向权利人保证履行义务的凭证。并且保险人出立保证书，履约的全部义务还是由义务人承担，并没有发生风险转移，保险人收取的保费只是凭其信用资格而得到的一种担保费，风险仍由义务人承担，在义务人没有能力承担的情况下才由保险人代为履行义务，嗣后再通过反担保措施要回代为承担的赔偿款。因此，经营保证保险对保险人来说，风险比较小。

六、编制风险管理与保险规划方案

在分析客户风险管理与保险规划需求的基础上，理财规划师接下来的工作就是着手编制风险管理与保险规划方案。理财规划师在编制风险管理与保险规划方案的过程中，可以遵从以下步骤。

（一）建立客户关系

理财规划师与客户进行充分交谈、沟通，确定客户关系，确定客户个人或家庭有制订风险管理与保险规划的意愿和需求，并了解客户个人或家庭的风险管理与保险规划目标。

（二）收集客户信息

理财规划师应该收集客户个人或家庭与风险管理与保险规划有关的财务信息和非财务信息，其中，财务信息包括客户的现金、收入状况、活期存款、定期存款、每月各项支出、债务状况等，非财务信息包括客户的姓名、性别、家庭结构、职业、兴趣、爱好、风险偏好等。

（三）财务分析和评价

（1）理财规划师应该对客户个人或家庭的资产和负债情况进行分类整理，对客户个人或家庭资产和负债的价值进行评估，然后编制客户个人或家庭资产负债表。

（2）理财规划师应该分析客户个人或家庭的收入和支出项目，对客户个人或家庭收入和支出的各项指标进行计算，然后编制客户个人或家庭收入支出表。

（3）理财规划师应该对客户个人或家庭资产负债表和客户个人或家庭收入支出表进行分析，并基于客户个人或家庭财务报表进行财务比率分析与诊断。

（四）确定风险管理与保险规划目标

理财规划师应该结合客户个人或家庭财务信息和非财务信息的分析、评价，帮助客户确定符合客户个人或家庭需求的风险管理与保险规划目标。

（五）编制风险管理与保险规划报告，交付客户

经过以上工作程序，理财规划师已经充分了解、分析客户的风险管理与保险规划需求，在结合客户风险管理与保险规划目标的基础上，选择适合客户风险管理与保险规划需求的相关风险管理与保险规划工具，最终编制出满足客户需求的风险管理与保险规划方案。

接下来，理财规划师应该根据客户要求完成相应的收尾工作。如果客户仅需要风险管理与保险专项规划，则可以形成风险管理与保险规划报告，以书面的形式交付客户。如果客户需要综合理财规划服务，则将风险管理与保险规划作为分项规划之一纳入综合理财规划建议书，待各分项规划全部完成后再交付客户。

（六）持续提供理财服务

理财规划师应该定期对风险管理与保险规划方案进行评估，并且不定期对风险管理与保险规划方案进行信息汇总和方案调整。

本 章 小 结

本章主要介绍风险管理与保险规划，包括分析客户风险管理与保险规划需求、制订风险管理与保险规划方案。其中，分析客户风险管理与保险规划需求主要包括风险管理与保险规划概述、风险基础知识、保险基础知识；制订风险管理与保险规划方案主要包括个人或家庭面临的主要风险、保险合同、人身保险基础知识、财产保险基础知识、责任保险和信用保证保险基础知识、编制风险管理与保险规划方案。本章是客户个人或家庭有风险管理与保险规划需求，需要做的理财规划方案。作为理财规划师，必须掌握本章的主要内容，并且能够通过分析客户个人或家庭的风险管理与保险规划需求，结合客户个人或家庭的风险管理与保险规划目标，恰当选择适合客户个人或家庭的风险管理与保险规划工具，制订出符合客户个人或家庭需求的风险管理与保险规划方案。

复习思考题

一、单项选择题

1. 理财规划师所面对的需要为自己制订风险管理与保险规划的客户，主要是（　　）。
   A. 小型商业保险购买者　　　　　　B. 集体保险购买者为主
   C. 大型商业保险购买者　　　　　　D. 大型社会保险购买者

2. 不确定性是风险的（　　）条件。
   A. 充分而非必要　　　　　　　　B. 既非必要又非充分
   C. 必要而非充分　　　　　　　　D. 充分必要
3. 风险的（　　）表现在可以用客观尺度来测度，即可以根据概率论来度量风险发生概率的大小，同时它决定了进行风险管理，并采取诸如保险之类化解风险的措施对任何团体与个人都具有必要性。
   A. 客观性　　　B. 不确定性　　　C. 可测性　　　D. 普遍性
4. （　　）是风险事故发生的潜在原因，是造成损失的间接原因。
   A. 风险事故　　B. 风险因素　　　C. 风险损失　　D. 风险载体
5. （　　）是指只会产生损失而不会导致收益的不确定性状态。这种风险只存在受损的可能性，而没有获利的机会。
   A. 投机风险　　B. 纯粹风险　　　C. 基本风险　　D. 特殊风险
6. 风险的（　　）是指在有大量损失经历的情况下，人们往往可以在概率论和数量统计的基础上，利用损失分布的方法来计算风险损失发生的概率、损失的大小及损失的波动性。
   A. 客观性　　　B. 不确定性　　　C. 普遍性　　　D. 可测性
7. （　　）是导致损失发生的媒介。
   A. 风险事故　　B. 风险因素　　　C. 风险损失　　D. 风险载体
8. （　　）是指人们在经济交往过程中，权利人和义务人之间一方违约或犯罪而导致对方经济损失的风险。
   A. 人身风险　　B. 财产风险　　　C. 责任风险　　D. 信用风险
9. 经济风险、政治风险和法律风险是值得高度重视的（　　）。
   A. 投机风险　　B. 纯粹风险　　　C. 社会风险　　D. 自然风险
10. 保险的运行机制是全体投保者缴纳保险费，共同出资组成保险基金。当某一被保险人遭受损失时，由保险人从保险基金中提取资金对其进行补偿。因此受损失人实际获得的是全体投保人的经济支持。这说明保险是一种（　　）。
    A. 经济行为　　　　　　　　　　B. 分摊损失的财务安排
    C. 金融行为　　　　　　　　　　D. 合同行为
11. 社会保险是社会保障制度的主要组成部分。下列不属于社会保险特点的是（　　）。
    A. 强制性　　　B. 低水平　　　C. 广覆盖　　　D. 自愿性
12. 保险是指人们为了保障生产生活的顺利进行，将具有同类风险保障需求的个体集中起来，通过合理的计算建立起风险准备金的经济补偿制度或给付安排。这是从（　　）角度来看保险而得出的结论。
    A. 经济　　　　B. 法律　　　　　C. 文化　　　　D. 政治
13. （　　）是指投保人根据合同约定，向保险人支付保险费，保险人对于合同约定的可能发生的事故因其发生所造成的财产损失承担赔偿保险金的责任，或者当被保险人死亡、伤残、疾病或者达到合同约定的年龄、期限时承担给付保险金责任的行为。
    A. 社会保险　　B. 商业保险　　　C. 政策保险　　D. 财产保险
14. （　　）是指以财产及其有关利益为保险标的，保险人对保险事故的发生导致的财产损失给予补偿的一种保险。
    A. 财产保险　　B. 人身保险　　　C. 责任保险　　D. 信用保证保险

15. ( )是指保险人对债权人在信用借贷或商业赊销中因债务人不如约履行债务而使债权人蒙受的损失予以经济补偿的一种保险,它的投保人是权利人,以义务人为被保险人。
    A. 财产保险　　　B. 人身保险　　　C. 信用保险　　　D. 保证保险

16. 重复保险与共同保险不同的地方在于( )。
    A. 其保险金额的总和超过了保险标的的保险价值
    B. 保险标的
    C. 保险利益
    D. 保险事故

17. 劳动者财产损失保险、汽车赔偿责任保险、地震保险、种植业保险、养殖业保险等具体项目,按保险性质分类都属于( )。
    A. 社会保险　　　B. 商业保险　　　C. 政策保险　　　D. 财产保险

18. ( )是指合同一方既已放弃其在合同中的某项权利,日后不得再向另一方主张这种权利。
    A. 弃权　　　　　B. 禁止反言　　　C. 保证　　　　　D. 告知

19. 投保人身保险时,投保人要保证被保险人在过去和投保当时健康状况良好,该保证属于( )。
    A. 确认保证　　　B. 承诺保证　　　C. 明示保证　　　D. 默示保证

20. 对未来的事实作出的保证是( )。
    A. 确认保证　　　B. 承诺保证　　　C. 明示保证　　　D. 默示保证

21. 从理论上讲,告知分为广义告知和狭义告知两种。狭义的告知是指( )。
    A. 投保方在保险合同订立时将保险标的的重要事实向保险人进行口头或书面陈述
    B. 合同订立后,将标的的危险变更通知保险人
    C. 合同订立后,将标的的危险增加通知保险人
    D. 合同订立后,将标的的事故发生通知保险人

22. 投保方无须告知的重要事实包括( )。
    A. 保险标的风险减小的事实
    B. 在保险合同有效期内,若保险标的的危险程度增加,应及时通知保险人
    C. 重复保险的投保人应将重复保险的有关情况告知保险人
    D. 事故发生后应及时通知保险人

23. 2020年起,李某开始每年为他的车投保1年期、保额为10万元的汽车财产险。2021年2月,李某将汽车转卖给王某,但没有通知保险公司变更投保人。2022年1月,该车发生了保险事故,造成重大损失。对此,( )。
    A. 王某可以向保险公司索要保险金
    B. 李某可以向保险公司索要保险金
    C. 王某和李某可以一起向保险公司索要保险金
    D. 保险公司不用向任何一方提供保险赔偿金

24. 在应用近因原则的过程中,首先要确定数个原因中哪个是近因。若从损失开始按顺序自后向前追溯到最初事件,且事件没有中断,则近因是( )。
    A. 系列事件中的全部事件　　　B. 系列事件中的独立事件
    C. 系列事件中最后的事件　　　D. 系列事件中最初的事件

25. 某公司以10万元购置一台机床,投保时约定赔付时按机床的市场价值进行赔付。在保险期内,机床意外损坏,推定全损,保险公司按当时的市场价值12万元赔付,这一现象属于(   )。

    A. 损失补偿原则的例外:定值保险

    B. 损失补偿原则的例外:重置成本保险

    C. 损失补偿原则的例外:施救费用的赔偿

    D. 损失补偿原则的例外:不定值保险

26. 某人的妻子为其购买了15万元的终身保险,该人在保险期间不幸遇交通事故身亡。按照法律规定,司机应该赔偿5万元。某人的妻子持保单向保险公司索赔,保险公司应该(   )。

    A. 赔偿15万元

    B. 赔偿10万元

    C. 赔偿15万元,然后向肇事司机追偿5万元

    D. 不赔,因为不属于保险责任

27. 保险合同成立后,保险人向投保人签发的正式书面凭证叫作(   )。

    A. 暂保单   B. 保险凭证   C. 投保单   D. 保险单

28. 保险合同中狭义的特约条款包括(   )。

    A. 附加条款   B. 保证条款   C. 协会条款   D. 赔偿条款

29. 保险合同作为一种附和合同,在订立合同时做出是否同意的意思表示的一方是(   )。

    A. 保险人   B. 投保人   C. 代理人   D. 受益人

30. 寿险合同属于(   )。

    A. 给付性保险合同   B. 补偿性保险合同

    C. 足额保险合同   D. 不足额保险合同

二、多项选择题

1. 风险的不确定性通常包括(   )。

    A. 风险是否发生是不确定的

    B. 风险发生的地点是不确定的

    C. 风险所致的损失或收益的大小是不确定的

    D. 风险所致损失或收益的承担主体是不确定的

2. 下列关于风险的说法正确的是(   )。

    A. 所有的不确定性都是风险

    B. 对于微观经济主体来说,只有可能影响到其经济利益的不确定性才是风险

    C. 广义上讲,这种事件发生的不确定性,或者说未来结果的不确定性,既包括盈利发生的不确定性,也包括损失发生的不确定性

    D. 狭义上讲,风险仅指损失发生的不确定性

3. 理财规划师要为客户量身定制一套适合客户需求的风险管理与保险规划,首先要做的就是充分的与客户交流,了解和掌握相关的财务资料,通常包括(   )。

    A. 客户个人的资产   B. 负债

    C. 资产净值   D. 有关个人收入与支出情况的数据

4. 构成保险人的弃权必须具备的两个要件是（   ）。
   A. 保险人必须有弃权的意思表示，无论是明示的还是默示的
   B. 保险人必须有弃权的意思表示，且必须是明示的
   C. 保险人必须知道被保险人有违背约定义务的情况及因此享有的抗辩权或解约权
   D. 保险人一方，包括保险代理人，对一项重要事实的错误陈述

5. 衡量投保人或被保险人对保险标的是否具有可保利益的标志，是（   ）。
   A. 看投保人或被保险人是否因保险标的的损害或丧失而遭受经济上的损失
   B. 当保险标的安全时，投保人或被保险人可以从中获益
   C. 当保险标的受损时，投保人或被保险人必然遭受经济损失
   D. 保险标的是否具有价值

6. 可保利益的构成要件包括（   ）。
   A. 可保利益应为物质上的利益   B. 可保利益应为客观的确定的利益
   C. 可保利益应为合法的利益   D. 可保利益应为经济上的利益

7. 下列关于可保利益的适用时限说法正确的是（   ）。
   A. 财产保险不仅要求投保人在投保时对保险标的具有可保利益，而且要求可保利益在保险有效期内始终存在
   B. 财产保险要求投保人在投保时对保险标的具有可保利益，至于在保险事故发生时是否存在可保利益，无关紧要
   C. 人身保险特别是人寿保险的可保利益必须在合同订立时存在，至于在保险事故发生时是否存在可保利益，无关紧要
   D. 以上都不对

8. 下列关于可保利益的性质说法正确的是（   ）。
   A. 可保利益是保险合同的客体   B. 可保利益是保险合同生效的依据
   C. 可保利益即保险合同的利益   D. 可保利益并非保险合同的利益

9. 下列关于近因原则的说法正确的是（   ）。
   A. 若引起保险事故发生、造成保险标的损失的近因属于保险责任，则保险人承担损失赔偿责任
   B. 若近因属于除外责任，则保险人不负赔付责任
   C. 只有当承保危险是损失发生的近因时，保险人才负赔付责任
   D. 如果造成保险标的损失的原因只有一个，那么这一原因就是损失的近因

10. 损失补偿原则的实现方式有（   ）。
    A. 现金赔付   B. 修理   C. 更换   D. 重置

11. 对保险合同的解释应当遵循附加条款优于标准合同条款原则，主要表现在（   ）。
    A. 书写的内容的效力优于打字的内容
    B. 打字的内容优于贴上的附加条款
    C. 贴上的附加条款优于保险单上原来印就的条款
    D. 书写的内容的效力优于保险单上原来印就的条款

12. 保险合同是一种特殊类型的合同，主要表现在（   ）。
    A. 保险合同是双务合同   B. 保险合同是附和合同
    C. 保险合同是实定合同   D. 保险合同是最大诚信合同

13. 下列选项中属于补偿性合同的是( )。
    A. 财产保险合同　　　　　　　　B. 医疗保险合同
    C. 寿险　　　　　　　　　　　　D. 给付性合同

14. 保险合同的主体是指( )。
    A. 被保险人　　　　　　　　　　B. 受益人
    C. 保险合同的当事人　　　　　　D. 保险合同的关系人

15. 根据《中华人民共和国保险法》的规定,合同无效的情形主要有( )。
    A. 投保人对保险标的不具有保险利益
    B. 以死亡为给付保险金条件的合同,未经被保险人书面同意并认可保险金额的
    C. 恶意串通
    D. 合法形式掩盖非法目的

16. 下列选项中会导致保险合同的终止的情况是( )。
    A. 在财产保险合同中,被保险人故意或者过失使保险标的面临的危险程度增加的,保险人享有请求被保险人更正其故意或者过失行为的权利,在被保险人更正其行为前,保险合同效力中止
    B. 法定解除
    C. 任意解除
    D. 因违约而终止

17. 关于保险合同的解除,下列说法正确的是( )。
    A. 对于投保人比较宽松,除了保险条款约定保险合同不可解除的情形,投保人可以无任何原因解除保险合同
    B. 当保险标的的危险程度增加时,法律规定保险人可以与投保人解除保险合同
    C. 对于人身保险合同效力中止2年的,法律规定保险人可以与投保人解除保险合同
    D. 法律规定保险人不可与投保人解除保险合同

18. 若投保人要求解除保险合同,所导致的法律后果可能是( )。
    A. 保险责任开始前,投保人要求解除保险合同的,应向保险人支付手续费,保险人应当退还保险费
    B. 保险责任开始后,投保人不得要求解除合同
    C. 保险责任开始后,投保人要求解除保险合同的,保险人可以收取自保险责任开始之日至合同解除之日期间的保险费,剩余部分退还投保人
    D. 保险事故发生导致保险人支付了保险金,但未达到保险金额,保险金额剩余部分仍旧有效的情形下,保险条款规定保险合同不可解除

19. 若投保人的财产保险合同为不足额保险,则( )。
    A. 当保险标的发生全部损失时,保险人按照保险金额进行赔偿,其与保险价值的差额部分由被保险人承担
    B. 当保险标的发生全部损失时,保险人按照保险价值进行赔偿
    C. 如果保险标的遭受部分损失,由保险人按照保险金额与保险价值的比例承担责任,即采取比例分担原则
    D. 保险金额低于保险价值的,保险人按照保险金额与保险价值的比例承担赔偿责任

20. 下列关于财产保险合同的说法正确的是( )。

A. 属于补偿性合同
B. 给付性合同
C. 可以分为足额保险合同、不足额保险合同和超额保险合同
D. 纳入保险责任范围的财产损失,可以是积极利益的损失,也可以是消极利益的损失,不可以是预期利益的损失

三、判断题

1. 在保险合同中,担保条款是指投保人或被保险人就特定事项进行担保的条款。（　　）
2. 保险合同中的附加条款是不能独立承保,只能作为主险条款的扩展或延伸的条款。（　　）
3. 复效条款给予保单所有者在一定条件下对先前失效的保单进行复效的权利。如果被保险人想恢复中止的保险合同,需要缴纳过期保费但不需要支付利息。（　　）
4. 人身保险除提供一般的保险保障,多数人身保险还具有储蓄性,尤其是寿险保单的终身死亡保险和两全保险。（　　）
5. 除医疗费用保险,人身保险不适用损失补偿原则和最大诚信原则。（　　）
6. 在被保险人生存期间,保险人按合同约定的金额、方式、期限有规则,并且定期向被保险人支付保险金的人寿保险是终身寿险。（　　）
7. 投保人不得为养子女投保人身保险。（　　）
8. 财产保险合同的保险标的不包括财产使用权、机器设备、刑事责任、民事赔偿责任。（　　）
9. 被保险人的故意行为所导致的损失,不属于财产保险合同的保险责任。（　　）
10. 财产保险合同的性质具有特殊性,即具有补偿性。（　　）

四、案例题

1. 投保人张某驾车外出,突然汽车失控,造成多人受伤。
请问:
(1) 张某为汽车投保是为了应对纯粹风险和什么风险?
(2) 张某为自身投保,是为了应对纯粹风险和什么风险?
(3) 在此案例中,风险因素是什么?
(4) 在此案例中,风险事故是什么?
(5) 在此案例中,汽车被撞坏,属于什么损失?

2. 2020年2月,李太太为其先生投保了一份重大疾病保险。
请问:
(1) 若李太太签订协议时,填写李先生的年龄比实际的年龄小两岁,但是当时保险公司没有发现。2023年,保险公司发现了这个问题,那么保险公司会怎么做?
(2) 李太太与保险公司签订的合同里约定投保人可以分期付款,支付首期保险费后,每年8月1日支付保费。若2022年李太太因事漏缴了保费,则李太太应在接下来的多少日内交齐保费?
(3) 若李太太漏缴保费时间过长,导致保险合同中止。在此期间,李先生不幸病故,此时保险公司会怎么做?

第五章

税 收 筹 划

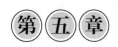

通过本章的学习,理财规划师应该掌握税收筹划的定义、分类和原则,能够运用税收筹划的基本策略,了解税收筹划的风险;能够按照税收筹划的原理运用税收筹划工具,为客户制订税收筹划方案。

第一节 分析客户税收筹划需求

一、税收筹划概述

(一)税收筹划的定义

税收筹划是指纳税义务人依据税法规定的优惠政策,采取合法的手段,最大限度地享用优惠条款,以达到减轻税收负担的合法行为。

关于税收筹划定义的理解如下:①税收筹划的主体是具有纳税义务的单位和个人,即纳税人;②税收筹划的过程或措施必须科学,即在税法规定的范围内并符合立法精神的前提下,通过对经营、投资、理财活动的精心安排才能达到;③税收筹划的结果是获得节税收益。只有同时满足这三个条件,才是税收筹划。

另外,偷税尽管也能节省税款,但是因为其手段违法,所以偷税不属于税收筹划的范畴,偷税是被绝对禁止的;不正当避税违背了国家的立法精神,所以也不属于税收筹划的范畴。

偷税、避税与税收筹划的界限

偷税是纳税人伪造、变造、隐匿、擅自销毁账簿、记账凭证,不缴或者少缴应纳税款;纳税人在账簿上多列支出或者不列、少列收入,不缴或者少缴应纳税款;纳税人经税务机关通知申报而拒不申报或者进行虚假的纳税申报,不缴或者少缴应纳税款。纳税人只要具有上述行为之一,即可被认定为偷税。

避税是纳税人利用税法的漏洞,少纳税或者不纳税的一种行为。避税虽然没有直接违反税法条文,但是违背了税收的立法精神,从而损害了国家和社会的利益。避税常见的手法是利用"避税港"(避税港是指一些无税收负担或税负极低的特别区域)虚设经营机构或场所转移收入、转移利润,以及利用关联企业的交易通过转移定价、转移收入、转移利润,实现避税。由于通常意义上的避税行为有悖税法精神,也可以说避税是对税法的歪曲或滥用,是一种不正当的行为,因此世界上多数国家对避税行为采取不接受或拒绝的态度。

税收筹划是纳税人在遵守法律条文和不违背立法精神的前提下,通过对自身经营行为的调整,寻求最佳纳税方案的一种行为。就其目的和结果而言,税收筹划常被称为节税,其特征是用合法的策略减少纳税义务。这些表述说明,税收筹划是对税收政策的积极利用,符合税法精神,从形式到内容是完全合法的,反映了国家税收政策的意图,是税收法律予以保护和鼓励的。

总之,从国家财政角度来看,虽然偷税、避税、税收筹划都会减少国家的税收收入,但导致减少的因素具有根本不同的性质,三者的界限如图5-1所示。从理论上说,偷税是一种公然的违法行为且具有事后性。避税和税收筹划都具有事前有目的的计划、安排的特征,但两者的合法性存在差别:避税虽然不违法但与税法的立法宗旨相悖,避税获得的利益不是税收立法者所期望的利益;税收筹划则完全合法,是符合政府的政策导向和顺应立法意图的。

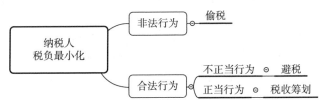

图 5-1 偷税、避税与税收筹划的界限

例如,有些国家对酒水征收较高的税收,有的人便采取少喝酒多喝水的方法,以达到少纳税的目的,这种行为符合税收政策导向的意图,因此,这是一种正当避税,即税收筹划。再如,某些国家对遗产征收较高的税收,有的人就在生前尽可能地把财产分割出去,这种行为不符合国家政策导向的意图,因此,这是一种不正当避税。

(二)税收筹划的分类

1. 按照是否涉及不同的税境分类

(1)国内税收筹划。国内税收筹划是纳税人利用国内税法提供的条件、存在的可能进行的税收筹划。

(2)国际税收筹划。纳税人的税收筹划活动一旦具备了某种涉外因素,从而与两个或两个以上国家的税收管辖权产生联系,就构成了国际税收筹划。国际税收筹划是在不同税境(国境)下的税收筹划,比国内税收筹划更普遍、更严重、更复杂。

2. 按照税收法规制度分类

(1)利用选择性条款的税收筹划。利用选择性条款的税收筹划是针对税法中某一项目、某一条款并列规定的内容,纳税人从中选择有利于自己的内容和方法。例如,纳税期、折旧方法、存货计价方法等。

(2)利用伸缩性条款的税收筹划。利用伸缩性条款的税收筹划是针对税法中有的条款在执行中有弹性,纳税人按有利于自己的理解去执行。

(3)利用不明确条款的税收筹划。利用不明确条款的税收筹划是针对税法中过于抽象、过于简化的条款,纳税人根据自己的理解,从有利于自身利益的角度去筹划。

(4)利用矛盾性条款的税收筹划。利用矛盾性条款的税收筹划是针对税法相互矛盾、相互冲突的内容,纳税人进行有利于自己的决策。

(三)税收筹划的原则

1. 合法性原则

税收筹划是在合法条件下进行,以国家制定的税法为对象,对不同的纳税方案进行精细比较后做出的优化选择。合法性原则是税收筹划的基本原则,这是由税法的税收法定原则决定的。一切违反法律规定,逃避税收负担的行为,都属于偷、逃税范畴,要坚决反对和制止。因此,税收筹划必须坚持合法性原则。坚持合法性原则必须注意以下三个方面:①全面、准确地理解税收条款和税收政策的立法背景,不能断章取义;②准确分析、判断采取的措施是否合法,是否符合税法的规定;③注意把握税收筹划的时机,要在经营、投资、理财活动的纳税义务发生之前,通过周密、精细的筹划来达到节税目的,不能在纳税义务已经发生时,再人为地通过所谓的补救措施来推迟或逃避纳税义务。

2. 节税效益最大化原则

税收筹划本质是对税款的合法节省。在税收筹划中,当有多种纳税方案可供比较时,通常选择节税效益最大的方案作为首选方案。坚持节税效益最大化原则,并非单就某一税种而言,也不只是税收问题,还应该综合考虑其他指标。

3. 筹划性原则

筹划性原则是由税收基本原则中的社会政策原则所允许和引发的。国家贯彻社会政策,以促进国家经济发展和实现其社会目的,从而运用税收固有的调节功能,作为推进国家经济政策和社会政策的手段,税收的政策性和灵活性是非常强的。纳税人通过一种事先计划、设计和安排,在进行筹资、投资、利润分配等经营活动前,把这些行为所承担的相应税负作为影响最终财务成果的重要因素予以考虑,通过趋利避害来选取最有利的方式。一般来讲,税收筹划是在经营行为发生前进行的,具有事前性,但并非总是如此。税收筹划可以分为事前、事中、事后三部分,做好后两部分筹划也很重要。

4. 综合性原则

综合性原则是纳税人在进行税收筹划时,必须综合规划,以使纳税人整体税负水平降低。纳税人进行税收筹划时,不能只将税负轻重作为纳税的唯一标准,而应该着眼于实现纳税人的综合利益目标。另外,纳税人在进行一种税的税收筹划时,还要考虑与之有关的其他税种的税负效应,进行整体筹划、综合衡量,力求整体税负和长期税负最轻,防止顾此失彼、前轻后重。

5. 目的性原则

目的性原则是纳税人做税收筹划具有很强的减轻税负、取得节税收益的动机。这是由税法基本原则中的税收公平原则决定的。税收目的性原则具有两层含义:一是使税负降低。降低税负意味着经营行为负担了较低的税收成本,也就有可能获得更高的投资回报。二是延迟纳税时间。大额所得纳税行为向后推延,多数情况下可以在一定时期内减轻税收负担,同时还会获得资金的时间价值。总之,纳税人要进行税收筹划,目的就是降低税收成本,以达到总体收益的最大化。

6. 专业性原则

专业性原则不仅表现为税收筹划是专业性很强的跨税收、法律、财务管理等的综合性学科,还表现为从事税收筹划的专业人员应具有专业技能,需要较丰富的从业经验。

二、税收筹划的基本策略

税收筹划是通过各种方法,将客户的税负合法地减到最低。这些方法即构成税收筹划的基本策略。影响应纳税额通常有计税依据和税率两个因素,计税依据越小,税率越低,应纳税额就越小。税收筹划无非从这两个因素入手,找到合理、合法的办法来降低应纳税额。税收筹划的基本出发点是在充分考虑客户风险偏好的前提下,优化客户的财务状况。

(一)利用免税进行税收筹划

利用免税进行税收筹划是在合法、合理的情况下,使纳税人成为免税人,或使纳税人从事免税活动,或使征税对象成为免税对象而免纳税款的税收筹划策略。此免税包括自然人免税、机构公司免税等。

免税实质上相当于财政补贴,各国一般有两类不同目的的免税:①税收照顾性的免税,对纳税人是一种财务利益的补偿;②税收奖励性的免税,对纳税人是一种财务利益的取得。照顾性免税往往是在比较苛刻的条件下才能取得,一般只是弥补损失,税收筹划不能利用其来达到节税目的。只有取得国家奖励性免税,才能达到节税目的。

(二)利用减征进行税收筹划

利用减征进行税收筹划是在合法、合理的情况下,按照税收法律法规减除纳税人一部分应纳税款,是对某些纳税人、征税对象进行扶持、鼓励或照顾,以减轻税收负担的税收筹划策略。与免税一样,减征也是税收的灵活性与严肃性相结合的一项措施,是各个国家尤其是我国目前普遍采取的一种措施。

利用减征进行税收筹划时应注意:①尽量使减税期最长化,减税时间越长,节减的税款越多;②尽量使减税项目最多化,减税项目越多,节减的税款越多。

(三)利用扣除进行税收筹划

利用扣除进行税收筹划是在合法、合理的情况下,使扣除额增加而直接节税,或调整各个计税期的扣除额而相对节税的税收筹划策略。利用扣除进行税收筹划可用于绝对节税,通过扣除使计税基数绝对额减少,从而使绝对应纳税额减少;也可用于相对节税,通过合法、合理分配各个计税期的费用扣除和亏损冲抵,增加纳税人的现金流量,起到延期纳税的作用,从而相对节税,与利用延期纳税进行税收筹划有类似之处。

利用扣除进行税收筹划时应注意:①扣除金额最大化,在税法允许的情况下,尽量使各项扣除的项目按上限扣除,因为扣除金额的最大化意味着应缴税基的最小化,扣除金额越多,缴纳的税款越少,节减的税款越多;②扣除项目最多化,应尽量将税法允许的扣除项目一一列出,凡是符合扣除的项目,都要依法予以扣除,扣除项目越多,计税基数越小,缴纳的税款越少,节减的税款越多;③扣除最早化,在税法允许的范围内,尽可能使各种允许扣除的项目尽早扣除,扣除越早,缴纳的税款越少,节减的税款越多。

扣除是适用于所有纳税人的规定,几乎每个纳税人都能采用此法节税,是一种能普遍运用、适用范围较大的税收筹划策略。扣除在规定时期是相对稳定的,利用扣除进行税收筹划具有相对确定性。

(四)利用税率进行税收筹划

利用税率进行税收筹划是在合法、合理的情况下,利用税率的差异而直接节减税收的税收筹划策略。也就是说,利用税收中税率之间的差异来节减税款,实现税收筹划的目的。例如,甲地区的税率为35%,乙地区的税率为25%,丙地区的税率为15%,那么在其他条件相似或基本相同的条件下,投资者到丙地区投资,就比在甲、乙地区投资节减不少的税款。

利用税率进行税收筹划时应注意:①尽可能寻找税率最低的地区、产业,使其适用税率最低化,税率差异越大,获利能力越高;②尽量寻求税率差异的长期性和稳定性,税率差异一般具有时间性和稳定性两个特征,但并不是一成不变的,随着时间的推移和税收制度的改变(如政策的变化和享受优惠政策时间的到期),税率也会发生变化,因此,应想办法使税率差异的时间最长化和稳定化。

(五)利用延期纳税进行税收筹划

利用延期纳税进行税收筹划是在合法、合理的情况下,使纳税人延期纳税而相对节税的税收筹划策略。尽管采用延期纳税不能使应纳税款免缴或少缴,但是延期纳税使应纳税款向后推迟一段时间缴纳,并且不需要支付任何费用,这就相当于从政府手中得到了一笔无息贷款。这样不仅节省了利息支出,而且因通货膨胀而变相降低了应纳税额。

利用延期纳税进行税收筹划时应注意:①延期纳税时间最长化,在税法规定的时间内,尽量争取延期纳税的时间最长,延期纳税时间越长,相对节减的税款越多;②延期纳税项目最多化,在税法允许的范围内,寻找各种项目,经税务机关批准,使这些项目纳入延期纳税项目,延期纳税项目越多,相对节减的税款越多。

利用延期纳税进行税收筹划是运用相对节税原理,一定时期的纳税绝对额并没有减少,而是利用货币时间价值来节减税收,属于相对节税型税收筹划策略。利用延期纳税进行税收筹划是利用相关税法规定、会计政策与方法选择及其他规定进行节税,几乎适用于所有纳税人,适用范围较大。延期纳税主要是利用财务原理,而非风险较大、容易变化的政策,具有相对确定性。

(六)利用退税进行税收筹划

利用退税进行税收筹划是在合法、合理的情况下,使税务机关退还纳税人已纳税款而直接节税的税收筹划策略。在已缴纳税款的情况下,退税无疑是对已纳税款的偿还,所退税额越大,相当于节税额越大。

利用退税进行税收筹划时应注意:①退税项目最多化,在税法规定的可以退税的范围内,尽可能把能参与退税的项目全部退税,退税项目越多,应纳税额越少,节减的税款越多;②退税金额最大化,在税法允许的范围内,尽可能使退税项目的金额最大化,退税金额越多,应纳税额越少,节减的税款越多。

利用退税进行税收筹划可直接减少纳税人的税收绝对额,属于绝对节税型税收筹划策略。利用退税进行税收筹划节减的税收,一般通过简单的退税公式就能计算出来,有些国家还给出简化的算式,简化了节减税收的计算。需要注意的是,退税一般只适用于某些特定行为的纳税人,适用范围较小;国家之所以用退税鼓励某种特定投资行为,往往是因为这种行为有一定的风险,这使得利用退税进行税收筹划同样具有一定的风险性。

综上,在具体的实务操作中,以上税收筹划策略不是一成不变的,而是可以互相转化的。

三、税收筹划的风险

税收筹划面临各种不确定因素,理财规划师在进行税收筹划时,必须警惕这些风险,避免对客户的利益造成损害。

(一)违反反避税条款的风险

尽管税收筹划是完全合法的,但并不代表不需要考虑反避税条款。一般来说,各国或地区政府为规范税收的征缴,防止纳税人利用税法漏洞逃避纳税义务,都制定了相应的反避税条款,凡有违反行为者都要受到法律的制裁。理财规划师为客户制订税收筹划方案时,应充分考虑到这一点,避免提出的税收筹划建议违反相关条款,从而损害客户的利益。理财规划师在进行税收筹划时,对具体法律事宜不清楚时,应主动寻求律师或税务专业人士的帮助。

(二)法律法规变动的风险

税收筹划受到法律法规的影响,主要源自法律法规的不确定性,尤其是养老金、利息费用的抵减等方面的法律法规具有明显的不确定性。市场经济比较成熟的发达国家,法律法规的变动一般较少。发展中国家因其整个经济体系尚不成熟,社会、政治、经济状况变动比较频繁,法律法规的变动风险较大。税收筹划受到法律法规的约束,而法律法规本身又存在变动风险。理财规划师在进行税收筹划时,应当将所有潜在的法律法规变动风险向客户做充分的阐述。

(三)经济波动的风险

税收筹划是与经济状况紧密相关的,宏观或微观的经济波动都可能对客户的税负产生一定影响。采用杠杆投资策略时,客户可能遭遇借入资金利率上升的风险,或者因收入减少无法归还贷款。经济波动风险通常是由国家的整体经济状况决定的,理财规划师凭一己之力无法改变。理财规划师在进行税收筹划时,应当对未来的经济波动风险有清晰的认识,避免当风险降临时手足无措,给客户的利益造成损害。

(四)资产失控的风险

资产失控风险是客户在决定是否转移资产及转移给何人时,必须考虑的重要因素。某些潜在的受赠者和受让人可能并不具备将这些资产管理好的能力。此外,在某些国家或地区,法律限制未成年人作为赠予程序参与者签署合同的能力。这些转移资产上获得的收入,未成年人通常要以比较高的税率纳税。资产所有权的变化除涉及印花税、资本利得税等税收问题,还会引出许多家庭问题。例如,可能导致婚姻的破裂。在理财规划师进行税收筹划时,这些问题很容易被忽视。

(五)婚姻破裂的风险

发生婚姻破裂或其他家庭变故时,夫妻双方共同拥有的财产和承担的债务会成为关键性问题。例如,夫妻一旦离婚,一方又被要求偿还大额贷款时,就会给双方共同经营的业务带来风险。因此,当夫妻在决定运用信托或转移资产等策略减少税负支出时,应当清楚地认识到今后一旦婚姻破裂,可能带来的各种法律问题。

第二节 制订税收筹划方案

一、工资、薪金所得的税收筹划

根据《中华人民共和国个人所得税法》第十一条规定:"居民个人取得综合所得,按年计算个人所得税;有扣缴义务人的,由扣缴义务人按月或者按次预扣预缴税款;需要办理汇算清缴的,应当在取得所得的次年三月一日至六月三十日内办理汇算清缴。""非居民个人取得工资、薪金所得,劳务报酬所得,稿酬所得和特许权使用费所得,有扣缴义务人的,由扣缴义务人按月或者按次代扣代缴税款,不办理汇算清缴。"因此,纳税人可以利用这项政策使其税负合理化。特别是遇到每月工资变化幅度较大的情况时,更应利用这项政策,将收入平均分摊到每个月,以免多缴税。

【例 5-1】 王先生每月收入差异很大,1 月取得工资、薪金所得为 2800 元,2 月取得工资、薪金所得为 20800 元。则 1 月王先生应缴纳的税款为 0 元,2 月王先生应缴纳的税款为 (20800−5000)×20%−1410=1750(元)。若平均两个月的工资、薪金,则为 11800 元,应缴纳的税款为[(11800−5000)×10%−210]×2=940(元)。因此,王先生采用工资、薪金所得的税收筹划方法共节税 1750−940=810(元)。

在市场竞争比较激烈的环境下,企业的生产经营会时有波动,一段时间是满负荷运作,而另一段时间可能处于半停产状态,员工的工资在年度之间分布不均衡。对此,企业应在事先预测的基础上,尽量把某些月份的高工资分摊到低工资的月份,以适用较低的税率,从而减少应纳税额。

工资、薪金所得的税收筹划具有一定的局限性,即纳税人必须确实处于税收法规界定的特殊情形之中,没有出现税法规定的这些特殊情形,这种税收筹划就失去了存在的基础。税收筹划需要按照税法规定的步骤进行。没有纳税人的申请,税务机关不会特意上门帮助解决,自己提出申请很有必要,不提出申请或未经税务机关的核准自行延期纳税,可能的后果就是遭受税务机关的严厉处罚。纳税人还要明晰个人所得税的各种计算方法,并依此计算出应税所得。权衡税负的大小,创造一定的转化条件,才能确保税收筹划的成功。

二、工资化福利的税收筹划

根据《中华人民共和国个人所得税法》第三条第一款规定:"综合所得,适用百分之三至百分之四十五的超额累进税率。"由此可知,工资、薪金所得实行超额累进税制。对个人的工资、薪金所得只确定固定的扣除额,这样,收入越高支付的税金就越多。如果企业将带有普遍性的职工福利以现金的形式直接支付给个人,将增加个人的税收负担;如果企业以各种福利设施的途径提供或支付,不将其转化为现金,则不会视为工资收入,也就不必计算个人所得税,从而可以减轻个人税负。

因此,把个人现金性工资转为提供必需的福利待遇,以福利形式发放部分补助,在补贴收入发放时可以在税前将其扣除,从而免征个人所得税。通过合理应用该种方法能够在保障员工收入的同时实现个人所得税的有效降低,在此过程中还可以合理支付各种津贴。具体措施如下。

(一)企业提供员工住宿

由企业提供员工住宿,是减少缴纳个人所得税的有效办法。也就是员工的住房由企业免费提供,并少发员工相应数额的工资。

【例 5-2】 王先生每月工资收入为 7000 元,每月支付房租 1000 元,除去房租,王先生可用收入为 6000 元,则王先生应缴纳的税款为 $(7000-5000)\times 3\%-0=60$(元)。如果公司为王先生免费提供住房,每月工资下调为 6000 元,则王先生应缴纳的税款为 $(6000-5000)\times 3\%-0=30$(元)。因此,王先生采用企业提供员工住宿的税收筹划方法共节税 $60-30=30$(元);公司支出没有增加,还可以增加税前列支费用 1000 元。

(二)企业提供员工正常生活必需的福利设施

员工正常生活必需的福利设施,尽可能由企业来提供,并通过合理计算,适当降低员工的工资。企业既不增加费用支出,又能将费用在税前全额扣除,且为员工提供充分的福利设施,对外还能提高企业的形象。员工既享受了企业提供的完善福利设施,又少缴了个人所得税,可实现真正意义上的企业和员工的双赢。一般情况下企业可为员工提供下列福利:提供免费膳食,提供车辆供职工使用,为员工提供必需的家具及住宅设备,等等。

(三)把一次取得收入变为多次取得收入的筹划

把一次取得收入变为多次取得收入,并享受多次扣除,从而达到少缴税的目的。

三、劳务报酬所得的税收筹划

根据《中华人民共和国个人所得税法》第六条第一款规定:"居民个人的综合所得,以每一纳税年度的收入额减除费用六万元以及专项扣除、专项附加扣除和依法确定的其他扣除后的余额,为应纳税所得额。"第二款规定:"非居民个人的工资、薪金所得,以每月收入额减除费用五千元后的余额为应纳税所得额;劳务报酬所得、稿酬所得、特许权使用费所得,以每次收入额为应纳税所得额。"因此,在进行劳务报酬所得的税收筹划时,可以通过增加费用开支,尽量减少应纳税所得额,也可以通过推迟收入的实现,均衡收入,将每一次的劳务报酬所得控制在较低的范围内。一般来说,向居民个人支付的劳务报酬所得最好控制在 4000 元以下。具体措施如下。

(一)转移费用

为他人提供劳务以取得报酬的个人可以考虑由对方提供一定的福利,将本应由自己承担的费用改由对方承担,以达到规避个人所得税的目的。比如,由对方提供办公用品、安排实验设备、提供食宿、报销交通费等,扩大费用开支范围,相应减少自己的劳务报酬总额,从而使该项劳务报酬所得适用较低的税率。

（二）增加支付次数

在现实生活中，由于种种原因，某些行业的收入获得具有阶段性，在某些时期收入可能较多，而另一些时期较少甚至没有收入。这样就有可能在收入较多时适用较高税率，在收入较少时适用较低税率，甚至可能达不到基本的抵扣额，结果造成总体税负较高。因此，可通过合理安排，在收入较高时增加支付次数，并且使每次支付金额比较平均，从而适用较低的税率。

【例5-3】 王先生进行某项劳务服务需用时3个月，报酬为75000元。如果一次性领取收入，则王先生应缴纳的税款为 $75000 \times (1-20\%) \times 35\% - 7160 = 13840$（元）。如果分3个月领取收入，每次领取25000元，则王先生应缴纳的税款为 $[25000 \times (1-20\%) \times 20\% - 1410] \times 3 = 7770$（元）。因此，王先生采用增加支付次数的税收筹划方法共节税 $13840 - 7770 = 6070$（元）。

（三）一次收入的确定

《中华人民共和国个人所得税法实施条例》第十四条第一款规定："劳务报酬所得、稿酬所得、特许权使用费所得，属于一次性收入的，以取得该项收入为一次；属于同一项目连续性收入的，以一个月内取得的收入为一次。"这里的同一项目是指劳务报酬所得列举具体劳务项目中的某一单项。当个人兼有不同劳务报酬所得时，应当分开计算，分别减除费用，计算缴纳个人所得税。

四、稿酬所得的税收筹划

个人以图书、报纸、期刊方式出版、发表同一作品，无论出版单位是预付还是分笔支付稿酬，或者加印该作品再付稿酬，均应合并稿酬所得按一次计征个人所得税。但是，对于不同的作品是分开计税的，这就给纳税人的税收筹划创造了条件。如果一本书可以分成几部分，以系列丛书的形式出现，则该作品将被认定为几个单独的作品，单独计算纳税，这在某些情况下可以为纳税人节省不少税款。

【例5-4】 王先生准备出版著作，预计获得稿酬12000元。如果以一本书的形式出版该著作，则王先生应缴纳的税款为 $[12000 \times (1-20\%) \times 70\%] \times 10\% - 210 = 462$（元）。如果在可能的情况下，以四本一套的形式出版系列丛书，每本稿酬 $= 12000 \div 4 = 3000$（元），则王先生应缴纳的税款为 $[(3000-800) \times 70\% \times 3\% - 0] \times 4 = 184.8$（元）。因此，王先生采用系列丛书的筹划方法共节税 $462 - 184.8 = 277.2$（元）。

使用这种税收筹划方法应该注意以下几点：一是该著作可以被分解成系列著作，并且该种发行方式不会对发行量有太大影响，有时还能促进发行；二是该种发行方式要想充分发挥作用，最好与著作组的筹划相结合；三是该种发行方式应保证每本书的人均稿酬少于4000元。因为该种税收筹划方法利用的是抵扣费用的临界点，即在稿酬所得少于4000元时，实际抵扣标准大于20%。

五、特许权使用费所得的税收筹划

特许权使用费所得以个人每次取得的收入定额或定率减除规定费用后的余额为应纳税所得额，费用扣除计算方法与劳务报酬所得相同。每次收入不超过4000元的，定额减除费用

800元;每次收入在4000元以上的,定率减除20%的费用。其中,每次收入是指一项特许权的一次许可使用获得的收入。另外,对个人在技术转让过程中所支付的中介费,若能提供有效、合法凭证,允许从其所得中扣除。因此,可以运用转移费用、增加支付次数和分项计算等方法进行特许权使用费所得的税收筹划。

从事高科技研究、发明创造者会经常用到这方面的税收筹划,意义非常重大。特许权使用费所得的税收筹划应从长远考虑,全方位进行筹划。

六、编制税收筹划方案

在分析客户税收筹划需求的基础上,理财规划师接下来的工作就是着手编制税收筹划方案。理财规划师在编制税收筹划方案的过程中,可以遵从以下步骤。

(一)建立客户关系

理财规划师与客户进行充分交谈、沟通,确定客户关系,确定客户个人或家庭有制订税收筹划的意愿和需求,并了解客户个人或家庭的税收筹划目标。

(二)收集客户信息

理财规划师应该收集客户个人或家庭与税收筹划有关的财务信息和非财务信息,其中,财务信息包括客户的现金、收入状况、活期存款、定期存款、每月各项支出、债务状况、税款缴纳情况等,非财务信息包括客户的姓名、性别、家庭结构、职业、兴趣、爱好等。

(三)财务分析和评价

(1)理财规划师应该对客户个人或家庭的资产和负债情况进行分类整理,对客户个人或家庭资产和负债的价值进行评估,然后编制客户个人或家庭资产负债表。

(2)理财规划师应该分析客户个人或家庭的收入和支出项目,对客户个人或家庭收入和支出的各项指标进行计算,然后编制客户个人或家庭收入支出表。

(3)理财规划师应该对客户个人或家庭资产负债表和客户个人或家庭收入支出表进行分析,并基于客户个人或家庭财务报表进行财务比率分析与诊断。

(四)确定税收筹划目标

理财规划师应该结合客户个人或家庭财务信息和非财务信息的分析、评价,帮助客户确定符合客户个人或家庭需求的税收筹划目标。

(五)编制税收筹划报告,交付客户

经过以上工作程序,理财规划师已经充分了解、分析客户的税收筹划需求,在结合客户税收筹划目标的基础上,选择适合客户税收筹划需求的相关税收筹划工具,最终制订出满足客户需求的税收筹划方案。

接下来,理财规划师应该根据客户要求完成相应的收尾工作。如果客户仅需要税收专项规划,则可以形成税收筹划报告,以书面的形式交付客户。如果客户需要综合理财规划服务,

则将税收筹划作为分项规划之一纳入综合理财规划建议书,待各分项规划全部完成后再交付客户。

(六) 持续提供理财服务

理财规划师应该定期对税收筹划方案进行评估,并且不定期对税收筹划方案进行信息汇总和方案调整。

本章小结

本章主要介绍税收筹划,包括分析客户税收筹划需求、制订税收筹划方案。其中,分析客户税收筹划需求主要包括税收筹划概述、税收筹划的基本策略、税收筹划的风险;制订税收筹划方案主要包括工资、薪金所得的税收筹划、工资化福利的税收筹划、劳务报酬所得的税收筹划、稿酬所得的税收筹划、特许权使用费所得的税收筹划、编制税收筹划方案。本章是客户个人或家庭有税收筹划需求,需要做的理财规划方案。作为理财规划师,必须掌握本章的主要内容,并且能够通过分析客户个人或家庭的税收筹划需求,结合客户个人或家庭的税收筹划目标,恰当选择适合客户个人或家庭的税收筹划工具,制订出符合客户个人或家庭需求的税收筹划方案。

复习思考题

一、单项选择题

1. (　　)属于减轻税收负担的合法行为。
   A. 偷税　　　　B. 漏税　　　　C. 逃税　　　　D. 税收筹划
2. 按照是否涉及不同的税境分类,税收筹划可以分为(　　)。
   A. 国内税收筹划　　　　　　B. 国外税收筹划
   C. 境内税收筹划　　　　　　D. 境外税收筹划
3. 利用选择性条款的税收筹划不包括(　　)。
   A. 纳税期　　　B. 折旧方法　　C. 存货计价方法　　D. 利用伸缩性条款
4. 影响应纳税额通常有计税依据和税率两个因素,计税依据越小,税率(　　),应纳税额就(　　)。
   A. 越高,越小　　B. 越低,越小　　C. 越高,越大　　D. 越低,越大
5. 利用减征进行税收筹划时,尽量使减税期最长化,减税时间越长,节减的税款(　　)。
   A. 越少　　　　B. 不变　　　　C. 越多　　　　D. 不确定
6. 利用扣除进行税收筹划时,尽可能使各种允许扣除的项目尽早扣除,扣除越早,缴纳的税款(　　)。
   A. 越少　　　　B. 不变　　　　C. 越多　　　　D. 不确定
7. 利用税率进行税收筹划时,尽可能寻找税率最低的地区、产业,税率差异越大,获利能力(　　)。
   A. 越低　　　　B. 越高　　　　C. 不变　　　　D. 不确定

8. 利用延期纳税进行税收筹划时,尽量争取延期纳税的时间最长,延期纳税时间越长,相对节减的税款（   ）。
   A. 越少   B. 不变   C. 越多   D. 不确定
9. 利用退税进行税收筹划时,尽可能使退税项目的金额最大化,退税金额（   ),节减的税款越多。
   A. 越少   B. 不变   C. 越多   D. 不确定
10. 发展中国家因其整个经济体系尚不成熟,社会、政治、经济状况变动比较（   ）,法律、法规的变动风险（   ）。
    A. 平稳,较小   B. 平稳,较大   C. 频繁,较小   D. 频繁,较大

二、多项选择题

1. 国际税收筹划是在不同税境（国境）下的税收筹划,比国内税收筹划（   ）。
   A. 更重要   B. 更普遍   C. 更严重   D. 更复杂
2. 按照税收法规制度分类,税收筹划可以分为（   ）。
   A. 利用选择性条款的税收筹划   B. 利用伸缩性条款的税收筹划
   C. 利用不明确条款的税收筹划   D. 利用矛盾性条款的税收筹划
3. 税收筹划的原则包括（   ）。
   A. 合法性原则   B. 节税效益最大化原则
   C. 筹划性原则   D. 综合性原则
4. 税收目的性原则具有两层含义（   ）。
   A. 使税负降低   B. 延迟纳税时间
   C. 目的性原则   D. 规划性
5. 税收筹划的基本策略包括（   ）。
   A. 利用免税进行税收筹划   B. 利用减征进行税收筹划
   C. 利用扣除进行税收筹划   D. 利用税率进行税收筹划
6. 免税实质上相当于财政补贴,各国一般有两类不同目的的免税（   ）。
   A. 税收照顾性的免税   B. 税收减免性的免税
   C. 税收扣除性的免税   D. 税收奖励性的免税
7. 税收筹划的风险包括（   ）。
   A. 违反反避税条款的风险   B. 法律、法规变动的风险
   C. 经济波动的风险   D. 资产失控的风险
8. 工资化福利的税收筹划具体包括（   ）措施。
   A. 企业提供员工住宿
   B. 企业提供旅游津贴
   C. 企业提供员工正常生活必需的福利设施
   D. 企业免税
9. 劳务报酬所得的税收筹划具体包括（   ）措施。
   A. 转移费用   B. 增加支付次数
   C. 多重减免   D. 分项计算

10. 稿酬所得的税收筹划具体包括（　　）措施。
   A. 系列丛书的筹划　　　　　　B. 著作组的筹划
   C. 再版的筹划　　　　　　　　D. 费用转移的筹划
11. 费用转移的筹划中,（　　）费用可以由出版社负担。
   A. 资料费　　　B. 绘画工具　　　C. 作图工具　　　D. 交通费

三、判断题

1. 偷税能够节省税款,所以偷税属于税收筹划的范畴。（　　）
2. 税收筹划是完全合法的,是符合政府的政策导向和顺应立法意图的。（　　）
3. 利用不明确条款的税收筹划是从有利于自身利益的角度去进行筹划。（　　）
4. 一切违反法律规定,逃避税收负担的行为,都要坚决反对和制止。（　　）
5. 税收筹划可以分为事前、事中、事后三部分。（　　）
6. 纳税人在进行税收筹划时,不需要进行整体筹划,也不需要综合衡量。（　　）
7. 从事税收筹划的专业人员应具有专业技能,需要较丰富的从业经验。（　　）
8. 理财规划师在进行税收筹划时,应当对未来的经济波动风险有清晰的认识,避免当风险降临时手足无措。（　　）
9. 发生婚姻破裂或其他家庭变故时,夫妻双方的个人财产和承担的债务会成为关键性问题。（　　）
10. 当遇到每月工资变化幅度较大的情况时,应将收入平均分摊到每个月,以免多缴税。（　　）
11. 如果企业以各种福利设施的途径提供或支付,不将其转化为现金,也就不必计算个人所得税。（　　）
12. 在进行劳务报酬所得的税收筹划时,可以通过增加费用开支,尽量减少应纳税所得额。（　　）
13. 稿酬所得的税收筹划中,再版的筹划可以作为主要的税收筹划方法使用。（　　）
14. 特许权使用费所得的税收筹划不需要长远考虑。（　　）

四、案例题

李女士就职于某金融类高校,月收入 7900 元,因学识渊博、专业知识精湛,李女士经常被邀请到各类企业做培训。2022 年 12 月,李女士应邀到某企业做培训,获得劳务报酬 5000 元。怎样对李女士的相关所得进行税收筹划？可以为李女士节税多少元？

五、分析题

分析偷税、避税与税收筹划的区别。

第六章 投 资 规 划

学习目标

通过本章的学习,理财规划师应该掌握整个投资规划的流程,了解投资规划各基本投资工具的功能,掌握投资规划各基本投资工具的交易规则;能够指导客户进行投资,并制订投资规划方案。

第一节 分析客户投资规划需求

一、投资规划概述

投资规划是指根据客户投资理财目标和风险承受能力,为客户制订合理的资产配置方案和构建投资组合,来帮助客户实现理财目标的过程。

从投资规划的内涵看,投资规划是为理财目标而做的,是"先有目标,才有规划"。投资规划需要考虑家庭成员所处的生命周期及其风险承受能力。当家庭处于初建期时,风险承受能力较强,因为未来还有很长的积累财富的时间。而当家庭处于退休期时,风险承受能力较弱,因为未来的工作收入即将中断,需要靠前期积累的财富和退休金满足生活需求。投资者在风险承受能力较强的时期,可以进行一些风险较高的投资;在风险承受能力较弱的时期,则应当进行一些风险较低的投资。此外,投资规划是一系列的投资计划,不是单独拿一笔资金来投资。

(一)投资规划与投资的关系

从经济学的角度来看,投资是指牺牲或放弃现在可用于消费的价值以获取未来更大价值的一种经济活动。

投资规划不完全等同于投资。投资强调创造收益,而投资规划强调实现目标。因此,投资的技术性更强,要对经济环境、行业、具体的投资产品等进行细致的分析,进而构建投资组合,以分散风险、获取收益。投资规划的程序性更强,要利用投资过程创造的潜在收益来满足客户的财务目标。

单就一个特定投资行为来说,考查的往往是该投资的投入、收益、风险等要素,在这一过程中,往往要运用特定的投资技术,如股票估值方法。而投资规划往往假定已经有其他专业人士提供了投资技术或者全面的投资管理服务之后,如何在合理假定(最重要的是收益率的假定)下,使用这种服务来完成客户的投资目标。如果一名理财规划师具备丰富的投资分析能力,也可以自己提供投资管理服务,继而进行投资规划。在实际工作中,往往并不要求理财规划师做到这一点,理财规划师只需对投资工具和投资分析技术有基本的了解就可以,工作的重心在于"规划"。

既然投资规划强调目标性,那么就要对客户的目标进行分析,这里同样要强调投资目标与投资规划目标的差异。投资目标主要有两个:追求当期收入,或者追求资产增值,也可能是两者的结合。只是实现的当期收入或者资产的增值用在何处,并无明确的目标。而投资规划往往是在既定的目标约束下实施投资行为,这些目标具体而言就是资金需求,比如,子女高等教育费用、购房款、重大旅游计划费用、退休养老生活费等,是对应生活需要的,有一定时间和金额上的特定要求。

投资规划通常针对不同的客户以及不同的投资目标单独设计,因而具有较为明显的个体性特征,要量身定制。

(二) 投资规划与理财规划的关系

理财规划一般涉及现金规划、消费支出规划、教育规划、风险管理与保险规划、税收筹划、投资规划、退休养老规划、财产分配与传承规划等内容。

投资规划是理财规划的组成部分,理财规划师需要为客户制订具体的投资规划方案。每个单项规划可以解决某一方面的具体问题,但只依靠单项规划并不能全面实现客户的理财目标。因此,理财规划方案必须是一个全面、综合的整体性解决方案。如果把整个理财规划看作一个拼图,各具体的规划就是构成整个拼图的分块,那么要完成这个拼图,其中任何一块都是必不可少的,并且各部分要很好地结合才能成为一幅完美的图画。

投资是实现其他财务目标的重要手段。如果不进行投资,客户可能没有足够的财力资源来完成诸如购房、养老等生活目标。因而,投资规划对于整个理财规划有基础性作用。

二、投资规划的流程

理财规划师要掌握整个投资规划的流程,对各个阶段要做的工作和要实现的目标有清晰的认识,以便开展具体的投资规划活动。从理财规划师的工作流程来看,整个投资规划可以分为五步,即客户分析、资产配置、证券选择、投资实施和投资评价,如图6-1所示。

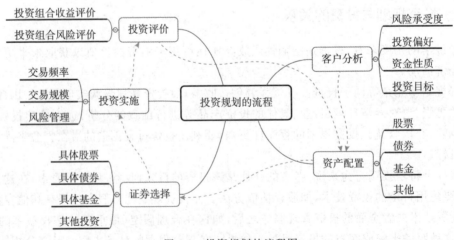

图 6-1 投资规划的流程图

（一）客户分析

在客户分析阶段，理财规划师要通过对客户各方面信息的分析，协助客户确定投资目标。为此，理财规划师要全面掌握客户信息，尤其是与投资规划相关的信息，并对其进行详细的分析，准确判断客户的风险承受度和投资偏好，分析客户可用于投资的资金性质，以协助客户确定可行的、合理的目标。

（二）资产配置

资产配置主要根据客户的投资目标和对风险收益的要求，将客户的资金在各种类型资产上进行配置，确定用于各种类型资产的资金比例。一是战略资产配置。主要是指在较长的投资期限内，根据各资产类别的风险和收益特征以及投资者的投资目标，确定资产在证券投资、产业投资、风险投资、房地产投资、艺术品投资等方面应该分配的比例，即确定最能满足投资者风险—回报率目标的长期资产组合。二是战术资产配置。也就是根据市场具体情况，对资产类别组合做短期的调整。这是一种短期的安排，这种安排存在增加长期价值的潜在机会，同时也表现出很大的风险。战略资产配置和战术资产配置的时间长短是相对而言的，通常认为战术资产配置短于2年。实际操作中，主要根据客户的投资目标来配置资产。

（三）证券选择

理财规划师要对市场上可以选择的证券类投资工具进行分析，综合运用各种投资组合技术，确定各种证券的投资比例，为客户确定合适的投资组合。具体来说，目前我国市场上可用的证券投资工具主要有股票、债券、基金、金融衍生品、外汇、黄金等。理财规划师要根据资产配置阶段所确定的投资比例，综合运用各种投资技术，对具体的股票、债券、基金等做出选择，形成符合要求的股票组合、债券组合、基金组合等，最终形成一个完整的投资组合。这一部分对于理财规划师的技术性要求较高，理财规划师不仅要全面了解金融市场上存在的各种投资工具，掌握这些投资工具的风险收益状况，还要对相应的分析技术有所了解。

（四）投资实施

理财规划师一旦为客户制订了投资规划方案，就要协助客户将此方案实施下去。在实施的过程中，理财规划师需要注意三点：一是对投资策略进行监控，以便及时对其调整。二是任何方案的实施都是有成本的，因此，对于投资交易的频率、交易的规模要有较好的把握，以免产生不必要的成本费用。三是注意投资的风险管理，因为财务安全是投资规划过程中必须坚持的一个原则，理财规划师要时刻关注客户投资的风险状况，以免产生难以应对的后果。在投资规划方案实施阶段，有许多需要具体操作的内容，此部分内容将在后面的章节中详细阐述。

（五）投资评价

投资规划不是一项一劳永逸的工作，而是一个需要不断修正、改进的循环过程。每一个投资规划方案付诸实施后都需要对其实施的效果进行评价。这一方面可以对投资规划的效果进行衡量，另一方面也可以为以后的改进、修正提供依据。具体的投资评价指标就是风险和收益。这里所说的投资风险和收益是投资组合实际承担的风险和实现的收益率,而不是投资组合的预期收益率和风险。根据投资评价的结果,理财规划师可以对投资规划是否实现投资目标进行判断,对相关原因进行分析,并在此基础上对投资规划方案(也就是资产配置和证券选择方案)进行调整。

三、树立正确的投资观念

正确的投资观念是投资规划的起点。如果没有正确的投资观念,任何投资技巧都难以发挥作用。理财规划师首先要树立正确的投资观念,并将这种正确的投资观念贯彻于整个投资规划的制订中。

投资的基本考量因素是收益和风险,通常认为高收益是对高风险的一种补偿,而为了追求高收益,通常要承受高风险。不仅如此,还需要关注另两个重要的因素:投资成本和投资期限(时间)。

良好的投资习惯应该尽量降低交易成本,避免情绪化的交易、高频率的买卖、频繁"追涨杀跌"等非理性行为。

投资的期限对于投资规划是一项重要的约束。一个正常的资本市场应该是短期波动,长期创造收益的市场,即资本市场应该只有短期风险,而不应有长期风险。如果投资期限较短,应以固定收益投资为主;如果投资期限较长,应增大股票投资比例,获取良好的预期收益。

所以,投资的本质不是单纯追求收益,不能只考虑收益和风险,投资追求的是成本、收益、风险、时间四个维度的完美结合。

(一) 收益和风险均衡的观念

收益与风险是一对"孪生兄弟",从理论上来说,收益的放大是以风险的提高为代价的,遵循"风险与收益平衡"的原则,即收益越高的投资,风险也越大。但是,任何投资都是有风险的,只是风险大小不同而已。分散化投资只能降低非系统性风险,投资的系统性风险是不可能通过分散化投资而消除的。在一个有效的市场上,投资者能做到最好的就是取得和市场一致的"收益—风险"平衡。对一般投资者来说,投资的安全性更为重要。因而,理财规划师在为客户制订投资规划的时候,一定要考虑客户的风险偏好、风险承受能力,根据客户的具体情况为其"量身定制"投资规划方案。

(二) 长期的观念

长期投资的观念是理财致富的重要条件。投资是对未来的一种信念,任何投资决策的制定都是基于对该投资项目收益的良好预期。例如,人们之所以进行股票和债券投资,是因为人们相信经济会长期繁荣,金融市场会健康发展。任何投资都有一定的投资期限,一般认为只有在较长的时间内才可以剔除投机引起的市场波动。因此,只有长期的投资才最有可能获得预期的投资回报,才最有可能避免证券市场短期波动引起的额外风险,长期投资的风险与收益才最接近市场的风险和收益。富兰克林的捐款就是一个长期投资的例子。富兰克林死于1790年,他在自己的遗嘱中写道,他将分别向费城和波士顿捐赠1000元,捐款将于他死后200年赠出。1990年时,富兰克林付给费城的捐款已经变成200万元,而付给波士顿的捐款已达到450万元,分别为最初捐款的2000倍和4500倍。然而,如果计算这两笔投资的复利收益率,结果与人们的估计可能相差甚大。费城捐款在这 200 年间的年收益率仅为 3.87%,而波士顿捐款在这 200 年间的年收益率仅为 4.30%。这样的收益率也许只相当于美国国债的收益率水平,但就是如此微小的收益率水平,持续 200 年的时间,也能积累起巨额的财富。只有时间足够长,才能够体现时间价值的力量。

有些投资者乐于短线频繁操作,以此获取投机差价,特别是在股票投资时,更是喜欢"追涨杀跌"。事实上,短线进出往往由于支付了大量手续费而得不偿失。投资者应当把握住市场大的发展趋势,顺势而为,将一部分资金用于中长期投资,关注长远收益。

因此,投资是一项长期的、需要耐心的工作。投资除了需要定期的储蓄和追求高报酬率,还需要长期的等待。许多经历过股市大风大浪的投资者会发现,比起那些整天在股市里忙忙碌碌追逐蝇头小利的股民而言,持有高成长的绩优股不放的投资者才是真正的大赢家。正如"股神"巴菲特所言:"人生就像滚雪球,最重要的是发现很湿的雪和很长的坡。"坡的长度,决定了最终雪球的大小。

(三) 价值投资的观念

投资者应当把注意力放在投资对象的经济价值方面,而不应寄希望于从短期价格波动中获得价差。以股票投资为例,股票市场的长期上涨应当基于公司的业绩和利润,正是有了公司利润,才有了投资者的投资收益。虽然有一些投资者能够从股票价格的日常波动中发现获利机会,但是对大部分投资者而言,这种机会很难把握,而且风险很大。

(四) 成本的观念

任何投资都存在成本。一项投资基本的成本大体可以分为以下几类:购买成本、交易成本、间接成本、税收成本。此外,还有一些无形成本(如机会成本)等。

(1) 购买成本。任何资产都不是免费的,要获得资产就必须等价交换,这就形成了购买成本。这种成本是一般投资者都会关注的直接成本。

(2) 交易成本。在实际投资过程中,交易多是在二级市场上进行的,比如在交易所进行交易,投资者需要向经纪人缴付一笔佣金,经纪人在为投资人办理一些具体手续时,又会收取诸如成交手续费、签证手续费和过户手续费等交易费用。此类费用虽然每年只有 1~2 个百分点,但是这类费用占每年投资收益的 10%、20%,甚至更多。随着投资期限的延长,成本的累积效应比许多人想象得要多,可能成为影响投资收益的一大因素。所以,投资者在进行投资决策的时候要格外注意。

(3) 间接成本。除了直接的交易成本,进行某些具体投资时,还会有一些间接的成本费用,这也需要引起人们足够的关注。比较常见的就是基金投资中的管理费、托管费等。

(4) 税收成本。有些投资产品如国债、地方政府债券和金融债券是免税的,但大多数投资会涉及税收的问题。例如,人们投资企业债券时要缴纳占投资收益额(包括利息和资本利得) 20% 的个人所得税,这笔税款是由证券交易所在每笔交易最终完成后替人们清算资金账户时代为扣除的。在进行股票交易的时候需要缴纳印花税,股票的分红(现金股利)也需要纳税,现行税率为 10%。税收最终由投资者承担,会影响投资的真实回报率。

(5) 无形成本。投资者进行一项投资的时候,必然会放弃其他的投资机会。此时,其他的投资机会给投资者带来的最大收益就构成了此项投资的机会成本。虽然这种成本在实际投资中较难度量,也容易被忽视,但是有时投资者在投资过程中不得不权衡。

由以上分析可以看出,投资成本的构成是很复杂的,并不是购买成本这么简单、直接。所有的投资成本都会影响投资的真实回报率。投资者要树立全面的成本观念,在进行投资决策的时候需要综合考虑,而不能只根据部分显见成本做出决定。

(五)尊重市场的观念

经济学家凯恩斯有这样一句名言:投资市场就好比选美赛事。在选美比赛中,人们并不是去选择自己认为最漂亮的那个人,而是去揣测谁最可能被大家认为是最漂亮的。凯恩斯认为,在金融投资中情况也是如此,人们不应该购买那些自己认为能够赚钱的品种,而应该购买那些大家认为能够赚钱的品种。凯恩斯所推崇的投资理念贴切地体现了其尊重市场的良好心态。

虽然一般投资者对于投资品种的选择远没有股票那么复杂,但是这种观念同样适用。投资者对于市场的判断往往只是自己对市场的看法,忽略了大家对市场的看法。投资者钟情于自己的观点,对于市场表现持怀疑态度,等发现市场走向与自己的判断相背离时,已经付出了资金损失的代价。

"市场永远是对的。"那是因为市场走向决定了市场中的所有公开信息,市场向某个方向运行总有一定的理由。如果人们分析的因素被市场忽略,那么人们发掘的市场机会只能算是潜在机会。而被市场广泛关注的因素,即使理智分析起来觉得非常不可靠,可它已经成为主导市场的因素,就必须引起人们足够的重视。

许多著名的投资家如鲍格尔、索罗斯等从不轻言打败市场,他们的秘诀恰恰是尊重市场,及时修正自己的投资策略,通过对投资成本的控制,使投资收益尽量接近市场收益的100%,而不是企图超越市场。

理财规划师不仅自己要树立正确的投资观念,更要协助客户建立正确的投资观念,使客户对于投资有一个清醒的认识。理财规划师应该与客户进行交流,了解客户已有的投资观念和想法,并且告知相关信息。例如,理财规划师应该帮助客户纠正两种错误的观念:一种是把结余全部放在银行,甚至错误地把存款视为投资,实际上存款在不断"缩水";另一种是投资某个领域如股票市场,获益后就不再考虑其他投资工具,最终有可能因无法抵御风险而亏损。个人理财倡导合理分配资产,分散投资,最大化规避风险,让资金在有价值的投资品种间适当流动,从而保证稳定较高的收益。

四、了解与投资规划相关的客户信息

理财规划师为客户制订的投资规划方案是否适合客户的实际情况,取决于理财规划师对客户的基本情况、财务信息、与投资相关的非财务信息和客户的期望目标是否有充分的了解。客户投资规划目标的形成,必须在充分掌握客户所有相关信息的基础上由理财规划师和客户充分的商讨后共同确定。建立客户关系后,理财规划师对客户信息进行了全面地收集和整理,并且进行了初步分析。在制订投资规划方案之前,理财规划师需要全面掌握客户的各种信息,尤其要对与投资规划相关的信息进行收集、归纳、整理,并且对相关信息进行进一步的分析,以提取出确定投资目标、制订投资规划所需要的信息。

在收集信息阶段,理财规划师通过调查问卷、调查表等多种方式收集了客户的相关资料,并对这些资料进行了初步分析。在准备进行投资规划的时候,理财规划师应该准备好已经收集和经过初步分析的与客户相关的信息。对于客户所有信息的熟悉和把握,有助于理财规划师从宏观上把握客户的总体情况,以便为客户量体裁衣地制订投资规划方案,使其适合客户的总体情况。

理财规划师回顾客户的所有相关信息之后,要着重了解与投资规划相关的信息,对于一些尚未完全或者清楚把握的信息要及时补充,以免给投资规划方案的制订造成困难。

一般认为,与投资规划密切相关的客户信息包括:反映客户现有投资组合的信息,反映客户风险偏好的信息,反映客户家庭预期收入情况的信息,反映客户投资目标的各项相关信息。

(一)反映客户现有投资组合的信息

这类信息反映了客户现有的资产配置情况,比如金融资产和实物资产、流动资产和固定资产各占多大比重,各类资产中具体又有哪些投资产品。这需要详细列明客户现有资产的种类、各种资产的投资额及其在客户总投资中所占的比重。该类信息有助于理财规划师明确客户的现有投资状况、总体风险水平、投资水平。理财规划师将来还可以结合客户的投资规划目标,在客户现有投资组合的基础上,为客户制订投资规划。

为了收集此类信息,理财规划师需要设计一个客户现有投资状况调查表。该表格应该包含客户所有现有投资资产类别,各类资产的当前价值(注意,是按照市价计算的当前价值,而非历史成本),以及各类资产价值在总投资价值中所占的比重。客户现有投资状况调查表的设计如表 6-1 所示。

表 6-1　客户现有投资状况调查表

资产类别	当前价值	比重/%
股票		
债券		
基金		
金融衍生品		
外汇		
黄金		
年金		
退休账户		
保险投资账户		
房地产		
其他投资资产		
……		
合计		

此外,理财规划师还可以从已经填制的客户个人资产负债表的资产项目中得到客户所有类型的投资,主要包括金融资产投资和实物资产投资。

其中,金融资产投资项目主要包括股票、债券、基金、期货、期权、黄金等。企业年金、退休账户、保险金都具有金融资产的性质,这里也可以将其列为客户投资组合的一项,这些信息可以从反映客户的社会保障信息和风险管理信息的表格中获得。

实物资产投资项目主要包括客户的不动产、艺术品、收藏品、其他固定资产投资等。这些资产可以是客户完全拥有的,也可以是分期付款的。所以,在登记这些资产的情况时,要注意确定资产净值。

另外,有些客户还有实业投资,这也需要详细记录。

实际上,理财规划师可以根据客户的资产负债表整理得到客户的投资组合信息,也可以让客户填写此表直接得到。当然,谨慎起见,理财规划师可以根据现有信息整理后同客户进行核实。

理财规划师需要特别注意的是客户各类投资资产的当前价值,即在当前物价水平下,依照资产的现行市价和资产现在的状态得到资产的当前价值,而不能简单地根据客户个人资产负债表上记录的历史成本信息进行登记。这就需要理财规划师既要掌握市场动态,详细了解资产的市场价格状况,又要清楚把握客户所投资资产现在的状态。尤其是对于个别的实物资产,当无法确定现值的时候,理财规划师可以视情况提请客户委托专业机构评估或向有关部门查询。

最终,计算出客户目前投资组合的总价值,并进一步清晰列出各类投资所占的比重,从而对客户现有投资组合中的资产配置情况有一个总体把握。

(二)反映客户风险偏好的信息

理财规划师要面对各种类型、风格各异的客户,而不同的客户受不同的文化、风俗、地域和社会背景的影响,持有不同的观念。同时,由于客户的具体情况不同,客户的风险承受能力、风险偏好状况也就千差万别。投资最主要的就是要考虑风险和收益的权衡关系,所承受的风险水平不同,相应的,获得的收益也不同。因而,只有明确了客户的风险偏好,才有可能制订出与客户偏好一致,能够被客户接受的投资规划方案。

客户的风险偏好信息属于客户的判断性信息。从理财的角度,根据客户购买金融资产的类型及其组合,可以把客户的风险偏好分为五种类型:保守型、轻度保守型、中立型、轻度进取型、进取型。在信息收集和整理阶段,应该已经根据客户所提供的基本信息对客户的风险偏好状况做出初步判断。一般而言,根据客户的投资组合状况,可以对客户的风险偏好进行粗略的分类。具体的判断标准如表6-2所示。

表6-2 客户风险偏好调查表

风险偏好类型	资产组合	增值能力与风险
保守型	成长性资产:30%以下	资产增值的可能性很小
	固定利息资产:70%以上	
轻度保守型	成长性资产:30%~50%	资产有一定的增值潜力
	固定利息资产:50%~70%	
中立型	成长性资产:50%~70%	资产有一定的增值潜力,资产价值也有一定的波动
	固定利息资产:30%~50%	
轻度进取型	成长性资产:70%~80%	资产有较大的增值潜力,资产价值的波动较大
	固定利息资产:20%~30%	
进取型	成长性资产:80%~100%	资产有很大的增值潜力,资产价值的波动很大
	固定利息资产:0%~20%	

这种确定客户风险偏好的方法较为简单,准确性也较大,可以作为衡量客户风险偏好的一个依据。

准确地讲,客户的风险承受能力需要综合客户的投资历史信息、现有投资组合信息、个人的基本状况、风险态度来确定。除了上面的客户风险偏好调查表,理财规划师还可以通过一系列的调查问卷了解客户的风险偏好特征。另外,理财规划师可以在制订投资规划之前,指导客户对该调查问卷进行填写,获得能够反映客户风险承受能力的信息。

客户所属的投资者类型、风险偏好决定了客户应该选择及应该避免的投资类型。但是,如果客户不想承担管理投资的责任,那么被动的投资方法——定期存款或信誉较高的信托公司或管理基金是一种可行的选择。此后,风险稍高的是主动的投资方法,也就是客户凭借自己的能力选择股票。这种情况下,价值型策略能带来丰厚的收益。风险最大的则是那些投机型投资,如小盘股、商品期货等。要获得超乎寻常的财富,可以借助对冲基金。承担与客户自身不相称的风险可能造成非常严重的后果。如果客户的主要特点是不谨慎、冲动或大意,同时对风险的承受能力较差,那么将资金投入投机性很强的投资组合是很不明智的选择,例如,在新兴市场上寻找价值型股票。

(三) 反映客户家庭预期收入情况的信息

客户的收入支出信息是客户重要的财务信息,客户家庭预期收入成为客户未来现金流入的主要来源,也成为客户投资的主要依据。

为了获得客户家庭预期收入信息,理财规划师需要掌握的相关信息主要有反映客户当前收入支出状况的收入表、支出表,以及由此计算出的客户日常支出、收入比率和结余比率。在信息收集和整理阶段以及财务分析和预测阶段,应该已经对这些信息进行了收集整理和分析。理财规划师可以据此对客户家庭预期收入形成较为准确的认识。

另外,理财规划师不仅要对客户未来收入情况进行较为准确的预测,而且要注意客户的收入结构。客户的收入由经常性收入和非经常性收入构成。但是,出于谨慎的考虑,理财规划师应主要对经常性收入部分,即对客户的工资、薪金、奖金、利息和红利等项目的未来变化情况进行预测。

理财规划师在对客户家庭预期收入进行预测的时候,需要掌握的信息主要有以下三类。

1. 反映客户当前收入水平的信息

客户家庭当前收入状况是预测客户未来收入的基础。因此,能否全面、准确地收集到客户当前收入水平的相关信息,直接影响到对客户未来收入的预测。

2. 客户家庭日常支出、收入比率

客户支出可以分为客户经常性支出和非经常性支出。经常性支出即生活中按期要支付的费用。例如,客户的住房按揭贷款偿还。非经常性支出主要是指客户日常生活中不定期出现的费用支出,而且金额没有明确的标准。

客户的经常性支出都是确定性较大的日常支出项目,这类支出通常各期都会发生,变动性较小。将客户家庭日常支出和收入进行配比,可以掌握客户家庭收入的固定性支出部分,从而有助于对客户将来的收入支出状况进行预测。

在信息收集和整理阶段,理财规划师已经取得了客户的目前支出信息,这里理财规划师要做的是根据客户的具体情况,分析出客户目前支出中家庭日常支出的规模。

客户家庭日常支出、收入比率的计算较为简单,只需要取得客户家庭的日常支出和收入数据,然后相除即可。

对于特定的客户,这一比率在短期内具有一定的稳定性。因而,如果能够较为准确地掌握客户未来的家庭日常支出数据,可以大体了解客户家庭的预期收入水平。

3. 客户结余比率

结余比率是客户一定时期内(通常为1年)结余和收入的比值。结余比率主要反映客户提高其净资产水平的能力。就客户个人而言,只有税后收入才是其真正可支配的收入,所以,在测算结余比率时,应将客户税后收入作为计算标准。因此,结余比率的计算公式为:结余比率=结余÷税后收入。

【例6-1】 某客户上年共取得税后收入500000元,年终时结余200000元。则该客户当年结余比率是多少?

解析: 该客户当年结余比率=结余÷税后收入=200000÷500000=0.4

这意味着该客户在支出之余留存了40%的税后收入,这部分资金可以用于投资或者储蓄,均可增加该客户的净资产规模。我国具有偏重储蓄的传统,因此,国内客户的结余比率一般会比国外客户的结余比率高。

与此相关的一个比率是月结余比率,即每月收支结余与月收入的比率,这一比率通过衡量每月现金状况,细致反映客户的财务状况。月结余比率的理想值一般是0.3左右。月结余比率的计算公式为:月结余比率=(月收入-月支出)÷月收入。

在信息收集和整理阶段,理财规划师已经详细掌握客户的收入、支出状况。这里,理财规划师只需要将所取得的数据进行整理、计算,就可以得到这一比率。

同客户家庭日常支出-收入比率一样,客户的结余比率也具有一定的稳定性,因而,结余比率也成为预测客户家庭未来收入的一个重要指标。

前面已经指出,理财规划师主要对经常性收入部分的未来变化情况进行预测。由于经常性收入项目多半有固定的预测基础,理财规划师的工作重点是确定各种变化比率,如GDP增长率、通货膨胀率、投资收益率、利率、税率等。

不同的收入项目所面临的变化比率通常并不相同,工资通常与工资增长率相关,而投资收益可能与投资收益率、利率、经济增长率等多个变化比率相关。理财规划师应该根据各收入项目的具体情况分别进行预测,并一一测定。但是,对某些不能单纯依靠历史数据就能判定预测基础的项目来说,理财规划师应该从多个角度进行综合的审慎判定。

非经常性收入由于并不固定,通常难以预测,对于确有可能在下年出现的非经常性收入项目,理财规划师应对其实现的可能性进行充分分析,谨慎地将其纳入未来收入预测中。

(四)反映客户投资目标的各项相关信息

客户往往不能明确地指出自己的投资目标,需要理财规划师通过适当的方式,循序渐进地加以引导,帮助客户将模糊的、混合的目标逐渐细化、具体化。

对于客户投资需求的了解,有助于理财规划师为客户制订有效的、适合客户情况的投资规划方案,并且可帮助理财规划师协调投资规划和其他规划之间的资产分配。

为了帮助客户较为客观地制订出适合自己的投资目标,理财规划师需要掌握反映客户对于投资收益以及投资收益用途的各项相关信息。在对客户判断性信息进行归纳和整理的时候,应该已经完成了客户的投资需求与目标表格,该表格需要全面反映客户的投资现金准备,综合投资需求(即证券、基金、保险、债券等各项投资需求),以及期望达到、保持或者需要的数量或比率,并且对各项投资项目的重要性进行简单描述。

这些已经取得或者分析出的信息,构成客户投资目标的基本信息。理财规划师需要进一步明确客户的投资目标,要根据客户的情况,通过问询或者访谈的形式对客户的具体投资需求进行深入、细致的了解,针对客户现在的家庭情况,深入挖掘其特定的投资目标。例如,对于有子女正在接受教育的家庭,了解其子女的教育需求;对于有购房意愿的客户,是要换一套新房,还是换一套二手房,能够支付的首付是多少,什么时间购买,等等。

五、客户信息资料的整理与分析

(一)客户资料整理

理财规划师为了分析客户投资相关信息以及客户未来各项需求,帮助客户确定各项投资目标,首先要掌握客户的所有基本信息,对各项与投资规划相关的信息,以及反映客户未来需求的信息进行分类汇总。

表格可以清晰、简洁地反映客户的相关信息,在汇总、整理相关信息的时候可以尽可能使用表格的形式,凡是能够形成表格的信息都可以表格的形式整理记录。在进行投资规划的时候,理财规划师需要的表格主要有以下几类。

1. **根据客户基本信息初步编制基本财务表格**

这类表格主要包括客户个人资产负债表、客户个人收入支出表。这两张财务报表是分析客户所有相关财务状况的基础。理财规划师在编制报表的时候要注意,表格的结构与客户的个人基本情况有直接的关系。一般而言,已婚中青年客户的资产负债表和收入支出表的项目构成较为复杂,而单身年轻客户的资产负债表和收入支出表的项目构成较为简单。这主要是因为单身年轻客户尚未积累起大量的个人财富,其支出项目也较为简单。

2. **根据投资规划所需要的相关信息编制特定表格**

这类表格有的是根据初步信息收集阶段收集到的信息整理而成的,主要有客户现有投资组合细目表、客户目前收入结构表、目前支出结构表等;有的是根据现阶段收集整理的信息编制的表格,主要包括客户的投资偏好分类表、客户投资需求与目标表等。如果这些表格尚未编制或者编制得不够确切,理财规划师要及时补充和完善。

理财规划师在制订投资规划的时候,首先要做的是全面了解客户的以上信息,对客户的基本情况有一个较为准确的把握。在此基础上,才能够进行投资相关信息的分析以及客户需求分析,从而帮助客户确定各项投资目标。

(二)客户资料分析

1. **分析客户投资相关信息**

1)分析相关财务信息

财务信息是理财规划师制订投资规划最重要也是最基本的信息。客户的财务现状以及各项财务指标是为客户制订投资规划的依据,而对客户财务状况的预测是对客户投资进行预测的基础。

在客户的财务分析和评价阶段,理财规划师应该已经对客户的财务信息有初步的分析和预测。在这里,理财规划师要做的就是回顾客户的财务信息和财务预测信息,以便分析出影响客户投资规划的因素。

2) 分析宏观经济形势

理财规划师为客户提供理财服务、提供具体的投资建议之前，不仅要对客户的财务状况、非财务状况等个人信息进行分析，还需要考虑客户所处的宏观经济环境。在不同的经济环境下，理财规划师为同一个客户制订的理财规划方案可能完全不同，尤其是投资活动本就受到诸多宏观变量的影响。投资预期和投资收益是投资规划中需要考虑的重要因素，而宏观经济运行会在基础层面上对这些因素产生影响。经济运行上升期，居民收入将随之提高，各类投资者，包括客户在内都对经济前景抱有信心，从而会有较高的投资预期；企业在经济上升期，可以取得较好的利润水平，客户投资股票与企业债券可以获得较高的投资收益。而在经济萧条期，宏观经济运行会产生相反的效果。

理财规划师必须熟悉宏观经济形势，了解宏观经济变动趋势才有可能制定出高质量的投资策略，只有密切关注各种宏观经济因素，如利率、汇率、税率等的变化，才能抓住最有利的投资机会。因此，为了提供优质的投资规划服务，理财规划师需要对客户所处地区的宏观经济形势进行分析和预测，使投资规划方案满足不同客户、不同时间的需求。

这里需要强调的是，理财规划师在对宏观经济形势进行分析和预测的时候要注意以下几点：①关注经济统计信息，掌握实时的经济运行变动情况，了解宏观经济发展的总体走向，以便明确客户投资规划进行的大的经济背景，提出可实现的投资目标，顺应经济发展趋势，做出正确的投资决策。②密切关注利率、汇率、税率等宏观经济因素的变化，抓住投资机会。③对各项宏观指标的历史数据和历史经验进行分析，关注财政预算报告，分析收支变化，掌握财政政策意图，据以做出预测性判断，以此作为客户未来投资的经济背景。④关注政府及科研机构的分析、评论，判断财政政策的作用和效果，以便掌握宏观经济政策对投资行为、储蓄行为以及金融市场的影响，从而提出符合实际的投资规划建议。

3) 分析客户现有投资组合信息

客户现有投资组合反映了客户现有的资产配置情况，对于这些信息进行分析，有助于理财规划师明确客户现有投资状况、总体风险水平、投资水平。未来理财规划师还可以结合客户的投资规划目标，在客户现有投资组合的基础上为客户制订投资规划。

通过对客户现有投资组合的分析，理财规划师需要明确以下几点：①客户现有投资组合中的资产配置状况。例如，客户的投资涉及哪些领域，客户拥有的金融资产和实物资产各占多大比例，各类资产中具体又有哪些投资产品，客户所投资资产的流动性如何，投资品种共有多少，客户的投资有没有特别的偏好，流动资产和固定资产各占多大比重，等等。②客户现有投资组合的突出特点。根据对客户投资组合组成的分析，理财规划师应该归纳出客户现有投资组合有哪些基本的特点。例如，有的客户投资基本都是股票投资，并且集中于某一类股票；有的客户基本上把余钱全部用于债券投资。根据客户现有投资组合的鲜明特点，理财规划师一方面可以了解客户的投资理念和习惯，另一方面也可以掌握客户的投资水平。③根据经验或者规律，对客户现有投资组合情况做出评价。理财规划师要根据客户投资组合的现状分析出客户目前投资存在的问题，能够改进的空间等。

4) 分析客户的风险偏好状况

掌握客户的风险偏好是为客户量身定制投资规划方案的基础。理财规划师根据收集的客户的风险偏好信息要确定以下两点：①确定客户的风险偏好类型。风险偏好类型是保守型、轻度保守型、中立型、轻度进取型、进取型中的哪一种。客户的风险偏好类型可以作为确定客户风险承受能力的一个因素，同时，也是理财规划师为客户制订投资规划方案、确定投资组合策略的一个依据。②确定客户的风险承受能力。风险偏好类型能够在一定程度上反映客户的主要投资偏好，但是，客户的投资要受到一些现实因素的影响，客户的投资规划必须建立在确保财务安全的基础上。因而，根据客户的实际情况综合确定客户的风险承受能力，才是理财规划师为客户制订投资规划时要考虑的主要风险因素。例如，根据对待风险的态度，一个客户愿意承担较大的风险来获得较高的投资收益，但是，根据问卷调查，理财规划师了解到该客户年龄为45岁，孩子马上就要上大学，父母健在且均年事已高，而且没有充足的医疗和养老保险。尽管该客户在对待风险的态度上非常进取，但是，综合考虑该客户的家庭情况，理财规划师应该看到该客户家庭负担较重，近期子女教育支出、必要的父母养老支出和其他可能的突发性支出等都决定了该客户的风险承受能力是有限的。这样，理财规划师在为客户制订投资规划方案、确定投资组合的时候就要选择一个适中的投资风险水平。当然，在这一风险水平下，客户所获得的投资收益也是适中的。

5）分析客户家庭预期收入信息

通过已经收集和整理的以上信息，理财规划师应该掌握：①客户各项预期家庭收入的来源。预期收入来源决定了该收入项目的性质，而不同性质的收入项目对于客户的财务状况、投资规划的影响以及相应的用途是不同的。例如，预期某客户的家庭收入来自工资、薪金、奖金、利息、红利所得等经常性收入，这些收入发生的频率、金额确定性较大。②客户各项预期家庭收入的规模。客户预期家庭收入是客户的财富基础，客户预期家庭收入的规模在一定程度上决定了客户投资的规模。③客户各项预期家庭收入的结构。不同性质的收入由于发生频率、确定性、规模等特点的不同，对于客户的财务状况、投资理财的影响是不同的，可以安排的用途也不同。因而，明确客户家庭收入的结构，确定客户各种类型的预期收入在客户家庭收入总额中所占的比例，一方面有助于理财规划师发现客户财务结构的缺陷，并提出改进意见，另一方面有助于理财规划师根据客户的收入结构，安排客户的投资规划。

2. 分析客户未来各项需求

从根本上讲，客户进行理财规划或者投资规划是要满足一定的生活需求。客户的投资规划目标往往就是客户未来需求的一方面或者其中的一个组成部分。每个客户由于基本情况不同，对于未来的各种需求也不同。只有明确了客户未来的各项需求，才有可能根据客户的情况帮助客户确定合理的投资规划目标，从而制订出满足客户需求的投资规划方案。

1）投资目标往往是一个比较明确的方向

投资目标的确定，不是客户"一厢情愿"的结果，也不是理财规划师随意安排的计划。所以，投资目标的确定要遵循一定的程序。

理财规划师应该确保已经了解客户的资产情况、财务状况，并且通过交流与沟通，了解了客户的风险偏好、投资需求、投资目标等主观判断性信息。在确定客户的投资目标之前，应该从总体上把握客户的理财规划目标，了解客户期望的投资目标，并对相关信息进行分析。

2）根据对客户财务状况及期望目标的了解初步拟定客户的投资目标

在确定投资目标的时候需要进行以下工作：①将投资目标进行分类。理财规划师首先要将客户的投资目标划分为短期目标、中期目标、长期目标（具体的分类标准下文进行阐述）。例如,购买电视或者出国旅游等短期目标,购买汽车等中期目标,为15年后子女上大学支付学费或者为自己的退休提供养老金等长期目标。②将各投资目标进行排序。确定各期限内有哪些具体目标,并且在同一期限内,对各目标按照重要性进行排序。理财规划师务必要让客户明白没有明确的投资目标,理财规划是不会成功的。例如,如果某一目标不能实现,后果是什么,愿意为实现这个目标而减少多少当前的消费,为实现这个目标需要多少资金,何时需要这些资金,等等。

3) 根据各种不同的目标,分别确定实现各目标所需要投资的资金数额和投资时间

理财规划师在客户投资目标的基础上,为客户合理地分配资金,降低风险,提高收益,且避免盲目跟风、随意决策。

4) 初步拟定客户的投资目标后,应再次征询客户的意见并请客户进行确认

如果客户明确表示反对,理财规划师应要求客户以书面的方式提出自己的投资目标。如果在制订投资规划方案的过程中,理财规划师欲对已确定的投资目标有所改动,必须向客户进行说明并征得客户的同意,以避免双方在以后的合作中出现纠纷。

5) 定期评价投资目标

为客户制订出投资规划目标后并不能一劳永逸,要根据投资环境、客户自身状况或者需求的情况等信息及时对客户的投资目标进行评价。

3. 确定客户的投资目标

投资目标是指客户通过投资规划所要实现的目标或者期望。不能简单地将投资目标等同于投资期望收益,客户的投资目标往往是要实现或者达到某个具体的目标。一个合理的投资目标是理财规划师根据客户的财务状况,综合客户的投资偏好、风险偏好和其他信息形成的。理财规划师要帮助客户确定投资目标,首先要对投资规划目标有一个准确的认识。

1) 投资目标的类型

客户的投资目标按照实现的时间进行分类,可以划分为短期目标、中期目标和长期目标。人的一生会有各种各样的目标,不同的人有不同的目标,即使是同一个人在不同的人生阶段也会有不同的目标。投资目标实际上是人生众多目标中的一个或者几个,而作为人生目标,对于处在不同人生阶段的同一个人,其投资目标是不同的。就像人生其他问题的规划一样,一个人的投资规划会涉及短期、中期、长期三种不同的时期,因而就会有短期、中期和长期目标之分。由于客户的情况不同,不同客户的短期、中期、长期投资目标也就各不相同。例如,同样是购买一辆汽车,对生活在贫困或者偏远地区的客户而言,这很可能是一个长期目标;对一个刚刚大学毕业的学生而言,这在多数情况下应该是一个中期目标;而对一个城市中年客户而言,购买汽车往往是短期目标。

(1) 短期目标。短期目标是指在短时间内(一般在1年左右)就可以实现的目标。短期目标一般需要客户每年或者每2年制订或修改,如装修房屋、休闲旅游、购买手提电脑等。对于短期投资目标,理财规划师一般应该建议采用现金或现金等价物,如活期存款、货币市场基金、短期债券、定期存款等。尽管这些投资工具的收益率不高,但收益率水平比较稳定。

(2) 中期目标。中期目标是指一般需要1~10年才可能实现的愿望。中期目标可以进一步细分,通常2年之内仍可视为短期目标,2~5年可视为中短期目标,5~10年可视为中长期目标。中期目标制订后,一般不频繁进行修改,只在必要的情况下才进行调整。比如,大学毕业生计划购买住房,接近退休年龄的客户安排退休金的投资问题,等等。对于中期投资目标,

理财规划师要从成长性和收益率兼顾的角度来考虑投资策略。

（3）长期目标。长期目标是指一般需要10年以上才能实现的愿望。比如，30岁的客户设定的退休保障目标。对于长期投资目标，主要应着眼于资本市场的长期趋势，而非短期波动。在经济增长、政治稳定等常规状况下，世界上大多数国家资本市场的走势都表现出波动的形态。由于短期波动的不确定性，市场时机的选择非常困难，因而对于长期投资目标，应在资产配置上侧重长期增值潜力大的投资工具，如股票、不动产、艺术品和收藏品等。

需要说明的是，短期目标、中期目标和长期目标之间的界限并不是绝对的。特别是短期目标和中期目标之间，界限不是特别明显。此外，相同的投资目标对于不同的客户，分类也可能不同。

下面按照短期、中期和长期三个期限归纳了不同人生阶段的一般生活目标，仅供参考（见表6-3）。需要强调的是，理财规划师在实际工作中，务必结合客户的具体情况，参考表6-3所列示的各项目标确定不同客户的具体投资目标，切不可简单照搬。

表6-3　不同人生阶段的投资目标

客户类型	短期目标	中期目标	长期目标
大学高年级学生	租赁房屋； 获得银行的信用额度； 满足日常开支	偿还教育贷款； 购买房屋	开始投资计划
20多岁单身客户	储蓄； 对本人进行教育投资； 建立备用基金； 将日常开支削减10%	购买汽车； 实现环球旅行	进行投资组合； 建立退休基金
30多岁已婚客户	更新交通工具； 增加收入； 购买保险	购买更大的房屋； 子女的教育开支	增加子女教育基金的投资； 将投资工具分散化
50岁左右已婚客户	购买新的家具； 提高投资收益的稳定性	调整养老金计划； 退休生活保障投资	出售原有房产； 制订遗嘱； 退休后的旅游计划

2）确定投资目标的原则

投资规划是为了实现客户在投资方面的期望和目标，因此，确定客户的投资目标是投资规划的重要环节，它为整个投资规划指明了方向。可以说，理财规划师帮助客户确定合理的投资目标是制订合适的投资规划方案的关键步骤。根据投资者的自身状况确定投资目标是投资规划的起点，制订正确的投资目标是投资规划最终取得成功的前提。随着投资环境以及自身情况的变化，投资者要不断调整投资组合以实现既定的投资目标，而且原来确定的投资目标可能需要调整以适应新的环境变化。因此，理财规划师在协助客户制定投资规划目标的时候，要遵循一些常见的原则。

（1）投资目标要具有现实可行性。投资目标是理财规划师为客户制订投资规划的基础，所以，客户的投资目标必须具有现实可行性。如果确定的投资目标在客户目前的现实情况下根本没有实现的可能，再好的投资规划方案也是一纸空谈。例如，客户目前可用于投资的资金是10000元，该客户的投资目标之一是以此为基础进行投资，以便年底购买一台价值20000元的笔记本电脑，这显然是不太现实的。再如，理财规划师为客户确定了在年底购买价值20000元的笔记本电脑,并且据此为客户制订了一套完整的规划,只是进行投资的资金大幅超出了客户可以投资的额度,那么客户的这个目标显然是不具有现实可行性的。

(2) 投资目标要具体明确。如上文所述,投资目标是理财规划师为客户制订投资规划方案的前提和基础。如果投资目标不具体、不明确,则理财规划师在制订投资规划方案的时候会无所适从。投资目标具体、明确,主要体现在通过投资目标最终实现客户的财务状况达到何种程度。投资目标越明确,越具有可操作性,对于正确制订投资规划方案也有帮助。理财规划师必须让客户知道,没有明确的投资目标,投资规划是不可能成功的。因此,在确定投资目标的时候要尽可能具体化。例如,投资目标可以是2年后购买某品牌的汽车,而不是笼统地赚一大笔钱。如果将来该品牌的汽车降价,客户可以调整自己的投资组合。当然,客户可能通常没有明确的投资目标,理财规划师要帮助客户分析、归纳并具体化各项投资目标。

(3) 投资期限要明确。客户的投资期限选择在很大程度上影响投资目标的设定,而投资目标的设定又决定着客户的具体投资组合的选择,以及投资规划的制订。例如,一个要在10年内退休的客户与一个刚刚开始工作的客户的退休养老规划,显然会有天壤之别。资本市场存在着短期波动性和长期趋势,因此,期限对于投资工具的选择至关重要。

(4) 投资目标的实现要有一定的时间弹性和金额弹性。由于投资规划本身就具有一定的预测性质,投资规划目标的实现取决于一些具有时间弹性和金额弹性的影响因素。因此,制订出能够实现客户的某一个确切的投资目标的投资规划是很难的,即使是一个经验丰富的理财规划师也很难有绝对的把握。所以,理财规划师在制订投资目标的时候应注意要有一定的时间弹性和金额弹性,这有助于增强投资规划的灵活性。

(5) 投资目标要与客户总体理财规划目标相一致。投资规划是客户整个理财规划的一部分,投资是实现其他财务目标的重要工具。客户的理财目标是一个综合性的目标,需要通过理财规划方案中的一个或者几个规划来实现。而要通过投资来达到的目标或者实现的期望就是投资规划的目标。从这个意义上讲,投资目标实际上是客户理财目标中的一部分。因此,在确定投资目标的时候需要参考已经确定的整体理财目标。具体来讲,投资目标应该是客户整体理财目标的组成部分。

(6) 投资目标要与其他目标相协调,避免冲突。整体理财目标的实现要通过具体的规划来实现。虽然各规划有所侧重,但是各规划要相互配合才有可能实现理财目标,甚至一个具体的目标也有可能涉及多个相关规划。例如,客户的购房目标,可能涉及客户的住房消费支出规划、投资规划等。因而,在制订规划目标的时候,各规划要相互协调,不能只为某一个规划单独设定目标,而忽视与其他规划的配合。

(7) 投资规划目标要兼顾不同期限和先后顺序。一般来说,客户的投资目标都不止一个,而且这些目标不可能同时实现。所以,理财规划师在区分客户的短期、中期、长期投资目标的基础上,应该结合客户的具体情况对其具体的投资目标按照重要程度和紧迫程度进行排列,从而在投资规划中确定实现投资目标的步骤。

3) 投资的约束条件

对不同的客户而言,即使风险程度相同,投资策略也会有极大的不同,这是因为不同的客户面临的约束条件不一样。因而,在制定投资目标之前,理财规划师要明确客户的投资约束条件,这样为客户制订的投资规划更具有可行性。这些约束条件包括流动性、投资期限、资金的可获取性、税收状况、特殊需求等。

(1) 流动性。流动性是指某种资产迅速转变为现金而不遭受损失的能力。通常用立刻将资产销售出去时的价格折扣幅度来衡量流动性。现金和银行支票存款等资产的流动性最高,而股票和债券等资产的流动性稍差,不动产和艺术品等资产的流动性最差。一般而言,如果两种资产的其他条件相同,投资者对流动性差的资产要求的回报率要高。投资者在制订投资策略的时候必须考虑将来什么时间需要多少现金。从流动性需求出发,可以确定在投资组合中持有现金或现金等价物的最低比例。例如,客户计划在不久的将来装修房屋,对于现金具有较大的需求,这就需要以更大比例投资于流动性高的资产。

(2) 投资期限。投资期限是指开始投资到预先确定的投资回收日为止的期限长度。例如,为子女的大学教育费用进行储蓄的投资期限就是距离子女上大学的时间,而为退休生活进行储蓄的投资期限就是该客户剩余工作的年限。当客户在各种投资对象中进行选择时,投资期限是重要的因素。例如,如果某种债券的到期日恰好与客户需要使用资金的时间相一致,那么这种债券对于客户来说就会具有很大的吸引力。

(3) 投资的可获取性。市场上金融产品繁多,投资者的选择也就多了,出于竞争,很多金融机构推出的金融产品明显具有市场细分的特点。例如,市场上的证券投资集合资金信托计划收益较高,但是,其设置了较高的进入门槛,少则 100 万元,多则上千万元,这让很多人望而兴叹。另外,有些金融产品虽然很适合客户,但是可能出现无法直接购买的情况。例如,资产支持证券,目前只能在银行间市场进行交易,因此,个人投资者还不能投资资产支持证券。

(4) 税收状况。在对投资决策的结果进行评价时,应该以税后收益率来衡量。对面临较高税率的客户而言,采取适当的投资策略以达到合理避税和延迟纳税的目的,对投资策略的成功是非常重要的。

(5) 特殊需求。每个客户都具有不同的特征,因此,必须考虑客户的特殊需求。一般而言,职业可以看作个人最主要的投资,职业的风险状况在客户的投资决策过程中常常发挥着重要作用。例如,一对夫妻都在银行工作,该家庭的风险与银行业的风险具有高度的相关性。因此,该家庭在进行投资的时候,需要对银行业的风险进行规避。

第二节　制订投资规划方案

一、股票

(一) 股票的概述

1. 股票的定义

股票是一种有价证券,是股份有限公司在筹集资本时向出资人公开发行的,代表持有人(即股东)对公司的所有权,并根据所持有的股份数依法享有权益和承担义务的可转让的书面凭证。

股票一经发行,持有者即成为发行股票的公司的股东,有权参与公司的决策、分享公司的利益,同时,也要分担公司的责任和经营风险。股票一经认购,持有者不能以任何理由要求退还股本,只能通过证券市场将股票转让或出售。作为交易对象和抵押品,股票已成为金融市场上主要的、长期的信用工具。实质上,股票只是代表股份资本所有权的证书,它本身并没有任何价值,不是真实的资本,而是一种独立于实际资本之外的虚拟资本。

股票作为一种所有权凭证,有一定的格式。从股票的发展历史看,最初的股票票面格式既不统一,也不规范,由各发行公司自行决定。随着股份制度的发展和完善,许多国家对股票票面格式做了规定,提出票面应载明的事项和具体要求。股票应载明的事项主要有公司名称、公司登记成立的日期、股票种类、票面金额及代表的股份数、股票的编号。股票由董事长签名,公司盖章。发起人的股票,应当标明"发起人股票"字样。

随着电子技术的发展与应用,股票的发行和交易都借助计算机及电子通信系统进行,上市股票的日常交易已实现无纸化。所以,现在的股票只是由计算机系统管理的一组组二进制数字而已。但从法律上来说,上市交易的股票必须具备上述内容。我国发行的每股股票的面额均为一元人民币,股票的发行总额为上市股份有限公司的总股本数。

2. 股票的性质

股票以法律形式确定了股份有限公司的自有资本以及公司与股东之间的经济关系,具有特定的法律意义。股票的法律性质主要表现在以下几方面。

1)股票是反映财产权的有价证券

有价证券是用以证明持券人有权按期取得一定收益的证券,体现的是持券人的财产权。行使证券所反映的财产权必须以持有该证券为条件。股票正是具有这一法律性质的有价证券,它代表着股东获取股份有限公司按规定分配股息和红利的请求权。虽然股票本身没有价值,但股票代表的请求权可以用财产价值来衡量,因而股票可以在证券市场上买卖和转让。股票所代表的财产权与股票是合为一体的,与股东的人身不可分离。持有股票的人就是股东,出示股票才能行使财产请求权。股票转让,其包含的财产请求权也一并转移。在股份有限公司正常经营的状态下,股东行使股票的财产请求权所获得的收益是一种相对稳定的、长期的、资本化收入。

2)股票是证明股东权的法律凭证

股票持有者作为股份有限公司的股东,相对于公司及公司财产,享有独立的股东权。股东权是一种综合权利,包括出席股东大会、投票表决、任免公司管理人员等"共益权",以及分配股息红利、认购新股、分配公司剩余财产等"自益权"。股票便是证明这些权利的法律凭证。法律确认并保护持有股票的投资者以股东身份参与公司的经营管理决策,或者凭借手持的多数股票控制股份有限公司。公司必须依法服从股东意志,执行股东大会的决策。股票将股东与公司联结起来,形成相应的权利义务关系,这种关系不同于一般的所有权或债权关系。股东只是基于股票享有股东权,却丧失了对其出资的直接支配权;股票虽能代表股东的地位和权利,但由于股票的可流通性,也就只能根据股票的股东权证明作用,通过在股票上署名或股票的持有来认定股东身份,承认其股东权。

3)股票是投资行为的法律凭证

对发行者来说,股票是筹措资本的手段;对认购者来说,购买股票是一种投资行为。股票就是用来证明这种筹资和投资行为的法律凭证。随着经济的发展,企业的资金需求不断扩大。在自身积累和银行贷款都难以满足需要的情况下,便可组建股份有限公司,通过发行股票筹措自有资金;社会成员要向公司投资,就可以购买其发行的股票,所投资金成为公司的法人财产,不能再要求公司返还或退股。投资者购买股票后即成为公司股东,有权获取股息和红利,有权参与公司的经营管理决策。股票便是进行这种投资和吸引投资的法律依据。股票是投入股份有限公司资本份额的证券化,属于资本证券。一般来说,股票依股份有限公司的存续而存在。但是,股票又不同于投资本身。通过发行股票筹措的资金,是股份有限公司用于生产和流通的实际资本;而股票是进行股票投资的媒介,它独立于实际资本之外,凭借它所代表的资本额和股东权益在股市上从事独立的价值运动。可见,股票并不是现实的财富,但它可以促使现实财富的集中。

3. 股票的特征

(1) 收益性。收益性是指持有股票可以为持有人带来收益的特性。持有股票的目的在于获取收益。股票的收益包括两部分：一是股息或红利收益，二是资本利得。前者是指投资者认购股票后，对发行公司享有收益权，也即从公司领取股息和分享公司的红利，股息和红利的多少取决于股份公司的经营和盈利水平。后者来源于股票流通转让，即投资者可以获得价差收入或实现资产的保值、增值。通过低价买入高价卖出，投资者可以赚取价差利润。在通货膨胀时，股票价格会随着公司原有资产重置价格的上升而上涨，从而避免了资产贬值，因而，股票被视为高通货膨胀时期优先选择的投资工具。

(2) 风险性。风险性是指购买、持有股票可能产生经济损失或额外收益的特性。任何投资都是有风险的，股票投资也不例外。股票投资者能否获得预期的回报，一是取决于企业的盈利情况，利大多分，利小少分，公司破产时则可能血本无归；二是股票作为交易对象，就如同商品一样，有自己的价格。股票的价格除了受制于企业的经营状况，还受经济的、政治的、社会的甚至人为等诸多因素的影响，处于不断变化中，大起大落的现象也时有发生。股票市场上股票价格的波动虽然不会影响上市公司的经营业绩，从而影响股息与红利，但股票的贬值还是会使投资者蒙受部分损失。因此，欲入市的投资者，一定要谨慎从事。

(3) 流动性。流动性是指股票可以依法自由地进行交易的特性。股票持有人虽然不能直接从股份公司退股，但可以在股票市场上随时转让，进行买卖，也可以继承、赠与、抵押，所以，股票是一种流动性很强的资产。无记名股票的转让只要把股票交付给受让人，即可达到转让的法律效果；记名股票的转让则要在卖出人签章背书后才可转让。正是由于股票具有很强的流动性，股票才成为一种重要的融资工具而不断发展。

(4) 不可偿还性。股票是一种无偿还期限的有价证券，投资者购买了股票以后就不能要求退股，只能拿到二级市场上出售。股票的转让只意味着公司股东的改变，并不减少公司资本。股票的有效期与公司存续期是一样的。

(5) 参与性。参与性是指股票持有人有权参与公司重大决策的特性。股票持有人作为股份公司的股东，有权出席股东大会，通过选举公司董事会来实现其参与权。不过，股东参与公司重大决策的权力大小，取决于其持有股票数额的多少。如果某股东持有的股票数额达到左右决策结果所需的实际多数时，就能掌握公司的决策控制权。

4. 股票的分类

股份有限公司为了满足自身经营的需要，会根据投资者的投资心理，发行多种多样的股票，这些股票所代表的股东地位和股东权利各不相同。按照不同的分类标准，股票主要有以下几个基本类别。

1) 按照股东权利不同分类

(1) 普通股。普通股是随着企业利润变动而变动的一种股份，是股份公司资本构成中最普遍、最基本的股份，是股份企业资金的基础部分。普通股的基本特点是其投资收益（股息和分红）不是在购买时约定，而是事后根据股票发行公司的经营业绩来确定。公司经营业绩好，普通股收益就高；公司经营业绩差，普通股收益就低。普通股是股份公司资本构成中最重要、最基本的股份，也是风险最大的一种股份，但又是股票中最基本、最常见的一种。

(2) 优先股。优先股是"普通股"的对称，是股份公司发行的在分配红利和剩余财产时比普通股具有优先权的股份。优先股股东一般不能在中途向公司要求退股（少数可赎回的优先股例外)。优先股的主要特征有两个:一是优先股通常预先定明股息收益率。由于优先股股息率事先固定,因此一般不会随着公司经营情况而增减,而且一般不能参与公司的分红。但优先股可以先于普通股获得股息,对公司来说,由于股息固定,优先股不影响公司的利润分配。二是优先股的权利范围小。优先股股东一般没有选举权和被选举权,对股份公司的重大经营无投票权,但在某些情况下可以享有投票权。

2) 按照是否记载股东姓名分类

(1) 记名股票。记名股票是指将股东姓名记载于股票票面和股东名册的股票。一般来说,如果股票是归某人单独所有,则应记载持有人的姓名;如果股票是由国家授权投资的机构或者法人所持有,则应记载国家授权投资的机构或者法人的名称;持有者变更姓名或名称的,应办理变更手续。股份有限公司向发起人、法人、国家授权投资的机构发行的股票,为记名股票,并应当记载该发起人、机构或者法人的名称,不得另立户名或者以代表人姓名记名。股份有限公司对社会公众发行的股票,可以为记名股票,也可以为无记名股票。发行记名股票的,应当置备股东名册,记载以下事项:股东的姓名或者名称及住所、各股东所持股份数、各股东所持股票的编号、各股东取得股份的日期。记名股票有如下特点:一是股东权利的专有性,二是认购股款可以分期缴纳,三是不易转让,四是相对安全。

(2) 无记名股票。无记名股票是指在股票票面和股份公司股东名册上不记载股东姓名的股票。无记名股票发行时一般留有存根联,其内容由两部分组成:一部分是股票的主体,记载了有关公司的事项,如公司名称、股票所代表的股数等;另一部分是股息,用于进行股息结算和行使增资权利。发行无记名股票的,公司应当记载其股票数量、编号及发行日期。无记名股票有如下特点:一是认购股票一次性缴足股款,二是转让相对简便,三是安全性较差。

3) 按照是否在股票票面上标明金额分类

(1) 有面额股票。有面额股票是指票面上记载一定金额的股票,这一金额又称作票面金额、票面价值或股票面值。股票票面金额的计算方法是用资本总额除以股份数,而实际上很多国家是通过法规予以直接规定,且一般限定这类股票的最低票面金额。另外,同次发行的股票,每股票面金额是相等的。票面金额一般以国家的主币为单位。大多数国家的股票是有面额的。有面额股票具有如下特点:一是表明每股的股权比例,二是有面额股票是股票发行价格的依据。

(2) 无面额股票。无面额股票是指在股票票面上不记载股票面额,只注明它在公司总股本中所占比例的股票,也称比例股票或份额股票。其价值是不确定的,随着公司资产的变化而变化。公司资产增加,每股价值上升;公司资产减少,每股价值下降。目前世界上很多国家的公司法规定不允许发行无面额股票。无面额股票有如下特点:一是发行或转让价格较灵活,二是股票便于分割。

4) 按照发行地及其交易币种分类

(1) A股。A股即人民币普通股,是由我国境内公司发行,供境内机构、组织或个人(不含港、澳、台投资者)以人民币认购和交易的普通股股票。

(2) B股。B股即人民币特种股票,是以人民币标明面值,以外币认购和买卖,在我国境内证券交易所上市交易的股票。B股的早期投资人为境外投资者及港、澳、台投资者。其中,上海证券交易所以美元结算,而深圳证券交易所以港币结算。自2001年2月19日以后,沪深B股市场已经向境内投资者开放。

(3) H股。H股是在内地注册,在香港上市的外资股。比如,中国建设银行在内地注册,但是在香港证券交易所上市。

(4) N股。N股是在内地注册,在纽约上市的外资股。比如,中国人寿股份有限公司在内地注册,但是在纽约证券交易所上市。

(5) S股。S股是在内地注册,在新加坡上市的外资股。比如,广州越秀、中国航油、亚洲创建、中远投资等都是在内地注册,但是在新加坡证券交易所上市。

5) 按照风险和收益标准分类

(1) 蓝筹股。在国外股票市场上,投资者把那些在其所属行业内占支配性地位、业绩优良、成交活跃、股利优厚的大公司股票称为蓝筹股。

(2) 绩优股。在我国,衡量绩优股的指标是每股税后利润和净资产收益率。一般而言,每股税后利润在全体上市公司中处于中上水平,公司上市后净资产收益率连续3年显著超过10%的股票就是绩优股。

(3) 垃圾股。这类股票由于行业前景不好,或者经营管理不善,出现困难,甚至亏损,其股价走低,交投不活跃。但是,如果垃圾股公司经过成功的资产重组或提高经营管理水平,股价则可能大幅度上升。垃圾股具有很高的风险,也有可能带来高额回报。

6) 按照受经济周期的影响分类

(1) 周期型股票。周期型股票的回报率与经济周期具有很强的正相关关系。当经济繁荣时,周期型股票的表现将超过市场平均水平;当经济萧条时,周期型股票的表现则逊于市场平均水平。典型的周期型股票,如航空、港口、房地产行业。

(2) 防守型股票。防守型股票与经济周期的相关性很弱,股票的风险要小于周期型股票,其预期回报率也较低,容易受到稳健型投资者的青睐。典型的防守型股票,如饮料、食品等生活必需品生产行业。

(3) 成长型股票。成长型股票与经济周期的相关性也很弱,成长型股票多出现在高科技或新型商业模式等有创造新需求的领域,股票的业绩和股价的高增长可以长期保持,如计算机行业、基因工程等。成长型股票是很多追求高风险、高回报投资者喜爱的品种。

7) 按照股票持有者分类

(1) 国家股。国家股是指有权代表国家投资的部门或机构以国有资产向公司投资形成的股份,包括公司现有国有资产折算成的股份。由于我国大部分股份制企业是由原国有大中型企业改制而来,因此国家股在公司股权中占较大的比重,如中国重汽、中国医药、中国人寿、中国船舶等。

(2) 法人股。法人股是指企业法人或具有法人资格的事业单位和社会团体以其依法可经营的资产向公司非上市流通股权部分投资所形成的股份。根据法人股认购的对象,法人股可进一步分为境内发起法人股、外资法人股和募集法人股。法人股投资资金来自企事业单位,必须经中国人民银行批准后才可以转让。

(3) 社会公众股。社会公众股是指我国境内个人和机构,以其合法财产向公司可上市流通股权部分投资所形成的股份。我国投资者在股票市场买卖的股票都是社会公众股,可以自由流通。

(二) 股票的发行与交易

1. 股票发行与交易市场

1) 按照市场的功能划分

(1) 一级市场。一级市场又称股票的初级市场,即发行市场。在一级市场中,资金筹集者按照一定的法律规定和发行程序通过发行股票来筹集资金,投资者通过认购股票成为公司的股东。

(2)二级市场。二级市场又称流通市场,是进行股票买卖交易的场所。已发行的股票在投资者之间进行转让,必须通过二级市场交易,以维持股票的流动性。交易价格由市场竞价形成。比如,上海证券交易所、深圳证券交易所、北京证券交易所作为投资者之间交易的市场,属于二级市场。

2)按照市场的组织形式划分

(1)场内市场。场内市场又称有形市场,是各类股票集中交易的场所,有固定的组织场所、交易制度和交易时间。比如,我国的上海证券交易所、深圳证券交易所、北京证券交易所。

(2)场外市场。场外交易市场是证券交易所以外的证券交易市场的总称。由于在证券市场发展的初期,许多有价证券的买卖都是在柜台上进行的,因此,也称柜台市场或店头市场。

2. 股票交易规则

投资者在二级市场交易股票时,需要遵循相当多的交易规则。

1)交易时间与竞价方式

我国证券交易所采用集合竞价和连续竞价两种竞价方式。集合竞价是指对一段时间内接受的买卖申报一次性集中撮合的竞价方式。也就是说,集合竞价是将数笔委托报价或一个时段内的全部委托报价集中在一起,根据不高于申买价和不低于申卖价的原则产生一个成交价格,且在这个价格下成交的股票数量最大,并将这个价格作为全部成交委托的交易价格。连续竞价是指对买卖申报逐笔连续撮合的竞价方式。也就是说,连续竞价是对申报的每一笔买卖委托,由计算机交易系统按照以下情况产生成交价:最高买入申报与最低卖出申报价格相同,则该价格即为成交价格;买入申报价格高于即时揭示的最低卖出申报价格时,则以即时揭示的最低卖出申报价格为成交价格;卖出申报价格低于即时揭示的最高申报买入价格时,则以即时揭示的最高申报买入价格为成交价格。

(1)交易时间。根据各证券交易所交易规则,交易日为每周一至周五。国家法定假日和证券交易所公告的休市日,证券交易所市场休市。证券采用竞价交易方式的,除另有规定外,每个交易日的9:15至9:25为开盘集合竞价时间,9:30至11:30和13:00至14:57为连续竞价时间,14:57至15:00为收盘集合竞价时间。开市期间停牌并复牌的证券除外。根据市场发展需要,经证监会批准,证券交易所可以调整交易时间。交易时间内因故停市,交易时间不作顺延。

(2)竞价方式。在开盘集合竞价期间,证券交易所的自动撮合系统只储存而不撮合,当申报竞价时间一结束,撮合系统将根据集合竞价原则,产生该股票的当日开盘价。集合竞价结束后,就进入连续竞价时间。投资者的买卖指令进入证券交易所主机后,撮合系统将按"价格优先、时间优先"的原则进行自动撮合成交。其中,成交时价格优先的原则为较高价格买入申报优先于较低价格买入申报,较低价格卖出申报优先于较高价格卖出申报;成交时时间优先的原则为买卖方向、价格相同的,先申报者优先于后申报者。另外,先后顺序按交易主机接受申报的时间确定。

2)交易金额与涨跌幅限制

(1)交易金额。我国证券交易所交易的股票最低委托数量为1手,即100股,每次交易委托数量必须是100股的整数倍。同时,股票竞价交易也有交易数量上限,单笔申报最大数量应当不超过100万股。

(2)涨跌幅限制。证券交易所股票交易实行价格涨跌幅限制,涨跌幅比例为10%。其中,*ST与ST股票价格涨跌幅比例为5%,北京证券交易所股票价格涨跌幅比例为30%。涨跌幅价格的计算公式为

$$涨跌幅价格 = 前收盘价 \times (1 \pm 涨跌幅比例)$$

计算结果按照四舍五入原则取至价格最小变动单位。但在一些特殊情况中,股票交易不实行价格涨跌幅限制,具体规定请参见上海证券交易所交易规则、深圳证券交易所交易规则、北京证券交易所交易规则,此处不再赘述。

3)挂牌、摘牌、停牌与复牌

证券的挂牌、摘牌、停牌与复牌,证券交易所都会予以公告。

(1)挂牌。挂牌是指股份有限公司的股票在证券交易所上市交易。

(2)摘牌。根据证券交易所交易规则,证券上市期届满或依法不再具备上市条件的,予以摘牌。证券摘牌后,证券交易所发布的行情信息中无该证券的信息。

(3)停牌。停牌是指暂时停止股票买卖。当某家上市公司因一些消息或正在进行的某些活动而使该公司股票的股价大幅度上涨或下跌,这家公司就可能需要停牌。对上市公司的股票进行停牌,是证券交易所为了维护广大投资者的利益和市场信息披露公平、公正及对上市公司行为进行监管约束而采取的必要措施。证券停牌时,证券交易所发布的行情信息中包括该证券的信息。

(4)复牌。复牌是指股票开盘恢复交易。被证券交易所实施停牌的股票,需要等到披露义务当事人做出公告的当日上午10:30复牌。

证券挂牌、摘牌、停牌与复牌的其他规定,请参见各证券交易所的相关规定,此处不再赘述。

4)"*ST"与"ST"

根据证券交易所的规定,上市公司出现财务异常情况或者其他异常情况,导致其股票存在被终止上市的风险,或者投资者难以判断公司前景,投资者权益可能受到损害的,证券交易所对该公司股票实施风险警示。风险警示分为警示存在终止上市风险的风险警示(即退市风险警示)和警示存在其他重大风险的其他风险警示。

上市公司股票被实施退市风险警示的,在公司股票简称前冠以"*ST"字样,以区别其他股票。上市公司股票被实施其他风险警示的,在公司股票简称前冠以"ST"字样,以区别其他股票。

"*ST"与"ST"的具体规定,请参见各证券交易所的相关规定,此处不再赘述。

3. **股票价格指数**

股票价格指数,简称股价指数,是指由金融服务机构编制的,通过对股票市场上一些有代表性的公司发行的股票交易价格进行平均计算和动态对比后得出的数值,是对股市动态的综合反映,能从总体上衡量股市价格水平和涨跌情况。

1)我国主要股票价格指数

(1)上证股票指数。上证股票指数是由上海证券交易所编制的股票指数,1990年12月19日为基准日,基期指数为100点。该股票数的样本为所有在上海证券交易所挂牌上市的股票,其中新上市的股票在挂牌的第二天纳入股票指数的计算范围。该股票指数的权数为上市公司的总股本。

由于我国上市公司的股票有流通股和非流通股之分,其流通量与总股本并不一致,因此总

股本较大的股票对股票指数的影响就较大,上证指数常常成为机构大户造市的工具,股票指数的走势与大部分股票的涨跌相背离。

上海证券交易所股票指数的发布几乎是和股票行情的变化同步的,它是我国股民和证券从业人员研判股票价格变化趋势必不可少的参考依据。

(2) 深证综合股票指数。深证综合股票指数是由深圳证券交易所编制的股票指数,1991年4月3日为基准日,基期指数为1000点。该股票指数的计算方法基本与上证指数相同,其样本股为所有在深圳证券交易所挂牌上市的股票,权数为股票的总股本。由于以所有挂牌的上市公司为样本,其代表性非常广泛,且它与深圳股市的行情同步发布,是股民和证券从业人员研判深圳股市股票价格变化趋势必不可少的参考依据。

在前些年,由于深圳证券交易所的股票交投不如上海证交所那么活跃,深圳证券交易所现已改变了股票指数的编制方法,采用成分股指数,1994年7月20日为基准日,基期指数为1000点。其样本股是从深圳证券交易所上市的公司中挑选出来的40种股票,权数为公司的可流通股本数。

现在深圳证券交易所并存着两个股票指数,一个是老指数深圳综合指数,一个是当前的成分股指数,但从当前几年来的运行势态来看,两个指数间的区别并不是特别明显。

(3) 沪深300指数。沪深300指数是由上海和深圳证券市场中选取300只A股作为样本编制而成的成分股指数。其中,沪市有179只,深市有121只。2004年12月31日为基准日,基期指数为1000点。

沪深300指数样本覆盖了沪深市场六成左右的市值,具有良好的市场代表性。沪深300指数是沪深证券交易所第一次联合发布的反映A股市场整体走势的指数。沪深300指数的推出,丰富了市场现有的指数体系,增加了一项用于观察市场走势的指标,有利于投资者全面把握市场运行状况,也为指数投资产品的创新和发展提供了基础条件。

(4) 香港恒生指数。香港恒生指数是香港股票市场上历史最久、影响最大的股票价格指数,由香港恒生银行全资附属的恒生指数服务有限公司编制,1964年7月31日为基准日,基期指数为100点。

恒生股票价格指数的样本股是从香港500多家上市公司中挑选出来的33家有代表性且经济实力雄厚的大公司股票,以其为成分股,分为四大类:4种金融业股票、6种公用事业股票、9种地产业股票和14种其他工商业(包括航空和酒店)股票。这些股票占香港股票市值的63.8%,因该股票指数涉及香港的各个行业,所以具有较强的代表性。由于恒生股票价格指数所选择的基期适当,因此,不论股票市场狂升或猛跌,还是处于正常交易水平,恒生股票价格指数基本上能反映整个股市的活动情况。

2) 世界主要股票价格指数

(1) 道·琼斯指数。道·琼斯指数最早是在1884年由道·琼斯公司的创始人查尔斯·亨利·道编制的,是一种算术平均股价指数。道·琼斯指数由美国报业集团——道·琼斯公司负责编制并发布,登载在其属下的《华尔街日报》上。

道·琼斯指数是世界上历史最为悠久、最有影响、使用最广的股价指数。它以在纽约证券交易所挂牌上市的一部分有代表性的公司股票为编制对象,由四种股价平均指数构成。这四种股价平均指数分别是:以30家著名的工业公司股票为编制对象的道·琼斯工业股价平均指数,以20家著名的交通运输业公司股票为编制对象的道·琼斯运输业股价平均指数,以15家著名的公用事业公司股票为编制对象的道·琼斯公用事业股价平均指数,以上述三种股价平均指数所涉及的65家公司股票为编制对象的道·琼斯股价综合平均指数。在四种道·琼斯股价指数中,以道·琼斯工业股价平均指数最为著名,它被大众传媒广泛报道,并作为道·琼斯指数的代表加以引用。

(2)标准·普尔股票价格指数。标准·普尔股票价格指数在美国也很有影响,它是美国最大的证券研究机构即标准·普尔公司编制的股票价格指数。该公司于1923年开始编制发布股票价格指数。标准·普尔公司股票价格指数以1941—1943年抽样股票的平均市价为基期,以上市股票数为权数,按基期进行加权计算,其基点数为10点。

标准·普尔公司最初采选了230种股票,编制两种股票价格指数。到1957年,这一股票价格指数的范围扩大到500种股票,分成95种组合。其中最重要的四种组合是工业股票组、铁路股票组、公用事业股票组和500种股票混合组。从1976年7月1日开始,改为400种工业股票、20种运输业股票、40种公用事业股票和40种金融业股票。几十年来,虽然有股票更迭,但始终保持为500种。

(3)日经225指数。日经225指数是由日本经济新闻社编制并公布的反映日本股票市场价格变动的股票价格平均数。该指数从1950年9月开始编制。最初根据东京证券交易所第一市场上市的225家公司的股票算出修正平均股价。

日经225种平均股价所选样本均为在东京证券交易所第一市场上市的股票,样本选定后原则上不再更改。1981年定位制造业150家、建筑业10家、水产业3家、矿业3家、商业12家、路运及海运14家、金融保险业15家、不动产业3家、仓库业、电力和煤气4家、服务业5家。由于日经225种平均股价从1950年一直延续下来,因而其连续性及可比性较好,成为考查和分析日本股票市场长期演变及动态的最常用和最可靠指标。

(4)《金融时报》股票价格指数。《金融时报》股票价格指数的全称是"伦敦《金融时报》工商业普通股股票价格指数",是由英国《金融时报》公布发表的。

该股票价格指数包括在英国工商业中挑选出来的具有代表性的30家公开挂牌的普通股股票。该股票价格指数以1935年7月1日为基准日,其基点为100点。该股票价格指数以能够及时显示伦敦股票市场情况而闻名于世。

(5)纽约证券交易所股票价格指数。纽约证券交易所股票价格指数是由纽约证券交易所编制的股票价格指数。它起自1966年6月,先是普通股股票价格指数,后来改为混合指数,包括在纽约证券交易所上市的1500家公司的1570种股票。

纽约证券交易所股票价格指数是以1965年12月31日确定的50点为基数,采用的是综合指数形式。纽约证券交易所每半个小时公布一次指数的变动情况。虽然纽约证券交易所编制股票价格指数的时间不长,但因它可以全面及时地反映其股票市场活动的综合状况,因而较受投资者的欢迎。

(三)股票的收益与风险

1. 股票的收益

投资者投资股票获得盈利的主要途径就是股息红股的分派和低吸高抛所获得的资本利得。

投资者对股票价值的评估就是对公司未来盈利的一种预期。如果其高于企业未来真实的盈利水平,那么投资者就有亏损的危险;如果相反,那么该股票价格处于被低估的状态,投资者未来会有丰厚的回报。因此,对企业未来盈利能力的预期是造成投资者盈亏的根本原因。

出于对上市公司价值判断的不同,以及对于其未来可能实现的现金流的预期不同,股票价格存在着波动,这种波动有可能在众多操作行为的推动下,演变成一种趋势。把握趋势高抛低吸,成了投资者实现买卖差价、获得盈利的直接来源。同时,一旦判断失误,也会形成直观的投资风险。

2. 股票的风险

收益与风险是一对"孪生兄弟",高收益必然伴随着高风险。任何一个准备或已经参与证券市场的投资者,在具体的投资品种面前,在做出操作选择之际,都应认清、正视收益与风险的辩证关系,树立风险意识。

根据风险产生的原因及应对措施的不同,证券投资风险可以分为系统性风险(又称市场风险)和非系统风险(又称非市场风险)两种。

1) 系统性风险

成熟的股市是国民经济的"晴雨表"。宏观经济形势的好坏、财政政策和货币政策的调整、政局的变化、汇率的波动、资金供求关系的变动等,都会引起股票市场的波动。对于证券投资者来说,这种风险是无法消除的。投资者无法通过多样化的投资组合进行证券保值,就是因为有系统性风险的存在。系统性风险的构成主要包括以下四类。

(1) 政策风险。政府的经济政策和管理措施可能造成证券收益的损失,这在新兴股市表现得尤为突出。经济、产业政策的变化和税率的改变,可以影响到公司利润、债券收益的变化;证券交易政策的变化,可以直接影响到证券的价格。因此,每一项经济政策、法规的出台或调整,都会对证券市场产生一定的影响,从而引起市场整体的波动。

(2) 利率风险。一方面,上市公司经营运作的资金也有利率成本,利率变化意味着成本的变化,加息则代表着企业利润的削减,相关证券的价值反映内在价值,必然会伴随着下跌;另一方面,流入证券市场的资金,在收益率方面往往有一定的标准和预期,一般而言,资金是有成本的,同期利率往往是参照标准,当利率提升时,在证券市场中寻求回报的资金要求获得高过利率的收益率水平,如果难以达到,资金将流出市场转向收益率高的领域,这种反向变动的趋势在债券市场上尤为突出。

(3) 购买力风险。在现实生活中,由于物价上涨,同样金额的资金未必能买到过去同样的商品。这种物价的变化导致了资金实际购买力的不确定性,称为购买力风险,或通货膨胀风险。同样,在证券市场上,由于投资证券的回报是以货币的形式来支付的,在通货膨胀时期,货币的购买力下降,也就是投资的实际收益下降,将给投资者带来损失的可能。

(4) 市场风险。市场风险是证券投资活动中最普遍、最常见的风险。当整个证券市场连续过度上涨,股价已远离合理价值区域之后,股价上涨主要依靠资金简单流入堆砌,趋势投机代替了价值投资。但是,"泡沫"总有破灭的一天,当后继投资者不再认同没有价值支撑的股价,市场由高位回落便成为自然,这种转折趋势一旦形成,往往形成单边没有承接力的连续下跌。这在过去世界各国的股灾中已被证明,这也是市场参与者无法回避和必然接受的风险。

2) 非系统风险

单只股票价格同上市公司的经营业绩和重大事件密切相关。公司的经营管理、财务状况、市场销售、重大投资等因素的变化,都会影响公司的股价走势。这种风险主要影响某一种证券,与市场的其他证券没有直接联系,投资者可以通过分散投资的方法来抵消这种风险,这就是非系统风险。非系统风险的构成主要包括以下四类。

(1) 经营风险。证券市场交易股票的价格,从根本上说是反映上市公司内在价值的,其价值的大小由上市公司的经营业绩决定。然而,上市公司本身的经营是有风险的,经营上潜藏着不景气,甚至失败、倒闭的风险,从而造成投资者收益、本金的增加或损失。

(2) 财务风险。财务风险是指公司因筹措资金而产生的风险,即公司可能丧失偿债能力的风险。公司财务结构的不合理,往往会给公司造成财务风险。形成财务风险的因素主要有资产负债比率、资产与负债的期限、债务结构等。投资者在投资股票时,应注意对公司财务报表的分析。

(3) 信用风险。信用风险也称违约风险,是指不能按时向证券持有人支付本息而给投资者造成损失的可能性。信用风险主要针对债券投资品种,对于股票只有在公司破产的情况下才会出现。

(4) 道德风险。道德风险是指上市公司管理者的道德风险。上市公司的股东和管理者是一种委托代理关系。由于股东和管理者追求的目标不同,尤其在双方信息不对称的情况下,管理者的行为可能对股东的利益造成损害。

3) 其他交易过程风险

证券市场投资运作的复杂性使投资者面临交易过程中的种种风险,包括自己不慎或券商失责而导致股票被盗卖、资金被冒提、保证金被挪用,以及信用交易不受法律保护、买卖操作失误、接受不合规证券咨询导致损失等风险。必须提醒投资者注意交易过程中的有关事项,学会自我保护,尽可能降低交易过程风险。交易过程风险主要包括以下两类。

(1) 操作性风险。操作性风险是结算运作过程中的计算机或人为操作处理不当而导致的风险,大致可以分成两类:一是计算机软、硬件故障可能导致行情数据、委托交易延误,从而使投资者错过时机,造成投资损失。这类风险分为不可抗力风险和可以向券商追索赔偿两种。投资者可以根据是否为不可抗力造成,通过法律途径申请自己的正当主张,以降低风险损害程度。二是从投资者自身的知识层面去寻找问题所在。目前市场中金融创新不断增多,不同交易品种的交易方式存在着不同,比如,债券的面值及如何正确报价、权证价格涨跌停幅度如何计算、新股上市及股改实施后首日复牌价格涨跌幅限制,等等,相应的知识需要投资者积极主动地去学习。

(2) 不合规的证券投资咨询风险。随着投资者的增加,对咨询及咨讯的需求在上升,证券投资咨询业务受到了空前的重视,证券咨询机构鱼龙混杂,既有正规券商研究机构对相应开户投资者的日常咨询,也存在着非法证券咨询机构利用投资者急于找到"牛"股的心态,以加入会员、缴纳会费、推荐个股的方式吸引投资者。由于法律责任的不明确,投资者可能在其误导下进行了误操作,从而导致不必要的损失和难以明确责任的纠纷。

(四) 股票投资的分析方法

股票投资分析方法主要有基本面分析和技术分析两类。

1. 基本面分析

基本面分析是在对国家经济政策、行业发展状况进行评价和对企业出台的相关融资策略、股利分配政策、经营状况等进行分析的基础上,得出股票价格的变动趋势。

基本面分析通常分为宏观经济分析、行业分析和公司分析三个层次。

在此对基本面分析的具体内容不再赘述,请阅读者自行学习、查看证券投资学的相关资料。

2. 技术分析

技术分析以预测市场价格变化的趋势为目的,通过分析历史图表对市场价格的运动,归纳总结一些典型的行为,据以预测股票市场的变化趋势。

技术分析的主要理论包括道氏理论、波浪理论、随机漫步理论等。

技术分析的图形分析包括 K 线理论、切线理论、价格形态理论等。

技术分析的技术指标分析包括移动平均线 MA、异同移动平均线 MACD、乖离率 BIAS、相对强弱指标 RSI、超买超卖指标 OBOS、威廉指标 W&R、随机指标 KDJ 等。

在此对技术分析的具体内容不再赘述,请阅读者自行学习、查看证券投资学的相关资料。

3. 基本面分析与技术分析的对比

(1) 基本面分析是股市波动成因分析,技术分析是挖掘股价的变化规律。基本面分析要弄懂的是股市波动的理由和原因,因此须对各种因素进行研究,分析这些因素对股市有何种影响。如果股票市场大势向下,基本面分析就必须对近期股票市场供求关系和影响因素做出合理的分析,并指明股市整体走向和个股的波动方向。由此可见,投资者可以借助基本面分析来解决买卖什么的问题,以纠正技术分析可能提供的失真信息。由于技术分析注重的是短线量化分析,很可能出现"只见树木,不见森林"的现象。例如,当某种股票价格连续攀升,各项技术指标也显示出买入信号时,如果该发行者的基本情况并没有什么明显变化,这时投资者就需谨慎,因为该股票的上涨很可能是主力资金操纵的结果,在主力资金将股价抬到某一预定目标后,这些主力资金就会撤退,以套取投机利润,尤其是在不成熟的股票市场上,这类"陷阱"比比皆是。而对这些骗局的识破又非技术分析所能及的,必须依靠基本面分析来解决。

(2) 基本面分析是定性分析,技术分析则偏重定量分析。在基本面分析过程中,涉及的虽主要是经济指标的数量方面,但这些指标对股市的影响程度难以量化,只能把这些指标对股市的影响方向加以定性。例如,当有关部门公布某个时点的失业率下降了 2 个百分点后,基本面分析并不能指明股票价格指数的涨跌幅度与这 2 个百分点之间的数量关系,只能就股市的影响方向做出大致的判断。失业率的下降表明经济在一定程度上是向好的方面转化,从长期来看,这一指标对股市上涨有支持作用,但它对股票价格指数上涨有多大贡献就不得而知了。同时,基本面分析不能解决入市时机的问题,只有在对股市及个股走势有了基本的判断之后,再结合技术分析,才有可能找出合适的入市时机。

(3) 基本面分析是长线投资分析,技术分析是短线投资分析。基本面分析是长线投资分析工具,而非短线投资分析工具。因为基本面分析侧重对大势的判断,分析时所考察的因素也多是宏观和中观因素,它们对股市的影响较深远,由此分析得出的结论自然具有一定的前瞻性,对长线投资具有一定的指导意义,依此做出的投资志在博取长期回报以及分享整体经济增长带来的成果,而非短线投机收益。短线投机者的分析工具主要是技术分析法,其在股市能否获得成功,在很大程度上取决于投机者的洞察力和行动。从长期的实践来看,频繁进出股市很难获得丰厚的利润。中小散户不易靠短期操作取胜,能达到市场平均水平也就不错了,更多的时候是亏损出场。而靠基本面分析从事长线投资的人,在决定投资某只股票之后,会在一个相当长的时间内把资金放在这只股票上,以求得该只股票带来的长线收益。只有当宏观经济形势发生变化或该股发行企业经营状况发生重大变化时,投资者才会改变投资策略。综上所述,基本面分析的优点在于能较准确地把握股市走向,给投资者从事长线投资提供决策依据,而缺点是分析时间效应长,对具体的入市时间较难做出准确的判断,要想解决此问题,还要靠技术分析的辅助。因此,基本面分析只适用于大势的研判,而不适用于具体入市时机的决断。

二、债券

(一)债券的概述

1. 债券的定义

债券是一种要求借款人按预先规定的时间和方式向投资者支付利息和偿还本金的债务合同。

在所有的金融工具中,债券属于债务类工具,其性质、交易和定价与其他的金融工具(如股票)有很大不同。同时,债券市场是资本市场中极为重要的组成部分,债券交易在资本市场交易活动中占有很大的比重。

2. 债券的性质

1) 债券属于有价证券

(1) 债券反映和代表了一定的价值。债券本身有一定的面值,通常是债券投资者投入资金的量化表现。另外,持有债券可按期取得利息,利息也是债券投资者收益的价值表现。

(2) 债券与其代表的权利联系在一起。拥有债券就拥有了债券所代表的权利,转让债券也就是将债券代表的权利一并转移。

2) 债券是一种虚拟资本

尽管债券有面值,代表了一定的财产价值,但它只是一种虚拟资本,而非真实资本。因为债券的本质是证明债权债务关系的证书,在债权债务关系建立时所投入的资金已被债务人占用,债券是实际运用的真实资本的证书。债券的流动并不意味着其所代表的实际资本也流动,债券独立于实际资本之外。

3) 债券是债权的表现

债券代表债券投资者的权利,这种权利不是直接支配财产权,也不以资产所有权为表现,而是一种债权。拥有债券的人是债权人,债权人不同于公司股东,是公司的外部利益相关者。

3. 债券的特征

债券作为一种债权债务凭证,与其他有价证券一样,是一种虚拟资本,是经济运行中实际运用的真实资本的证书。从投资者的角度看,债券具有以下四个特征。

1) 偿还性

偿还性是指债券有规定的偿还期限,发行人必须按约定条件偿还本金并支付利息。债券的偿还性使资金筹措者不能无限期地占用债券购买者的资金,换言之,这种借贷经济关系将随偿还期结束、还本付息手续完毕而不复存在。但是,在历史上,英、法等国家在战争期间为了筹措经费发行的无期公债或者统一公债是例外,这种公债不规定到期时间,债权人也不能要求清偿,只能按期获得利息支付。当然,这只能视为特例,不能因此而否定债券具有偿还性的一般特性。

2) 流动性

流动性是指债券持有人可按需要和市场的实际状况灵活转让债券,以提前收回本金和实现投资收益。债券一般可以在流通市场上自由转让,具有较强的流动性,但是债券的流动性一般与发行者的信誉和债券的期限紧密相关。

3) 安全性

安全性是指债券持有人的收益相对稳定,不随发行者经营收益的变动而变动,并且可按期收回本金。债券通常规定固定的利率,与企业绩效没有直接联系,收益比较稳定。同时,在企业破产时,债券持有者享有优先于股票持有者的企业剩余资产索取权。因此,与股票相比,债券的风险较小。但这种安全性是相对的,并不是说债券绝对安全、没有风险。事实上,债券的价格也会因各种因素(如债券信用等级下降、市场利率上升等)的影响而下跌。

4)收益性

收益性是指债券能为投资者带来一定的收入。这种收入主要表现在两个方面:一是投资债券可以给投资者定期或不定期带来利息收入;二是投资者可以利用债券价格的变动,买卖债券赚取差价。

此外,债券的偿还性、流动性、安全性与收益性之间存在一定的矛盾。一般来讲,如果债券的流动性强,安全性就强,人们便会争相购买,于是该种债券的价格就上升,收益率就会下降;如果债券的流动性差,安全性就低,那么购买的人就少,债券的价格就下降,收益率就会上升。对投资者来说,可以根据自己的财务状况和投资目的来对债券进行合理的选择与组合。

4. 债券的分类

1)按照发行主体分类

(1)政府债券。政府债券的发行主体是政府。政府债券又可以划分为中央政府债券、地方政府债券等。

① 中央政府债券。在我国,中央政府债券又被称为国债。国债按照债券形态分类,可以分为实物国债、凭证式国债和记账式国债。

实物国债,也称无记名国债,是一种具有标准格式的纸制印刷债券。在票面上印有面值、票面利率、到期期限、发行人全称、还本付息方式等内容。此类债券不记名、不挂失,可上市流通。发行人定期见票支付利息或本金。目前实物国债已经暂停发行。

凭证式国债没有统一格式,而是由发行机构向投资者出具收款凭证的国债。例如,某投资者从中国工商银行柜台认购财政部发行的 7 年期凭证式国债,取得"凭证式国债收款凭证"。凭证式国债可提前兑付,但不能上市流通,从购买之日起计息。这类债券是一种储蓄债券,发行对象主要是个人投资者,其票面利率非常接近同期限银行定期存款利率。

记账式国债是在凭证式国债的基础上进一步取消收款凭证,交易更为灵活的国债。发行或交易机构在投资者的账户中记录债权,比如,招商银行在投资者的一卡通储蓄卡、中国工商银行在投资者的灵通卡储蓄卡、中国建设银行在投资者的龙卡证券卡中做出相应的记录。记账式国债通过无纸化方式发行和交易,记名,可挂失,投资者可以在购买后随时买入或卖出,其变现更为灵活,但交易价格由市场决定,投资者可能遭受价格损失。

② 地方政府债券。地方政府债券的发行主体是地方政府及地方政府所属的机构。地方政府债券可以分为一般责任债券和收益债券。

一般责任债券是由地方政府及其管理部门,以发行者的信用和政府的征税能力作为保证。

收益债券的发行是为了给地方政府所属企业或某个特定项目融资。债券发行者只能以经营该项目的收益来偿还债务,而不以地方政府的征税能力作为保证。

(2)金融债券。金融债券是指银行及其分支机构或非银行金融机构依照法定程序发行并约定在一定期限内还本付息的有价证券。金融债券包括政策性金融债券、商业银行债券、特种金融债券、非银行金融机构债券、证券公司债券、证券公司短期融资券等。

(3)公司债券。公司债券是指公司依照法定程序发行的,约定在一定期限还本付息的有价证券。公司债券由于具有较大风险,其收益率通常高于政府债券和金融债券。

(4) 国际债券。国际债券是一国政府、金融机构、工商企业或国际组织为筹措和融通资金,在国外金融市场上发行的,以外国货币为计价货币的债券。一般来说,国际债券主要包括外国债券和欧洲债券。

外国债券是指某一国借款人在本国以外的某一国家发行的以该国货币为计价货币的债券。外国债券通常以发行所在国具有象征意义的事物为名称,比如,在英国发行的外国债券称为猛犬债券,在日本发行的外国债券称为武士债券,在美国发行的外国债券称为扬基债券,外国机构在中国发行的外国债券称为熊猫债券,等等。

欧洲债券是指借款人在本国境外市场发行的,不以发行市场所在国的货币为计价货币的国际债券。

2) 按照债券生命周期分类

(1) 短期债券。短期债券是指发行人为获得短期融资而发行的偿还期限在1年以内的债券。

(2) 中期债券。中期债券是指发行人为获得较长时期的融资而发行的债券。一般偿还期限为1～10年。我国政府发行的各种国债和银行发行的金融债券,多属于中期债券。

(3) 长期债券。长期债券是指发行人为满足长期的融资需求而发行的债券。一般偿还期限为10年以上。

3) 按照是否有抵押分类

(1) 信用债券。信用债券是全凭发行者的信用而发行的债券,这种债券不需要特定的财产作为发债抵押。政府债券一般是信用债券。信用好的大企业发行的企业债券很多也是信用债券。

(2) 抵押债券。抵押债券是指以特定财产为抵押而发行的债券。在发债人不能按期还本付息的情况下,债券持有人对抵押财产有留置权,即拥有出售抵押财产来获得其未偿债务的权利。一部分公司债券属于抵押债券。

4) 按照是否记名分类

(1) 记名债券。记名债券是指债券上记有债权人姓名的债券。这种债券在领取本息时除了要持有债券,还需要债权人的身份证和印鉴。在转让时,一般要重新登记。记名债券的安全性好,但流动性差。

(2) 无记名债券。无记名债券是指不记载债权人姓名,债券持有人仅凭债券就可取得债券权利的债券。无记名债券的流动性好,但安全性差一些。

5) 按照利息支付方式分类

(1) 零息债券。零息债券是指债券合约未规定利息支付的债券。通常零息债券以低于面值的价格发行和交易,债券持有人实际上是以买卖(到期赎回)价差的方式取得债券利息。

(2) 附息债券。附息债券的合约中明确规定,在债券存续期内,对持有人定期支付利息(通常每半年或每年支付一次)。按照计息方式的不同,附息债券可以细分为固定利率债券和浮动利率债券两大类。

6) 按照债券的本金偿还方式分类

(1) 到期还本债券。到期还本债券是由发行人在债券到期时一次性偿还本金的债券。

(2) 分期偿还债券。分期偿还债券是发行人在债券到期前分期向债权人偿还本金的债券。

7) 按照是否含有各类选择权分类

(1) 含权债券。含权债券是债券契约中含有期权条款的债券。含权债券可以进一步分为赋予发行者选择权的债券和赋予债券持有者选择权的债券。可转换债券就是一种常见的含权债券。

(2) 非含权债券。非含权债券也称普通债券,是债券契约中没有附加以上各类选择权的债券。债券市场上流通的大部分债券是非含权债券。

(二) 债券的票面要素

债券作为证明债权债务关系的凭证,一般以一定格式的票面形式来表现。通常债券票面上有以下四个基本要素。

1. 债券的票面价值

债券的票面价值,简称面值,是指债券发行时所设定的票面金额,它代表着发行人借入并承诺未来某一特定日期(如债券到期日),偿付给债券持有人的金额。目前我国发行的债券一般是每张面值为 100 元人民币。

2. 到期期限

债券的到期期限经常简称期限。在到期日,债券代表的债权债务关系终止,债券的发行者偿还所有的本息。一些债券,如可赎回债券或可返售债券,其发行者或持有者在债券发行以后可以改变债券最初的到期期限。

但是,对于债券投资者而言,重要的是从债券购买日起至债券到期日为止的期限长度,即债券的剩余期限。

3. 票面利率

债券的票面利率也称名义利率,是债券年利息与债券面值的比率。通常年利率用百分数来表示。

在实际经济生活中,债券利率有多种形式,如单利、复利和贴现利率等。债券利率受很多因素的影响,主要有借贷资金市场利率水平、筹资者的资信、债券期限长短等。

4. 发行者名称

这一要素指明了该债券的债务主体,既明确了债券发行人应履行对债权人偿还本息的义务,也为债权人到期追索本金和利息提供了依据。

需要说明的是,以上四个要素虽然是债券票面的基本要素,但它们并非一定在债券票面上印制出来。在许多情况下,债券发行者是以公布条例或公告的形式向社会公开宣布某债券的期限与利率,只要发行人具备良好的信誉,投资者也会认可接受。

(三) 债券的收益与风险

1. 债券的收益

1) 债券的利息收入

利息收入是债券投资收入的基本组成部分。对于固定利率债券来说,这部分收入是事先确定的,是稳定可靠的。

2) 利息的再投资收入

再投资收入是指债券持有者将持有期间收到的利息收入用于再投资所能实现的报酬。假设利息收入不进行再投资(即再投资收益率为 0),那么投资者投资债券的收益将受到很大影响。

【例6-2】 假设投资者在20岁时存入银行100元,以8%的年利率存45年。如果按复利计息,那么45年之后,也就是投资者65岁时,能够从银行取出 $100×(1+8\%)^{45}≈3192$(元)。而如果45年中投资者不进行再投资,或者每年取出利息的再投资收益率为0,那么在65岁时,投资者只能累积 $100+100×8\%×45=460$(元)的财富。两种情况下相差的 $3192-460=2732$(元),就是再投资收入。

3) 债券的资本损益

资本损益即债券买卖价差带来的收益或损失。在债券市场上,利率的变动会导致债券价格发生波动,只要投资者不是持有债券一直到期,就有可能因为债券价格的波动而发生投资损益。

2. 债券的风险

1) 利率风险

利率的变化有可能使债券的投资者面临两种风险:价格风险和再投资风险。

价格风险是指债券的价格与利率变化呈反向变动。当利率上升(或下降)时,债券的价格便会下跌(或上涨)。利率变动导致的价格风险是债券投资者面临的主要风险。

债券投资者在获得利息收入时,需要进行再投资,而利息再投资收入的多少主要取决于再投资发生时的市场利率水平。如果利率水平下降,获得的利息只能按照更低的收益率水平进行再投资。这种风险就是再投资风险。

需要注意的是,价格风险和再投资风险对于债券价格的影响是相反的。当利率下降的时候,债券的价格会上升,投资者的资本利得收入会增加,但是利息的再投资收益会下降;当利率上升的时候,债券的价格会下降,投资者的资本利得收入会下降,但是利息的再投资收益会上升。一般来讲,债券期限越长,其面临的利率风险越大。

2) 信用风险

信用风险是有关债券发行人信用的风险。信用风险主要有违约风险和降级风险。

违约风险是指固定收益证券的发行者不能按照契约如期、定额地偿还本金和支付利息的风险。

在债券市场上,可根据评级公司所评定的信用等级来估计债券发行者的违约风险。当评级公司将固定收益证券的等级调低时,就会影响投资者对于该债券信用风险的评估,进而反映到债券的价格上。这种由于信用等级下降带来的风险称为降级风险。

3) 提前偿还风险

如上文所述,某些债券赋予发行者提前偿还的选择权。可赎回债券的发行者有权在债券到期前提前偿还全部或部分债券。从投资者的角度看,提前偿还条款有三个不利之处:首先,可赎回债券的未来现金流是不确定的,风险也相应增加。其次,当利率下降时发行者要提前赎回债券,投资者则面临再投资风险。最后,降低了持有债券可获得的资本利得的潜力。当利率下降时,债券的价格将上升。然而,因为债券可能被提前偿还,这种债券的价格就不可能大大超过发行者所支付的价格。

4) 通货膨胀风险

通货膨胀风险也称购买力风险,是指通货膨胀对债券名义收益的实际购买力所造成的损失。在通货膨胀的背景下,货币的购买力是持续下降的。债券作为一种通货资产,债券发行者在协议中承诺兑付给债券持有人的利息或本金,都是事先议定的固定金额,不会因通货膨胀而有所增加。由于通货膨胀,债券持有人从投资债券中所取得的金额的实际购买力逐渐降低,甚至可能出现低于初始投资金额的实际购买力。投资者的实际收益应是票面利率扣除通货膨胀率的剩余部分。通货膨胀风险是债券投资中常见的,也是现实生活中必然存在的一种风险。

5) 流动性风险

流动性是金融资产的一个重要特性,是指一种金融资产迅速转换为交易媒介(货币)而不致遭受损失的能力。例如,当投资者面临一个更好的投资机会时,除了持有的债券资产,无其他流动性更强的资产,这时投资者唯一的办法就是出售所持有的债券,但其会面临短期内找不到出价合理的买方,除非低价出售。因此,投资者将面临低价出售债券或者丧失好的投资机会的损失。

6) 汇率风险

如果债券的计价货币是外国货币,则债券支付的利息和偿还的本金能换算成多少本国货币还取决于当时的汇率。如果未来本国货币升值,按本国货币计算的债券投资收益将降低。这就是债券的汇率风险,又称货币风险。

7) 价格波动风险

根据期权定价理论,标的资产的价格波动会影响期权的价格。那么对内嵌期权的债券来讲,债券的价格波动性会影响其内嵌期权的价值,从而影响债券的价格。这种由于价格的波动性引起的风险称为价格波动风险。

8) 事件风险

事件风险是指某些突发事件的发生对债券价值的影响。比如,灾难、公司重组、市场游戏规则的变化、政府的政策变动等。

(四) 债券与股票的比较

1. 债券与股票的相同点

债券和股票都属于有价证券,是一种虚拟资本,本身无价值,但都是真实资本的代表,都可以凭此获取一定的收入,并能进行权利的发生、行使和转让。债券和股票都具有收益性、风险性和流动性的特点,都可以成为筹资手段和投资工具。债券和股票都在证券市场上交易,是各国证券市场的两大支柱类交易工具。

2. 债券与股票的区别

1) 发行主体不同

作为筹资手段,无论国家、地方政府、团体机构,还是工商企业、公司组织,都可以发行债券。而股票只能由一部分股份制的公司发行。

2) 发行人与持有者的关系不同

债券是一种债权债务凭证,它表明发行人与持有人之间存在债权与债务的关系。债权人不拥有对发行人财产的所有权。而股票是一种所有权凭证,持股人即为公司股东,享有经营管理的权利。

3) 期限不同

债券一般在发行时都明确规定偿还期限,期满时,发行人必须偿还本金。而股票一经购买,不能退股,投资人只能通过市场转让的方式收回资金。

4) 价格的稳定性不同

由于债券利息率固定,票面金额固定,偿还期限固定,其市场价格相对稳定。而股票无固定的期限和利率,其价格受公司经营状况、国内外局势、公众心理以及供求状况等多种因素影响,涨跌频繁并且幅度较大。

5）风险程度不同

不论公司经营好坏,债券持有人都可以按照规定定期获得利息,并且在公司破产清偿时较股东有优先受偿的权利。而股票持有者,尤其是普通股持有者获取股利的多少,要取决于公司的经营状况。如果公司破产,可能连股本都损失。因此,投资股票需承担的风险要高于投资债券的风险。

6）会计处理不同

发行债券被视为公司负债,其利息支出是公司的固定支出,可计入成本冲减利润。而股票是股份公司为自己筹集的资本,所筹资金被列入资本,股票的股息和红利则是公司利润的一部分,只有在公司盈利时才能支付。

三、基金

（一）基金概述

基金是随着证券市场的发展而产生的。基金起源于英国,盛行于美国,经过一百多年的发展,已成为国际资本市场和货币市场重要的投资工具。自20世纪80年代中期,特别是90年代以来,基金在我国得到迅速发展。作为资本市场上重要的机构投资者,基金不仅有利于克服个人分散投资的种种不足,而且成为个人投资者分散投资风险的最佳选择,从而极大地推动了资本市场的发展。尤其是对于新兴资本市场,机构投资者的规范与壮大有利于推动证券市场向着理性、成熟的方向发展。

1. 基金的定义

基金是指一种利益共享、风险共担的集合证券投资方式,即通过公开发行基金单位,集中投资者的资金,由基金托管人托管,由基金管理人管理和运用资金,从事股票、债券等金融工具的投资,并将投资收益按基金投资者的投资比例进行分配的一种间接投资方式。

基金的投资对象可以是资本市场上的上市股票和债券,货币市场上的短期票据和银行同业拆借,以及金融期货、黄金、期权交易、不动产等。

2. 基金的当事人

基金的当事人是指依据我国基金合同设立的基金中的基金投资人、基金管理人与基金托管人。

1）基金投资人

基金投资人同时是受益人、委托人和基金份额持有人,是基金资产的最终所有人。基金的持有人包括中小投资者和各种机构投资者,可以是自然人,也可以是法人。

2）基金管理人

基金管理公司即管理人,是负责基金发起设立和经营管理的专业机构。基金管理人的主要职责是根据信托契约或委托管理协议,负责拟订基金投资计划,指示托管机构按其投资决策处理基金资产,监督托管机构不得违反有关规定。基金管理人按基金净资产价值的一定比率提取管理费,基金管理人不实际接触基金资产,自有资产与基金资产实行分账管理,以确保基金资产的独立性和安全性。

3）基金托管人

基金托管人是基金资产的名义持有人和保管人。一般是由具有一定资产信用的商业银行、投资银行或保险公司来担任,以保证基金运作贯彻经营与托管分开的原则。目前我国的基金托管人均为商业银行。我国现行的基金管理办法规定,经批准设立的契约型基金,应当委托商业银行作为基金托管人托管基金资产。

3. 基金的特点

1) 小额投资,费用低廉

基金最低投资额一般较低。在我国,每份基金单位面值为 1 元人民币。投资者可以根据自己的财力,多买或少买基金单位,从而解决了中小投资者"钱不多、入市难"的问题。此外,投资基金市场上的激烈竞争也使投资基金所收取的各项费用低廉。根据国际市场上的一般惯例,基金管理公司就提供基金管理服务而向基金资产收取的管理费一般为基金资产净值的 1%～2.5%,而投资者购买基金需缴纳的费用通常为认购总额的 0.25%,低于购买股票的费用。此外,由于基金集中了大量的资金进行证券交易,通常也能在手续费方面得到券商的优惠。同时,很多国家和地区还对基金的税收给予优惠,以支持基金业的发展。这使得投资者通过基金投资证券所承担的税负不高于直接投资证券所承担的税负。

2) 组合投资,分散风险

根据投资组合的基本原理,分散化投资可以起到分散投资风险的作用,但是要做到起码的风险分散,需要持有多种相关性较弱的证券,这对中小投资者来说较为困难。而基金一般实力较雄厚,可以把投资者的资金分散投资于不同的有价证券,建立合理的证券组合,从而把风险降到最低。

3) 专业管理,专家操作

基金由专家进行专业化管理。基金资产由专业的基金管理公司进行管理。基金管理公司配备了大量的投资专家,这些投资专家不仅掌握了广博的投资分析和投资组合理论知识,而且在投资领域积累了丰富的经验,从而克服了业余人士在信息、时间、精力及专业知识等方面的不足,提高了资产运作效率。此外,基金从发行、收益分配、交易到赎回的整个过程都由专门的机构负责,能够为投资者提供专业化服务,大幅简化了投资过程。

4) 规模经营,降低成本

基金将小额资金汇集起来,其经营具有规模优势,可以享受佣金折扣的优惠,从而降低了经营成本。从筹资的角度来说,也可以有效降低发行费用。

5) 流动性强,变现性高

基金流动性强,基金的买卖程序非常简便。对开放式基金而言,投资者既可以向基金管理公司直接购买或赎回基金,也可以通过银行、证券公司等代理销售机构购买或赎回基金,还可以委托投资顾问机构代为购买或赎回基金。国外的基金大多是开放式基金,每天都会公开报价,投资者可随时据以购买或赎回基金。对于封闭式基金,投资者可以通过证券交易市场买卖基金单位,交易过程与股票类似,一般只需 4～5 天时间便可以完成整个转让或交易过程。

4. 基金的分类

1) 按照组织形态分类

(1) 公司型基金。公司型基金是依照公司法设立的基金。发起人发起设立以投资为目的的基金公司,并发行投资基金股份,投资者通过购买基金股份,依法成为基金公司的所有人,负有相应的权利和承担相应的义务。同时,基金公司通过委托管理协议委托专业的投资管理公司和托管机构管理公司资产。公司型基金有两个特点:一是基金公司的设立程序类似于一般股份公司,基金公司依法注册为法人。但不同于一般股份公司的是,基金公司委托基金管理公司作为专业的财务顾问或管理公司来经营与管理。二是基金公司的组织结构与一般股份公司类似,设有董事会和持有人大会,基金资产由公司所有,投资者则是这家公司的股东,承担风险并通过股东大会行使权利。

(2) 契约型基金。契约型基金是一种信托投资基金,通过投资者、基金管理公司和基金托管机构三方订立信托投资协议而建立起来。其中,基金管理公司是基金的发起人,通过发行受益凭证将资金筹集起来组成信托财产,根据信托协议进行基金的投资决策和管理。而基金托管机构一般由专门的银行来承担,负责管理信托资产和监督基金的运行情况。

2) 按照是否可以赎回以及赎回的方式分类

(1) 开放式基金。开放式基金是指基金发起人在设立基金时,基金资本总额或股份总数是不固定的。开放式基金的价格以净资产价值为计算依据。开放式基金有三个特点:一是开放式基金一般不通过证券交易所进行买卖,而是委托商业银行、证券公司等金融机构开设内部交易柜台,投资者可随时到此缴款认购,或将手中的基金单位卖给基金(即赎回)。二是开放式基金的交易价格由基金管理者依据基金单位资产净值确定,每个交易日公布一次。无论是申购还是购回基金单位,都以当日公布的基金单位资产净值成交。三是开放式基金为了应付投资者随时提出的赎回要求,一般投资于开放程度高、规模大的市场,不能将全部资金用于长线投资。

(2) 封闭式基金。封闭式基金是指基金发起人在设立基金时,限定了基金发行的总额和存续期。基金单位的流通采取在交易所上市的办法,投资者要买卖基金单位都必须经过证券经纪商,在二级市场上进行竞价交易。封闭式基金的基金价格要在基金净资产价值的基础上,考虑市场的供求变化。封闭式基金有三个特点:一是封闭式基金一般有明确的封闭期限,在此期间投资者不能将受益凭证卖给基金,只能在二级市场竞价买卖。当规定期限届满时,投资者可直接申请赎回。二是封闭式基金首次发行价同开放式基金一样,是按单位资产净值加3%~5%的首次购买费。此后在证券二级市场交易时,其买卖价都由市场供求关系决定。三是封闭式基金的基金总额是固定的,不会时而增加时而减少,所以可将全部资金用于长线投资,即投资于封闭型市场或开放程度较低的市场。

此外,封闭式基金也可以改为开放式基金。封闭式基金转为开放式基金有两种情况:一是经由一定数量的投资者建议,经理人和信托人决议,三方同意终止基金上市,改为开放式基金。二是当基金市价持续2个月低于资产净值的20%以上,由基金管理公司主持召开持有人大会,以资产净值为买卖依据,改为开放式基金。目前从国内外基金的发展趋势来看,开放式基金的发展较快,我国90%以上的投资基金属于开放式基金。

3) 按照基金的投资风格分类

(1) 成长型基金。成长型基金主要投资于信誉度高、有长期成长前景或长期盈余的公司股票。这类股票通常具有较高的市值、账面比。它是以基金资产的长期增值为目的,适合于风险承受能力强、追求高回报的投资者。证券市场的波动对基金资产的影响较大。

(2) 收入型基金。收入型基金主要投资于可带来现金收入的股票,以获取当期的最大收入为目的。这类股票通常具有较高、较稳定的分红能力,所以也称价值型股票。收入型基金的资产成长潜力较小,损失本金的风险也较低。

(3) 平衡型基金。平衡型基金以平衡型股票(在财务指标上介于成长型股票和收入型股票之间的可称为平衡型股票)为主要投资对象,或者投资于成长型股票和收入型股票的比例无明显差异。平衡型基金的投资目标是既要获得当期收入,又要追求基金资产的长期增值,适合于同时兼顾价值增长和获得收入两种目标的投资者。

4) 按照基金的管理形式分类

(1) 主动管理基金。主动管理基金实施积极的管理策略,这种策略以市场无效为基础。在无效的证券市场上,证券的价格并没有反映所有信息,存在定价错误的证券;市场的运动趋势和证券价格的变化方向在一定程度上可以预测。基金管理人通过预测市场和证券价格的走势,寻找错误定价的证券,希望获得超过市场平均水平的收益率。积极管理的基金总是频繁地买卖证券,交易成本较高。同时,积极管理的基金管理费用也较高,以补偿基金管理人进行积极管理而付出的劳动。

(2) 被动管理基金。被动管理基金实施消极的管理策略,这种策略认为市场是有效的,证券的价格反映了所有信息(包括内部信息),不存在定价错误的证券;市场的运动趋势和证券价格的变化方向不可以预测;个人无法战胜市场,长期内不能获得超过其所承担风险水平的超额收益。被动管理基金中典型的就是指数型基金。

5) 按照基金的投资对象分类

(1) 股票型基金。目前股票型基金在基金中占大多数。这类基金以股票为主要投资对象。一般而言,股票型基金的获利性是最高的,投资的风险也较大。因此,股票型基金较适合稳健或是积极型的投资人。

(2) 债券型基金。债券型基金是以债券为主要投资标的,包括国债、企业债、可转换债券等。债券型基金属于收入型基金,预期收益较低,风险也较低。因此,债券型基金较适合保守型的投资人。

(3) 混合型基金。同时投资于股票和债券的基金称为混合型基金。目前国内市场上大部分基金为混合型基金。混合型基金的一个特点是股票和债券的配置比例可以不断调整,基金经理通过这种方式进行市场时机的选择。

(4) 货币市场基金。货币市场基金是指以短期国债、短期金融债券、央行票据、回购等货币市场短期有价证券为投资对象的投资基金。货币型基金的获利性一般,本金安全性高,流动性强。因此,货币市场基金较适合作为现金管理工具。

(5) 其他基金。比如,期货基金、期权基金、房地产基金、贵金属基金等。

6) 按照资本来源和运用地域分类

(1) 国内基金。国内基金是指资金来源于本国并投资于国内金融市场的投资基金。一般而言,国内基金在一国基金市场上应占主导地位。

(2) 国际基金。国际基金是指资金来源于国内但投资于境外金融市场的投资基金。通过国际基金的跨国投资,可以为本国资本带来更多的投资机会以及在更大范围内分散投资风险。国际基金的投资成本和费用一般较高。国际基金按投资地区的不同,可以分为区域投资基金和环球投资基金。

(3) 离岸基金。离岸基金是指基金资本从国外筹集并投资于国外金融市场的基金。离岸基金的特点是"两头在外",即离岸基金资产注册登记不在母国,而是在母国以外的地方,同时投资于国外金融市场。为了吸引全球投资人的资金,离岸基金一般设在素有"避税天堂"之称的地方,如开曼群岛、百慕大群岛等地,因为这些地区对个人投资的资本利得、利息以及股息都不征税。

(4) 国家基金。国家基金是指资本来源于国外而投资于国内的基金。国家基金对投资者和接受投资者都有好处,比如,采用国家基金的受资国没有还本付息的压力,加上投资基金一一般不参与公司经营管理,因此,不必担心本国企业被外国资本控制。同时,基金证券不在本国境内市场上交易,不会给本国证券市场带来冲击,而且国家基金操作简便易行,是一种低风险和低成本投资方式,因此,受到国内外投资者的欢迎。

7) 其他类型

(1) 基金中的基金。基金中的基金,简称FOF,是一种以开放式基金和封闭式基金为主要投资对象的集合理财产品。目前在国内市场上运作的FOF主要有券商发售和银行发售两大类。

(2) 保本基金。保本基金是指在基金招募说明书中明确规定相关的担保条款,即在满足一定的持有期限后(基金一般设定了一定期限的锁定期,在我国一般是3年,在国外甚至达到了7~12年),基金公司为投资人提供本金、本金的一部分或收益保障的一种基金品种。保本基金使用组合保险技术,为了保证在保本期结束时基金资产的安全不受损失,需要最大限度地保证保本周期内固定收益证券投资部分具有稳定的现金流入,而投资者在此期间的赎回行为会影响现金流的稳定性,增加保本难度。因此,一般保本基金成立以后即进入"半封闭"状态,不鼓励投资者在此期间赎回资金。通常采用的做法是增加保本期内的赎回费用,以及对提前赎回部分不做本金担保。这类基金对于风险承受能力比较弱的投资者或是在未来股市走势不确定的情形下,是一个很好的投资品种,既可以保障所投本金的安全,又可在股市上涨时分享收益,具有特定的优势。保本基金不仅适合追求低风险的散户,也适合希望通过结构性产品平衡资产配置的机构投资者。

(3) 上市型开放式基金。上市型开放式基金,简称LOF,即基金发行结束后,投资者既可以在指定网点申购和赎回基金份额,也可以在交易所像买卖股票一样买卖该基金。不过投资者如果是在指定网点申购的基金份额,想要在交易所卖出须办理一定的转托管手续。同样,如果是在交易所买进的基金份额,想要在指定网点赎回,也要办理一定的转托管手续。

(4) 交易型开放式指数基金。交易型开放式指数基金,简称ETF,通常也被称为交易所交易基金。ETF是一种跟踪"标的指数"变化,也是一种既可以在交易所上市交易,又可以通过一级市场用"一篮子"证券进行创设和置换的基金品种。从理论上讲,尽管这种以"一篮子"股票交换为基础的纯被动式基金,因申购赎回的最小市值太大(通常为50万份或100万份),在一级市场上只适合于实力雄厚的机构投资者参与,但对普通投资者而言,ETF也可以像普通股票一样,通过证券商在交易所二级市场进行买卖,使其获得与标的指数基本相同的报酬率。ETF通常由基金管理公司管理,基金资产为"一篮子"股票组合,组合中的股票种类与某一特定指数(如上证50指数)包含的成分股票相同,股票数量比例与该指数的成分股构成比例一致。例如,上证50指数包含中国联通、浦发银行等50只股票,上证50指数ETF的投资组合也应该包含中国联通、浦发银行等50只股票,且投资比例同指数样本中各只股票的权重相一致。换句话说,指数不变,ETF的股票组合不变;指数调整,ETF的股票组合要作相应调整。

(5) 分级基金。分级基金是通过事先约定基金的风险收益分配,将基础份额分为预期风险收益较低的子份额和预期风险收益较高的子份额,并可将其中一类或全部类别份额上市交易的结构化基金。一般将预期风险收益较低的子份额称为A类份额,预期风险收益较高的子份额称为B类份额。

(6) 短期理财基金。短期理财基金是2012年兴起的一种创新基金产品,特指针对短期理财市场的创新型债券基金。比如汇添富30天、60天、14天三只短期理财基金,华安短期理财基金。目前市场上的短期理财基金基本是以最早发行的汇添富模式为主,通常短期理财基金有低门槛、零费用、天天可买、低风险、高效率等特点。

(二) 基金的税费

1. 基金的费用

投资基金同购买商品一样,购入之前,必先问价。投资者除了要知道自己买卖基金时应缴纳的费用,基金管理人代投资者投资证券需要收取的各种费用也应当成为投资者关注的对象。因为清楚基金公司的各种收费是基金投资计算成本的重要一环,如有失误,买卖基金时便有可能蒙受损失。

基金的费用按照收取的对象分为两类:一类向投资者收取,如认购(申购)费用、赎回费用;另一类向基金资产收取,如管理费、托管费、运作费、12b-1费用、清算费用。

1) 向投资者收取的费用

(1) 认购(申购)费用。认购基金和申购基金都是指购买基金。其中,在基金发行时购买称为认购;在基金发行完成后,基金宣告成立,再进行基金购买的行为称为申购。通常认购费用比申购费用低。

认购(申购)费用按照缴纳时间的不同,分为前端收费和后端收费。前端收费是指在购买基金时缴纳认购(申购)费用;后端收费是指在卖出基金时缴纳认购(申购)费用。

在前端收费方式下,申购开放式基金有两种计算方法:一种是价内法,另一种是价外法。一般来讲,采用价外法计算对投资者更为有利。目前我国市场上均采用价外法计算开放式基金申购份额。价内法和价外法的计算公式如下。

价内法的计算公式:

$$申购份额 = 申购金额 \times (1 - 申购费率) \div 基金单位净值$$

价外法的计算公式:

$$申购份额 = 申购金额 \div (1 + 申购费率) \div 基金单位净值$$

【例 6-3】 某投资者准备投资一只前端收费的基金,申购金额为 10000 元,申购费率为 1.2%,当日基金单位净值为 1.5 元。则最后能申购的份额为多少?

解析: 用价内法计算

$$\begin{aligned}申购份额 &= 申购金额 \times (1 - 申购费率) \div 基金单位净值 \\ &= 10000 \times (1 - 1.2\%) \div 1.5 \\ &\approx 6586.67 (份)\end{aligned}$$

用价外法计算

$$\begin{aligned}申购份额 &= 申购金额 \div (1 + 申购费率) \div 基金单位净值 \\ &= 10000 \div (1 + 1.2\%) \div 1.5 \\ &\approx 6587.62 (份)\end{aligned}$$

因此,采用价外法的计算公式对投资人更有利。

后端收费的设计是为了鼓励投资者能够长期持有基金,因此,后端收费的费率一般会随着持有基金时间的增长而递减。某些基金规定,投资者在持有基金超过一定期限后才卖出,后端收费可以完全免除。因此,对于持有时间较长的投资者来讲,选择后端收费更加合适。

(2) 赎回费用。赎回费用根据持有时间不同,收费标准也不一样。通常持有时间越长,费率越低。一般来说,货币市场基金免认购(申购)费用和赎回费用,债券型基金的费用稍高,而股票型基金的费用最高。投资过程中,基金不适合做短期投资和波段操作,其中一个主要的原因是其较高的费用。基金赎回时的赎回金额计算公式如下：

$$赎回总额 = 赎回份数 \times 单位净值$$
$$赎回费用 = 赎回总额 \times 赎回费率$$
$$赎回金额 = 赎回总额 - 赎回费用$$

2）向基金资产收取的费用

（1）管理费。管理费是指支付给实际运用基金资产、为基金提供专业化服务的基金管理人的费用，也就是管理人为管理和操作基金而收取的费用。基金管理费率通常与基金规模成反比，与风险成正比。基金规模越大，基金管理费率越低；基金风险程度越高，基金管理费率越高。目前我国股票型基金一般按照年管理费率1.5%的比例计提基金管理费，指数型基金和债券型基金的年管理费率一般在0.5%～1.0%之间，货币市场基金的年管理费率一般为0.33%。

（2）托管费。托管费是指托管人为保管及处理基金资产而收取的费用。每年的费用标准一般为基金资产净值的0.2%，费用按日累计、按月支付。

（3）运作费。运作费包括支付注册会计师费、律师费、稽核费、召开年会费用、中期和年度公报及公开说明书的印刷制作费、买卖有价证券的手续费等。

（4）12b-1费用。12b-1费用是指准许基金动用小部分基金资产来支付广告费，宣传品支出、公开说明书、年报及中报的印制费，销售人员佣金，股票经纪人及财务顾问的佣金等营销及摊派费用。

（5）清算费用。清算费用是指基金终止时清算所需费用，按清算时实际支出从基金资产中提取。

2. 基金的税负

基金的投资者包括个人投资者和各种机构投资者，可以是自然人，也可以是法人。

1）个人投资者

对投资者投资于基金的利息收入所得，要征收20%的利息所得税；对投资者投资于基金所产生的基金分红收益、资本利得收益，暂时不征收个人所得税。

2）机构投资者

（1）增值税。对金融机构买卖基金的差价收入，征收增值税；对个人和非金融机构买卖基金的差价收入，不征收增值税。

（2）所得税。企业投资者买卖基金的差价收入，应并入企业的应纳税所得额，征收企业所得税。

（三）基金的收益与风险

1. 基金的收益

随着基金收益的增长，单位资产净值会上升，基金会对其投资人进行收益分配。

1）封闭式基金

在封闭式基金中，投资者只能选择现金红利方式分红，因为封闭式基金的规模是固定的，不可以增加或减少。封闭式基金的收益分配，每年不得少于一次，且年度收益分配比例不得低于基金年度已实现收益的90%。

2）开放式基金

开放式基金分红可采用以下两种方式，并且开放式基金的基金合同应当约定每年基金收益分配的最多次数和基金收益分配的最低比例。

(1) 分配现金。分配现金即向投资者分配现金，这是基金收益分配的普遍形式。

(2) 再投资方式。再投资方式是将投资人分得的收益再投资于基金，并折算成相应数量的基金单位。这实际上是将应分配的收益折为等额的新的基金单位送给投资人，其情形类似于股票的"送红股"。许多基金为了鼓励投资人进行再投资，往往对红利再投资低收或免收申购费率。

当然，不同的基金会在各自的招募说明书中明确规定自己的收益分配原则及方式，投资者应以其作为投资参考标准。

2. 基金的风险

1) 价格波动风险

由于投资标的价格会有波动，因此基金的净值也会发生波动。如果基金价格低于买入成本，在不考虑分红因素影响的情况下，持有该基金份额的人就会亏损。货币市场基金一般价格稳定，股票型基金则波动较大。

2) 流动性风险

流动性风险就是投资者在需要卖出所投资的对象时，面临的变现困难和不能以合适的价格变现的风险。对封闭式基金的持有人来说，当要卖出基金时，可能面临在一定的价格下卖不出去而需要降价卖出的风险；对开放式基金的持有人来说，如果遇到巨额赎回，基金管理人可能延迟支付赎回款项，影响持有人的资金安排。有些基金有封闭运行期，在这段时间里，基金是不能赎回的。

3) 基金管理人运作风险

基金管理人运作风险包括基金运作当事人的运行系统发生故障，给投资者带来的风险；基金运作当事人的管理水平低，给投资者带来的风险；基金运作当事人不能履行义务，给投资者带来的风险。

(四) 基金投资的误区

在投资之前若能掌握一些投资技巧，吸取前人的经验和教训，可以提高胜算，增加获利空间。基金投资的误区有以下几类。

误区1：买便宜的基金。很多人以为基金像股票，便宜就好，如果人们抱着这种心态去买基金，就很容易掉入陷阱。开放式基金没有贵贱之分，在某个时点上，所有的基金不问净值高低，都是站在同一起跑线上的，基金管理人的综合能力和给投资者的回报率才是取舍的依据。

误区2：买高报酬的基金。投资人看到某只基金涨了30%、50%，就会毫不犹豫地去挑选这只基金，假如购买基金的理由是这样，那么八成以上的人是现买现套。虽然报酬率在一定程度上反映了基金管理人的操盘能力，但是其只是过去的表现，过去业绩不代表将来的表现。

误区3：偏爱新基金。老基金乏人问津，新基金的绩效虽然没有经过市场检验却分外热销。须知新基金在相当长的发行期、封闭期和建仓期里不会产生效益，这就增加了机会成本，而经过市场考验的老基金早已长缨在手，只要选择得当，就能迅速分享投资收益，理应成为投资者的首选。新基金不是不好，只是新基金没有任何的投资记录可言，如果新基金的基金经理过去有操盘记录可查，还可以作为参考依据；如果是一位新人，那么投资人往往就要碰运气了。假如新基金募集期间正好碰上行情好，处在相对高点时，新基金进场操作后，投资成本也就相对高一些，对基金来说是不利的。此外，新基金进场后，在计算净值时，都会先扣除一些行政成本，如果不是碰上上升行情，净值在初期都会下跌。所以，如果想买一只基金，可以等它进场后观察一段时间再买也不迟。

误区4:束之高阁。很多人购买基金后,认为基金是专家理财,只要等着分享收益就行了,对基金不闻不问,连基金管理人换了也不知道。基金受管理人变动、投资理念更替、操作策略变化等因素影响,业绩会有很大波动,持有人应依据投资目标、收益预期以及风险承受能力,适时调整投资组合,以实现自身收益的最大化。

误区5:不设置止损。有些投资者以为基金不是股票,可以不设止损点,这个观念也是错误的。众多封闭式基金从大幅溢价到折价25%左右,均说明了买基金设置止损的重要性。

误区6:过于分散。目前多数个人投资者只投资于单只基金。随着基金品种和数量的日益丰富,投资于多只基金,构造个人的基金投资组合将成为一种趋势。构造组合时,要避免过于分散。在选择基金的时候,长期回报很重要,因此,投资组合中应包括核心基金和非核心基金。所谓核心基金,是指能够提供稳定回报的基金,应该占整体组合资产的60%~70%。余下非核心部分,可以投向一些投资风格"有激情"的基金。

误区7:经常买卖。很多人买卖基金就像买卖股票一样,来回买卖,结果就算行情好也没赚到多少钱。不可否认,根据市场时机的变化进行波段操作是一种投资策略。但要做到每次都高卖低买是很困难的,除非人们是像索罗斯那样的投资高手。所以,要卖出基金或在同一系列基金中进行转换,一定要有充分的理由,比如,人们的投资目标发生了变化。

误区8:赚了手续费,赔了净值。第一次买基金的人,往往货比三家,但比的不是基金的业绩,也不是基金的好坏,而是比到底哪一家公司、哪一只基金的手续费比较低,甚至可以免费。买基金如果能省一些手续费,降低成本,也不是坏事,但是把手续费高低当成买基金的首要标准,就有点本末倒置了。投资基金应该看重的是它的净值成长,所以,应该先挑选一些业绩不错的基金,然后才比较一下哪只基金便宜,再决定买哪只。

误区9:跟风赎回。没有主见,看到别人赎回,唯恐自己那份资产会受损失,也跟着赎回。决定进退的依据,应该是基金管理公司的基本面、投资收益率和对后市的判断。

误区10:认为基金投资没有风险。基金在国内迅速发展,越来越多的人开始认同基金投资。不过,很多人投资基金,不知是否被基金公司的宣传误导,总觉得基金是零风险的投资工具。其实任何投资都伴随着风险,只是风险有大小而已。因此,在基金的挑选、买卖时间的选择上,都应该认真考虑。

(五)基金投资的技巧

1. 选择费率低的机构

目前市场上的开放式基金的销售渠道很多,基金公司、证券公司、银行、投资公司或者其他的一些代销机构等都销售基金,而基金的认购(申购)费率是基金投资的主要成本,出于竞争,有些机构采用认购(申购)费率折扣的方式销售基金。因此,投资者可以在购买之前先了解一下,选择认购(申购)费率低的机构来购买。

2. 利用基金转换

目前市场上同一家基金公司旗下的基金进行转换,如果是同种类型的基金进行转换,将不再收取认购费率;如果从债券型基金转换成股票型基金,则收取这二者认购费率的差额。市场上的每家基金管理公司都管理着数只甚至更多的基金,如果选择了其中一只进行投资,但是发现其业绩不如该公司管理的另外一只基金好,这时决定赎回已投资的这只基金,然后购买该公司管理的另一只基金时,就可以直接选择基金转换。

3. 利用后端收费模式

后端收费的设计目的已在上文有所阐述。

4. 利用分红再投资模式节约手续费

开放式基金的分红方式有两种：一种是现金分红，另一种是分红再投资。若投资者并不需要资金，而且继续看好这只基金，那么在基金分红方式上可以选择分红再投资模式，因为分红再投资不需要缴纳认购费率。直接将分红的金额转换成基金份额，可以节省费用。

5. 认购比申购成本低

如果选定要购买某只基金，那么在其募集阶段购买可以节省费率。

6. 不要频繁买卖基金

（1）申购基金需要 T+2 日才能确认，若要赎回开放式基金还需要几个工作日，一般股票型基金赎回是 4 个工作日资金到账，这样，中间耽误的时间太长，如果期间行情好，将会错过机会。

（2）申购和赎回基金都需要缴纳费用，而且费用较高，如果频繁进行操作，操作成本将大幅增加。

（六）基金与股票、债券的比较

1. 基金与股票、债券的相同点

基金、股票、债券都是发起人为筹集资金而发行的一种证明持有人拥有权的票面凭证。

2. 基金与股票、债券的区别

（1）反映的经济关系不同。基金反映的是一种信托关系，是一种受益凭证，投资者购买基金份额后就成为基金的受益人；股票反映的是一种所有权关系，是一种所有权凭证，投资者购买股票后就成为公司的股东；债券反映的是债权债务关系，是一种债权凭证，投资者购买债券后就成为公司的债权人。

（2）所筹资金的投向不同。基金是一种间接投资工具，所筹集的资金主要投向有价证券等金融工具或产品；股票和债券都是直接投资工具，筹集的资金主要投向实业领域。

（3）投资收益与风险大小不同。通常情况下，基金的投资收益和风险取决于基金种类及其投资的对象；股票价格的波动性较大，是一种高风险、高收益的投资品种；债券可以给投资者带来较为确定的利息收入，波动性也较股票要小，是一种低风险、低收益的投资品种。总体来说，基金可以投资于众多金融工具或产品，能有效分散风险，是一种风险相对适中、收益相对稳健的投资品种。

四、银行理财产品

（一）银行理财产品的概述

1. 银行理财产品的定义

银行理财产品是指商业银行在对潜在目标客户群分析研究的基础上，针对特定目标客户群开发设计并销售的资金投资和管理计划。

在理财产品这种投资方式中，银行只是接受客户的授权管理资金，投资收益与风险由客户或客户与银行按照约定方式承担。

2. 银行理财产品的特点

（1）收益通常高于银行存款。

(2)安全性较高。这是由投资对象决定的。

(3)流动性差。大部分银行理财产品不能提前支取,虽然有部分产品设计了提前终止日,但提前终止通常意味着在收益上遭受损失。

(4)面临利率和汇率风险。人民币理财产品的收益率相对固定,通常并不随利率的上升而上升。外币理财产品的本金为外币,而且持有期的汇率风险需要由客户承担,这也是投资外币理财产品时需要关注的问题。

3. 银行理财产品的分类

1) 按照币种进行分类

(1)人民币理财产品。人民币理财产品是指银行以高信用等级人民币债券(含国债、金融债、央行票据、其他债券等)为投资对象,面向个人客户发行,到期向客户支付本金和收益的理财产品。

(2)外币理财产品。外币理财产品主要针对手中持有一定外币的储蓄客户,此类客户希望获得比银行存款要高的收益,但又不愿意承担过高的风险。外币理财产品的主要投资领域是国际外汇买卖及衍生品市场。

(3)双币理财产品。双币理财产品是现有的人民币理财产品和外币理财产品的简单结合。在关键的预期收益率上,目前双币理财产品突出的特点是划定了一个收益的浮动空间。双币理财产品实行封闭式运作,在投资期限内,投资者和银行都没有权利行使提前终止权。这与投资运作的模式有关,在投资初期,人民币部分的资金还不会产生所谓的利息收入,该理财产品实际上采用了预提的方式,将固定一段时间后才会产生的利息收入提前予以使用,这样就要求投资的期限要固定下来,因此,也不会涉及提前终止的问题。

2) 按照风险收益特征分类

(1)固定收益理财计划。投资者获取的收益固定,风险完全由银行承担。若理财资金经营不善造成了损失,完全由银行承担。当然,如果收益很好,超过固定收益的部分也由银行获得。为了吸引投资者,这种产品提供的固定收益会高于同期存款利率。

(2)最低收益理财计划。最低收益理财计划就是银行向客户承诺支付最低收益,其他投资收益由银行和客户按照合同约定分配。一般情况下,这个最低收益以同期存款利率为下限。对投资者来说,这种产品的风险大于固定收益理财计划,但有获得较高收益的机会。

(3)保本浮动收益理财计划。保本浮动收益理财计划是指银行保证客户本金的安全,收益则按照约定在银行与客户之间进行分配。在这种情况下,银行为了获得较高收益往往投资于风险较高的投资工具,因而,银行有可能获得较高收益。当然,若是造成了损失,银行仍会保证客户本金的安全。

(4)非保本浮动收益理财计划。非保本浮动收益理财计划是指商业银行根据约定条件和实际投资收益情况向客户支付收益,并不保证客户本金安全的理财计划。顾名思义,银行不向客户提供任何本金与收益保障,风险完全由客户承担,收益则按照约定在客户与银行之间分配。

由上述分析可知,对客户来说,这四种产品的风险是依次提高的,当然,其收益也可能是依次增长的;对银行来说,则恰恰相反。目前在我国银行发行的各种理财产品中,第一种产品和第四种产品较少,中间两种产品较多。

3) 按照投资方向分类

(1)利率类理财产品。利率类理财产品是一种实际投资收益与国际市场上主要利率指标挂钩的理财产品。例如，伦敦银行间同业拆借利率、香港银行间同业拆借利率等。

（2）汇率类理财产品。汇率类理财产品是一种实际投资收益与国际市场上主要货币汇率挂钩的理财产品。例如，欧元兑美元。

（3）信用类理财产品。信用类理财产品的特点是投资收益与指定的相关信用主体的信用挂钩。如果在投资期内相关信用主体没有发生信用违约事件，则投资者可以获得固定的年收益率；反之，没有任何收益。

（4）商品类理财产品。商品类理财产品的特点是投资收益与指定的商品价格指数挂钩。

（二）银行理财产品的构成要素

1. 银行理财产品发行者

银行理财产品发行者就是理财产品的卖家，一般就是开发理财产品的金融机构。投资人一般应注意发行者的研发、投资管理实力。在我国发行理财产品都必须经过当地银行监管部门的审核。

2. 银行理财产品认购者

银行理财产品认购者就是银行理财产品的投资人。有些理财产品并不面向所有公众，而是针对特殊的认购群体推出的。

3. 银行理财产品期限

银行发行的理财产品大部分期限比较短，一般在1年以内，期限为3个月的占比较大。但是，也有外资银行推出了期限为5～6年的理财产品。所以，投资人应该明确自己资金的充裕程度以及投资期内可能的流动性需求，以避免引起不便。当投资长期理财产品时，投资人还需要对宏观经济趋势、利率等指标有一个大致的判断，避免其波动造成损失或者资金的流动性困难。

4. 银行理财产品价格和收益

收益率表示的是该产品给投资人带来的收入占投资额的百分比。它是在投资管理期结束之后，按照该产品的原定条款计算所得的。一般情况下，银行理财产品的收益率高于银行一年期定期存款利率。当然，具体的收益率也和该产品的期限有关，期限越长，收益率就越高。

5. 银行理财产品风险

在有效的金融市场上，风险和收益永远是对等的，只有承担了相应的风险，才有可能获得相应的收益。由于信息不对称等因素的存在，市场上存在低风险高收益、高风险低收益的可能。所以，投资人应该详细了解理财产品的风险结构状况，从而对其做出判断和评估，看其是否与所得的收益相匹配。

（三）银行理财产品的理财优势

作为个人金融领域最重要的组成部分，商业银行及其理财产品和理财业务在个人或家庭理财中具有举足轻重的地位，有着得天独厚的优势。

1. 资本充足率高，资金实力雄厚

根据《巴塞尔协议》的最低资本充足率要求，商业银行在持续经营的全过程中必须将资本充足率保持在8%以上。另外，我国的商业银行特别是国有商业银行都有国家的大力扶持，因此，与其他理财服务企业相比，银行的资金更加雄厚。

2. 信誉好，安全性高

在个人或家庭理财业务中，人们最关心的一个问题就是资金的安全性。商业银行在金融机构中的诚信是最高的，多年来的稳健经营也给人们以信誉良好的印象。我国的商业银行受到中国人民银行严格的存款准备金制度和国家金融监督管理总局的监管，从而保证了客户的资金安全。

3. 网点众多，快捷便利

商业银行的网点众多，分行、各级支行、分理处、储蓄所遍布各地，资金的划拨非常快捷。与此同时，银行业务已渗透到广大群众生活的方方面面，人们对银行业务的操作流程非常熟悉，这也使人们对银行更有感情，更愿意通过银行来处理个人或家庭理财业务。

4. 理财更专业、更客观

从专业性方面分析，银行各部门的分工明确、细致，并配有经验丰富的专业理财人员。从理财技能和态度的客观性方面分析，银行理财更为客观、中立。其他理财服务企业的个人理财在很大程度上是围绕自身的产品来进行，目的仍是销售本公司的产品。银行同时代理了多家公司的不同产品，人们有条件跳出某一公司产品的束缚，从不同公司中挑选最合适自己的理财产品。

（四）银行理财产品的选择

与储蓄存款相比，理财产品因为更高的收益而受到大众的青睐。但是，要购买一款适合自己的银行理财产品，并非容易的事情。除了要了解这些产品的分类、收益，还要特别关注其中可能出现的风险。

1. 要了解银行理财产品的种类，选择适合自己的产品类型

目前银行的理财产品大致可以分为保证收益型、保本浮动收益型和非保本浮动收益型三类。由上文可知，保证收益型产品是银行按照约定条件向客户承诺支付最低固定收益，银行承担由此产生的投资风险，超出最低固定收益的其他收益由银行和客户按照合同约定分配；保本浮动收益型产品是银行按照约定条件向客户保证本金，此外的投资风险由客户承担，并依据实际投资收益情况确定客户实际收益的理财计划；非保本浮动收益型产品是银行根据约定条件和实际投资收益情况向客户支付收益，并不保证本金安全的理财计划。因此，投资人要根据自身的风险承受能力，选择适合自己的产品类型。

2. 要正确认识银行理财产品的收益率

由于银行不得无条件向客户承诺高于同期储蓄存款利率的保证收益率，因此，无论是固定收益产品还是浮动收益产品，在购买时所看到的"收益率"其实是"预期收益率"，甚至是"最高预期收益率"。只有当产品到期，银行根据整个理财期间产品实际达到的结果，按照事先在产品说明书上列明的收益率计算方法计算出来的收益率才是"实际收益率"。

3. 要对银行理财产品的风险有清醒认识

"高收益必定伴随着高风险，但高风险未必最终能带来高收益"，这是在进行任何投资活动前都必须牢记的规律。银行理财产品也遵循这一规律。也正因为理财产品的风险高于普通存款，因此，有机会获得高于存款利息的收益。一般规律是，保证收益类产品的约定收益较低，风险也较低；非保证收益类产品的收益潜力较大，风险也较高。保证收益类产品的收益一般会有附加条件，比如，银行具有提前终止权，银行具有本金和利息支付的币种选择权，等等。而投资非保证收益类产品，就要明白任何市场的历史表现都不能代表未来的走势，银行说明的"预期

收益率"或"最高收益率"可能与最终实际收益率出现偏差。

4. 投资者要正确了解自己

认真考虑自己的理财目的、资金量、理财时间、背景知识、对风险的认识等问题,选择适合自己的产品,实现资产保值、增值的目标。

5. 不要盲目跟风

尽量选择自己熟悉的产品购买,即使原来没有任何背景知识,也应该在购买前详细咨询理财规划师,或要求银行专业理财人员详细解释。

6. 了解金融机构

投资银行理财产品,要事先了解哪些金融机构可以销售银行理财产品,要了解每家银行在理财产品和配套服务方面的特色和专长,从中选择值得信赖的金融机构。

五、编制投资规划方案

在分析客户投资规划需求的基础上,理财规划师接下来的工作就是着手编制投资规划方案。理财规划师在编制投资规划方案的过程中,可以遵循以下步骤。

(一)建立客户关系

理财规划师与客户进行充分交谈、沟通,确定客户关系,确定客户个人或家庭有制订投资规划的意愿和需求,并了解客户个人或家庭的投资规划目标。

(二)收集客户信息

理财规划师应该收集客户个人或家庭与投资规划有关的财务信息和非财务信息,其中,财务信息包括客户的现金、收入状况、活期存款、定期存款、每月各项支出、债务状况、各项投资情况等,非财务信息包括客户的姓名、性别、家庭结构、职业、兴趣、爱好等。

(三)财务分析和评价

(1)理财规划师应该对客户个人或家庭的资产和负债情况进行分类整理,对客户个人或家庭资产和负债的价值进行评估,然后编制客户个人或家庭资产负债表。

(2)理财规划师应该分析客户个人或家庭的收入和支出项目,对客户个人或家庭收入和支出的各项指标进行计算,然后编制客户个人或家庭收入支出表。

(3)理财规划师应该对客户个人或家庭资产负债表和客户个人或家庭收入支出表进行分析,并基于客户个人或家庭财务报表进行财务比率分析与诊断。

(四)确定投资规划目标

理财规划师应该结合客户个人或家庭财务信息和非财务信息的分析、评价,帮助客户确定符合客户个人或家庭需求的投资规划目标。

(五)编制投资规划报告,交付客户

经过以上工作程序,理财规划师已经充分了解、分析客户的投资规划需求,在结合客户投

资规划目标的基础上,选择适合客户投资规划需求的相关投资规划工具,最终编制出满足客户需求的投资规划方案。

接下来,理财规划师应该根据客户要求完成相应的收尾工作。如果客户仅需要投资专项规划,则可以形成投资规划报告,以书面的形式交付客户。如果客户需要综合理财规划服务,则将投资规划作为分项规划之一纳入综合理财规划建议书,待各分项规划全部完成后再交付客户。

(六)持续提供理财服务

理财规划师应该定期对投资规划方案进行评估,并且不定期对投资规划方案进行信息汇总和方案调整。

本 章 小 结

本章主要介绍投资规划,包括分析客户投资规划需求、制订投资规划方案。其中,分析客户投资规划需求主要包括投资规划概述、投资规划的流程、树立正确的投资观念、了解与投资规划相关的客户信息、客户信息资料的整理与分析;制订投资规划方案主要包括股票、债券、基金、银行理财产品、编制投资规划方案。本章是客户个人或家庭有投资规划需求,需要做的理财规划方案。作为理财规划师,必须掌握本章的主要内容,并且能够通过分析客户个人或家庭的投资规划需求,结合客户个人或家庭的投资规划目标,恰当选择适合客户个人或家庭的投资规划工具,制订出符合客户个人或家庭需求的投资规划方案。

复 习 思 考 题

一、单项选择题

1. (   )就是根据客户的财务目标和可用投资额,以及风险承受能力等实际情况来确定投资目标,并通过资产配置、投资组合、证券选择等技术,结合具体的投资策略来实现投资目标。
   A. 投资规划   B. 养老规划   C. 现金规划   D. 消费支出规划
2. 本金在未来能增值或获得收益的所有活动都可称为投资。以下不属于投资的是(   )。
   A. 购买股票   B. 存入银行   C. 购买古玩字画   D. 外出旅游
3. 从总体上看,购买彩票的行为是一种(   )。
   A. 公益行为   B. 投资   C. 消费   D. 赌博
4. 直接投资和间接投资同属于投资者对预期能带来收益的资产的购买行为,但二者有着实质性的区别,主要在于(   )。
   A. 融资成本的高低   B. 投资者是否参与投资项目的经营管理
   C. 投资风险的大小不同   D. 投资的回报率不同
5. 与投资相比,投资规划的目标是(   )。
   A. 追求当期收入
   B. 追求资产增值
   C. 既追求当期收入,又追求资产增值
   D. 在既定的目标约束下实施投资行为

6. 理财规划师根据客户的投资目标和对风险收益的要求,将客户的资金在各种类型的资产上进行配置,确定用于各种类型资产的资金比例,这一步骤称为(　　)。
　　A. 客户分析　　　　B. 资产配置　　　　C. 证券选择　　　　D. 投资实施

7. 理财规划师对市场上可以选择的证券类投资工具进行分析,综合运用各种投资组合技术,确定各种证券的投资比例,为客户确定出合适的投资组合。这个步骤叫作(　　)。
　　A. 资产配置　　　　B. 证券选择　　　　C. 投资实施　　　　D. 投资评价

8. 长期投资的观念是理财致富的重要条件。以下关于长期投资的说法正确的是(　　)。
　　A. 长期投资的收益一定比短期投资高
　　B. 一般认为只有在较长时间可以剔除投机引起的市场波动
　　C. 长期投资可以获得超过企业长期经营业绩的回报
　　D. 长期投资可以消除市场系统风险

9. 某客户上年的收入为500000元,个人所得税税率约为20%,年终结余150000元,结余比率为(　　)。
　　A. 0.7　　　　B. 0.5　　　　C. 0.4　　　　D. 0.375

10. 理财规划师为客户制订的投资规划方案是否适合客户的实际情况,关键取决于理财规划师是否对客户的信息和客户的期望目标有充分的了解,而充分的了解客户的(　　)是制订投资规划方案的关键。
　　A. 风险偏好　　　　　　　　　　B. 资产状况
　　C. 负债状况　　　　　　　　　　D. 财务信息和非财务信息

11. 客户的收入、支出信息是客户重要的财务信息,客户家庭预期收入成为客户未来现金流入的主要来源,也成为客户投资的主要依据。在收集此类信息的时候,理财规划师不仅要对客户未来收入情况进行相对准确的预测,而且要注意客户的(　　)。
　　A. 收入相对水平　　　　　　　　B. 收入的绝对值
　　C. 收入波动情况　　　　　　　　D. 收入结构

12. 如果一个客户的成长性资产在30%以下,而定息资产在70%以上,则该客户属于(　　)。
　　A. 保守型　　　　B. 中立型　　　　C. 轻度进取型　　　　D. 进取型

13. 理财规划师为了了解客户现有的资产配置情况,包括金融资产和实物资产、流动资产和固定资产各占多大比重,各类资产中具体又有哪些投资产品等,需要收集(　　)的信息。
　　A. 反映客户现有投资组合　　　　B. 反映客户的风险偏好
　　C. 反映客户家庭预期收入情况　　D. 反映客户投资目标

14. 下列不属于客户经常性收入的是(　　)。
　　A. 工资、薪金　　B. 奖金　　C. 彩票中奖　　D. 股息和红利

15. 理财规划师需要特别注意的是客户各类投资资产的价值是指(　　)。
　　A. 市价
　　B. 账面价值
　　C. 重置价值
　　D. 依照资产的现行市价和资产现在的状态得到的资产的当前价值

16. 关于客户的风险偏好信息,说法正确的是(　　)。
　　A. 愿意承受的风险越高,那么投资的潜在收益率就越高

B. 愿意承受的风险越低,那么投资的潜在收益率就越高
C. 风险和收益没有必然联系
D. 风险承受能力是一个客观性较强的问题,可准确测量

17. 一般进取型客户的成长性资产能达到(　　)以上。
   A. 90%　　　　B. 70%　　　　C. 80%　　　　D. 50%

18. 部分投资者的首要目标是资本增值,其次才是获取定期收益。另一些投资者与此相反,首先希望获取定期收益,其次才是资本增值。如果王先生希望获得资本增值,而非固定收益,那么他一定不是(　　)客户。
   A. 保守型　　　B. 中立型　　　C. 轻度进取型　　D. 进取型

19. 结余比率是客户一定时期内(通常为1年)结余和收入的比值,它主要反映客户提高其净资产水平的能力。这里的收入是指(　　)。
   A. 税后收入　　B. 税前收入　　C. 总收入　　　D. 净收入

20. 我国客户的结余比率与国外相比,通常比较(　　)。
   A. 低　　　　　B. 高　　　　　C. 水平相当　　D. 没有比较性

21. 股份公司资本构成中最普通、最基本的股份是(　　)。
   A. 优先股　　　B. 普通股　　　C. 可流通股　　D. 可赎回股

22. 在新加坡上市、内地注册的外资股是(　　)。
   A. B股　　　　B. A股　　　　C. N股　　　　D. S股

23. (　　),当经济繁荣时,这类股票的表现将超过市场平均水平;当经济处于萧条时期,这类股票的表现则逊于市场平均水平。
   A. 激进型股票　B. 防守型股票　C. 周期型股票　D. 非周期型股票

24. (　　),上海股票市场增设了上证分类指数,即工业类指数、商业类指数、地产业类指数、公用事业类指数、综合业类指数,以反映不同行业股票的走势。
   A. 1993年1月1日　　　　　　B. 1993年6月1日
   C. 1993年12月1日　　　　　D. 1992年6月1日

25. 深证成分指数的计算权数为(　　)。
   A. 股票总市值　　　　　　　B. 公司的总股本数
   C. 加权综合股价指数　　　　D. 公司的可流通股本数

26. 世界上历史最为悠久的股票价格指数是(　　)。
   A. 道·琼斯股票价格指数　　B. 标准·普尔股票价格指数
   C. 日经225平均股价指数　　D. 伦敦《金融时报》股票价格指数

27. 股票是一种有价证券,是股份有限公司在筹集资本时向出资人公开发行的,代表持有人(即股东)对公司的(　　),并根据所持有的股份数依法享有权益和承担义务的可转让的书面凭证。
   A. 债权　　　　B. 所有权　　　C. 收益权　　　D. 经营管理权

28. 优先股是公司在筹建资金时,给予投资者某些优先权的股票。同普通股相比,以下不属于优先股特点的是(　　)。
   A. 约定股息率　　　　　　　B. 优先清偿剩余资产
   C. 参与权　　　　　　　　　D. 受限制的流通性

29. (　　)是人民币特种股票,以人民币标明面值,以外币认购和买卖,在上海和深圳两个证

券交易所上市交易的股票。早期投资人为境外投资者及港澳台投资者。自2001年2月19日以后,该股已经向境内投资者开放。

    A. A股   B. B股   C. C股   D. H股

30. 在我国,衡量绩优股的指标是每股税后净利润和净资产收益率。一般而言,每股税后利润占全体上市公司中上水平,公司上市后净资产收益率连续3年显著超过(　　)的股票就是绩优股。

    A. 12%   B. 10%   C. 15%   D. 20%

二、多项选择题

1. 投资者进行投资的时候,有多种选择来实现自身资产的保值、增值,以下行为中属于投资的是(　　)。

    A. 购买基金   B. 购买电视   C. 购买古玩字画   D. 购买债券

2. 直接投资是指投资者将货币资金直接投入投资项目,形成实物资产或者购买现有企业的投资,通过直接投资,投资者可以拥有全部或一定数量的企业资产及经营的所有权,直接进行或参与投资的经营管理。以下属于直接投资的是(　　)。

    A. 直接开办企业

    B. 与当地企业合作开办合资企业或合作企业,从而取得各种直接经营企业的权利,并派人员进行管理或参与管理

    C. 投资者参加资本,不参与经营,必要时可派人员任顾问或指导

    D. 投资者在股票市场买入现有企业一定数量的股票

3. 从理财规划师的工作步骤来看,整个投资规划包括(　　)。

    A. 客户分类   B. 资产配置   C. 证券选择   D. 投资实施

4. 理财规划师不仅要自己树立正确的投资观念,更要协助客户建立正确的投资观念,使得客户对于投资有一个清醒的认识。下列投资观念不正确的是(　　)。

    A. 超越市场的观念   B. 短期投资的观念

    C. 收益和风险分离的观念   D. 长期投资的观念

5. 除了客户的一般性信息,在制订投资规划的时候需要特别明确与投资规划密切相关的客户信息主要有(　　)。

    A. 反映客户现有投资组合的信息

    B. 反映客户风险偏好的信息

    C. 反映客户家庭预期收入情况的信息

    D. 反映客户投资目标的各项相关信息

6. 宏观经济信息主要是指与理财规划服务相关的宏观经济数据。理财规划师提供的理财建议与客户所处的宏观经济环境有着密切的联系。一般来说,影响理财规划师工作的宏观经济信息主要包括(　　)。

    A. 国内生产总值   B. 失业率   C. 汇率和利率变化   D. 税收制度

7. 按照风险和收益标准,股票可以分为(　　)。

    A. 蓝筹股   B. 垃圾股   C. 优先股   D. 绩优股

8. 股份回购是指公司利用现金方式从股市上购回本公司已发行的部分股票的行为。股

票回购后可直接注销,也可作为库藏股用于公司的股票期权、员工福利计划、发行可转换债券等特殊用途所需的股票。股份回购必须符合(　　)情形。

  A. 减少公司注册资本

  B. 与持有本公司股份的其他公司合并

  C. 将股份奖励给本公司职工

  D. 股东因对股东大会做出的公司合并、分立决议持异议,要求公司收购其股份的

9. 对于股票性质的描述,可以认为股票是一种(　　)。

  A. 有价证券 B. 证权证券 C. 资本证券 D. 虚拟资本

10. 配股是指上市公司在获得必要的批准后,向其现有股东提出配股建议,使现有股东可按其持有上市公司的股份比例认购配股股份的行为。目前,A 股配股包括(　　)部分。

  A. 向社会公众股东配售

  B. 国有股和法人股配股权转让给社会公众股东配售

  C. 前次转配股东认购股权

  D. 前次配股股东认购国家和法人股配股权转让

11. 对债券形态的描述符合我国规定的是(　　)。

  A. 实物国债(无记名国债)是一种具有标准格式的纸制印刷债券。此类债券不记名、不挂失,不可上市流通

  B. 凭证式国债可提前兑付,但不能上市流通,从购买之日起计息。这类债券是一种储蓄债券,发行对象主要是个人投资者

  C. 凭证式国债没有统一格式

  D. 记账式国债通过无纸化方式发行和交易,记名,可挂失,投资者可以在购买后随时买入或卖出,其变现更为灵活,但交易价格由市场决定,投资者可能遇到价格损失

三、判断题

1. 二级市场也称流通市场,是进行股票买卖交易的场所。已发行的股票在投资者之间进行转让,必须通过这里交易,以维持股票的流动性。交易价格由市场竞价形成。(　　)

2. 目前中国证监会规定国内新股的发行方式主要采用上网定价与全额预缴、比例配售、余款即退方式。由于上网定价具有高速、安全和低成本等特点,上网定价已成为我国企业公开发行股票的主要方式。(　　)

3. 我国发行的债券一般是每张面值为 100 元人民币。(　　)

4. 实物国债(无记名国债)是一种具有标准格式的纸制印刷债券。在票面上印有面值、票面利率、到期期限、发行人全称、还本付息方式等内容。此类债券不记名、不挂失,可上市流通。发行人定期见票支付利息或本金。(　　)

5. 债券的发行目的是给地方政府所属企业或某个特定项目融资。债券发行者只能以经营该项目的收益来偿还债务,而不以地方政府的征税能力作为保证的债券是收益债券。
(　　)

6. 按发行主体分类,可将债券分为信用债券、抵押债券和担保债券。(　　)

7. 我国国债有实物国债、凭证式国债和记账式国债三种形态,目前已经停发的是记账式国债。(　　)

8. 债券投资者面临的最主要风险是信用风险。（ ）
9. 商业银行通常充当基金的管理人。（ ）
10. 封闭式基金在交易所交易,开放式基金在证券公司、基金公司、银行等都可交易。
（ ）
11. 基金中的基金由于经过双重的筛选,风险较低。（ ）
12. 投资基金的品种繁多,但根据 2004 年 6 月 1 日颁布的《中华人民共和国证券投资基金法》规定,我国的证券投资基金不设立公司型基金。（ ）
13. ETF 又称上市型开放式基金,是一种可以在交易所挂牌交易的开放式基金,兼具封闭式基金交易方便、交易成本较低和开放式基金价格贴近净值的优点。（ ）
14. 国家基金是资金来源于国内但投资于境外金融市场的投资基金。通过跨国投资,国家基金可以为本国资本带来更多的投资机会以及在更大范围内分散投资风险,其投资成本和费用一般较高。按投资地区的不同,国家基金又可以分为区域投资基金和环球投资基金。
（ ）
15. 混合型基金适合既要获得当期收入,又要兼顾价值增长的投资者。（ ）

四、案例题

小雨有一笔钱,考虑到当前银行存款利率较低,于是他决定用这笔钱来做证券投资。在理财规划师的建议下,小雨购买了股票、可转换债券、基金、国债等产品。

请问:

（1）对小雨来说,其购买的可转换债券,可在一定时期内转换成什么?
（2）理财规划师建议小雨购买的所有产品中,风险最小的是哪个?
（3）理财规划师建议小雨购买的所有产品中,风险最大的是哪个?
（4）如果小雨是用与面值相同的价格来购买的债券,那么该债券属于怎样发行的债券?
（5）若小雨购买的是国债,则不能上市流通的是哪种国债?

退休养老规划

通过本章的学习,理财规划师应该能够收集客户退休养老方面的信息,了解各退休养老规划工具,并能够灵活运用各退休养老规划工具;能够为客户提供与退休养老相关的咨询服务,并为客户制订退休养老规划方案。

第一节 分析客户退休养老规划需求

一、退休养老规划概述

退休养老规划是指为了保证客户在将来有一个自立的、有尊严的、高品质的退休生活,而从现在开始积极实施的理财方案。

退休后能够享受自立的、有尊严的、高品质的生活是一个人一生中最重要的财务目标,因此,退休养老规划是整个个人财务规划中不可缺少的部分。合理而有效的退休养老规划不但可以满足退休后漫长生活的支出需要,保障自己的生活品质,抵御通货膨胀的影响,而且可以显著提高个人的净财富。

实际上退休养老规划就是协调即期消费和远期消费的关系,或者说,是衡量即期积累和远期消费的关系。假设在22岁之前,每个人的支出大于收入;在22岁至60岁,收入大于支出,此时事业正处在上升期,于是产生了一些盈余;在60岁之后,由于已退休,此时支出大于收入,形成亏损。退休养老规划就是以盈余来弥补亏损的过程。在用盈余弥补亏损的过程中,有几个因素需要考虑,分别是家庭结构、预期寿命、退休年龄、退休后的资金需求、退休后的收入状况、客户现有资产情况、通货膨胀率、退休基金的投资收益率等。

二、家庭结构

家庭组织是我国社会的轴心。所谓"家为邦本,本固邦宁"就清楚地表明,国家的存在是建立在家的基础上的。孟子讲得更为明白:"人有恒言,天下国家。天下之本在国,国之本在家,家之本在身。"这就是修身才能齐家,齐家才能治国。家庭和社会是息息相关的。当传统的农业社会向工业社会转变的时候,整个社会生活都发生了重大变化。家庭为了适应生产方式、生活方式的变化,也会有相应的变革,由结构复杂、规模庞大的家庭向结构简单、规模较小的核心家庭转化。特别是在人们的观念从多生多育转向少生少育的时候,这种变化更为明显。工业化生产与现代化的生活,特别是在市场经济条件下,需要自由流动的劳动力和生产养育功能的社会化。而结构简单、功能单一、便于流动的小家庭正适应了这一需要。在发达国家,随着现代化的完成,家庭小型化已成为基本模式。父母、一到两个孩子的核心家庭,成为工业社会中家庭模式的典型,由大家庭转向小家庭也是农业社会转向工业社会的基本特征。

家庭结构和规模的变化对退休养老规划有着重要的影响,就中国目前的情况而言,尤其是20世纪80年代后的家庭往往是三口之家。目前子女的生活压力往往较大,很多父母并不指望子女有足够的费用为自己养老,"养儿防老"的理念正悄悄发生变化,尽早做好退休养老规划变得十分必要。

三、预期寿命

人们的预期寿命是退休养老规划中首先要考虑的问题。预期寿命长,则应多准备退休基金;预期寿命短,则应少准备退休基金。若退休后的实际余寿大于准备退休基金覆盖的年份,那么就意味着产生了风险。因此,制订退休养老规划时应当估计人们的预期寿命。在估计人们的预期寿命的时候,可以参考中国保监会发布的人寿保险业经验生命表。

中国第一张寿险业生命表为《中国人寿保险业经验生命表(1990—1993)》(保监发〔1999〕238号),其中,非养老金类业务表三张,养老金类业务表三张。此经验生命表数据是基于1990—1993年的寿险业数据编制的,中国人民银行于1996年6月23日正式公布使用,为新中国保险业第一版经验生命表,该版本经验生命表现已停用。中国第二张寿险业经验生命表为《中国人寿保险业经验生命表(2000—2003)》(保监发〔2005〕117号),其中,非养老金业务表两张,养老金业务表两张。此经验生命表由中国保险监督管理委员会于2005年12月19日正式公布,自2006年1月1日起生效。中国第三张保险业经验生命表为《中国人身保险业经验生命表(2010—2013)》(保监发〔2016〕107号),其中,非养老类业务一表两张,非养老类业务二表两张,养老类业务表两张。此经验生命表由中国保险监督管理委员会于2016年12月21日正式公布,自2017年1月1日起实施,也是我国现行的经验生命表。通过对此经验生命表的数据转化,当年死亡率是8.5‰左右,类似于平均寿命点,即得出男性的平均寿命为79岁,女性的平均寿命为84岁。

中国国家卫生健康委员会于2021年7月5日召开记者会,会上国家卫生健康委规划司司长表示,目前中国人均预期寿命提高到77.93岁,主要健康指标居于中高收入国家前列。当具体到个人预期寿命的时候,除了要了解某一时期全国范围内的预期寿命,还应了解这一时期内客户所处地区的预期寿命,以及影响客户寿命的其他因素,如身体状况、家族疾病史等情况。

 小知识

生 命 表

生命表也称死亡表,是对相当数量的人口自出生(或一定年龄)开始,直至这些人口全部去世为止的生存与死亡记录。通常以10万人(或100万人)作为0岁的生存人数,然后根据各年中死亡人数、各年末生存人数计算各年龄人口的死亡率、生存率,列成表格,直至此10万人全部死亡为止。生命表上所记载的死亡率、生存率是决定人寿保险费的重要依据。

生命表是反映一个国家或者一个区域人口生存、死亡规律的调查统计表,即追踪一批人,逐年记录该人群的死亡人数,得到该人群从出生到死亡的各年龄死亡率,并进一步构成表格式模型。

四、退休年龄

在制订退休养老规划时,除了要了解人们的预期寿命,还要了解退休年龄问题。因为退休年龄是退休养老规划的一个关键点。

退休时间早,则退休生活时间长,工作时间少,也即消耗养老基金的时间长,积累养老基金的时间少。退休时间晚,则退休生活时间短,工作时间长,也即消耗养老基金的时间短,积累养老基金的时间长。

客户从事不同的职业,其退休年龄自然会不同,自由职业者的退休年龄通常比较灵活,公务员和城镇企业职工的退休年龄则比较固定,国家有法定退休年龄的规定。

法定的退休年龄是指经1978年5月24日第五届全国人民代表大会常务委员会第二次会议原则批准,现在仍然有效的《国务院关于安置老弱病残干部的暂行办法》和《国务院关于工人退休、退职的暂行办法》(国发〔1978〕104号)文件所规定的退休年龄。

根据《国务院关于安置老弱病残干部的暂行办法》和《国务院关于工人退休、退职的暂行办法》(国发〔1978〕104号)的规定,我国职工现行退休年龄是男性年满60周岁,女干部年满55周岁,女工人年满50周岁;从事井下、高空、高温、特别繁重体力劳动或者其他有害身体健康的工作,退休年龄是男性年满55周岁,女性年满45周岁;因病或因工致残,由医院证明,并经劳动鉴定委员会确认,完全丧失劳动能力的,退休年龄是男性年满50周岁,女性年满45周岁。关于退休年龄的其他规定请自行查看相关文件资料。

此外,随着我国经济社会的发展以及人均寿命的不断延长,相应推迟退休年龄几乎已成必然趋势。

五、影响退休养老规划的其他因素

影响退休养老规划的其他因素包括退休养老规划的使用工具、退休基金的投资收益率、通货膨胀率、客户现有退休养老资产等。

(一)退休养老规划的使用工具

退休养老规划方案的制订实际上也是估算退休后资金需求、退休后收入状况,测算退休后资金缺口,并在退休前积累退休资金的过程。退休后可能有哪些收入,退休后的收入状况自然就成了退休养老规划的考虑对象。退休后的收入来源渠道有以下几个:基本养老保险金、企业年金、商业性养老保险的养老金、投资收益等。这些收入渠道成为制订退休养老规划必须考虑的因素。

(二)退休基金的投资收益率

这里的退休基金是指个人为储备退休基金而建立的退休基金,并非通常所说的社保基金。这里的退休基金通常是以金融资产的形式存在,如基金、股票等。个人的退休基金在保证安全的情况下,应当追求一定的收益率,特别是在通货膨胀率较高的情况下,保持一定的收益率更为重要。否则,退休基金的保值、增值就只是空谈。

(三) 通货膨胀率

由于通货膨胀率的存在,目前 100 元所购买到的货物在几十年退休之后以 100 元显然是买不到的。因此,考虑退休后资金需求的时候必须考虑到通货膨胀率。

(四) 客户现有退休养老资产

无论客户是通过继承方式获得现有资产,还是通过后天努力获得的资产,这些资产均构成了退休养老规划的资产组成部分。

六、我国的养老理念及退休养老规划的必要性

(一) 我国的养老理念

养老问题对每个人来说都是一个不可回避的问题,也是一个人类生存繁衍的古老问题,更是任何时代、任何社会都必须认真解决好的一个问题。那么采取什么方式来解决养老问题,解决哪些养老问题,在不同的时代有着不同的解决方式。

就解决哪些养老问题来看,自古至今大致可以概括为三方面的内容:一是满足老年人的物质生活需要。主要包括衣、食、住、行、用以及医疗等方面的需要。二是劳务服务的需要。老年人随着年事的增高,生活自理能力日益下降,需要有专门的人员或相对固定的人员为其提供生活服务。三是精神安慰。需要社会和家庭为老年人提供情感交流的环境和条件。其中第一方面是基本的内容,在生产力发展的任何阶段、任何社会形态都必须具备;第二方面和第三方面是较高层次的内容。随着社会生产力的发展和人们生活水平的提高,对老年人的生活服务和照顾应当越来越周到,直到发展为社会化的专业服务。进入工业化社会以后,除传统的精神生活方式,社会化的精神文化生活越来越成为老年人精神生活满足的主要方式。把老年人的精神文化生活作为一项社会化的内容来发展,充分体现了社会的文明进步程度,是生活水平提高的一种表现。

工业化社会前,人们生存在自然经济状态下,家庭是人们生产、生活的主要活动场所,养老也只能由家庭来完成,老年人所有的需要都由家庭来满足,养老所需要的物质资料是由儿女提供的,劳务服务也由子女来完成,"养老送终"成为晚辈对长辈不可推卸的责任。这样的养老方式就称为"养儿防老"。"养儿防老"的理念在我国,尤其在农村仍然是根深蒂固的。

工业化社会,社会养老的理念逐步盛行。社会养老就是通过政府立法建立正式的、规范化的制度,为老年人的物质生活、劳务服务和精神文化生活等方面,提供全面的保障和服务。比如,我国目前建立的城镇企业职工基本养老保险制度,就是社会养老的模式。

(二) 退休养老规划的必要性

一般来说,一个人在 40 年左右的工作生涯中始终处于忙碌与紧张中。因此,一旦退休,人们理所当然地希望过上一种愉快、舒适的休闲生活。然而,现实的情况是,幸福、美满的生活并非唾手可得,并不是每个人都有机会过上这样的退休生活。现实生活中,有大量因素会对个人退休生活产生影响,这些因素构成了对退休养老规划的需求。

1. 预期寿命的延长

科技的进步延长了人们的寿命,人们退休年龄却没有明显延迟,因此,现代人便有了一个更长的退休生活时期。虽然延长寿命是好事,但是更长久的退休生活也意味着人们需要在退休之前有更多的储蓄和更好的规划。

2. 提前退休

有些人会因为某种原因而提前退休,比如,对工作产生了厌恶情绪、工作过于劳累、健康状况不佳、家庭问题等。此外,在经济不景气或企业经营不善的条件下,雇主可能出于降低成本的需要而推出提前退休养老规划,鼓励员工提前退休。

3. 社会保障与养老金资金紧张

尽管新的劳动者队伍为社会保障和养老金计划提供了源源不断的资金,但在某些特殊情况下,社会保障与养老金计划也有可能出现资金紧张。例如,近年来在许多国家出现的人口老龄化趋势,给社会保障和养老金计划带来了沉重的负担。

4. "养儿防老"理念的不可行

国际上通常的看法是,当一个国家或地区 60 岁以上老年人口占人口总数的 10%,或 65 岁以上老年人口占人口总数的 7%,即意味着这个国家或地区的人口处于老龄化社会。

第七次全国人口普查结果显示,我国 60 岁及以上人口为 2.64 亿人,占人口总数的 18.7%;65 岁以上人口为 1.91 亿人,占人口总数的 13.5%。人口老龄化程度进一步加深。2021 年 11 月,《中共中央、国务院关于加强新时代老龄工作的意见》发布,提出到 2025 年年底前,每个县(市、区、旗)有 1 所以上具有医养结合功能的县级特困人员供养服务机构。截至 2021 年年底,我国 60 岁及以上人口达 2.67 亿人,占人口总数的 18.9%。2022 年年末,我国 60 岁及以上人口已达 2.80 亿人,占人口总数的 19.8%。2035 年左右,60 岁及以上人口将突破 4 亿人,在人口总数中的占比将超过 30%,进入重度老龄化阶段。2040 年,我国 60 岁以上老人的比例将达到 30%,65 岁以上老人将达到 22%,进入超级老龄化社会。2050 年,60 岁以上老人将达到 4.34 亿人,比例将达到 31%;65 岁以上老人比例将达到四分之一,达到日本的水平。而那时候日本 60 岁以上的老人将占日本总人口的一半。再加上我国目前大多数家庭为"四、二、一"结构,"养儿防老"确实成了问题。

5. 其他不确定因素

在人的一生中,需要面对许多不确定的因素,而其中总有一些因素会对退休生活带来影响,比如,通货膨胀、市场利率波动、个人和家庭成员的健康状况、医疗保险制度的变化等。

因此,制订退休养老规划便是应对上述不利因素、保障客户退休生活的重要机制。理财规划师和客户应当通过建立具有一定弹性的退休养老规划,应对未来可能出现的各种不确定因素。制订退休养老规划的目的是,通过对客户个人可用财务资源的正确规划,满足客户在退休阶段的个人财务需要。制订退休养老规划是整个理财规划方案中的一个关键性部分,缺少退休养老规划的理财规划方案是不完整的。从某种意义上说,几乎没有一个财务目标比获得舒适的退休生活更加重要。一般来说,为了确保退休养老规划方案的成功,个人需要尽早开始考虑制订退休养老规划,并且通过一套科学、系统的程序来保障退休资金的充分积累。在某些方面,制订退休养老规划充分体现了理财规划的基本特性。制订退休养老规划是一个长期的过程,比理财规划中其他组成部分更具前瞻性,且由于退休养老规划将给客户的当前和未来生活水平带来极大的影响,因此,退休养老规划更需要由富有远见的理财规划师进行策划。如果退休养老规划制订得比较合理,并且得到顺利执行,那么客户便可以获得对未来退休生活的保障,乃至由此取得优厚的回报。

我国个人退休养老规划观念淡薄。在计划经济体制下,人们的生、老、病、死均被纳入国家计划,人们无需对自己退休后的生活有过多的担忧。长此以往,人们便形成了等、靠、要的依赖思想。观念的落后再加上客观经济条件的限制,使我国目前的个人退休养老规划存在较多的缺陷。比如,到现在为止,仍有较多人未建立应有的退休储备。究其原因,一是诸多父母执着信守的"养儿防老"的旧观念依然存在。二是退休养老规划意识淡薄。许多人手里可能有不少财富,可是对这部分财富疏于管理,将这部分财富投入风险较大的项目,一旦项目失败,所有财富将化为乌有,以致失去退休后的生活保障。三是退休养老规划过于单一、保守。比如,很多人只选择银行的储蓄存款。

第二节 制订退休养老规划方案

一、社会养老保险的基础知识

(一) 社会养老保险概述

1. 社会保障的历史与现实

在现代社会里,个人的力量难以应对诸如生、老、病、死、伤、残和失业等各类风险事件,各国都把保障公民的生存和生活视为政府责任和公民权利。当风险出现时,由政府根据相关政策和制度给予现金或实物。另外,还可以通过各种收入保障、福利待遇、保护生活环境等制度提供综合性的保障。受政治、经济、社会以及文化背景和社会价值观等因素的影响,社会保障在各国呈现出不同的形态,同一国家在不同历史时期也有所不同。

现代社会保障制度起源于经济起飞较早和发展水平较高的西方工业化国家,1601年汇集成文的《伊丽莎白济贫法》是现代社会保障制度的直接渊源,英国也由此成为世界上最早实行现代社会保障制度的国家。20世纪末,德国政府率先在更高层次上推行社会保障制度,现代社会保障制度随后在世界范围内推广。

20世纪80年代以来,欧美国家在经济衰退、老龄化问题日趋突出、政府支出日益庞大的困境中,开始尝试对社会保障制度进行大胆的改革。例如,在养老保险方面,主要通过降低给付额或把政府设立的养老金转移给商业养老金等方式缩小政府的支付范围。其中,英国把第二层养老金实行民营化;瑞典甩掉基础养老金,把基础养老金和工资比例养老金合二为一;德国降低了养老金的给付额;法国增加了基金方式的补充退休养老金制度;美国也提高了养老金给付年龄,更加鼓励企业养老金的发展和扩大。在医疗保险方面,除了维持一定的政府支付范围,还通过导入市场原则和竞争原则来提高效率。总之,改革的方向是主张社会保障在维持一定的安全网功能的基础上,尽可能追求效率,且大多以控制政府的责任为目标。智利对公共养老金实行私有化管理,更是突出了个人自我负责的精神。

2. 社会养老保险的定义

社会养老保险是社会保障制度的重要组成部分,也是社会保险最重要的险种之一。

社会养老保险是指国家和社会根据一定的法律法规,为解决劳动者在达到国家规定的解除劳动义务的劳动年龄界限,或因年老丧失劳动能力退出劳动岗位后的基本生活而建立的一种社会保险制度。

这一概念主要包含以下三层含义。

(1) 社会养老保险是在法定范围内的老年人完全或基本退出社会劳动生活后才自动发生作用的。这里所说的"完全",是以劳动者与生产资料的脱离为特征;所谓"基本",指的是参加生产活动已不成为主要社会生活内容。需要强调说明的是,法定的年龄界限(各国有不同的标准)才是切实可行的衡量标准。

(2) 社会养老保险是为保障老年人的基本生活需求,为其提供稳定可靠的生活来源。

(3) 社会养老保险是以社会保险为手段来达到保障的目的。社会养老保险是世界各国较普遍实行的一种社会保障制度。一般具有以下几个特点:一是由国家立法,强制实行,企业单位和个人都必须参加,符合养老条件的人可向社会保险部门领取养老金;二是社会养老保险费用来源,一般由国家、单位和个人三方或单位和个人双方共同负担,并实行广泛的社会互济;三是社会养老保险具有社会性,影响很大,享受人多且时间较长,费用支出庞大,因此,必须设置专门机构,实行现代化、专业化、社会化的统一规划和管理。

3. 社会养老保险的基本原则

社会养老保险是整个社会保险体系的核心。由于世界各国的政治、经济和文化背景不同,社会养老保险模式也有较大差异,但各国社会养老保险所遵循的原则大体是一致的。社会养老保险的基本原则主要有以下几种。

(1) 保障基本生活。社会养老保险是对劳动者退出劳动领域后的基本生活予以保障。这一原则更多强调社会公平,有利于低收入阶层。一般而言,低收入人群基本养老金替代率(指养老金相当于在职时工资收入的比例)较高,而高收入人群基本养老金替代率较低。

(2) 公平与效率相结合。社会养老保险待遇水平既要体现社会公平,又要体现个体之间的差别,在维护社会公平的同时,强调社会养老保险促进效率的作用。

(3) 权利与义务相对应。目前大多数国家在社会养老保险制度中实行权利与义务相对应的原则,即要求参保人员只有履行规定的义务,才能享受规定的社会养老保险待遇。这些义务主要包括:依法参加社会养老保险,依法缴纳社会养老保险费并达到法定的最低缴费年限。社会养老保险待遇以养老保险缴费为条件,并与缴费的时间长短和数额多少直接相关。

(4) 管理服务社会化。按照政事分开的原则,政府委托或设立社会机构管理养老保险事务和基金。要建立独立于企业、事业单位之外的养老保险制度,就必须对养老金实行社会化发放,并依托社区开展退休人员的管理服务工作。

(5) 分享社会经济发展成果。在社会消费水平普遍提高的情况下,退休人员的实际生活水平有可能相对下降。因此,有必要建立养老金调整机制,使退休人员的收入水平随着社会经济的发展和职工工资水平的提高而不断提高,以分享社会经济发展的成果。

4. 社会养老保险的模式

1) 按照社会养老保险基金筹资模式分类

(1) 现收现付式。现收现付式是指当期的缴费收入全部用于支付当期的养老金开支,不留或只留很少的储备基金。

(2) 基金式。基金式又分为完全基金式和部分基金式两种。其中,完全基金式是指当期缴费收入全部用于为当期缴费的受保人建立养老储备基金,储备基金的目标应当满足未来向全部受保人支付养老金的资金需要。部分基金式是介于现收现付式和完全基金式的一种筹资模式,即期的缴费一部分用于应付当年的养老金支出,一部分用于为受保人建立养老储备基金。

此外，从资金角度看，现收现付式的养老保险是一种靠后代养老的保险模式，上一代人并没有留下养老储备基金的积累，其养老金全部需要下一代人的缴费筹资，实际上这种保险靠的是代际的收入转移；完全基金式的养老保险是一种自我养老的保险模式，各代之间不存在收入转移，每一代人都是靠自己工作期间缴纳的保险费所积累起来的养老储备基金来维持老年生活；部分基金式的养老保险是自我养老和后代养老相结合的一种保险模式。世界上大多数建立养老保险制度的国家，如美国、法国、德国、英国、瑞士、智利和我国等建立之初的养老保险制度都是现收现付式。

2）按照养老保险资金征集渠道分类

（1）国家统筹养老保险模式。国家统筹养老保险模式的主要特点：工薪劳动者在年老丧失劳动能力之后均可享受国家法定的社会保险待遇，但国家不向劳动者本人征收任何社会养老保险费，养老保险所需的全部资金来自国家的财政拨款，或者说都纳入国家的财政预算。国家统筹式养老保险制度对领取人规定了基本的领取条件，一般是必须达到法定的退休年龄。国家统筹养老保险模式是苏联创设的，后为东欧各国、蒙古国、朝鲜以及我国改革以前采用。随着苏联的解体以及我国进行经济体制改革，采用这种模式的国家越来越少。

（2）强制储蓄养老保险模式。强制储蓄养老保险模式的保险基金来自企业和劳动者，国家不进行投保资助，仅给予一定的政策性优惠。这种社会自我保障的做法必然要求企业和劳动者的投保费率较高，否则便无法储备足够的基金。因此，必须在经济发展速度较快而水平也较高的情况下才能实行。世界上只有少数国家实行这一制度，新加坡是取得成功的案例。新加坡现在不仅实现了不依靠国家财政拨款的养老保险，而且积累了丰厚的社会公积金；不仅实现了养老保险资金的良性运行，而且保证了退休者晚年的生活需要。但其他经济发展水平不高的国家实现这一模式的效果并不理想，原因就在于社会投保能力不强，资金短缺，不能实现良性运行。

（3）投保资助养老保险模式。投保资助养老保险模式是由社会共同负担、社会共享的模式，实际上也就是以国家、企业和劳动者三方共同出资的方式筹集养老保险，这是世界上大多数国家实行的养老保险模式。每一个工薪劳动者和未在职的普通公民，都属于社会保险的参加者或保险对象。在职的企业雇员必须按照工资的一定比例定期缴纳社会保险费，不在职的社会成员也必须向社会保险机构缴纳一定数额的养老保险费，才有资格享受社会养老保险。同时，企业或雇主也必须按照企业工资的一定比例定期缴纳保险费。这些规定都是强制性的。具体缴纳的比例各国有一定的差异。投保资助养老保险模式可以分为普通养老金、雇员退休金和企业补充退休金三个层次。

与前两种模式相比较，投保资助养老保险模式的科学性很强，但资金管理有较大的难度。其优点包括：保险金来源较为丰富，由国家、企业和劳动者共同投保；层次较多，可以满足社会各层次的不同需要，调动多方面的积极性，社会覆盖面也较宽。美国是比较典型的采用投保资助养老保险模式的国家。自20世纪90年代以来，我国对养老保险制度实行改革的基本目标就是向这种投保资助养老保险模式的方向发展。

（二）我国的养老保险

养老保险全称为社会基本养老保险。

1. 保险覆盖范围

社会基本养老保险的覆盖范围包括城镇各类所有制企业，即城镇的国有企业、集体企业、私营企业、股份制企业、外商投资企业的职工以及城镇个体工商户的帮工,都必须参加社会基本养老保险。城镇个体工商户、私营企业主、自由职业者(即灵活就业人员)也可以参加社会基本养老保险。

2. 保险费用筹集

(1) 对于企业职工,养老保险费用主要由企业和职工缴纳负担,财政负责弥补社会基本养老保险计划的赤字。企业要按照本地区(省、自治区、直辖市)政府规定的企业缴费比例向社会保险机构缴纳保险费。企业缴费的比例一般不得超过企业工资总额的20%;个人养老保险的缴费比例为8%。也就是说,企业按本企业职工上年度月平均工资总额的一定比例缴纳,一般不得超过20%;职工按本人上年度月平均工资收入的一定比例缴纳,一般为8%。

(2) 对城镇个体工商户、灵活就业人员和国有企业下岗职工,以个人身份参加社会基本养老保险的,养老保险费用以所在省上年度社会平均工资为缴费基数,按20%的比例缴纳社会基本养老保险费,全部由自己负担。

3. 运行模式

养老保险实行社会统筹与个人账户相结合的运行方式。企业缴费部分计入社会统筹基金,个人缴费部分计入个人账户。个人账户的储存额每年参考银行同期存款利率计算利息,这部分储存额只能用于职工养老,不得提前支取。职工调动工作时,个人账户里的储存额全部随同转移;职工或退休人员死亡,个人账户中的个人缴费部分可以继承。

 小知识

社会统筹与个人账户

在我国,职工基本养老保险实行社会统筹与个人账户相结合的办法。

所谓社会统筹,就是在一定的范围内,统一筹划养老保险基金的征缴、管理和使用。每个统筹区各自负责本区域养老保险基金的平衡,结余主要归统筹区支配和使用,缺口一般需要本级政府和本级财政填补。社会统筹基金由用人单位缴纳,实行现收现付制,本质上是下一代人养上一代人,具有代际之间的收入再分配功能,统筹账户基金属于公共所有,可调剂,可实行二次分配。

所谓个人账户,是指社会保险经办机构以居民身份证号码为标识,为每位参加基本养老保险的职工设立的唯一的、用于记录职工个人缴纳的养老保险费的账户。个人账户记入的资金包括三部分:一是当年缴费本金,二是当年本金生成的利息,三是历年累计储存额生成的利息。职工个人缴纳的基本养老保险费全额记入基本养老保险个人账户,企业缴纳的费用按一定比例划入账户,两项合计为职工本人缴费工资基数的11%,2006年1月1日以后缴费基数调整为8%,全部由职工缴纳,企业缴纳的费用不再划入。

显然,个人账户和统筹账户是不同的专户,个人账户部分的资金属于参保人员个人所有,按规定不得提前支取,记账利率不得低于银行定期存款利率,免征利息税,个人死亡的,个人账户余额可以继承;而社会统筹部分的资金属于统筹区的所有参保人员。因此,在养老保险关系跨统筹区转移时,个人账户部分的资金可以顺利转移或者一次性取出,而社会统筹部分不能转移。

4. 养老金待遇

被保险人达到国家规定的退休条件已办理相关手续,且按规定缴纳社会基本养老保险费累计缴费年限满15年的,经劳动保障行政部门核准后的次月起,方可按月领取基本养老金及丧葬补助费等。基本养老金由基础养老金和个人账户养老金两部分组成。若达到退休年龄但缴费年限累计不满15年的人员,不发给基础养老金;个人账户储存额一次性支付给本人,终止社会基本养老保险关系。

5. 养老保险基金管理

在资金管理上,养老保险基金实行收支两条线管理,即养老保险计划的缴费收入要纳入财政专户存储;支出要专款专用,并要经过严格的审批程序。养老保险基金的结余除预留相当于2个月的养老金开支外,其余全部要购买国家债券或存入专户,不能用于其他盈利性投资。

二、企业年金的基础知识

(一)企业年金概述

1. 企业年金的定义

企业年金是指企业及其职工在依法参加社会基本养老保险并按规定履行缴费义务的基础上,自愿建立的补充养老保险。

企业年金旨在为职工提供社会基本养老保险以外,退休、死亡和因病致残的收入保障养老保险计划。企业年金一般由国家宏观政策指导,企业内部决策执行。与强制性的社会基本养老保险制度相比,企业年金往往由雇主根据法律法规、集体谈判结果或者自愿原则建立,政府参与较少,但会给予一定的税收优惠政策。企业年金计划的类型、缴费标准、支付水平形式多样,但大多实行市场化运营管理。

大多数国家的养老保险体系由三个支柱组成,即社会基本养老保险、企业年金和个人储蓄性养老保险。三者设立的主体不同,社会基本养老保险由国家设立,企业年金是一种企业化行为,个人储蓄性养老保险是个人行为。

2. 企业年金的特征

(1)非营利性。与社会基本养老保险制度相似,企业年金以对企业职工提供保障或福利为目的,但它不及社会基本养老保险保障范围普遍,覆盖面较窄,只有经济效益好的企业才具有发展企业年金的客观条件。企业年金是养老保险的重要补充部分。

(2)企业行为。企业年金是企业为职工提供的一种额外福利,它既是一种福利保障,也可以使职工更大程度参与企业管理和企业效益分配,更重要的意义在于它增强了职工的凝聚力和向心力。作为激励机制的一部分,企业年金分配方案呈多样化、差别化特征,并与效率工资制度结合使用,强调效率与贡献准则,鼓励职工爱岗敬业,在企业长期工作。

(3)政府鼓励。企业年金是自愿行为,但由于其可以承担一部分社会保障的责任,政府应给予税收优惠。例如,美、日、英等大多数福利国家,企业年金基金的投资收益与退休职工领取的补充年金全部享受减免税待遇,减免税的这笔资金仍归企业,有利于企业经营。企业年金制度的建立,可以逐步降低社会基本养老保险的替代率,减轻政府在养老保险基金中的支出压力。

(4)市场化运营。企业年金的缴费人及受益人享有账户资金投资决策权、委托权。企业年金计划实行市场化运营,其账户资金可以通过市场运作达到保值、增值的目的。这表明,企业年金的各个行为主体都是企业年金市场的竞争主体,一切都应按照市场规则运行。企业年金的受托人、账户管理人、投资管理人和托管人等市场主体之间自由竞争、优胜劣汰,各行为主体的经营风险均由市场承担。但由于企业年金是对社会基本养老保险的补充,与社会基本养老保险相似,在很多方面受国家政策和社会基本养老保险的影响和制约。比如,其缴费水平和待遇水平都要依据社会基本养老保险的缴费水平和待遇水平来确定。国家为了保障企业年金能够确实和稳定地补充养老保险的不足,也对企业年金的举办和基金运营管理做出较为严格(相对于商业保险来说)的政策上的规范和监督。另外,企业年金是由企业自主选择专业金融机构来实施企业年金基金的运营管理,从某种意义上说,企业年金又具有一定的商业保险特征。可以说,企业年金是介于社会基本养老保险与商业保险之间的一种特殊养老保险形式。

3. **举办企业年金的意义**

(1) 减轻国家养老负担压力的需要。目前我国社会基本养老保险"缺口"严重,基本养老金替代率有逐步下降的趋势,而个人储蓄性养老保险由于缺乏详细的财务规划和相对完备的法规体系支持,难以作为养老收入的主要来源。同时,需要建立一个多层次的养老保险体系,来缓解单一的社会基本养老保险给国家造成的财政压力。因此,企业年金将成为很多职工退休后最重要的收入来源。

(2) 增强企业凝聚力和竞争力的需要。企业年金是在自愿的基础上建立的一种新型的企业激励机制,它与企业员工的工龄、岗位有关,对固定员工具有一定的吸引力,是维系企业与员工长期经济关系的基本桥梁。虽然企业作为市场经济的一个细胞,其经济目标在于盈利,但是企业年金制度着眼长远,在企业与员工之间建立长期紧密联系,增强企业与员工的凝聚力,并在一定程度上有助于吸纳优秀人才、增加企业间人才竞争的筹码,较好地把员工个人利益与其个人对企业贡献所获得的经济效益紧密联系起来,调动企业员工的生产积极性,提高企业生产率。

(3) 推动资本市场发育,促进经济发展的需要。企业年金采取完全积累的基金制模式,实现基金的保值、增值是企业年金的内在要求。在保值的前提下,追求投资收益最大化,进入资本市场进行投资运作就成为必然选择。企业年金拥有长期稳定的资金来源,能有效增加资本市场的资金供给,促进资本市场规模的扩大和增强流动性。企业年金作为资本市场上重要的机构投资者,能极大改善资本市场的投资者结构。由于它具有注重专家理财、组合投资、分散风险、长期回报等特点,因此有别于一般中小散户,是理性的、稳健的投资者,能减少市场上的过度投机,促进资本市场健康稳定发展。同时,企业年金入市能合理配置资源,促进有效资本的形成,拉动经济增长。从这个意义上讲,企业年金在保证自身保值、增值的前提下,已上升到对国家经济发展做出贡献的较高层次,这是符合现代市场经济发展趋势的。

(二) 我国的企业年金

1. 企业年金所需费用由企业和职工个人共同缴纳

企业缴费每年不超过本企业上年度职工工资总额的8%。企业和职工个人缴费合计不超过本企业上年度职工工资总额的12%。具体所需费用,由企业和职工双方协商确定。职工个人缴费由企业从职工个人工资中代扣代缴。

由上述规定可以看出,我国企业年金的管理办法主要是控制企业和职工个人总的缴费规模,但并不要求企业比职工多缴纳费用。这种情况与我国社会基本养老保险缴费中企业负担比例远大于职工有关。

2. 企业年金基金实行完全积累,采用个人账户方式进行管理

企业和个人的缴费以及企业年金基金的投资运营收益,都要计入企业年金个人账户。

①职工在达到国家规定的退休年龄或者完全丧失劳动能力时,可以从本人企业年金个人账户中按月、分次或者一次性领取企业年金,也可以将本人企业年金个人账户中的全部或者部分资金购买商业养老保险产品,依据保险合同享受待遇和相应的继承权。职工未达到国家规定的退休年龄,不得从企业年金个人账户中提前提取资金。②职工变动工作单位时,新就业单位已经建立企业年金的,原企业年金个人账户权益应当随同转入新就业单位企业年金。职工新就业单位没有建立企业年金的,或者职工升学、参军、失业期间,原企业年金个人账户可以暂时由原管理机构继续管理,也可以由法人受托机构发起的集合计划设置的保留账户暂时管理;原受托人是企业年金理事会的,由企业与职工协商选择法人受托机构管理。③出国(境)定居人员的企业年金个人账户资金,可以根据本人要求一次性支付给本人。④职工或者退休人员死亡后,其企业年金个人账户余额可以继承。

由上述规定可以看出:①我国的企业年金为确定缴费型,即企业年金计划不向职工承诺未来年金的数额或替代率,职工退休后年金的多少完全取决于缴费的金额以及投资的收益。②举办年金计划的企业不能自行确定企业年金的领取年龄,而要参照国家统一规定的法定退休年龄。

3. 建立企业年金的企业,应当确定企业年金受托人

确定受托人应当签订书面合同,合同一方为企业,另一方为受托人。企业年金基金必须与受托人、账户管理人、投资管理人和托管人的自有资产或其他资产分开管理。

由上述规定可以看出,我国企业举办企业年金计划,必须实行养老基金的管理模式。

4. 企业年金的受托人

企业年金的受托人可以是符合国家规定的法人受托机构,也可以是企业按照国家有关规定成立的企业年金理事会。

企业成立企业年金理事会作为受托人的,企业年金理事会应当由企业和职工代表组成,也可以聘请企业以外的专业人员,其中职工代表应不少于三分之一。

由上述规定可以看出,企业年金的委托人(即年金计划的举办企业)不一定要通过成立企业年金理事会来管理企业年金计划,委托人可以直接与符合资质的法人机构签订合同,委托法人受托机构来管理企业年金。但这种做法就排斥了本企业职工参与企业年金的管理。

5. 企业年金基金的管理模式

(1)受托人。受托人是指受托管理企业年金基金的符合国家规定的养老金管理公司等法人受托机构或者企业年金理事会。企业年金理事会依法独立管理本企业的企业年金基金事务,不受企业方的干预,不得从事任何形式的营业性活动,不得从企业年金基金财产中提取管理费用。

(2)账户管理人。账户管理人是指接受受托人委托管理企业年金基金账户的专业机构。

(3)投资管理人。投资管理人是指接受受托人委托投资管理企业年金基金财产的专业机构。

(4)托管人。托管人是指接受受托人委托保管企业年金基金财产的商业银行。

三、商业养老保险的基础知识

(一)商业养老保险的定义

商业养老保险是商业保险的一种,它以人的生命或身体为保险对象,在被保险人年老退休

或保期届满时,由保险公司按合同规定支付养老金。

商业养老保险是以获得养老金为主要目的的长期人身险,它是年金保险的一种特殊形式,又称退休金保险,是社会基本养老保险的补充。

商业养老保险也可以当作一种强制储蓄的手段,帮助年轻人未雨绸缪,避免年轻时的过度消费。

(二)发展商业养老保险的意义

(1)有利于完善社会保障体系。要创建和谐社会,必须有完善的社会保障体系。保险作为一种有利于社会稳定的制度安排,被形象地比喻为社会"稳定器"。从世界各国的经验看,基本社会保险、企业补充保险和商业保险是组成一个国家养老与健康保障体系的三大支柱。随着我国社会保障体制改革的不断深入,越来越多的人正在实现由"单位人"向"社会人"的转变,更多的个人、家庭和企业开始把商业保险作为解决养老、医疗等问题的有效手段。同时,由于我国已经步入老龄化社会,国家养老的压力越来越大,大力发展商业性养老保险,可以有效缓解政府压力,提高社会保障水平,增进人民福利。商业保险作为国家社会保障体系的重要组成部分,在不同的社会保障层面发挥着不同的功效。在基础型社会保障层面,商业保险的作用主要体现在参与社会保险日常管理,为社会保险提供技术和管理支持,实现社会保险资金保值增值,减轻政府的财政压力,提高保障机制运营效率;在成长型社会保障层面,商业保险的作用主要体现在通过开展企业年金和团体福利计划等业务,为企业提供独立运作、专业化管理和适度保障的全程服务,是国家社会保障体系的倡导者和主要承担者;在享受型社会保障层面,商业保险可以发挥主导作用,提供更多的保障产品和更高的保障程度,弥补社会保险供给的不足,丰富和完善整个国家社会保障体系。

(2)有利于促进我国经济增长方式的转变。在市场经济中,市场主体自主经营、自负盈亏,同时,也要独立承担各种风险。处在市场经济大潮中的个人也需要通过社会化的方式来解决养老方面的风险。如果养老方面的风险解决不好,每个人都在担忧自己未来的生活保障,当前的消费需求就会受到抑制。商业养老保险是一种市场化、社会化的养老风险管理机制,这种机制,能够更有效地解决家庭养老风险,减少人们的不安全感,有效刺激家庭消费,促进经济发展,从而实现经济增长方式的转变,实现消费和投资的平衡增长。

(3)有利于优化我国金融市场结构。商业养老保险的周期长,资金量大,来源稳定,是金融体系中重要的融资渠道,可以为国民经济建设提供大量长期稳定的资金支持,有利于促进金融资源的优化配置,改善金融市场的资产负债结构。同时,保险公司是资本市场重要的机构投资者,必将为完善资本市场体系发挥越来越重要的作用。

(三)商业养老保险的领取方式

商业养老保险的被保险人在缴纳一定的保险费后,可以从一定的年龄开始领取养老金。商业养老保险通常有定额、定时或一次性趸领三种方式。定额领取的方式和社保养老金相同,即在单位时间确定领取额度,直至将保险金全部领取完毕。社保养老金是以月为单位时间,而商业养老保险多以年为单位。定时领取的方式就是约定一个领取时间,根据养老保险金的总量确定领取的额度。趸领的领取方式是在约定领取时间,把所有的养老金一次性全部提走。有些商业养老保险合同中有约定的时间,有些可以自由选择领取的方式,中间也可以更改。

商业养老保险丰富了社会基本养老保险的种类。社保养老金只能按月领取固定数额,缺乏弹性;而商业养老保险提供了更多的选择,可以按月领、按年领,还可以一次性领取,或者在按月领取的同时到一定年龄再领取一部分养老金。

(四)商业养老保险的选择

我国保险市场上的养老保险产品有很多,那么面对众多的养老保险品种,投保人如何选择一家最适合自己的保险公司、最适合自己的养老保险呢?人们在选购商品的时候,一般主要考虑两个因素:价格因素和非价格因素。比如,人们在购买空调、计算机、洗衣机等使用寿命较长的商品时,往往要衡量一下该品牌商品提供商的经营实力、技术能力、售后服务水平等因素。保险产品是一种无形商品,尤其是养老保险,期限可能长达十几年、几十年甚至伴随人的一生,选择一家经营稳健、信誉良好、管理规范、服务周到的保险公司至关重要。

适合自己的才是最好的。投保人在面对众多的养老保险产品时,首先应该审视自己的需求,根据需求做出自己的选择。我国保险监管机关对保险公司的产品实行条款备案制度,对许多险种实行价格限制,因此,各保险公司的产品价格存在差异,但是,差别不大。同时,由于市场竞争的充分发展,市场上同一种类的保险产品同质化趋势愈来愈明显。

在产品价格相差较小并趋于同质化的前提下,如何选择养老保险产品呢?毫无疑问,非价格因素就成为选择养老保险产品的关键。人们在选择养老保险产品时,需要关注的非价格因素主要包括以下几个方面。

(1)保险公司的偿付能力。保险究其实质是对未来支付的一种承诺,如果所选择的保险公司发生保单事故或需要满期给付的时候出现支付危机,那么这家保险公司的保单持有人就可能遭受利益的损失。因此,人们在选择保险公司的时候要选择那些实力较为雄厚、经营相对稳健、管理较为规范的保险公司。这就需要理财规划师时刻关注国家金融监督管理局对保险公司信息的披露,经常阅读并收集有关保险公司偿付能力方面的信息,有助于做出正确的判断。

(2)保险公司的服务质量。购买保险的目的是要在保单发生理赔给付事件时得到及时和周到的服务,因此,保险公司的服务态度、技术条件以及在民众中的口碑,就可以作为人们选择保险公司的重要参考因素。如果人们在投保时选择一家服务质量较好的保险公司,那么在申请保险赔款或给付时就会顺利得多。

(3)保险公司的机构网络。保险公司主要依靠自身进行客户服务工作,一家公司机构网络的多少一方面反映出该公司的业务规模和经营实力,另一方面也是其客户服务能力大小的体现。例如,某投保人在出差时发生意外伤害事故,如果投保人所投保的保险公司在事故的发生地有分支机构,那么在事故的发生地就可以享受到保险服务;如果该保险公司在事故的发生地没有分支机构或者连代理人也没有,那么投保人只能回到居住地再向保险公司申请理赔。

(4)保险公司的民意调查评价。通过民意调查,了解各保险公司的知名度、服务质量、产品受欢迎程度、销售人员技能与态度等排行情况,这些指标可以作为人们选择保险公司的参考因素。

(5)保险公司的经营特长。由于各保险公司对经营的目标客户群进行了细分,每家公司在经营特定保险产品方面的优势是不一样的。比如,有的保险公司擅长经营机动车辆保险,该保险公司就会在机动车辆保险方面从承保、估损、理赔等一系列服务实行专业化服务,甚至可能为投保人的汽车保养、维修等问题提供免费的、比较专业的意见。

因此,在选择购买养老保险时,与其说是在选择保险产品,不如说是在选择保险公司,选择一家优良的保险公司是最为重要的。

四、医疗保险的基础知识

(一)医疗保险的定义

医疗保险一般指基本医疗保险,是为了补偿劳动者因疾病风险造成的经济损失而建立的一项社会保险制度。

通过用人单位与个人缴费,建立医疗保险基金,参保人员患病就诊发生医疗费用后,由医疗保险机构对其给予一定的经济补偿,以避免或减轻劳动者因患病、治疗等所带来的经济风险。

目前我国已经形成由城镇职工基本医疗保险、城镇居民基本医疗保险、新型农村合作医疗和城乡医疗救助制度组成的基本医疗保障体系,分别覆盖城镇就业人口、城镇非就业人口、农村人口和城乡困难人群。

(1)城镇职工基本医疗保险是依法对职工的基本医疗权利给予保障的社会医疗保险制度,是通过法律法规强制推行的。城镇职工基本医疗保险实行社会统筹医疗基金与个人医疗账户相结合的基本模式,与养老、工伤、失业和生育保险一样,都属社会保险的基本险项。

(2)城镇居民基本医疗保险是以没有参加城镇职工基本医疗保险的城镇未成年人和没有工作的居民为主要参保对象的医疗保险制度。

(3)新型农村合作医疗,简称"新农合",是指由政府组织、引导、支持,农民自愿参加,个人、集体和政府多方筹资,以大病统筹为主的农民医疗互助共济制度。其采取个人缴费、集体扶持和政府资助的方式筹集资金。

(4)城乡医疗救助是指通过政府拨款和社会捐助等多渠道筹资建立基金,对患大病的农村"五保户"和贫困农民家庭、城市居民最低生活保障对象中未参加城镇职工基本医疗保险人员、已参加城镇职工基本医疗保险但个人负担仍然较重的人员以及其他特殊困难群众给予医疗费用补助(农村医疗救助也可以资助救助对象参加当地新型农村合作医疗)的救助制度。

(二)医疗保险的覆盖范围

(1)城镇职工基本医疗保险。城镇所有用人单位,包括企业(国有企业、集体企业、外商投资企业、私营企业等)、机关、事业单位、社会团体、民办非企业单位及其职工,都要参加城镇职工基本医疗保险。乡镇企业及其职工、城镇个体经济组织业主及其从业人员是否参加城镇职工基本医疗保险,由各省、自治区、直辖市人民政府决定。

(2)城镇居民基本医疗保险。不属于城镇职工基本医疗保险制度覆盖范围的中小学阶段的学生(包括职业高中、中专、技校学生)、少年儿童和其他非从业城镇居民都可自愿参加城镇居民基本医疗保险。

(3)新农合。所有农村居民都可以家庭为单位自愿参加新农合。

(4)城乡医疗救助。①城市。一是居民最低生活保障对象中未参加城镇职工基本医疗保险的人员;二是已参加城镇职工基本医疗保险但个人负担仍然较重的人员和其他有特殊困难的群众。各城市的医疗救助对象由地方民政部门会同卫生、财政、劳动保障等部门确定,报同级人民政府批准。②农村。一是"五保户",农村贫困家庭成员;二是地方政府规定的其他符合条件的农村贫困农民。各地农村医疗救助对象由地方民政部门会同财政、卫生部门确定,报同级人民政府批准。

（三）医疗保险的资金筹集

（1）城镇职工基本医疗保险。城镇职工基本医疗保险费由用人单位和职工共同缴纳。用人单位缴费率应控制在职工工资总额的6%左右，职工缴费率一般为本人工资收入的2%。随着经济的发展，用人单位和职工缴费率可作相应调整。

城镇职工基本医疗保险基金由社会统筹使用的统筹基金和个人专项使用的个人账户基金组成。用人单位缴费全部计入统筹基金，在职职工个人缴费计入本人个人账户，退休人员个人账户由统筹基金按定额划入。

（2）城镇居民基本医疗保险。城镇居民基本医疗保险以家庭缴费为主，政府给予适当补助。参保居民按规定缴纳基本医疗保险费，享受相应的医疗保险待遇，有条件的用人单位可以对职工家属参保缴费给予补助。国家对个人缴费和单位补助资金制定税收鼓励政策。

（3）新农合。新农合实行个人缴费、集体扶持和政府资助相结合的筹资机制。有条件的乡村集体经济组织应对本地新型农村合作医疗制度给予适当扶持。扶持新型农村合作医疗的乡村集体经济组织类型、出资标准由县级人民政府确定，但集体出资部分不得向农民摊派，鼓励社会团体和个人资助新型农村合作医疗制度。地方财政每年对参加新型农村合作医疗的农民的资助不低于人均10元，具体补助标准和分级负担比例由省级人民政府确定。经济较发达的东部地区，地方各级财政可适当增加投入。

（4）城乡医疗救助。城乡医疗救助制度是政府针对特殊困难群体的医疗困难建立起来的一项救助制度，资金来源以政府为主：一是地方财政补助；二是中央财政补助；三是通过社会捐赠和其他渠道筹集资金。

（四）医疗保险的支取

（1）城镇职工基本医疗保险。投保人参加城镇职工基本医疗保险，从缴费后的次月起，即可享受规定的城镇职工基本医疗保险待遇。一是门诊医疗费用（包括在定点医疗机构留院观察、诊治的医疗费用），由个人账户支付，不足部分由投保人用现金或其他形式支付。二是住院医疗费用，统筹基金按规定比例支付起付标准以上至最高支付限额内的基本医疗保险范围内的医疗费用。

其中，起付标准是指在统筹基金支付参保人员医疗费用前，参保人员个人按规定须先用个人账户资金或现金支付一定数额的医疗费后，统筹基金才按规定标准支付医疗费用，也就是所说的"门槛费"。按国家规定，统筹基金的起付标准原则上为当地职工年平均工资的10%左右；而最高支付限额就是统筹基金最多可以支付的额度，原则上控制在当地职工年平均工资的4倍左右。在起付标准以上、最高支付限额以下的医疗费用也不是全部由统筹基金负担，个人也要负担一部分，如对于住院的基本医疗费用统筹基金支付约占90%（各地标准不同），剩余的10%由个人支付。

（2）城镇居民基本医疗保险。城镇居民基本医疗保险基金主要用于支付参保居民的住院和门诊大病、门诊抢救医疗费，支付范围和标准按照城镇居民基本医疗保险药品目录、诊疗项目和医疗服务设施范围和标准执行。城镇居民基本医疗保险的起付标准与城镇职工基本医疗保险一样，基金支付比例按不同级别医疗机构确定，城镇居民连续参保缴费满2年后，比例可提高。一个自然年度内,基本医疗保险统筹基金的最高支付限额为每人每年1.6万元。如果是由于慢性肾功能衰竭(门诊透析治疗)、恶性肿瘤(门诊放、化疗)、器官移植抗排异治疗、系统性红斑狼疮、再生障碍性贫血(简称"门诊大病")患者,年统筹基金最高支付限额可提高到每人2万元。

(3)新农合。新农合制度是以大病统筹兼顾小病理赔为主的农民医疗互助共济制度,包括门诊补偿、住院补偿和大病补偿。基金以县为单位统筹,报销的比例各地都在不断提高。

(4)城乡医疗救助。城乡医疗救助的标准是由各区、市、县根据自身经济情况制定,包括就诊减免救助、门诊医疗救助、住院医疗救助等。

五、个人养老金的基础知识

(一)个人养老金的定义

个人养老金是指政府政策支持、个人自愿参加、市场化运营,实现养老保险补充功能的制度。

(二)个人养老金的参加范围

在中国境内参加城镇职工基本养老保险或者城乡居民基本养老保险的劳动者,可以参加个人养老金制度。

(三)个人养老金的制度模式

个人养老金实行个人账户制度,缴费完全由参加人个人承担,实行完全积累。参加人通过个人养老金信息管理服务平台(以下简称信息平台),建立个人养老金账户。个人养老金账户是参加个人养老金制度、享受税收优惠政策的基础。

参加人可以用缴纳的个人养老金在符合规定的金融机构或者其依法合规委托的销售渠道(以下统称金融产品销售机构)购买金融产品,并承担相应的风险。参加人应当指定或者开立一个本人唯一的个人养老金资金账户,用于个人养老金缴费、归集收益、支付和缴纳个人所得税。个人养老金资金账户可以由参加人在符合规定的商业银行指定或者开立,也可以通过其他符合规定的金融产品销售机构指定。个人养老金资金账户实行封闭运行,其权益归参加人所有,除另有规定外,不得提前支取。

参加人变更个人养老金资金账户开户银行时,应当经信息平台核验后,将原个人养老金资金账户内的资金转移至新的个人养老金资金账户,并注销原资金账户。

(四)个人养老金的缴费水平

参加人每年缴纳个人养老金的上限为12000元。人力资源和社会保障部、财政部根据经济社会发展水平和多层次、多支柱养老保险体系发展情况等因素适时调整缴费上限。

(五)个人养老金的税收政策

国家制定税收优惠政策,鼓励符合条件的人员参加个人养老金制度并依规领取个人养老金。

政策支持主要体现为税收优惠政策。财政部、税务总局发布的关于个人养老金有关个人所得税政策的公告显示,在缴费环节,个人向个人养老金资金账户的缴费,按照12000元/年的限额标准,在综合所得或经营所得中据实扣除;在投资环节,计入个人养老金资金账户的投资收益暂不征收个人所得税;在领取环节,个人领取的个人养老金,不并入综合所得,单独按照3%的税率计算缴纳个人所得税,其缴纳的税款计入"工资、薪金所得"项目。

(六)个人养老金的投资

个人养老金资金账户资金用于购买符合规定的银行理财、储蓄存款、商业养老保险、公募基金等运作安全、成熟稳定、标的规范、侧重长期保值的满足不同投资者偏好的金融产品,参加人可自主选择。参与个人养老金运行的金融机构和金融产品由相关金融监管部门确定,并通过信息平台和金融行业平台向社会发布。

(七)个人养老金的领取

参加人达到领取基本养老金年龄、完全丧失劳动能力、出国(境)定居,或者具有其他符合国家规定的情形,经信息平台核验领取条件后,可以按月、分次或者一次性领取个人养老金,领取方式一经确定不得更改。领取时,应将个人养老金由个人养老金资金账户转入本人社会保障卡银行账户。

参加人死亡后,其个人养老金资金账户中的资产可以继承。

六、退休养老的其他工具

退休养老的其他工具主要介绍以房养老。

(一)以房养老的定义

以房养老,即住房反向抵押贷款,又称倒按揭。住房反向抵押贷款是指已经拥有房屋产权的老年人将房屋产权抵押给银行、保险公司等金融机构,相应的金融机构对借款人的年龄、预计寿命、房屋的现值、未来的增值折损情况及借款人去世时房产的价值进行综合评估后,按其房屋的评估价值减去预期折损和预支利息,并按人的平均寿命计算,将其房屋的价值化整为零,分摊到预期寿命年限中,按月或年支付现金给借款人,一直延续到借款人去世。

以房养老使得投保人终生可以提前支用该房屋的销售款。借款人在获得现金的同时,将继续获得房屋的居住权并负责维护。当借款人去世后,相应的金融机构获得房屋的产权,进行销售、出租或者拍卖,所得用来偿还贷款本息,相应的金融机构同时享有房产的升值部分。

因其操作过程像是把抵押贷款业务反过来做,如同金融机构用分期付款的方式从借款人手中买房,所以在美国最先被称为反向抵押贷款,也即倒按揭。住房反向抵押贷款起源于荷兰。如今这种贷款方式在美国以及欧洲的一些发达国家已经发展得很成熟了,许多老年人将之作为安度晚年的一种有效保障。

(二)以房养老应具备的条件

(1)拥有产权。以房养老的房屋必须是自有住房,并拥有完全产权。养老家庭必须对其居住的房屋拥有完全的产权,才有权也才有可能对该房屋做出售、出租或转让的处置。

(2)独立住房。在以房养老模式中,只有老年父母与子女分开居住,该模式才有可能得以运作。否则，老人亡故后，子女便无处可住。

(3) 家境适中。当老年人的经济、物质基础较为雄厚时，就不会也不必考虑用房产养老；而老人的经济、物质条件较差，或者没有自己独立的房屋，或者房屋的价值过低，也很难指望将房屋作为自己养老的资本。

(4) 地价较高。老人身居城市或城郊，尤其是欣欣向荣、经济快速增长的城市或城郊，住房的价值很高，且在不断增值之中，住房的变现、转让也较为容易，适合住房反向抵押贷款养老。但是，如果老人的住房地处农村，或经济发展缓慢、增值幅度不大的地区，因价值低、不易变现等，将很难适用这一养老模式。

因此，住房反向抵押贷款养老方式尤其适合有独立产权、没有直接继承人、中低收入水平的城市老人。

七、编制退休养老规划方案

在分析客户退休养老规划需求的基础上，理财规划师接下来的工作就是着手编制退休养老规划方案。理财规划师在编制退休养老规划方案的过程中，可以遵循以下步骤。

(一) 建立客户关系

理财规划师与客户进行充分交谈、沟通，确定客户关系，确定客户个人或家庭有制订退休养老规划的意愿和需求，并了解客户个人或家庭的退休养老规划目标。

(二) 收集客户信息

理财规划师应该收集客户个人或家庭与退休养老规划有关的财务信息和非财务信息，其中，财务信息包括客户的现金、收入状况、活期存款、定期存款、每月各项支出、债务状况等，非财务信息包括客户的姓名、性别、家庭结构、兴趣、爱好等。

(三) 财务分析和评价

(1) 理财规划师应该对客户个人或家庭的资产和负债情况进行分类整理，对客户个人或家庭资产和负债的价值进行评估，然后编制客户个人或家庭资产负债表。

(2) 理财规划师应该分析客户个人或家庭的收入和支出项目，对客户个人或家庭收入和支出的各项指标进行计算，然后编制客户个人或家庭收入支出表。

(3) 理财规划师应该对客户个人或家庭资产负债表和客户个人或家庭收入支出表进行分析，并基于客户个人或家庭财务报表进行财务比率分析与诊断。

(四) 确定退休养老规划目标

理财规划师应该结合客户个人或家庭财务信息和非财务信息的分析、评价，帮助客户确定符合客户个人或家庭需求的退休养老规划目标。

(五) 编制退休养老规划报告，交付客户

经过以上工作程序，理财规划师已经充分了解、分析客户的退休养老规划需求，在结合客

户退休养老规划目标的基础上,选择适合客户退休养老规划需求的相关退休养老规划工具,最终编制出满足客户需求的退休养老规划方案。

接下来,理财规划师应该根据客户要求完成相应的收尾工作。如果客户仅需要退休养老专项规划,则可以形成退休养老规划报告,以书面的形式交付客户。如果客户需要综合理财规划服务,则将退休养老规划作为分项规划之一纳入综合理财规划建议书,待各分项规划全部完成后再交付客户。

(六)持续提供理财服务

理财规划师应该定期对退休养老规划方案进行评估,并且不定期对退休养老规划方案进行信息汇总和方案调整。

本 章 小 结

本章主要介绍退休养老规划,包括分析客户退休养老规划需求、制订退休养老规划方案。其中,分析客户退休养老规划需求主要包括退休养老规划概述、家庭结构、预期寿命、退休年龄、影响退休养老规划的其他因素、我国的养老理念及退休养老规划的必要性;制订退休养老规划方案主要包括社会养老保险的基础知识、企业年金的基础知识、商业养老保险的基础知识、医疗保险的基础知识、个人养老金的基础知识、退休养老的其他工具、编制退休养老规划方案。本章是客户个人或家庭有退休养老规划需求,需要做的理财规划方案。作为理财规划师,必须掌握本章的主要内容,并且能够通过分析客户个人或家庭的退休养老规划需求,结合客户个人或家庭的退休养老规划目标,恰当选择适合客户个人或家庭的退休养老规划工具,制订出符合客户个人或家庭需求的退休养老规划方案。

复习思考题

一、单项选择题

1. 养老保险的筹资模式之一是当期缴费收入全部用于为当期缴费的受保人建立养老储备基金,储备基金的目标是满足未来向全部受保人支付养老金的资金需要。这种模式下,不存在代际之间的收入转移。那么称这种模式为( )。
   A. 完全基金式   B. 部分基金式
   C. 现收现付式   D. 强制储蓄养老保险

2. 我国曾在 20 世纪 50 年代初效仿苏联的模式建立的养老保险制度是( )。
   A. 国家统筹养老保险模式   B. 强制性储蓄养老保险模式
   C. 投保资助养老保险模式   D. 现收现付式养老保险模式

3. 现行养老社会保险(又称基本养老保险)制度是根据国务院 1997 年颁布的《关于建立统一的企业职工基本养老保险制度的决定》建立起来的。根据该决定,企业要按照本地区规定的企业缴费比例向社会保险机构缴纳保险费,企业缴费比例一般不得超过企业工资总额的( )。
   A. 25%   B. 20%   C. 10%   D. 8%

4. 根据《关于完善企业职工基本养老保险制度的决定》,自 2006 年 1 月 1 日起,个人账户的规模统一由本人缴费工资的11%调整为（　　），全部由个人缴费形成,单位缴费不再划入个人账户。

　　A. 10%　　　　B. 9%　　　　C. 8%　　　　D. 5%

5. 现代社会保障制度起源于西方工业化国家。1601年汇集成文的《伊丽莎白济贫法》是现代社会保障制度的直接渊源,（　　）也由此成为世界上最早实行现代社会保障制度的国家。

　　A. 美国　　　　B. 英国　　　　C. 德国　　　　D. 日本

6. 城镇个体工商户和灵活就业人员都要参加基本养老保险,缴费基数统一为当地上年度在岗职工平均工资的（　　）。

　　A. 8%　　　　B. 11%　　　　C. 20%　　　　D. 25%

7. 大多数国家的养老保险体系由基本养老保险、企业年金和个人储蓄性养老保险组成。其中,企业年金是一种（　　）。

　　A. 企业行为　　　　　　　　B. 企业和国家共同行为
　　C. 企业和个人共同行为　　　D. 国家和个人共同行为

8. 企业直接承担本企业退休职工支付年金责任的方式是（　　）。

　　A. 对外投保　　　　　　　　B. 建立养老基金
　　C. 企业年金　　　　　　　　D. 直接承付

9. 对企业年金的特征理解错误的是（　　）。

　　A. 营利性　　　B. 企业行为　　　C. 政府鼓励　　　D. 市场化运营

10. 直接承付法有两种方式,其中（　　）就是企业为今后向退休职工支付年金而事先积累一笔基金。

　　A. 基金式　　　B. 内部积累式　　C. 外部积累式　　D. 非基金式

11. 我国的企业年金为（　　）,即企业年金计划不得向职工承诺未来年金的数额或替代率,职工退休后的年金多少完全取决于缴费的金额以及投资的收益。

　　A. 确定缴费型　　　　　　　B. 确定支付型
　　C. 确定比例型　　　　　　　D. 未知型

12. 能够担任企业年金基金投资管理人的机构近（　　）年不能有重大违法违规行为。

　　A. 2　　　　　B. 3　　　　　C. 5　　　　　D. 10

13. 选择商业养老保险产品,主要考虑价格因素和非价格因素。其中（　　）不属于非价格因素。

　　A. 经营是否稳健　　　　　　B. 信誉是否良好
　　C. 管理是否规范　　　　　　D. 费率的高低

14. 在基础性社会保障层面,对商业保险的作用理解不准确的是（　　）。

　　A. 参与社会保险日常管理　　B. 为社会保障提供技术和管理支持
　　C. 弥补社会保险供给的不足　D. 提高保障机制运营效率

二、多项选择题

1. 现实生活中,大量因素对个人退休生活产生影响,包括（　　）。

　　A. 预期寿命的延长　　　　　B. 提前退休
　　C. 社会保障与养老资金紧张　D. 其他不确定因素

2. 按照不同标准可以把现代社会的养老保险分为不同的模式,按照养老保险基金筹资模式划分,可以分为( )。

  A. 投保资助式　　　B. 基金式　　　C. 现收现付式　　　D. 国家统筹式

3. 和基本养老保险相比,企业年金的不同之处包括( )。

  A. 覆盖面较窄

  B. 是养老保险的重要补充部分

  C. 将逐步取代国家的基本养老保险制度

  D. 企业年金分配方案呈多样化、差别化特征

4. 企业年金账户管理人的职责主要是( )。

  A. 安全保管企业年金的财产

  B. 建立企业年金基金的企业账户和个人账户

  C. 对企业年金基金进行投资

  D. 及时与托管人核对缴费数据以及企业年金基金账户的财产变化情况

5. 企业举办补充年金计划可以采取( )做法。

  A. 直接承付　　　　　　　　　B. 建立养老基金

  C. 对外投保　　　　　　　　　D. 间接承付

6. 企业年金的市场主体包括( )。

  A. 企业年金的受托人　　　　　B. 企业年金的托管人

  C. 企业年金的账户管理人　　　D. 企业年金的投资管理人

7. 对企业年金认识正确的是( )。

  A. 与强制性的基本养老保险制度相比,企业年金往往由雇主根据法律法规、集体谈判结果或者自愿原则建立,政府参与较少,也不会给予一定的税收优惠政策

  B. 只有经济效益好的企业才具有发展企业年金的客观条件,覆盖面较窄

  C. 企业年金也带有一定的强制性,可以承担一部分社会保障的责任,因此政府应予以税收优惠

  D. 企业年金是介于社会保险和商业保险之间的一种特殊养老保险形式

8. 法人受托机构如果具备一定的条件,也可以兼任( )。

  A. 受托人　　　B. 账户管理人　　　C. 基金托管人　　　D. 投资管理人

9. 与基础养老保险相比,商业养老保险的不同在于( )。

  A. 是一种市场化风险管理机制　　B. 具有强制性

  C. 自愿性　　　　　　　　　　　D. 保障水平层次多

三、判断题

1. 退休后能够享受自立的、有尊严的、高品质的生活是一个人一生中最重要的财务目标。(　　)

2. 退休养老规划是整个个人财务规划中可有可无的部分,因此它不重要。(　　)

3. 就中国的情况而言,尤其是 20 世纪 80 年代后的家庭往往是三口之家。(　　)

4. 退休基金通常是以金融资产的形式存在,如基金、股票等。并且,它与社保基金不同。(　　)

5. 满足老年人的物质生活需要,主要包括衣、食、住、行及医疗等方面的需要。(　　)

6. 预期寿命的延长对退休养老规划是没有任何影响的。(　　)

7. "以房养老"即住房反向抵押贷款,也被叫作"倒按揭"。( )
8. 城镇职工基本医疗保险制度坚持"广覆盖、低水平"、费用分担、属地化管理等基本原则。( )
9. 个人养老金是个人自愿参加的。( )
10. 在中国境内只有参加城镇职工基本养老保险的劳动者,才可以参加个人养老金制度。( )
11. 个人养老金实行个人账户制度,缴费完全由参加人个人承担,实行完全积累。( )
12. 参加人每年缴纳个人养老金的上限为1200元。( )
13. 在领取环节,个人领取的个人养老金,并入综合所得。( )
14. 个人养老金资金账户资金可用于购买符合规定的银行理财、储蓄存款、商业养老保险、公募基金等金融产品。( )
15. 参加人达到领取基本养老金年龄,经信息平台核验领取条件后,可以按月、分次或者一次性领取个人养老金。( )

四、案例题

老王马上就到退休年龄了,他最近想买一份养老保险。于是他打算向理财规划师请教这方面的知识。

请问:

(1) 老王对养老保险的必要性缺乏了解,理财规划师应向他解释现实生活中有大量的因素会给个人的退休生活带来影响,这些因素构成了对退休养老规划的需求。这些因素包括哪些?

(2) 自古至今解决养老问题大致可概括为哪几个方面的内容?

(3) 老王退休后的收入来源渠道有哪些?

(4) 社会养老保险一般具有哪些特点?

(5) 社会养老保险的基本原则是什么?

(6) 世界上大多数国家实行的养老保险模式是哪种?

第八章

财产分配与传承规划

通过本章的学习,理财规划师应该掌握家庭成员权利义务关系的相关知识,熟悉有关婚姻家庭财产风险因素,并能根据客户具体情况分析其财产风险,熟悉有关财产权属的法律规定,熟练掌握夫妻财产分配的法律规定以及遗产继承等相关法律规定,认识其对财产分配与继承的重要意义;能够收集、整理客户家庭成员结构和财产信息,运用遗产继承的方式,为客户制订财产分配与传承规划方案。

第一节 分析客户财产分配与传承规划需求

一、财产分配与传承规划概述

在我国经济发展的大背景下,社会财富结构发生着深刻的变化,个人合法的私有财产拥有量不断增加,参与实业经营的形式也越来越多样化,各种经营形式所面临的财产风险是不同的,财产分配与传承问题日渐被越来越多的客户关注。

财产分配规划是指为了家庭财产在家庭成员之间进行合理分配而制订的财务规划。

通常意义上的财产分配规划是针对夫妻财产而言的,是对婚姻关系存续期间夫妻双方财产关系进行的调整,因此,财产分配规划也称为夫妻财产分配规划。

财产传承规划是指当事人在其健在时通过选择遗产管理工具和制订遗产分配方案,对拥有或控制的各种资产或负债进行安排,确保在自己去世或丧失行为能力时能够实现家庭财产的代际相传或安全让渡等特定目标。

通常意义上的财产传承规划是为了保证财产安全继承而设计的财务方案,确保这些财产能够按照自己的意愿实现特定目的,是从财务的角度对个人生前财产进行的整体规划。

同其他单项理财规划一样,财产分配与传承规划也是根据客户的实际情况量身定制的理财服务,只是规划的制订不仅与客户的财产状况紧密相连,还要受客户本人在家庭中的特定身份、地位以及因此而需承担的义务等各种因素的影响。

财产分配与传承规划的目标是客户个人财产。由于婚后夫妻双方的财产往往界定不清,财产分配也主要在家庭成员之间进行,而分配的多少与家庭所有成员的切身利益息息相关,因此,由财产处理引发的问题往往成为大多数家庭矛盾和纠纷的根源。理财规划师应熟悉制订财产分配与传承规划的准备工作,了解客户的财产可能遭受的风险,掌握与之相关的知识,以便在执业过程中为客户提供相应的建议。

在财产分配与传承规划中,理财规划师需要收集的信息不仅包括客户家庭的财产结构信息,还包括其家庭基本构成及家庭成员之间关系等信息。家庭成员之间的财产关系属于亲属财产关系,不能脱离亲属人身关系而独立存在。它的发生和终止,是以家庭成员之间发生的种种变化为前提的。例如,夫妻双方因结婚而共同拥有财产,因离婚而分割财产;家庭成员的构成与其地位不同,其财产关系也不同。正是由于亲属财产关系涉及每个家庭成员的切身利益,面对日趋复杂多样的家庭关系,越来越有必要对客户所处家庭的夫妻、子女、父母等关系人进行相应的认定,这就要求理财规划师充分了解客户的家庭成员构成信息。

二、婚姻

家庭是社会的基本组成单位,婚姻生活在每个人的生活中占据重要地位。同时,在当今社会,稳定有序的夫妻财产制度是婚姻幸福的基石。为了维护婚姻制度的稳定,法律对婚姻中的人身和财产关系做出了细致的规范。对于社会中每位已经走入婚姻生活或者即将走入婚姻生活的人士,准确把握婚姻中的人身和财产制度,都极具重要性。

(一)婚姻的成立

按照法律的规定,婚姻的成立包括形式要件和实质要件。

结婚登记是婚姻成立的形式要件,是婚姻成立的法定程序。结婚登记是婚姻取得法律认可和保护的方式,同时也是夫妻之间权利义务关系形成的必要条件。

婚姻成立还需要实质要件,这是婚姻关系成立的关键。客户的婚姻关系如果不符合婚姻登记的实质要件,可能非但得不到法律的保护,甚至已经成立的婚姻也面临着被撤销的风险。婚姻的实质要件又称"结婚条件",包括婚姻当事人必须具备的条件(又称必备条件或积极条件)和必须排除的条件(又称禁止条件或消极条件)。

各国法律对结婚必备条件的规定,包括以下几个方面。

(1)必须男女双方完全自愿。结婚必须男女双方完全自愿,禁止任何一方对另一方加以强迫或者任何第三者加以干涉。这是结婚的首要条件,是婚姻自由原则在结婚制度上的具体体现。这就要求尊重当事人的意志自由,排斥一方当事人、当事人父母或第三人对另一方进行强迫、包办或干涉。当然,法律并不排除当事人的父母或第三人出于关心,对当事人提出意见和建议。但是,是否结婚最终应由当事人自己决定。同时,也反对买卖婚姻或借婚姻大肆索要彩礼等影响男女双方意愿的各种行为。因为这是与婚姻的基础、社会主义精神文明道德相违背的,也是《中华人民共和国民法典》第二章第一千零四十六条明确禁止的。

(2)必须达到法定结婚年龄。法定结婚年龄是指法律规定准予结婚的最低年龄。在我国,关于结婚年龄,男性不得早于22周岁,女性不得早于20周岁。凡当事人一方或双方未达到法定结婚年龄的,婚姻登记机关不予登记。但是,民族自治地方的人民代表大会基于本民族、宗教、风俗习惯等实际情况,可以对法定结婚年龄作变通性规定。

(3)必须符合一夫一妻制。已有配偶的,不予结婚登记;要求结婚的男女,必须双方都是无配偶的人。其中,无配偶是指未婚、丧偶或离婚。

结婚的禁止条件,各国规定有宽有严,概括起来有以下几种。

(1)禁止一定范围的血亲结婚。直系血亲和三代以内的旁系血亲禁止结婚。其中,直系血亲,无论是婚生还是非婚生的,均禁止结婚;三代以内的旁系血亲是指与己身出自同一父母或同一祖父母、外祖父母,除直系血亲外的所有血亲。其范围具体包括:①同源于父母的兄弟姐妹,包括同父母、同父异母或同母异父的兄弟姐妹;②同源于祖父母或外祖父母的辈分不同又性别相异的亲属;③同源于祖父母、外祖父母的辈分相同的堂兄弟姐妹、姑表兄弟姐妹、舅表兄弟姐妹和姨表兄弟姐妹。禁止一定范围内的血亲结婚,是基于社会伦理道德、优生优育等因素的考虑。

(2) 限制患有法律规定的某种疾病的人结婚。男女一方或双方在患有医学上认为不应当结婚或暂缓结婚的疾病时,禁止或暂缓结婚;婚姻登记管理机关也不予登记。比如,经婚前医学检查,对患指定传染病在传染期内,医生应当提出医学意见,准备结婚的男女应当暂缓结婚。

(二)夫妻关系

符合结婚的实质条件并依法办理结婚登记之后,婚姻成立,双方形成夫妻关系。夫妻关系是家庭关系中最重要的关系。从法律上讲,夫妻关系包括夫妻人身和夫妻财产的权利义务关系。

1. 夫妻人身关系

夫妻人身关系是指夫妻双方在婚姻中的身份、地位、人格等多个方面的权利义务关系。夫妻人身关系是夫妻关系的主要内容。夫妻人身关系主要有下列内容。

(1) 夫妻双方地位平等、独立。这是男女平等原则的体现。其核心是指男女双方在婚姻、家庭生活中的各个方面都平等享有权利,负担义务,互不隶属,支配。夫妻双方地位平等表现在人身关系、财产关系、子女抚养等多个方面,是一个总的规定。

(2) 夫妻双方都享有姓名权。作为人身权的姓名权由夫妻双方完整、独立享有,不受职业、收入、生活环境变化的影响,并排除他人(包括其配偶在内)的干涉。在婚姻家庭生活中,夫妻一方可以合法、自愿行使、处分其姓名权。这还体现在子女姓名的确定上,对子女姓名的决定权,由夫妻双方平等享有,即子女既可以随父姓,也可以随母姓,还可以姓其他姓。

(3) 夫妻之间的忠实义务。夫妻之间的忠实义务是婚姻关系中不可或缺的一部分,它要求夫妻双方在婚姻生活中保持忠诚和尊重,共同维护和谐、稳定的家庭关系。夫妻之间的忠实义务不仅是一种道德要求,也是法律所规定的。

(4) 夫妻双方的人身自由权。夫妻双方都有参加生产、工作、学习和社会活动的自由,一方对另一方不得加以限制和干涉。这是夫妻双方各自充分、自由发展的必要和先决条件。夫妻一方行使人身自由权以合法、合理为限,并应互相尊重,反对各种干涉行为。

(5) 夫妻住所选定权。夫妻一方可以成为另一方家庭的成员,夫妻应有权协商决定家庭住所,可选择男方或女方原来住所或另外的住所。

(6) 禁止家庭暴力、虐待、遗弃。禁止夫妻一方以殴打、捆绑、残害、强行限制人身自由或者其他手段给对方的身体或精神方面造成一定伤害后果的暴力行为;禁止构成虐待的持续性、经常性的家庭暴力;禁止有扶养义务的一方不尽扶养义务的违法行为。

(7) 计划生育义务。夫妻双方负有计划生育义务,禁止计划外生育,是我国的基本国策所要求的,是夫妻的法定义务。义务的主体是夫妻双方,而不只是女方。妇女有按照国家有关规定孕育子女的权利,也有不生育的自由,即妇女有生育权。作为夫妻生活重大事项之一的生育,应由夫妻双方协商,共同决定,同时还应符合国家相关法律的规定。

2. 夫妻财产关系

男女双方因结婚产生了夫妻人身关系,也随之产生了夫妻财产关系。夫妻财产关系是指夫妻在家庭财产方面的权利义务关系。夫妻财产关系主要有下列内容。

(1) 夫妻财产的所有权。夫妻财产的所有权包括夫妻一方的财产所有权和夫妻双方的共同财产所有权。夫妻双方对共同所有的财产有平等的占有、使用、收益和处分的权利,不能根据某一方收入的多少和有无来决定或者改变其处理共同财产权利的大小。夫妻双方在对财产进行处理时,应当平等协商,达成一致,任何一方都无权违背另一方意志擅自处理夫妻共同财产。

(2) 夫妻之间的相互扶养义务。夫妻相互扶养义务是指在婚姻关系存续期间,夫妻双方在物质上和生活上互相扶助、互相供养的义务。它以夫妻人身关系的存在为前提,夫妻之间互相扶养是法定义务,并且夫妻双方的扶养义务和被扶养的权利是对等的、相互的。夫妻中任何一方丧失劳动能力或者出现生活困难,有扶养能力的一方应当自觉承担这一义务;有扶养能力的一方如果拒不承担义务,需要扶养的一方有权要求对方给付扶养费。双方因扶养费发生纠纷时,可以向人民法院提起诉讼。夫妻之间的扶养义务,对保障夫妻正常生活、增强夫妻双方的责任意识具有重要意义。

【例8-1】 耿某,于2018年6月与张某(女)结婚。两人都是再婚。2019年张某瘫痪在床。耿某离开张某,每月支付1000元费用,其他不问,也不和张某同住。张某由其与前夫所生之子林某照顾,并承担了看病、保健、生活等费用。2022年8月,张某去世。3年多来,林某为其母看病、保健、生活共支付23万元。林某起诉到法院,要求耿某承担张某生前看病、保健、生活等所欠款项。试分析耿某是否需要承担这些款项。

解析:一方面,耿某对张某有扶养义务。夫妻具有相互扶养的义务。耿某和张某是合法夫妻关系,所以,耿某在张某失去劳动能力并患病时,对张某有扶养义务。另一方面,张某治病所欠费用,是夫妻共同债务。张某自2019年患病在床,其所欠费用达23万元,皆是其子垫付。这笔费用是因家庭生活而产生的,是夫妻共同债务。夫妻共同债务,应优先用家庭财产来偿还。尽管张某的子女对张某有赡养义务,但在偿还张某因病而欠的费用上,却是第二位的,所欠费用应当优先用耿某和张某的家庭财产来偿还。

(3) 夫妻有相互继承遗产的权利。财产的传承是财产秩序的重要组成部分,而继承是其中核心的一环。继承是由于人的死亡而发生的一种法律关系。夫妻有相互继承遗产的权利,且夫妻互为第一顺序法定继承人。夫妻在婚姻关系存续期间所获得的共同财产,除事先约定的以外,在分割遗产时,应当先预提其配偶所拥有的双方共同财产的一半,剩余的则为被继承人的遗产。我国法律禁止任何人以任何借口侵犯配偶的继承权;配偶继承遗产后,即取得该项财产的所有权,任何人不得加以侵犯或干涉。

在现实生活中,有些再婚的老年人要求继承配偶的遗产时,往往会受到对方子女的反对。对方子女认为财产是父亲或母亲生前的个人财产,再婚配偶不能继承父亲或母亲再婚前的个人财产,只可以继承再婚后的共同财产。其实这种观点是不符合法律规定的。有些人往往会把继承配偶婚前个人财产与离婚时夫妻各方的婚前财产分割混同,其实这是完全不同的两种法律关系。夫妻有相互继承遗产的权利,而且都是第一顺序继承人,法律也没有分初婚还是再婚,年轻夫妻还是老年夫妻,那么只要是有合法身份的老年再婚夫妻,就可以依法继承配偶的遗产。

【例8-2】 1970年5月,周某与曾某(女)结婚,生有4个子女。2015年,曾某病故。2020年3月,周某与丧偶的林某登记结婚。周某与林某结婚后,于2020年8月以120万元的价格购得住房一套。从此,这对夫妇就搬到该房居住,与子女分开生活。2022年7月15日,周某病故。

周某与前妻曾某所生的4个子女强行将林某赶了出去。而林某也要夺回房产,双方矛盾激化。试分析林某是否有权利主张房屋产权。

解析: 此住房属于周某与林某夫妻共有的财产,林某享有一半的产权即60万元;而另一半价值60万元的产权,则属于周某的遗产,应当由林某和周某的4个子女共同继承,林某可从中继承1/5的遗产,即12万元。两项相加,这样林某就获得了价值72万元的房屋产权。

三、子女

子女是家庭成员的重要组成部分,并且子女对父母有赡养、扶助义务。其中,赡养是指子女或晚辈对父母或长辈在物质和生活上的帮助,是对父母年老丧失劳动能力或者父母因为健康原因需要子女在生活上加以照顾等情况而言。主要包括以下几个方面:子女在经济上应为父母提供必需的生活用品和费用;在生活上、精神上对父母应尊重、关照;有经济负担能力者,不分性别、婚否,均应尽一定的赡养义务;子女不得虐待或遗弃父母。子女对父母的赡养、扶助既是基本道德要求,也是法律明文规定的义务。

法律意义上的子女,包括婚生子女和非婚生子女。其中,婚生子女是指具有合法婚姻关系的男女所生育的子女,非婚生子女是指不具有合法婚姻关系的男女所生育的子女。非婚生子女包括未婚男女所生子女,已婚男女与第三人所生子女,无效婚姻和被撤销婚姻当事人所生子女,等等。其中,无效婚姻是指男女双方虽经登记结婚,但由于违反结婚的法定条件,而不发生婚姻效力,应被宣告为无效婚姻。无效婚姻包括违反一夫一妻制的重婚、有禁止结婚的亲属关系的婚姻、患有禁止结婚疾病的婚姻、未达到法定婚龄的婚姻。可撤销婚姻是指已成立的婚姻关系,因欠缺结婚的真实意思,受胁迫的一方当事人可依法向婚姻登记机关或人民法院请求撤销的婚姻。

对于父母与子女来说,父母对子女有抚养、教育的义务,子女对父母有赡养、扶助的义务。父母不履行抚养义务时,未成年或不能独立生活的子女有要求父母给付抚养费的权利。子女不履行赡养义务时,无劳动能力或生活困难的父母有要求子女给付赡养费的权利。因此,子女对父母享有要求被抚养的权利,父母对子女享有要求被赡养的权利,而且这一种权利义务不是对等的,不会因为父母未尽抚养、教育的义务而免除子女的赡养义务。

对于养父母与养子女来说,国家保护合法的收养关系。养父母和养子女之间的权利和义务,与父母和子女之间的权利和义务规定相一致。养子女和生父母之间的权利和义务,因收养关系的成立而消除。因此,只有当子女被他人合法收养时,其与生父母之间的权利和义务才得以消除。

对于继父母与继子女来说,继父母和受其抚养、教育的继子女之间的权利和义务,与父母和子女之间的权利和义务规定相一致。继父母如果抚养、教育了继子女,便可以享受被继子女赡养的权利。继父母可以收养继子女,但与继子女之间抚养关系的形成并不等同于收养关系的形成,如果未能形成收养关系,则继子女与生父母之间的权利和义务关系是不能消除的。

【例8-3】 王某现年35岁,在王某3岁时父母离婚,王某随母亲生活,从此再未与父亲见面,父亲从未对王其尽抚养的责任。母亲随后再婚,而继父一直抚养照顾王某至成年。继父年老体弱,由王某负责赡养。此时30多年未谋面的父亲突然出现,穷困潦倒,要求王某负责替他养老送终。试分析王某该赡养继父还是该赡养生父。

解析: 由于王某与继父之间仅形成抚养关系,而未能形成合法的收养关系,故王某与生父之间的权利义务关系并不因母亲的再婚而消除。王某的生父对王某应当有抚养、教育的义务,而王某也应对生父有赡养的义务。虽然王某的生父未对王某尽抚养、教育的义务,但父母抚养、教育的义务与子女赡养的义务不是对等的,王某并未被免除对生父的赡养义务。对于王某的继父,因为继父一直抚养、教育王某,故王某与继父之间的关系已经形成类似生父母子女之间的关系,王某应当对继父尽赡养义务。因此,王某对继父和生父均要尽赡养的义务。

四、父母

在家庭关系中,父母是相对于子女而言的概念。通常父母与其所生育的子女间有着自然的血亲关系。父母与子女间具有最密切的人身关系和财产关系,父母对未成年子女承担着抚养、教育、管教的权利和义务,成年子女对父母负有赡养、扶助的义务。

法律上的亲子关系即父母子女的关系,可以分为两类:一类是自然血亲的父母子女关系,另一类是拟制血亲的父母子女关系。

(一)自然血亲的父母子女关系

1. 婚生父母子女关系

婚生父母子女关系是指在婚姻关系存续期间受胎或出生的子女与父母形成的权利义务关系。

1)父母的权利义务

(1)抚养、教育的权利和义务。抚养是指父母从物质上、生活上对子女的养育和照顾。教育是指父母在思想、品德等方面对子女的全面培养,使子女沿着正确的方向健康成长。

父母对子女的抚养、教育是夫妻双方应尽的义务。父母必须对未成年子女无条件地履行抚养、教育义务;而父母对成年子女的抚养、教育义务是有条件的、相对的。如果成年子女无劳动能力或不能独立生活,父母仍有抚养义务。父母如不履行抚养义务,未成年子女及无劳动能力或不能独立生活的成年子女,有要求父母给付抚养费的权利。

(2)法定代理。父母是子女的法定代理人,代理子女的各种行为。财产上的权利义务主要表现为对子女财产的管理。未成年人给他人造成的损失,父母须承担赔偿责任。如果父母已经离婚,未成年人对他人造成伤害的,一般由与子女共同生活的一方承担民事责任;如果独立承担责任确实有困难,可以与另一方共同承担责任。

【例8-4】 田田3岁时父母就离婚了,一直随母亲生活。有一天,田田在幼儿园和小朋友明明因争玩具手枪打起来,田田一气之下将玩具手枪向明明的头上砸去,不小心砸到明明的眼睛,造成明明眼睛大出血,住院治疗了1个月左右,医疗费用近10万元。明明的父母找到田田的母亲和幼儿园,要求赔偿。田田的母亲认为,应该由幼儿园负责。后来明明的父母起诉到法院,法院判决田田的母亲承担部分民事责任,支付部分医疗费;幼儿园作为责任人之一,也承担部分民事责任。但是,田田的母亲无力支付这笔医疗费,于是找到田田的父亲,田田的父亲却不肯承担责任。试分析田田的父亲是否应承担责任。

解析:根据有关法律规定,田田属于未成年人,父母必须对未成年子女无条件履行抚养、教育义务。虽然田田的父母离婚了,但是并不影响父母对未成年子女的抚养、教育义务。父母没有管教好子女,致使子女对他人造成伤害的,父母要承担赔偿责任。凡未成年人对他人造成伤害的,其父母都有义务对受损害方给予赔偿。如果父母已经离婚,未成年人对他人造成伤害的,一般由与子女共同生活的一方承担民事责任;如果独立承担责任确实有困难,可以与另一方共同承担责任。所以,田田的父亲应该承担责任。

【例 8-5】 父母离婚时,5岁的小方被判给了父亲,可是不负责任的父亲将她推给了年迈的奶奶,对她不管不问,也不给抚养费。母亲开始每月按时支付抚养费,而两年后,母亲下岗了,没有生活来源,小方只好和奶奶相依为命。小方初中毕业时以优异的成绩考上了高中,但无法筹到学费,无奈之下,小方将父亲告上了法庭,追索抚养费和教育费。试分析小方是否有权向父亲追索抚养费和教育费。

解析:根据有关法律规定,父母不履行抚养义务时,未成年或者不能独立生活的子女,有要求父母给付抚养费的权利。当未成年子女和不能独立生活的成年子女的抚养权利被侵犯时,有权向父母请求给付抚养费。小方考上了高中,但是无法筹到学费,所以小方有权要求父母给付教育费,由于小方的母亲下岗,没有生活来源,因此,小方有权向父亲追索抚养费和教育费。经过法院的调解和努力,小方终于如愿以偿走进了向往已久的校园。

2) 子女的权利义务

未成年或不能独立生活的子女,当父母不履行抚养义务时,有权要求父母给付抚养费。其中,不能独立生活的子女是指尚在校接受高中及其以下学历教育或者丧失、部分丧失劳动能力并非主观原因而无法维持正常生活的未成年子女。抚养费包括子女生活费、教育费、医疗费等费用。在父母无劳动能力或生活困难时,子女有义务给付赡养费,并且不因父母的婚姻关系变化而终止。

子女有义务尊重父母的婚姻权利,不得干涉父母再婚以及婚后的生活。父母子女之间有相互继承遗产的权利。

2. 非婚生父母子女关系

非婚生子女享有与婚生子女同等的权利和义务。不直接抚养非婚生子女的生父或生母,应当负担子女的生活费与教育费,直至子女能独立生活为止。非婚生子女一般按生母的婚生子女对待;非婚生子女一般可由生父表示认领,也可以由生母加以证明。生母与非婚生子女有权要求未履行抚养义务的生父给付抚养费。

(二) 拟制血亲的父母子女关系

拟制血亲是指本来没有血缘关系或没有直接的血缘关系,但法律上确定其地位与血亲相同的亲属。

拟制血亲的父母子女关系包括形成抚养、教育关系的继父母子女关系和养父母子女关系。

1. 继父母子女关系

继父母子女关系是指由于生父母一方死亡,另一方带子女再婚或生父母离婚后另行再婚形成的权利义务关系。

根据继子女与继父母之间是否形成了抚养关系,可以分为以下两类:一是由共同生活的法律事实形成的拟制血亲的继父母子女关系;二是具直系姻亲(如继父母子女间没有通过共同生活形成事实上的抚养关系,双方属于直系姻亲关系)的继父母子女关系,这仅是一种伦理上的意义。这两类继父母子女关系的法律后果、形成事由是不同的。拟制直系血亲的继父母子女关系的形成,除了父母的再婚行为,还须有共同生活的条件,其产生的法律后果与血亲关系的父母子女之间的权利义务关系相同。有抚养关系的继父母子女之间有继承权,且继子女对继父母有赡养的义务。而仅为直系姻亲的继父母子女之间没有法定的权利义务关系。没有抚养关系的继父母子女关系随生父母与继母或继父间婚姻关系的消灭而消灭;有抚养关系的继父母子女关系原则上不能解除,且不受继子女的生父与继母、生母与继父间婚姻关系消灭的影响,因为其已形成了拟制血亲的父母子女关系。如果生父与继母或生母与继父离婚时,对受其抚养的继子女,继父或继母不同意继续抚养的,则继父、继母与继子女间的拟制血亲关系解除,仍由生父母抚养。但是,生父母死亡的,继母或继父仍有义务继续抚养继子女。

2. 养父母子女关系

养父母子女关系是通过收养的法律行为在收养人与被收养之间形成的权利义务关系。其中,收养是指自然人依照法律规定,领养他人的子女为自己的子女,在本无自然血亲关系的收养人与被收养人之间形成拟制血亲的父母子女关系的民事法律行为。收养作为变更亲属身份的民事法律行为,须合法、自愿、意思表示真实。被收养人为8周岁以上未成年人的,应当征得被收养人的同意。

收养涉及人身关系的变动,而且收养后双方会形成法律上的父母与子女的关系。因此,主要从保护被收养人的利益出发,法律对此有特别的规定。收养关系可以参见表8-1所示。

表 8-1 收养关系

收养的条件	(1) 收养人无子女或者只有一名子女。其中,无子女的收养人可以收养两名子女,有子女的收养人只能收养一名子女; (2) 收养人有抚养、教育和保护被收养人的能力; (3) 收养人未患有医学上认为不应当收养子女的疾病; (4) 收养人无不利于被收养人健康成长的违法犯罪记录; (5) 收养人年满30周岁; (6) 有配偶者收养子女,应当夫妻共同收养;无配偶者收养异性子女的,收养人与被收养人的年龄应当相差40周岁以上
收养的程序	收养应当向县级以上人民政府民政部门登记,收养关系自登记之日起成立
收养的法律效力	拟制血亲

【例8-6】 梁小姐原是一名孤儿,7岁时被养父母收养,18岁时养母去世后,梁小姐一直与养父生活在一起。24岁那年,养父再婚,继母带来一个17岁的男孩黄某,黄某25岁结婚后便搬出去生活。10年后,继母去世,黄某就几乎与梁小姐和她的养父失去了联系。在梁小姐的养父去世后,黄某却找上门要求继承继父的遗产。试分析黄某是否有权利继承继父的遗产。

解析:如果黄某与继父之间形成了抚养关系,则有继承继父遗产的权利,但不能与梁小姐平分遗产。梁小姐继母带来的男孩当时已经17岁,如果当时已经参加工作,有自己的经济收入,那么黄某与继父之间便没有形成抚养关系。但是,如果那时黄某尚在求学,或者此后几年时间黄某仍依靠母亲和继父供给,情况则相反。

如果黄某与继父之间形成了扶养关系,黄某虽然有权继承继父的遗产,但与梁小姐也不能平等对待。因为对被继承人尽了主要扶养义务或者与被继承人共同生活的继承人,分配遗产时,可以多分;有扶养能力和扶养条件的继承人,不尽扶养义务的,分配遗产时,应当不分或者少分。

五、兄弟姐妹

在法律上,通常把亲属关系分为血亲和姻亲。其中,血亲又可以分为直系血亲和旁系血亲。比如,父子关系是典型的直系血亲关系,兄弟姐妹是血缘关系中最近的旁系血亲。依据法律的有关规定,兄弟姐妹在一定条件下,相互负有法定的扶养义务。

通常意义上的兄弟姐妹是指由父母所生育的,彼此具有间接血缘联系的亲属。兄弟姐妹包括全血缘的兄弟姐妹和半血缘的兄弟姐妹。在我国,无论是全血缘的兄弟姐妹,还是半血缘的兄弟姐妹,都是亲兄弟姐妹,相互具有自然的血亲关系,在家庭中的地位完全相同。

有负担能力的兄、姐,对于父母已经死亡或父母无力抚养的未成年弟、妹,有扶养义务;由兄、姐扶养长大的有负担能力的弟、妹,对于缺乏劳动能力又缺乏生活来源的兄、姐,有扶养的义务;有负担能力的兄弟姐妹,对于无劳动能力而且生活困难的兄弟姐妹,应给予经济上的帮助。

六、祖父母、外祖父母

祖父母、外祖父母是孙子女、外孙子女除父母以外最近的直系亲属。依据有关规定,祖父母、外祖父母在一定条件下,有抚养孙子女、外孙子女的义务。

有负担能力的祖父母、外祖父母,对于父母已经死亡或者父母无力抚养的未成年孙子女、外孙子女,有抚养的义务;有负担能力的孙子女、外孙子女,对于子女已经死亡或者子女无力赡养的祖父母、外祖父母,有赡养的义务。

第二节 制订财产分配与传承规划方案

一、制订财产分配规划方案

(一)婚姻家庭的财产风险

家庭是社会的细胞,家庭财产是生活幸福最重要的保障。然而,各种破坏家庭财产安全的因素,就如同潜藏的陷阱,让人防不胜防。为了保障生活幸福,需要对财产的分配与传承进行科学的规划,而科学规划的前提是明晰家庭财产的风险因素。

1. 经营的风险

对于不同职业的人士来说,家庭财产有不同的来源。工薪阶层的主要收入是工资,一些专业人士靠专业知识能取得良好的收入,还有很多人选择从事实业经营的致富之路。不同的经营方式各有特点,也面临不同的风险。对于很多家庭来说,如果不能合理规避经营风险,可能使多年苦心经营的成果付之东流。下面就合伙企业和公司这两种常见的经营方式对家庭财产的影响进行分析。

(1)经营合伙企业的风险因素。合伙企业由全体合伙人共同出资、共同经营、共享收益、共担风险,具有设立方便、收益大、税收优势明显的优点,但隐藏其中的风险也不容忽视。尤其要注意的是,合伙人对合伙企业债务承担的是无限连带责任。这是合伙企业与公司的主要区别之一。当公司资不抵债时,股东只以其出资额为限对公司债务承担责任;而当合伙企业财产不足以清偿合伙债务时,合伙人还需以其他个人财产来清偿债务。这意味着一旦合伙企业发生债务危机,合伙人所有的财产都将被用来还债。如果现有财产不足以清偿债务,那么以后除了最低生活保障金,挣到的每一分钱都要用来偿还债务,想要东山再起,会非常困难。而且这种连带责任会连累配偶,这无疑会使家庭生活陷入困境,也无法保证子女的教育。

合伙企业的优势也是明显的。合伙企业可以分为普通合伙企业和有限合伙企业,其中,普通合伙企业由普通合伙人组成,合伙人对合伙企业债务承担无限连带责任;有限合伙企业由普通合伙人和有限合伙人组成,普通合伙人对合伙企业债务承担无限连带责任,有限合伙人以其认缴的出资额为限对合伙企业债务承担责任。有限合伙人不执行合伙事务,不对外代表企业,只按合伙协议比例分配利润和分担亏损,而且是以其出资额为限对合伙的债务承担清偿责任,不同于普通合伙人的无限连带责任。

【例 8-7】 小张与朋友合作成立了一家合伙企业,根据协议的约定,小张与朋友对合伙企业的利润和债务平均分配,即一人一半。企业由于经营不善而亏损,产生了 1000 万元的债务,小张应该承担其中的 500 万元。但是,小张的朋友无力偿还自己应该承担的 500 万元债务。试分析这 1000 万元债务应如何分担。

解析:如果小张是普通合伙人,根据合伙企业无限连带责任的规定,小张对朋友的 500 万元债务也有偿还责任。这意味着小张需要偿还的债务是 1000 万元,而不是 500 万元。这还不是合伙企业的全部风险。由于我国实行的是夫妻共同财产制,也就是说,如果小张与妻子没有进行婚姻财产的约定,那么小张的妻子对这 1000 万元的债务也有偿还责任。

如果小张是有限合伙人,则只以其出资额为限对合伙的债务承担清偿责任,其风险可以控制在合伙人可以承受的限度内。

(2) 经营公司的风险因素。投资设立公司是普遍的实业投资方式,其最大的优势就在于公司股东的有限责任。也就是说,股东只以其出资额为限对公司承担责任,那么为什么还会影响家庭财产的安全呢?中国的企业经营者大多有这样一个特点,就是个人财产与经营的实业财产不分。因此,一旦公司经营失败产生大额债务,就需要投资者以全部的财产进行清偿。这意味着不仅生意没了,经营的风险还会波及家庭财产。如果将个人财产与企业财产混为一谈且无法分清,在企业破产清算时,会一并作为企业资产进行清算还债。

2. 婚姻变动中的财产风险

婚姻是人身和财产关系的双重结合,男女双方怀着美好的愿望走进家庭生活,离婚是每个人都不愿面对的事情。但是,由于人们的情感复杂、社会结构利益的分化等,离婚时有发生。离婚涉及财产分配的问题,因而使它变得更现实、更需要规划。婚姻变动中的财产风险主要体现在以下几点。

(1) 婚后财产共有制容易导致纠纷的产生。我国实行的是夫妻共同财产制,在双方没有约定财产归属的情况下,财产处于共同共有状态,本应属于个人财产的部分,经过一段时期的婚姻生活后,将很难取证来证明财产的确属于个人所有,因此,很容易引发纠纷。一旦婚姻发生变动,双方很难心平气和地进行财产分配,出现争夺财产的概率极大,对于家庭的财产和双方来说,这种争斗都是有害的。

(2) 利用婚姻诈骗财产。利用婚姻骗取巨额财产虽然已经是一个众所周知的事情,但由于一方戴着"温柔的面纱",另一方很容易掉入陷阱,这种事情还是屡屡发生。利用婚姻诈骗财产,利用的是我国关于夫妻财产共有的规定,在与有钱人结婚后,离婚时往往可以分得一大笔财产。虽然可以利用婚姻财产约定来防止这种情况的发生,但刻意想要骗取财产的人又如何会让另一方有机会设置财产约定呢?

(3) 转移共同财产。随着金融产品的不断增多,婚姻财产的种类也日益丰富,像公司股份、无形资产等难以分割的财产,成了婚姻财产纠纷的热点。而在婚姻财产中占有优势的一方隐匿、转移共同财产,甚至采用虚拟债务等手段来欺瞒配偶和法院的情况也越来越多。这些复杂情况使离婚成了斗智、斗勇、旷日持久的"战争"。

(4) 跨国婚姻。跨国婚姻也会出现离婚纠纷。跨国婚姻会涉及不同国家的法律制度,要适用国际私法的相关法律,而且通常距离遥远取证困难,因此对跨国婚姻离婚的审理十分困难。

3. 子女抚养、教育的相关财产风险

如何抚养好孩子,如何给孩子一个良好的教育环境,是每一个有子女的家庭都要面对的问题。在子女教育上需要源源不断的金钱投入,为了保障子女接受良好的教育,需要了解子女抚养、教育的相关财产风险。

(1) 一般情况下子女教育财产投入的风险。养育一个孩子直到孩子硕士毕业需要大量的资金支持。如果子女出国留学,更是对父母情感上和财力上的考验。而想要防止孩子乱花钱,同时又保障孩子的教育,就要解决子女教育财产投入所面临的风险。

(2) 离异情况下子女抚养、教育财产的风险。夫妻双方离婚后,孩子归一方抚养,分给一方的家庭财产加子女的抚养费会是一笔不小的财富,但很难保证所有的人都是管理财富的高手,很可能子女还未成年,财产就已经所剩无几,孩子良好的教育将无法得到保证。尤其是当其再婚时,还可能出现财产被再婚对象侵占的问题。

(3) 夫妻一方去世情况下子女抚养、教育财产被侵占的风险。夫妻一方去世后,如果子女未成年,家庭财产基本都归配偶管理,一旦配偶再婚,在无法区分个人财产与家庭财产的情况下,这部分财产很容易被配偶的再婚对象侵占。不仅财产换了所有人,连子女的生活水平恐怕都很难得到良好的保障。

4. 财产传承的风险

家庭成员去世后,其遗留财产的分配会使其他家庭成员的个人财产增加或者减少,对整个家庭财产也会产生影响。同时,由于多数人没有事先立遗嘱的意识,因此,遗产分割很容易在家庭内部产生纠纷。即使有的人事先立有遗嘱,也可能因为遗嘱内容表述不清等,而在执行过程中出现财产被恶意侵吞或者不按照遗嘱人意愿进行分配等情况。在财富很多的家庭,如果众人争遗产导致财产被瓜分,将不利于产业的持续经营,也远没有达到财富传承的最优状态。

(1) 遗产的争夺风险。很多人认为,去世后财产就归子女,似乎是一件很简单的事情,却不知法律上关于继承的规定远没有那样简单。继承中有很多的条条框框,任何一点存在问题,都有可能引起遗产分配的纠纷。

一般来说,一个人去世后如果没有设立遗嘱或是遗嘱无效,那么被继承人的遗产将根据法律的规定分配,这就是法定继承。法定继承具有以下法律特征:①法定继承的继承人范围、继承顺序、继承份额以及遗产分配原则都由法律明确规定,具有强制性。②法定继承人与被继承人之间存在一定的人身关系。比如,继承人与被继承人之间存在一定的血缘关系、婚姻关系或扶养关系,是法定继承发生的依据。一般情况下,按照法定继承的规定是要在继承人中进行平均分配,但是在特殊情况下也可以不均等。比如,家庭中每个子女所尽的赡养义务、生活状况都是不同的,有的子女对老人付出得多或是在众多子女中生活困难,在遗产分配时可多分或予以照顾。

另外,诸多原因造成非婚生子女的存在,因此,非婚生子女加入到遗产分配中,继承人之间的关系更为复杂,遗产争夺的风险也会加大。

(2) 产业的传承风险。随着市场经济的发展,中国产生了大量家族性民营企业,这些企业管理人的接班也成为现实中存在的一个问题。很多企业家的子女不愿意或者没有能力经营企业,致使"富不过三代"的情况发生,让父辈多年努力付诸东流。这对于企业和家庭来说,都是悲剧性的结局,没有达到财富传承的良好状态。

【例 8-8】 张先生 65 岁,经营一家化工企业,他有两个儿子,但二人皆无心经营公司。张先生去世后,留有一份遗嘱。根据遗嘱,张先生的大儿子分得 70% 的股份,并负责经营公司;

二儿子分得30%的股份。遗产按照张先生的遗嘱进行了分配,似乎一切都很顺利。但是,张先生的小儿子由于一直对公司经营没有兴趣,因此,很快就将股份转让给了他人。大儿子虽然负责经营公司,但并没有经营经验,几年后企业因经营不善而面临破产,最终只能被其他公司收购。

如果继承人在取得遗产后管理或处分不当,会使被继承人积累的财产面临流失的风险。在这个例子中,大儿子并不善于管理公司,结果公司只能因经营不善而面临破产,张先生一生的经营成果付诸东流。

(二)财产权属的界定

1. 财产所有权的界定

财产所有权是指财产所有人依照法律对其财产享有占有、使用、收益和处分的权利。财产所有权是界定客户财产范围的标准,这就意味着在客户财产中,只有客户拥有所有权的财产才属于理财规划的范畴。比如,客户与他人共同拥有财产所有权,则仅能就属于客户的财产部分进行规划。因此,明确客户对其财产的权属,是为其合理制订理财规划方案的关键。

个人财产所有权可以是对储蓄、房屋、家电、书籍等各种生活资料的所有权,也可以是对法律允许的生产资料的所有权。无论是生活资料还是生产资料,所有人都可以基于对财产的所有权而行使下面的权利。

(1)占有权。占有权是所有人对财产的实际控制和掌握的权利。比如,公民对自家家电、衣物的支配和控制。

(2)使用权。使用权是所有人依法按财产的性能和用途,对财产加以利用的权利。比如,使用家电、衣物,满足衣、食、住、行和精神消费的需要。

(3)收益权。收益权是所有人拥有财产所产生的经济利益并支配的权利。比如,公民出租房屋就有获取租金并支配的权利。

(4)处分权。处分权是所有人有决定财产的归属和命运的权利,即所有人有处置财产的权利。比如,公民出卖房屋、食用食品、丢弃物品等行为,都是对财产的处置。

以上权利也是所有人实际行使所有权的权能。所有人在法律允许的范围内,有权独立行使其所有权,不受任何其他人的支配和干涉。但是,所有人行使所有权时必须符合国家法律的规定,不得损害国家利益、社会公共利益及他人利益。

【例8-9】 王先生在其租住的李先生的平房上加盖了一间房屋,欲向房管部门申请领取产权证书。李先生认为王先生加盖房屋未经其同意,而且是以其享有产权的房屋为基础,故加盖房屋的所有权应当属于自己。所以,李先生也以自己的名义向房管部门申请领取产权证书。因此,二人就该加盖房屋所有权的权属发生争议。试分析该加盖房屋的所有权权属。

解析: 王先生未经李先生允许,在李先生的私有房屋上加层建房,直接到房管部门申请产权证书的行为,是没有法律效力的。如果王先生与李先生事先没有就加盖房屋的产权做出协议,且拆除加盖房屋会明显影响房屋既有结构的话,那么李先生可以偿付王先生加盖房屋的费用,但是该加盖房屋的产权应当归属于李先生。

2. 个人所有权的行使

个人所有权是财产制度的重要组成部分,个人对自己财物的所有总是要通过一定的方式表现出来。个人财产所有权会通过占有、使用、收益、处分四项权能行使。个人行使这四项权能时,通常以个人积极主动的行为直接作用于所有物的方式进行。

（1）个人行使生活资料所有权是与日常的生活消费紧密相连的，个人只有通过对生活资料的直接占有、使用、收益和处分，才能满足自身衣、食、住、行的需求。

（2）承包经营户和个体工商户行使生产资料所有权是与其生产经营劳动联系在一起的，只有通过直接占有、使用、收益和处分，才能满足生产经营的需要，实现生产资料的所有权。

（3）私营企业主对生产资料的占有、使用和处分虽然需要通过经营人员和职工的生产经营劳动来实现，但是经营人员和职工与企业主的关系是雇佣劳动关系，其对生产资料的占有、使用和处分是以企业主的名义，并且为企业主的利益而进行的，不构成独立的所有权关系。因此，经营人员和职工的占有、使用和处分仍然表现为企业主的直接占有、使用和处分。

（4）个人可以间接方式行使财产所有权。比如，个人投资设立公司，成为公司的股东，其出资标的物的所有权即转移给公司成为公司的独立财产，公司对其享有"法人财产所有权"，股东对公司享有股东权。

3. 财产所有权的取得和丧失

在经济生活中，各种交易行为都是围绕着财产所有权的取得和财产所有权的丧失这两个概念进行的。

1）财产所有权的取得

所有权依法取得，即只有依法取得所有权的财产才是个人的合法财产，才可以由个人自由支配。根据有关法律规定，合法取得所有权有以下两种方式。

（1）原始取得。原始取得是指根据法律规定，最初取得财产的所有权或不依赖原所有人意志而取得财产的所有权。比如，劳动生产、收益、没收、无主财产收归国有等。

（2）继受取得。继受取得是指通过某种法律行为从原所有人那里取得某项财产的所有权。比如，通过买卖、互易、继承等方式合法取得的所有权。

2）财产所有权的丧失

财产所有权可以因为一定的客观事实而取得，也可以因为一定的客观事实而丧失。所有权的丧失，又称所有权的消灭或终止，是指所有人因为一定的法律事实的出现而丧失所有权。所有权是特定主体对特定物享有的支配权，当这种支配关系因为一定的法律事实的出现而终结时，所有权即告消灭。因此，所有权的丧失也就是所有权与所有人的分离。所有权的丧失可以作如下分类。

（1）绝对丧失和相对丧失。绝对丧失是指所有人对某一物的所有权因物的丧失而永远丧失。比如，生活中的消费。相对丧失是指所有人丧失对某一物的所有权，但该物尚存，只是归他人享有（即所有权转移）或无人享有（即所有权抛弃）。

（2）因一些行为而丧失或因其他原因而丧失。因一些行为而丧失，如出卖、赠与标的物。因其他原因而丧失，如所有人死亡、标的物意外灭失。

（3）自愿丧失与强制丧失。自愿丧失，如出卖、抛弃标的物。强制丧失，如没收、征用、强制执行等。

4. 个人所有财产的界定

在现代社会，财产是每个人生活的物质基础。在法律上，个人所有权的权利主体是个人。个人自出生之日起就享有民事权利能力，即具有取得个人所有权的主体资格，可以依法取得具体财产的所有权。个人的合法财产不仅在其在世时受国家法律的保护，去世后也会受国家法律的保护，具体表现在个人可以设立遗嘱处理其去世后的遗产。个人所有的财产既可以是作为生活资料使用的财产，也可以是作为生产资料使用的财产，主要包括以下几个方面。

1) 合法收入

个人的合法收入是指个人通过各种合法途径取得的货币收入与实物收入。比如,劳动收入,接受继承、赠与、遗赠的收入以及由个人财产产生的天然孳息和法定孳息,等等。个人的合法收入既可用于生活目的,又可用于生产目的,是个人参加商品交换取得其他财产的物质前提。

2) 不动产

个人所有的不动产主要是指房屋。房屋是个人生活中的重要财产,个人可以通过自建、购买、继承、赠与等方式取得房屋所有权。房屋是不动产,按照法律规定必须依法登记后才能取得完全的法律效力。个人所有的房屋,可以自用于生活目的,以满足自己和家庭居住的需要,也可以用于生产经营的目的(如租给他人使用或开厂设店,从事生产经营活动),还可以依法转让。随着社会经济的发展,作为个人财富重要组成部分的房屋也将越来越多。

3) 金融资产

随着资产的证券化,金融资产在个人财产中占据的份额越来越大,包括储蓄、债券、基金和股票等。其中,储蓄是指个人存入银行的货币总和。我国对储蓄实行"存款自愿、取款自由、存款有息、为储户保密"的原则,除法律另有规定外,任何组织或个人都无权查询、冻结、没收公民的储蓄财产。储蓄财产既可以用于保障家庭生活、子女教育等诸多需要,也可以作为一种保守的理财方式用于资金的保值、增值。其他的金融资产随着我国经济的日益活跃、金融品种的不断丰富以及人们理财意识的建立,在个人财产中的占比将不断提高。

4) 其他财产

其他财产,如生活用品、古董、图书资料等。生活用品是指满足个人或家庭日常生活所需的消费品,包括衣物、家具、食物、文化娱乐用品及装饰品等。个人收藏古董主要是为了满足个人对文化艺术珍品的欣赏和收藏的特殊需求,当然也有不少人将其作为一种投资工具。古董虽然不限制个人所有,但是被限制流通,禁止个人非法转让和携带出境。图书资料是记载科学文化知识的物质资料,个人收藏图书资料主要是为了学习、研究等。这三类财产作为个人所有的财产,属于生活资料的范畴。

5. **财产共有**

财产的所有权可以分为单独享有和共同享有。财产的共有是指多个权利主体共同享有所有权,是对同一客体所有权量的分割。基于财产共有权而发生的所有权法律关系称为共有关系。共有关系是一种具有内外两重关系的所有权法律关系。其外部关系为共有人与非所有人之间的关系,以非特定的任何人为承担义务的主体,具有绝对性;其内部关系为各共有人之间的权利义务关系,各共有人之间互为权利义务主体,都是特定的人,因此,具有相对性。

1) 共有的特征

共有是复合的所有权关系,具有以下特征。

(1) 共有的权利主体是多元的。同一财产的所有权主体可以是一个人,也可以是多个人。只有当两人及以上共同享有同一财产的所有权时,才能形成共有关系。单一的所有权主体是不能形成共有关系的。

(2) 共有的客体是一项统一财产。共有关系的客体无论是一个物还是几个物,是可分物还是不可分物,在法律关系上均表现为一项尚未分割的统一财产。如果这项统一财产被几个主体分割,每个主体都成为其所分得的那份财产的单独所有人,则共有关系消灭。

(3) 共有的内容是各共有人对共有物共享权利、共负义务,各主体的权利、义务是平行的,而不是对应的。各共有人对共有物或是按一定份额享受权利、负担义务,或是不按份额享受权利、负担义务,不论是否按份额,各共有人的权利义务都是互相平行的,即享受同样的权利、负担同样的义务。而在其他民事法律关系中,主体的权利与义务是互相对应的,一方的权利正是另一方的义务。

(4) 共有是所有权的联合,不是一种独立的所有权类型,它的形成是基于共同生活、共同生产、共同经营而发生的相同性质的所有权之间或不同性质的所有权之间的联合。

2) 共有关系

共有关系按照各共有人对共有财产的利益与负担是否存在份额,可以分为按份共有和共同共有两类。其中,存在份额者为按份共有,不存在份额者为共同共有。

(1) 按份共有。按份共有就是各共有人按照确定的份额,对共有财产分享权利和分担义务的共有。按份共有因为一定的法律事实而形成。比如,共同购买物品,共同投资建筑房屋、兴修水利、兴办企事业,共同开发自然资源、高新技术以及物的添附,等等,都会在一定条件下形成按份共有。按份共有的形成,除法律有特别规定外,各共有人须预先订立合同,以合同来确定彼此的按份共有关系。

① 按份共有的内部关系。按份共有人按照其份额均可以对共有财产进行占有、使用、收益及处分。但共有权的行使与单独的所有权不同,各共有人不能自行其是,必须达成共识。按份共有人对共有财产虽然拥有一定的份额,但其权利不是基于共有财产的部分,而是基于共有财产的全部。因此,每个共有人不论是对共有财产的全部或部分进行占有、使用、收益及处分,都会直接涉及其他共有人的利益。这就在共有财产的占有、使用、收益及处分问题上形成了各共有人相互制约的局面,使得每个共有人都不能排除其他共有人的意志而单独决定该共有财产的占有、使用、收益及处分问题,必须协商一致。

按份共有人可以将其份额分出或者转让。其中,分出是指共有人将自己存于共有物的份额分割出去。转让是指共有人将自己的份额转让给他人。一般来说,由于各共有人的份额是所有权总量的一部分,具有所有权的效力,因此共有人对其份额的转让不必征得其他共有人的同意。但是,法律对此有特别规定的或者共有人之间在订立合同时对共有份额的分出和转让进行了限制的除外。例如,股份公司的股东不能要求公司分出其股份,股东如欲退出公司,收回资金,只能通过转让股票的方式解决。各共有人为达到共同经营的目的,也可以约定在一定的期限内限制分出。这种情况下,应认为共有人自愿接受了对于分出和转让其份额权利的限制,这时如果某一共有人要求分出或转让其份额,会使其他共有人蒙受损失,构成事实上的违约,要承担一定的责任。

共有关系一般建立在共有人相互信任的基础上,为了防止某一共有人转让其份额时,接受转让的人不为其他共有人了解或信任,从而给其他共有人造成损失,法律规定,在共有人转让其份额时(通常限于出卖),在价格等条件相同的情况下,其他共有人有优先于非共有人购买的权利。如果几个共有人都想购买该份额,应由转让份额的共有人决定将其份额转让给哪一个共有人。需要注意的是,其他共有人的这种优先购买权,应当在规定的期限内行使,以保护转让者的权益。否则,如果其他共有人恶意拖延时间或长期犹豫不决,则该共有人转让其份额的权利就无法得到保障。在法律没有规定期限的情况下,共有人之间可以约定一个合理期限,欲转让份额的共有人及时告知其他共有人后,其他共有人在此期限内未明确表示购买的,应当认为其放弃了优先购买权,欲转让份额的共有人可以将其份额转让给非共有人。

此外,共有人在不损害社会利益和他人利益的条件下,可以放弃其应有的份额,这也是共有人对其份额行使处分权的一种表现。

除共有人的特殊约定外,对共有物的管理,应由全体共有人共同进行。共有物的管理费用,包括一些保存费用和改良费用,以及共有物的其他费用(如缴纳税款),应当由全体共有人按其份额比例分担。如果某一共有人支付上述费用超过其份额所应负担的部分,有权请求其他共有人按其份额偿还所垫付的超额部分。按份共有人的应有份额,除受其他共有人的份额限制外,其余的都与所有权相同。因此,共有人之间应相互尊重他人应有的份额。如果某一共有人对其他共有人的份额造成了侵害,被侵害的共有人可以请求对方给予必要的赔偿。

【例8-10】 李某、张某、刘某三人合伙投资买了一幅画,三人分别投资3000元、5000元、2000元。同时,三人协商一致后,这幅画由李某负责管理。5年后,李某遇一买主联系买画,李某见给价较高,便与其商定后将画卖给了对方,得款15000元。卖完后李某便向张某、刘某二人言明,此画已卖出,并按原各自投资款退还给张某、刘某。张某、刘某二人收到李某给付的投资款后,方知李某已将画出卖,但未将卖画的增值款按投资份额分配,则再三与其要款,李某拒不同意。李某认为三人共同投资买画,本人在画的保管方面付出的劳动比张某、刘某多,卖出的画已经归还了他们本钱,如果他们去卖画也许还卖不到这个价钱,本人多得部分是应得的劳务费。张某、刘某则认为,三人共同投资买的画,虽然由李某负责保管,但卖画没征得他们的同意,是一种侵权行为。增值款是属于李某、张某、刘某三人共同的,应按投资比例分配。双方争执不下,卖画多出来的这5000元到底该归谁所有?

解析:此案例中,李某、张某、刘某三人共同出资购买的画是按投资比例进行分配的,因此,李某、张某、刘某三人的共有是按份共有,而不是共同共有。按份共有人按照各自的份额,对共有财产分享权利、分担义务。按份共有人对共有财产所享受的权利、承担的义务,是对共有财产的全部而言,只是受份额的限制。因此,凡共有财产所取得的利益,应按各共有人对共有财产的份额合理分配,共有人各按自己的份额取得利益,对共有财产的各项支出费用,也应按份额的比例合理的分担。因此,按份共有对外部来说承担的是连带责任,在共有人内部是一种按份责任。按份共有人对共有财产的处分和使用,应当协商取得一致意见后办理;如果意见不一致,应当按照拥有共有财产份额的一半以上共有人的意见处理,但不得因此损害其他共有人的利益。此外,按份共有财产的每个共有人有权要求将自己的份额分出或者转让。但在出售时,其他共有人在同等条件下,有优先购买的权利。

在此案例中,李某、张某、刘某三人各自有一定的投资比例份额,因此,三人对画按照份额分享权利、承担义务,而无权对其他合伙人的份额代行权利,所以,李某未经张某、刘某同意的情况下,擅自出售属于他人的所有份额,这是一种侵权行为。但是,当李某将共同所有的画出售后,张某、刘某二人事后已经知道,并没有提出异议,收下了李某给的部分款项,后来仅是因为卖画增值款没有按投资份额进行分配而提出异议。由此可以看出,尽管李某侵犯了张某、刘某的权利,但是,张某、刘某并未主张买卖关系无效,而是采取了一种事后默认的态度,因而,应当视张某、刘某对李某卖出共有画行为的承认。至于对增值款的分配,根据共有理论,各共有人按份额分享权利、承担义务。因此,张某、刘某要求李某将画的增值款按投资份额分配,这一要求是合理的。也就是说,李某不能将5000元据为己有,而应将画的增值款按投资比例分配给张某、刘某。

② 按份共有的外部关系。按份共有人的份额虽然是所有权总量的部分,但其权利是基于共有物的全部而非部分,因此,各共有人对于遭受的外部侵害,可以为共有人全体的利益而向共有关系以外的侵害人主张权利。比如,对于无权占有人可以请求其返还原物。

在共有人对共有关系之外的第三人承担义务的情况下,如果该义务是可分的,比如,偿还第三人对于共有物的修缮费,则各共有人应当按其应有份额对第三人承担义务,第三人也只能请求各共有人依其份额承担义务;如果义务的性质是不可分的,共有人应负连带义务或者承担连带责任。比如,共有人甲与乙共同出资购买丙的汽车一辆,约定先交车后付款,丙交车后,甲与乙负连带交付车款的义务。如共有人对于第三人有共同侵权行为,则共有人之间应对第三人负连带责任。比如甲、乙共有的汽车因为肇事给他人造成损失,甲、乙应负连带赔偿责任。但在这种连带责任中,共有人中的一人或数人在替其他共有人履行义务或承担责任后,有权请求其他共有人偿还其应当承担的部分。

(2) 共同共有。共同共有是指两个或两个以上的人基于共同关系,共同享有某物的所有权。共同共有根据共同关系而产生,必须以共同关系的存在为前提。这种共同关系是由法律直接规定的,如夫妻关系、家庭关系。没有共同关系这个前提,共同共有就不会产生。

共同共有没有共有份额,共同共有是不确定份额的共有。只要共同共有关系存在,共有人就不能划分自己对财产的份额。只有在共同共有关系消灭,对共同财产进行分割时,才能确定各个共有人应得的份额。所以,在共同共有中,各个共有人的份额是一种潜在的份额。共同共有的共有人平等享有权利和承担义务。也就是说,各个共有人对于共有物,平等享有占用、使用、收益、处分权,并平等承担义务。

① 共同共有人的内、外部关系。共同共有人的权利基于共有物的全部。对于共有物的占用、使用、收益、处分权的行使,应当得到全体共有人的同意。但是,如果根据法律的规定或合同的约定,某个或某些共有人有权代表全体共有人管理共有财产时,则该共有人可以依法或依合同对共有财产进行管理。比如,家庭共有财产的管理可以由家庭成员中推举出一人来负责,而不必由全体家庭成员共同进行管理。

对于共有物的管理费用及其他费用,应当由共同共有人共同负担。共同共有人因经营共有财产对外发生的财产责任或造成第三人损伤的,全体共有人应承担连带责任。

共同共有在共同关系存续期间,各共有人不得请求分割共有物。同时,由于共同共有主要是基于婚姻、血缘关系形成的,共同共有人之间存在着密切的关系。因此,共同共有人不能像按份共有人那样转让自己的份额(这种份额是潜在的)。共同共有的消灭,主要是共同关系的终止导致的,比如,婚姻关系的终止导致夫妻共同财产关系的消灭。共同共有也可以因其他原因而消灭,比如,共有物转让他人。

② 共同共有的类型。

a. 夫妻共有。夫妻在婚姻关系存续期间所得的财产,归夫妻共同所有,双方另有约定的除外。夫妻对共同财产有平等的处理权。可见,夫妻共有是一种共同共有,而夫妻财产安排是婚姻制度的组成部分。

夫妻双方经过协商,可以约定以其他方式确定夫妻间的财产归属。比如,约定在婚姻关系存续期间夫妻所得的财产归各自所有或者约定某项或某几项财产归取得一方所有,其他财产仍归夫妻双方共有。只要夫妻双方的这种约定不违反法律的禁止性规定,就应当依这种约定来确定夫妻间的财产归属。

夫妻的婚前财产是夫妻各自所有的财产,不属于夫妻共有财产。在婚后,如果对一方的婚前财产进行重大修缮,通过修缮新增加的价值部分,应认定为夫妻共有财产。例如,夫妻居住的房屋是男方的婚前财产,在婚后对房屋做了重大修缮,房屋价值的增加部分,应属于夫妻共有财产。

夫妻双方对于夫妻共有财产有平等的占有、使用、收益、处分的权利,尤其是对共有财产的处分,应当经过协商,取得一致意见后进行。夫妻一方在处分共有财产时,另一方明知其行为而不作否认表示的,视为默认同意,事后不能以自己未参加处分为由,而否认另一方处分共有财产所产生的法律后果。例如,出卖夫妻共有的房屋,一般应由夫妻双方在合同上签字或盖章,但现实生活中,习惯于由夫妻中的一人出面签订合同,另一方虽未签订合同,但知道买卖的事实且并未表示异议,应当认为其默示同意。如果夫妻一方擅自出售共有房屋,而另一方并不知情,即一方未经另一方同意出售夫妻共同共有的房屋,第三人善意购买、支付合理对价并办理产权登记手续,另一方主张追回该房屋的,人民法院不予支持;夫妻一方擅自处分共同共有的房屋造成另一方损失,离婚时另一方请求赔偿损失的,人民法院应予支持。

夫妻双方对共有财产的平等处分权,并不是说双方共有的任何物品都必须双方共同处分才有效,而是说对于那些价值较大或重要的物品必须经夫妻双方协商一致后处分才有效。

【例8-11】 宋某与妻子王某长期不和。宋某私自与马某达成房屋买卖协议,将其名下的夫妻共有房屋以90万元的价格卖给马某,并按相关规定办理了房屋产权过户手续。不久后,王某得知此事,将宋某与马某二人告上法庭,请求法院确认该房屋买卖合同无效。

在此案例中,争议的房屋所有权应是宋某和王某共有的夫妻共同财产,但由于我国法律对房屋这类不动产所有权采取的是登记确认主义,登记上的记名人才是法律意义上的所有权人,因而登记具有公示物权成立及物权变动的效力。共同共有人对共有财产享有共同的权利、承担共同的义务。在共同共有关系存续期间,部分共有人擅自处分共有财产的,一般认定无效;但第三人善意、有偿取得该项财产的,应当维护第三人合法权益;对其他共有人的损失,由擅自处分共有财产的共有人赔偿。本案例中,宋某出具了其作为争议房屋唯一所有权人的产权证书,并以自己的名义与马某办理了房屋所有权过户手续,马某没有理由不相信该房屋是宋某一人所有的。宋某在处分房屋时存在权利瑕疵,马某对此无从知晓且对此不存在故意或过失,而且马某购房支付的价格也是公平、合理的,即为对价。综上所述,马某在购买房屋时已尽到了买方的义务,因此,马某在取得该房产时是善意有偿的。依照善意取得制度,应认定该买卖合同有效,房屋应归马某所有,法院应驳回王某的诉讼请求。

b. 家庭共有。家庭共有与夫妻共有是两个不同的概念。家庭关系不局限于夫妻关系,还存在着父母子女,祖父母、外祖父母和孙子女、外孙子女,兄弟姐妹之间的关系等。家庭共有财产就是家庭成员在家庭共同生活关系存续期间共同创造、共同所得的财产。家庭共有财产主要来源于家庭成员在共同生活期间的共同劳动收入,家庭成员交给家庭的个人私有财产以及家庭成员共同积累、购置、受赠的财产。

家庭共有财产以维持家庭成员共同的生活或生产为目的,家庭共有财产属于家庭成员共同所有。每个家庭成员对于家庭共有财产都享有平等的权利。对家庭共有财产的使用、处分或者分割,应当由全体家庭成员协商一致进行,但法律另有规定或家庭成员之间另有约定的除外。

家庭共有财产并不包括家庭成员各自所有的财产。因此,家庭成员分配家产时,只能对家庭共有财产进行分割,而不能对个人财产进行分割。家庭共有财产的某一共有人死亡,财产继承开始时,只能把被继承人在家庭共有财产中的应有部分分出,作为遗产继承,而不能把家庭共有财产都作为遗产继承。

家庭因为生产经营发生负债时,个人经营的,以个人财产承担清偿债务的责任;家庭经营的,以家庭共有财产承担清偿债务的责任。在家庭共同生活期间,为家庭的共同生活和生产需要所付出的开支,由家庭共有财产负担;为满足个人需要而支出的费用,应由个人财产负担。

c. 遗产分割前的共有。继承开始后,遗产分割前,遗产应由一定的人加以保管,保管人可能是继承人,也可能是非继承人。保管遗产的人应该妥善保管遗产,任何人都不得侵占或争抢。保管遗产支出的费用应当从遗产中扣除或者由继承人支付。对于享有合法的继承权但无法参加继承的人,应保留其应继承的份额,并为其确定遗产保管人或保管单位。继承自被继承人死亡时开始,被继承人死亡后不能再作为遗产的权利主体。继承开始后,继承人放弃继承的,应该在遗产处理前,做出放弃的意思表示;没有表示的,视为接受继承。通常认为自继承开始之时,遗产归继承人所有;继承人为数人时,共同继承人对遗产享有共有权。

6. 共有财产的分割原则和方法

1) 共有财产的分割原则

共有财产的分割原则因按份共有或共同共有而不同。按份共有财产在分割时,虽不涉及确定各共有人份额的问题,但要涉及财产清理、估价、分配等一系列问题。共同共有财产在分割时,需要确定各共有人的份额。因此,为避免纠纷,减少矛盾,使分割顺利进行,在分割共有财产时,需要坚持以下原则。

(1) 遵守法律的原则。在分割共有财产时,需要特别注意遵守相关的法律规定。例如,分割夫妻共同财产、分割遗产需要遵守《中华人民共和国民法典》的有关规定,其对共有财产的分割问题有比较具体的规定。

(2) 遵守约定的原则。共有人相互间的共有关系有约定的,分割共有财产时应遵守其约定。例如,夫妻相互之间对共有关系的约定,应作为分割夫妻共有财产的依据。按份共有的共有人对其共有关系通常都有约定,否则就难以形成按份共有关系。因此,遵守共有人之间的约定对分割按份共有财产尤为重要。不仅亲自参加约定的共有人应遵守其约定,后加入的没有亲自参加约定的共有人也应遵守其他共有人原先的约定。因为其在表示加入共有关系时,即意味着接受了此前其他共有人之间的约定。遵守约定与遵守法律规定的关系是:有约定的应先遵守其约定,当然前提是约定合法有效;对于没有明确约定的事项,要遵守法律的有关规定。

(3) 平等协商、和睦团结的原则。共有财产的分割直接涉及各共有人的物质利益,容易引起纠纷,影响团结。因此,在分割共有财产时,对有争议的问题要本着平等协商、和睦团结的原则来处理。凡能够在平等协商的基础上取得一致意见的,应充分协商,尽量争取达成协议;实在不能达成协议的,在分割按份共有财产时,可按占半数以上份额的共有人的意见处理;如无法在共同共有财产分割份额比例等问题上达成协议,按照有关规定,应当根据等分原则处理,并且考虑共有人对共有财产的贡献大小,适当照顾共有人生产、生活的实际需要等情况。

2) 共有财产的分割方法

共有财产的分割方法主要有以下三种。

(1) 实物分割。如果共有财产分割后无损于它的用途和价值,如布匹、粮食等,可在各共有人之间进行实物分割,使各共有人取得应得的份额。当共有财产是一项由多个物组成的集合财产时,即使其中的物是不可分物,也可以在估定各自的价值后,采取适当搭配的方法进行实物分割。实物分割是分割共有财产的基本方法。除非共有财产是一个不可分割的物(如一辆汽车),在其他情况下均有办法进行实物分割。分割共有财产的通常做法是先进行实物分割,对剩余的无法进行实物分割处理的财产再用其他方法处理。

(2) 变价分割。变价分割是将共有财产出卖换成货币,然后由共有人分割货币。如果共有财产是一个不可分物,而且没有共有人愿意取得该物,就只能采取变价分割的方法进行分割。另外,如果共有财产是一套从事某种生产经营活动的集合财产(如合资兴办的一家工厂),要将共有财产整体拍卖后再分割资金。

(3) 作价补偿。作价是指估定物的价格。当共有财产是不可分物时,如果共有人之一希望取得该物,就可以作价给此人,由此人将超过其应得份额的价值补偿给其他共有人。一般来说,在共有财产分割中,只要有共有人希望取得实物,有共有人不希望取得实物,不管共有财产是否可分,经大家协商之后,都可以采取作价补偿的办法分割共有财产。

(三) 财产分配规划的基础知识

男女双方基于婚姻关系组建家庭,在一起共同生活,共同承担对家庭的责任,这种特定的身份关系使双方在婚姻关系存续期间经济上产生混同,财产关系也变得复杂起来。当然,家庭的特点使得家庭财产问题在其正常存续发展期间不会显现出来,只有当一定的情况发生时,才会产生家庭财产的现实分配问题。比如,离婚、一方去世,等等。

在现实生活中,由于夫妻在婚姻关系存续期间对双方财产往往不会做清晰界定,随着婚姻关系的解除或消亡,家庭财产分配引发的纠纷,甚至提起诉讼的事情屡见不鲜,这既伤害了家庭成员之间的感情,也不利于社会和谐。因此,对家庭财产分配做出整体规划,是非常有必要的。随着经济的发展,家庭财产的表现形式也日趋多样化,及早进行家庭财产分配规划日渐成为一种现实而紧迫的要求。

1. 界定财产分配规划中的财产属性

1) 夫妻法定财产

夫妻财产制度是家庭财产制度的基本组成部分,我国实行的是夫妻法定财产制和夫妻约定财产制相结合的制度。

夫妻法定财产是指夫妻在婚前或婚后均没有对双方共有的财产做出约定或者约定不明确时,依照法律的规定直接对夫妻之间的财产所做的划分。一般情况下,夫妻法定财产分为法定共有财产和法定特有财产。

(1) 夫妻法定共有财产。夫妻法定共有财产是指夫妻在婚姻关系存续期间所取得的,归夫妻双方共同所有的财产。也就是在婚姻关系存续期间,除了个人特有财产和夫妻另有约定的财产外,夫妻双方或一方所得的财产,均归夫妻共同所有。某些财产是共同所有还是个人所有不能确定时,推定为共同所有。夫妻法定共有财产通常有以下几类。

① 工资、奖金、劳务报酬。这里的工资、奖金、劳务报酬,应作广义上的理解,泛指工资性收入。职工的基本工资只是个人收入的一部分,除了基本工资,还有各种形式的补贴、奖金、福利等,甚至还存在一定范围的实物分配,这些共同构成了职工的个人收入。同时,也存在着一定比例的高工资、高收入,甚至年薪、股份、期权等,这些收入都属于工资性收入,属于夫妻共有财产的范围。

② 生产、经营、投资的收益。如果说工资、奖金、劳务报酬属于夫妻的劳动所得,那么从事生产、经营、投资的收益,既包括劳动所得,也包括大量的资本性收入。这里的生产、经营、投资的收益,既包括农民的生产劳动收入,也包括工业、服务业、信息业等行业的生产、经营收益,还包括股票、债权、保险等投资收益。如果夫妻双方以共有财产投资于公司、企业,这些经营收益也属于夫妻共有财产。

③ 知识产权的收益。知识产权是一种智力成果权,既是一种财产权,也是一种人身权,具有很强的人身性,与人身不可分离。婚后一方取得的知识产权权利本身归一方专有,权利也仅

归权利人行使。比如,作者的配偶无权在其著作上署名,也不能决定作品是否发表。但是,通过知识产权取得的经济利益,属于夫妻共同财产。比如,发表作品取得的稿费、转让专利获得的转让费,等等,都归夫妻共同所有。

【例 8-12】 张某(女)与杨某结婚 11 年以来,张某任劳任怨,将家务事全部揽到自己身上,一心帮扶丈夫的小说创作事业。杨某在小说创作方面小有成就,先后出版了三部长篇小说。后来,杨某以性格不合为由起诉与张某离婚。对于离婚,张某表示同意。但杨某又有一部长篇小说已完稿,且正与出版部门洽谈出版事宜。张某认为其中同样凝聚着她的心血,其著作权自己也应该分享。那么,张某能否分享丈夫的著作权?

解析:著作权是指文学、艺术和科学作品的作者对作品所依法享有的专有权,包括署名权等人身方面的权利和取得稿酬等财产方面的权利。人身方面的权利只能由作者专有,妻子不能分享。但是,夫妻在婚姻关系存续期间所得的知识产权收益,归夫妻共同所有,妻子完全可以分享丈夫著作权中的财产权利。然而由于该小说尚未出版,稿酬收益尚不确定。离婚时一方尚未取得经济利益的知识产权,归一方所有;在分割夫妻共同财产时,可以根据具体情况,对另一方适当照顾。因此,张某无权分享杨某的财产权益,但在分割夫妻共同财产时,张某有权要求法院给予适当照顾。

④ 继承或者受赠的财产,但是遗嘱或者赠与合同中确定只归一方的财产除外。共有财产更多关注的是家庭,是夫妻共同组成的生活共同体,而不是个人,因此,夫妻一方经法定继承或遗嘱继承的财产,同个人的工资收入、知识产权收益一样,都是满足婚姻共同体存在的必要财产,应当归夫妻共同所有。但是,在遗嘱继承中,可以将遗嘱人交由夫妻一方继承的遗产视为留给整个家庭的财产,如果遗嘱人的本意是只给夫妻一方,不允许其配偶分享,则可以在遗嘱中指明,确定该遗产只归一方所有,这样该遗产就不是夫妻共有财产,而是一方的特有财产,也就体现了遗嘱人的意愿。同理,关于赠与的财产,可以将赠与夫妻一方的财产视为赠与整个家庭的财产,归夫妻共同所有,如果赠与人只想赠与夫妻一方,可以在赠与合同中指明该财产只归其中的一方所有,以体现和尊重赠与人的意愿。

⑤ 其他应当归共同所有的财产。这项规定属于概括性规定。随着社会经济的发展和人们生活水平的提高,夫妻共有财产的范围在不断扩大,共有财产的种类也在不断增加。夫妻共有财产已由简单的生活用品,发展到汽车、房产、股票、债券,乃至整个公司等,今后还可能出现一些新的财产类型。

在对夫妻法定共有财产进行界定时,应当注意以下几个问题。

① 夫妻共有财产的主体,是具有婚姻关系的夫妻,未形成婚姻关系的男女两性,如未婚同居、婚外同居以及无效或被撤销婚姻的男女双方,不能成为夫妻共有财产的主体。

② 夫妻共有财产,是在婚姻关系存续期间取得的财产,婚前财产不属于夫妻共有财产。其中,婚姻关系存续期间,是从合法婚姻缔结之日起,至夫妻一方死亡或离婚生效之日止。

③ 夫妻共有财产的来源,为夫妻双方或一方所得的财产,既包括夫妻通过劳动所得的财产,也包括其他非劳动所得的合法财产。其中,所得是指对财产权利的取得,而不要求对财产的实际占有。如果一方在婚前获得某项财产(如稿费),但并未实际取得,而是在婚后出版社才支付稿费,那么此时这笔稿费不属于夫妻共有财产。同理,如果在婚后出版社答应支付一笔稿费,即使直到婚姻关系终止前也没有得到这笔稿费,那么这笔稿费也属于夫妻共有财产。

④ 夫妻对共有财产享有平等的所有权,双方享有同等的权利、承担同等的义务。夫妻对共同所有的财产有平等的处分权。特别是夫妻一方对共有财产的处分,除另有约定外,应当取

得另一方的同意。

⑤ 分割夫妻共有财产,原则上应当均等分割。根据生产、生活的实际需要以及财产的来源等情况,由双方协议处理;协议不成时,由人民法院根据财产的具体情况,按照照顾子女和女方权益的原则加以判决。

⑥ 夫妻一方死亡,如果分割遗产,应当先将夫妻共有财产的一半分归另一方所有,其余的财产才是死者遗产。

(2) 夫妻法定特有财产。夫妻法定特有财产又称夫妻个人财产或夫妻保留财产,是夫妻在拥有共有财产的同时,依照法律规定,各自保留的一定范围的个人所有财产。婚姻一方对属于自己的这部分财产,可以自由进行管理、使用、收益和处分,以及承担有关的财产责任等,不需要征得另一方的同意。夫妻法定特有财产通常有以下几类。

① 一方的婚前财产。婚前财产是指夫妻在结婚之前各自所有的财产,包括婚前个人劳动所得财产、继承或受赠的财产以及其他合法财产。婚前财产归各自所有,不属于夫妻共有财产,应属于夫妻个人特有财产,不能转化为夫妻共有财产。即使在离婚时,这部分财产也不能作为共有财产进行分割,除非当事人另有约定。

② 一方因受到人身损害获得的赔偿或者补偿。这里的赔偿或者补偿,是指与生命健康直接相关的财产。比如,因身体受到伤害获得的医疗费、残疾人的生活补助费等。由于这些财产与生命健康关系密切,对于保护个人利益具有重要意义,因此,应当专属于个人所有,而不能成为共有财产。这样有利于维护受害人的合法权益,为受害人得到有效治疗、残疾人维持正常生活提供了法律保障。例如,某男被汽车撞伤,下肢瘫痪,经人民法院判决,获得10万元赔偿金,用于医疗、购买轮椅、护理等开支。这些费用直接因身体损伤而发生,也都是直接用于损害的治疗和因残疾而产生的特定消费,因此,该10万元赔偿金只能归受害的一方所有,其妻子不得主张以夫妻共同财产予以分割。

③ 遗嘱或者赠与合同中确定只归一方的财产。因继承或赠与所得的财产,属于夫妻共同财产。但为了尊重遗嘱人或赠与人的个人意愿,体现公民对其财产的自由处分,如果遗嘱人或赠与人在遗嘱或赠与合同中明确指出,该财产只留给或赠给夫妻一方,另一方无权享有这些财产,那么该财产就属于夫妻特有财产,归夫妻一方所有。

【例8-13】 郑某与秦某(女)结婚,婚后郑某的姑姑送给郑某一架钢琴。但郑某不喜欢音乐,从未动过钢琴,秦某却经常弹奏钢琴。秦某认为丈夫缺少情趣、不懂生活,而郑某认为秦某太现代,不是理想中的妻子,双方最终协议离婚。双方对离婚及其他财产的处理均无争议,但对结婚以后郑某姑姑送给郑某价值3万元的钢琴的归属产生分歧。秦某认为这架钢琴尽管是郑某姑姑送给郑某的,但是在婚后给的,所以应视为夫妻共同财产,应该平等分割。郑某则认为尽管钢琴是在婚后取得的,但钢琴是姑姑赠与自己的,所以应属于个人财产,秦某无权分割。

夫妻在婚姻关系存续期间所得的财产归夫妻共同所有,包括一方或双方在婚姻关系存续期间接受赠与的财产。当然如果赠与人在赠与合同中明确表示只归夫或妻一方所有的财产,就应归一方所有。本案例中郑某的姑姑未明确将钢琴只赠与郑某,所以,钢琴应视为夫妻共同财产。在分割财产时,应根据财产的具体情况和有利于生产、生活的原则进行分割。因此,在本案例中,钢琴归秦某所有较为妥当,当然秦某应给予郑某一定价值的补偿。

④ 一方专用的生活用品。一方专用的生活用品具有专属于个人使用的特点,如个人的衣服、鞋帽等,属于夫妻特有财产,应当作为个人财产处理。价值较大的生活用品,因其具有个人专用性,仍应当归个人所有,这也符合夫妻双方购买该物时的意愿。况且夫妻对共有财产有平

等的处理权,多数情况下,夫妻双方都有价值较大的生活用品。当然,不同经济状况的家庭,对价值较大标准的界定也大相径庭。

⑤ 其他应当归一方的财产。这项规定属于概括性规定。夫妻特有财产除前四项外,还包括其他一些财产和财产权利。一般认为,以下几类也属于夫妻个人所有的财产:a. 一方从事自身职业所必需的财产,但价值较大的除外;b. 夫妻某一方所获得的奖品;c. 具有人身性质的保健费、保险赔偿金等;d. 复员、转业军人所得的复员费、转业费,复员军人从部队带回的医药补助费和回乡生产补助费等;e. 国家资助优秀科学工作者的科研津贴;f. 一方创作的文稿、手稿、艺术品的设计图、草图等;g. 劳动关系的补偿金、用人单位发放的再就业补贴、提前退休补贴费、吸收劳动力安置费等。随着社会经济的发展,新的财产类型的出现以及个人独立意识的增强,夫妻个人特有财产的范围也将大幅增加。

此外,夫妻在婚姻关系存续期间,通常以共有财产负担家庭的生活费用。但是,在夫妻共有财产不足以负担家庭生活费用时,夫妻应当以各自的特有财产来分担。

2)夫妻约定财产

每个人对自己的私有财产具有自由处分的权利,而对夫妻的财产进行约定成为很多家庭的选择。单一的法定财产制不利于婚姻生活中夫妻双方保持必要的财产独立性,也无法适应每个家庭的理财特点。夫妻双方在婚后各自保持必要的财产独立,对财产的归属进行约定,是行使和保障个人权利的途径。所以,只有法定财产制和约定财产制并行的夫妻财产制才是完整的,才能适应婚姻家庭生活的现实需要。世界上大多数国家都确立了夫妻约定财产制度。随着社会文明的进步,公民素质的提高,夫妻以契约约定财产所有关系的情况会越来越多。夫妻约定财产的制度适应了我国家庭财产状况日趋复杂、多样的需要,给予婚姻双方在处理各方财产时更大的灵活性,尊重公民处理财产问题的自主权利,有利于保护和促进个体与私营经济的健康发展,并满足了涉外婚姻家庭的特殊需要,维护中外当事人的合法权益。

夫妻约定财产制是相对法定财产制而言的,是依据不同的发生原因做出的划分。夫妻约定财产制,又称有契约财产制度,是指夫妻双方通过协商对婚前、婚后取得的财产的归属、处分以及在婚姻关系解除后的财产分割达成协议,并优先于法定夫妻财产制适用的夫妻财产制度。夫妻约定财产制是意思自治原则的贯彻和体现。

(1)夫妻约定财产制的类型。

夫妻约定财产制可以分为三种类型:一般共同制、部分共同制、分别财产制,即夫妻可以约定婚姻关系存续期间所得的财产及婚前财产归各自所有、共同所有或部分各自所有、部分共同所有。对于这三种形式,夫妻双方只能选择其中一种进行财产约定。

① 一般共同制。一般共同制是指夫妻双方婚前和婚姻关系存续期间的全部财产均归夫妻双方共同所有,包括动产和不动产。除非法律有特别的规定。这种制度为大多数人所接受,是中国大部分家庭一直以来采用的方式。

② 部分共同制。部分共同制又称限定共同制,是指当事人双方协商确定一定范围内的财产归夫妻双方共有,共有范围外的财产均归夫妻各自所有的财产制度。夫妻双方可以约定财产实行部分各自所有、部分共同所有,前提是不违反法律的禁止性规定,没有损害社会公共利益,也不会损害第三人的利益。在现实社会中,越来越多的年轻人在组建家庭时开始推崇部分共同制,我国家庭实行约定财产制的夫妻绝大多数倾向于采用部分共同制。

③ 分别财产制。分别财产制是指夫妻双方婚前财产及婚后所得财产全部归各自所有且各自行使管理、使用、收益和处分权的夫妻财产制度。夫妻之间对自己的财产有独立的管理

权,如果夫妻一方委托对方管理财产的,适用有关委托管理的规定。分别财产制建立在夫妻为独立个体的理念基础上,对于双方均具有较高的经济收入或有较多的财产的婚姻当事人而言是合适的。在我国,受传统思想的限制以及我国经济发展水平还未达到相当程度,分别财产制的适用范围极为有限,只有那些双方经济水平都很高且崇尚独立的夫妻会采用这种形式。

夫妻双方可以在法律规定的以上三种制度框架内,选择适合的方式来对财产进行约定,只有在夫妻双方对财产没有约定或者约定不明确的情况下,才能按照法律的规定对家庭财产进行界定。

(2) 夫妻约定财产制的基本内容。

① 约定的主体。夫妻财产约定的主体是夫妻,夫妻之外的人无权对夫妻财产进行约定。重婚或非法同居双方进行的财产约定,不属于夫妻财产约定。

② 约定的内容。对于夫妻财产约定的内容,我国规定的是排斥性的夫妻财产协议,即法律不限制夫妻对财产进行约定的内容,夫妻可以对其财产进行自由约定。可供双方约定的财产范围包括婚姻关系存续期间所得财产,也包括婚前财产;既可以对全部财产的归属进行约定,也可以对部分财产的归属进行约定;可以是财产所有权和债权债务的约定,也可以是对财产使用权、收益权、处分权等某项权能的约定。例如,夫妻双方可以约定,男方工资收入用于购置家电、家具等大件用品,女方工资用于购买粮油副食品等生活消费品,所有权仍为共同共有。显然,这类约定有利于夫妻合理处理家庭生活支出。另外,约定的类型也不受限制,可以约定财产为共同财产或分别财产,也可以是共同财产和分别财产并存。这些均由夫妻双方根据自己的具体情况而定。夫妻对财产未作约定或约定不明确的,就要根据该财产的属性及法律的相关规定来确认该财产是属于夫妻共同财产还是夫妻个人财产。

③ 约定的形式。法律明确要求约定形式应采取书面形式。如果没有采用书面形式,一旦发生纠纷就会被认定为没有约定。

④ 约定的时间。双方做出财产约定的时间可以在结婚之前,也可以在婚姻关系存续期间。婚姻关系存续期间进行约定的,夫妻双方应当明确是否对约定之前的夫妻财产适用。

⑤ 约定的效力。夫妻之间的财产约定对夫妻双方均具有约束力,也就是说,一旦达成协议,夫妻双方必须遵守夫妻财产约定的内容,根据其约定的内容来确定夫妻财产的所有权。对约定财产享有所有权的一方,可以自由处分归其所有的财产,而对方要尊重该方对财产的所有权,不能擅自处理不属于自己的财产。约定的内容在第三人知晓时,其对外具有对抗的效力;否则,无对抗的效力。对内则对夫妻处理财产的行为产生约束力。为逃避债务的虚假约定或协议离婚分割财产的行为,应被认定为无效行为。对债务人非法目的的认定,可结合夫妻财产约定或协议分割的时间、方式、当时背景等加以考察。

(3) 夫妻财产协议的有效要件。

约定的生效条件,首先必须具备民事法律行为的生效要件:合法、自愿、真实;其次应符合特别法上的要求,如男女双方平等,保护妇女、儿童和老人的合法权益。夫妻财产协议应符合以下有效要件。

① 夫妻双方具有合法的身份。

② 夫妻双方必须具有完全行为能力。如果不符合这一条会导致夫妻财产协议无效。

③ 夫妻对财产的约定是基于其真实的意思表示。如果任一方采取欺诈、胁迫等手段迫使另一方违背自己的真实意思而签订夫妻财产协议,该协议无效。

④ 夫妻约定的内容必须合法。夫妻不能利用财产协议来规避法律以损害国家、集体或他

人的利益,不能违背社会公共利益。约定的内容不能超出夫妻财产的范围,也不能利用约定逃避对第三人的债务和其他法定义务。

⑤ 约定一定要采取书面形式。

【例8-14】 鲁女士与秦先生于2020年2月结婚。当时,秦先生月工资为10000元,鲁女士月工资为3000元。双方约定,鲁女士每月3000元工资加上秦先生每月拿出6000元为双方共同所有,双方的其他收入归各自所有,两人为此签订了书面协议。2022年11月,秦先生提出离婚,鲁女士同意,但认为在结婚这几年,自己的工资完全是夫妻共同所有,而秦先生的工资所得只有一部分由夫妻共同所有,这对自己不公平。因此,要求秦先生将其个人存款10万元,按夫妻共同财产进行分配。

解析:在此案例中,夫妻双方在对婚后财产进行财产约定时,秦先生已经将自己的月收入总额告诉了鲁女士,没有隐瞒收入情况,也未对鲁女士有胁迫等行为,鲁女士是在完全自愿的情况下和秦先生就婚姻关系存续期间的工资及其他收入归属进行约定,并且约定采取了法律规定的书面形式。因此,约定是合法、有效的。在离婚分割共同财产时,不应当将双方约定归秦先生个人所有的财产纳入共同财产的分割范围。

【例8-15】 郭先生和林女士于2018年8月10日登记结婚。婚后两人订立书面协议,约定:郭先生婚前购买的价值100万元的房屋一套和一枚价值10万元的祖母绿手镯交给林女士使用,并归林女士所有。但从2021年5月开始,郭先生和某女交往过密,引起林女士的不满,夫妻双方产生矛盾,此后关系一直未得到缓和。2022年5月23日,林女士向人民法院起诉离婚,同时,要求分割夫妻共同财产。诉讼中,郭先生将林女士放在家中的手镯拿走。庭审中双方对离婚和夫妻共同财产的分割均无争议,但对房屋和手镯的归属产生分歧。林女士认为根据双方的约定,房屋和手镯应当归自己所有,为其个人财产。郭先生则认为该房屋和手镯均为自己的婚前个人财产,虽约定婚后归林女士所有,但房屋未办理过户手续,房屋所有权并未发生转移;祖母绿的手镯是自己赠给林女士的,自己有权收回。

解析:夫妻其中一方将其个人婚前财产转归对方所有,而不是双方共同所有,该约定的行为性质应视同为赠与合同,而不是夫妻约定财产制的协议,不能适用有关夫妻约定财产制的规定。在财产协议中,约定将一方的财产归为双方共有财产,或者将共有财产归个人所有的事项属于夫妻约定的范围,但一方将自己所有物的所有权无偿交给另一方,对方表示接受的行为,是一种夫妻间的赠与。在赠与的财产不需要办理所有权转移登记的时候,赠与物直接交付就转移了所有权;如果赠与的财产需要办理所有权转移登记手续,赠与物的所有权自登记手续办理完毕之后转移。

郭先生与林女士约定归林女士所有的祖母绿手镯,郭先生已经将其交给了林女士,所有权从交付的时候就转移了,这种约定对双方是有效力的,郭先生不能撤回。郭先生与林女士约定归林女士所有的房屋,虽然双方约定归林女士所有,但是房屋所有权的转移应当办理产权变更登记手续,在未办理登记手续前,房屋所有权不能得到有效转移。郭先生在双方发生离婚纠纷后拒绝办理房屋所有权转移登记手续,应当视为撤回赠与,其请求应当得到支持。

2. 客户财产分配规划咨询

1) 离婚的条件

婚姻情况的变动会涉及人身关系的变动和财产的分割,因此,准确理解离婚的条件非常重要。通常情况下,按照方式不同,离婚可以分为协议离婚和诉讼离婚。

(1) 协议离婚。协议离婚又称双方自愿离婚,是指夫妻双方依据法律规定合意解除婚姻关系的法律行为。男女双方自愿离婚的,双方必须到婚姻登记机关申请离婚登记。婚姻登记机关经过形式审查和实质审查,确认双方自愿并对子女和财产问题已经有适当处理的,应当办理离婚登记并发给离婚证。

婚姻登记机关受理离婚登记申请,准予协议离婚的条件如下。

① 申请离婚的男女双方必须是已经办理结婚登记的合法夫妻,能提供结婚证或夫妻关系证明书。非法同居、事实婚姻、无结婚证的,当事人申请离婚,婚姻登记机关不予受理。但是,其间发生的有关身份关系的纠纷,以及涉及子女、财产问题的争议,可以诉请人民法院处理。

② 申请离婚的男女双方应当具有完全民事行为能力。凡不具备完全民事行为能力的人,只能由其法定代理人向人民法院起诉或者应诉离婚。只有完全民事行为能力人才能独立自主处理自己的婚姻问题。一方或者双方当事人为限制民事行为能力或者无民事行为能力的,即精神病患者、痴呆症患者,不适用协议离婚程序,只能适用诉讼程序处理离婚问题,以维护没有完全民事行为能力当事人的合法权益。

③ 离婚申请书是申请离婚的男女双方自愿、真实的意思表示。登记离婚必须是夫妻双方自愿,非受外界的阻挠、干涉的行为。对于一方要求离婚的,婚姻登记管理机关不予受理。"双方自愿"是协议离婚的基本条件,协议离婚的当事人应当有一致的离婚意愿。这一意愿必须是真实的,而非虚假的;必须是自主做出的,而不是受对方或第三方欺诈、胁迫或因重大误解而形成的;必须是一致的,而不是有分歧的。

④ 申请登记离婚的男女双方已经就夫妻财产、债权、债务及子女的抚养或对生活困难一方的经济帮助达成离婚协议。离婚协议中关于财产分割的条款或者当事人因离婚就财产分割达成的协议,对男女双方具有法律约束力。为充分保护当事人的合法权益,当事人有权就因履行离婚协议中财产分割协议发生的纠纷提起诉讼,人民法院也应当受理。男女双方当事人协议离婚后1年内就财产分割问题反悔,诉至法院请求变更或者撤销财产分割协议的,人民法院同样应当受理。人民法院审理后,未发现订立财产分割协议时存在欺诈、胁迫等情形的,应当依法驳回当事人的诉讼请求。

⑤ 男女双方必须亲自到婚姻登记机关共同提出离婚申请。由于协议离婚是当事人的合意与法律的确认结合在一起的复合行为,故协议离婚的效力应受当事人合意的效力及法律确认效力的双重影响。只有在当事人的离婚合意及法律确认行为均为合法、有效的情况下,协议离婚才是合法、有效的。

但是,有以下情形的,婚姻登记机关不予受理离婚登记申请:一是一方当事人请求登记离婚;二是双方当事人请求离婚,但对子女抚养、夫妻一方生活困难的经济帮助、财产分割、债务清偿未达成协议的;三是双方或一方当事人为限制民事行为能力人或无民事行为能力人的;四是双方当事人未办理过结婚登记的。

(2) 诉讼离婚。许多离婚案件的发生都是家庭有难以调和的矛盾,因此,很难达成离婚协议,这个时候,一方可以诉诸法院请求诉讼离婚。诉讼离婚是指夫妻双方对离婚、离婚后子女抚养或财产分割等问题不能达成协议,由一方向人民法院起诉,人民法院依诉讼程序审理后,调解或判决解除婚姻关系的法律制度。我国法律规定,人民法院审理离婚案件,应当先进行调解。如果感情确已破裂,调解无效,应准予离婚。根据有关司法解释,调解不适用于婚姻关系、身份关系确认案件;但涉及财产分割和子女抚养的,可以进行调解,调解达成协议的,另行制作调解书。

诉讼离婚与协议离婚适用于不同的案件。协议离婚仅适用于双方自愿离婚,并就子女和财产问题已有适当处理的情况;诉讼离婚适用于一切离婚事由。如果双方要解除的是事实婚姻(是指没有配偶的男女未办理结婚登记,便以夫妻名义同居生活,群众也认为他们是夫妻关系,并且符合我国结婚实质条件的男女两性结合),则仅能通过诉讼的方式进行,不能协议离婚。

诉讼离婚的目的在于解除婚姻关系,而能否解除婚姻关系,关键在于是否具备判决离婚的法定事由。因此,法定的离婚事由是一方当事人提起离婚诉讼请求解除婚姻关系的理由,也是人民法院审理离婚案件据以决定是否准予离婚的依据。有下列情形之一,调解无效的,应当准予诉讼离婚。

① 重婚或者与他人同居。重婚行为有两种:一是法律上的重婚,即有配偶者又与他人登记结婚;二是事实上的重婚,即有配偶者虽然未与他人登记结婚,但确与他人以夫妻名义同居生活。有配偶者与他人同居是一种类似重婚的违法行为。总之,重婚或有配偶者与他人同居,另一方不予宽恕的,可视为婚姻关系确已破裂;一方要求离婚,经调解无效,应依法判决准予离婚。

② 实施家庭暴力或者虐待、遗弃家庭成员。实施家庭暴力是指发生在家庭内部的夫妻一方对另一方人身安全构成重大威胁的暴力行为。家庭暴力直接侵犯公民人身权利和正常的家庭秩序,破坏家庭成员间的平等地位与和谐关系,影响社会安定团结。虐待是指以作为或不作为的形式对家庭成员歧视、折磨、摧残,使其在精神上、肉体上遭受损害的违法行为。如打骂、恐吓、冻、饿、患病不予治疗、限制人身自由等。遗弃是指家庭成员中负有赡养、扶养和抚养义务的一方,对需要赡养、扶养和抚养的另一方不履行其应尽义务的违法行为。比如,成年子女不赡养无劳动能力或生活困难的父母,丈夫或妻子不履行扶养对方的义务,父母不抚养未成年子女,等等。虐待和遗弃行为的受害者往往是家庭中的老、弱、病、残者和缺乏独立生活能力的人。因此,这些违法行为具有相当大的危害性,破坏了婚姻家庭关系,侵害了家庭成员的人身和财产权利。若一方是因受另一方的虐待、遗弃而提起离婚请求的,经调解无效,可认定夫妻感情破裂,判决准予离婚。

③ 有赌博、吸毒等恶习屡教不改。一方有赌博、酗酒、吸毒等恶习屡教不改,常常导致家庭经济困难,也是造成家庭暴力的原因之一。特别是吸毒会导致吸毒者神经麻醉,不能控制自己的行为和意志,可能造成各种犯罪后果,必然严重危害夫妻感情。一方染上这些恶习屡教不改,不履行家庭义务,双方难以同居生活的,另一方提起诉讼要求解除婚姻关系的,视为感情破裂,经调解无效,可判决准予离婚。

④ 因感情不和分居满2年。适用此条款须满足四个要件:第一,有分居满2年的事实。一般情况下指分居处于持续状态。第二,分居的原因是感情不和,而不是其他原因。第三,是诉讼离婚,而不是协议离婚。第四,经过调解无效。

⑤ 其他导致夫妻感情破裂的情形。离婚纠纷相当复杂,导致夫妻感情破裂的原因是多种多样的。有的是家庭经济问题、子女问题、赡养老人问题等引起的,有的是性格不合、志趣不投、感情淡化或变化引起的,或因一方被追究刑事责任,严重伤害夫妻感情而导致感情破裂,以及婚后患有医学上认为不应当结婚的疾病而导致感情危机,等等。

⑥ 一方被宣告失踪,另一方提起离婚诉讼的,应当准予离婚。一方被宣告失踪是指夫妻一方离开住所地下落不明达到一定期限,人民法院根据利害关系人的申请,判决宣告该公民为失踪人。申请宣告公民失踪的条件:一是该公民离开最后住所地后下落不明;二是该公民下落不明的时间必须满2年。下落不明人住所地的人民法院受理利害关系人的申请后,必须发出

寻找下落不明人的公告,公告期为3个月。夫妻一方下落不明的事实说明夫妻生活已中断2年以上,夫妻间的权利义务因一方失踪而没有履行,这种时空的间隔必然影响到夫妻感情。在这样的处境下,另一方提出离婚诉讼,经法院单方面调解无效,应视为感情破裂,判决准予离婚。

⑦ 经人民法院判决不准离婚后,双方又分居满1年,一方再次提起离婚诉讼的,应当准予离婚。

此外,诉讼离婚中有两项特殊保护,具体如下。

① 在诉讼离婚中,对现役军人的特殊保护。现役军人的配偶要求离婚,应当征得军人同意,但是,军人一方有重大过错的除外。这是对非军人一方离婚请求权的限制,以保护军人的利益,维护人民军队的稳定。如果由于军人一方有重婚,有配偶与他人同居,实施家庭暴力或虐待、遗弃家庭成员,有吸毒、赌博等恶习又屡教不改或其他情形的过错,导致夫妻感情破裂,而使非军人一方要求离婚,军人一方又不同意的,人民法院应通过军人所在部队团以上政治机关做好军人的思想政治工作,准予离婚。另外,双方都是军人或军人一方向非军人一方提出离婚的,仍适用一般法定离婚事由加以处理。

② 在诉讼离婚中,对女方的特殊保护。女方在怀孕期间、分娩后1年内或者终止妊娠后6个月内,男方不得提出离婚。但是,女方提出离婚或者人民法院认为确有必要受理男方离婚请求的除外。该规定主要是为了保护妇女和子女的合法权益。其中,"确有必要",根据司法解释和审判实践,主要指以下两种情况:一是在此期间双方确实存在不能继续共同生活的重大而急迫的事由,已对他方有危及生命、人身安全的可能;二是女方怀孕或分娩的婴儿是与他人通奸所致。

2)子女监护

父母对于未成年子女有监护义务。法律上,监护可以分为法定监护和指定监护。其中,法定监护是指监护人直接根据法律规定而产生。未成年人的监护人首先应由其父母担任,如父母死亡或无监护能力的,按顺序应由以下人员担任:祖父母、外祖父母,成年的兄、姐,未成年人父母所在单位或者未成年人住所地的居民委员会、村民委员会或者民政部门。而指定监护仅适用于没有法定监护人或法定监护人不适合监护的情况。

监护责任包括对未成年人的人身监护与财产监护。

人身监护,即对未成年人人身监护的权利和义务。人身监护主要有以下几点。

(1) 保护未成年人的身体安全不受侵害,使其健康成长。监护人首先应当保护被监护人的身体健康,照顾被监护人的生活,依法维护被监护人的人身权利不受侵犯。

(2) 监督教育被监护的未成年人。其中,最重要的是被监护的未成年人受教育的权利。

(3) 交还被监护人的请求权。当被监护人被诱骗、拐卖、绑架、隐藏时,监护人享有请求交还被监护人的权利。

(4) 指定被监护人的住所地。不得让不满16周岁的未成年人脱离监护单独居住。

(5) 监护人是被监护人的法定代理人。监护人有权代理被监护人进行民事活动,也有权同意或撤销被监护人实施的与其年龄、智力不相适应的民事行为;在被监护人合法权益受到侵害或者与人发生争议时,还有权代理其进行诉讼活动。

财产监护,即对未成年人的财产进行管理的权利和义务,主要指对被监护人财产的保全和管理。

监护人不履行监护职责或者侵害了被监护人的合法权益,其他有监护资格的人或者单位有权向人民法院起诉,要求变更监护关系。

对于未成年人,夫妻离婚后,与子女共同生活的一方无权取消对方对该子女的监护权;但是,未与该子女共同生活的一方,对该子女有犯罪行为、虐待行为或者对该子女明显不利的,人民法院认为可以取消的除外。

夫妻一方死亡后,另一方将子女送给他人收养,如收养对子女的健康成长并无不利,又办了合法收养手续的,认定收养关系成立;其他有监护资格的人不得以收养未经其同意,而主张收养关系无效。

监护人可以将监护职责部分或者全部委托给他人。因被监护人的侵权行为需要承担民事责任的,应当由监护人承担,但另有约定的除外;被委托人确有过错的,负连带责任。

(四)编制财产分配规划方案

在分析客户财产分配规划需求的基础上,理财规划师接下来的工作就是着手编制财产分配规划方案。理财规划师在编制财产分配规划方案的过程中,可以遵循以下步骤。

1. 建立客户关系

理财规划师与客户进行充分交谈、沟通,确定客户关系,确定客户个人或家庭有制订财产分配规划的意愿和需求,并了解客户个人或家庭的财产分配规划目标。

2. 收集客户信息

理财规划师应该收集客户个人或家庭与财产分配规划有关的财务信息和非财务信息,其中,财务信息包括客户的现金、收入状况、活期存款、定期存款、债务状况、各项投资情况等,非财务信息包括客户的姓名、性别、家庭结构、职业、兴趣、爱好等。

3. 财务分析和评价

(1)理财规划师应该对客户个人或家庭的资产和负债情况进行分类整理,对客户个人或家庭资产和负债的价值进行评估,然后编制客户个人或家庭资产负债表。

(2)理财规划师应该分析客户个人或家庭的收入和支出项目,对客户个人或家庭收入和支出的各项指标进行计算,然后编制客户个人或家庭收入支出表。

(3)理财规划师应该对客户个人或家庭资产负债表和客户个人或家庭收入支出表进行分析,并基于客户个人或家庭财务报表进行财务比率分析与诊断。

4. 确定财产分配规划目标

理财规划师应该结合客户个人或家庭财务信息和非财务信息的分析、评价,帮助客户确定符合客户个人或家庭需求的财产分配规划目标。

5. 编制财产分配规划报告,交付客户

经过以上工作程序,理财规划师已经充分了解、分析客户的财产分配规划需求,在结合客户财产分配规划目标的基础上,选择适合客户财产分配规划需求的相关财产分配规划工具,最终制订出满足客户需求的财产分配规划方案。

接下来,理财规划师应该根据客户要求完成相应的收尾工作。如果客户仅需要财产分配专项规划,则可以形成财产分配规划报告,以书面的形式交付客户。如果客户需要综合理财规划服务,则将财产分配规划作为分项规划之一纳入综合理财规划建议书,待各分项规划全部完成后再交付客户。

6. 持续提供理财服务

理财规划师应该定期对财产分配规划方案进行评估,并且不定期对财产分配规划方案进行信息汇总和方案调整。

二、制订财产传承规划方案

(一)财产传承规划的基础知识

1. 遗产概述

财产传承规划中涉及的财产就是遗产。遗产是继承法律关系的客体,即继承权的标的。遗产为继承法律关系的要素,因此,虽有自然人死亡这一事实的发生,若无遗产的存在也不能成立继承法律关系。

遗产是指自然人死亡时遗留的个人合法财产。遗产具有以下特征。

1)遗产只能是公民死亡时遗留的财产

遗产具有时间上的特定性,只有被继承人死亡时留下的没有被处分的财产才为遗产。继承开始之前,被继承人已经处分的财产不属于遗产。继承开始后,被继承人的遗产即为继承人的财产。在遗产分割前,遗产可因保管和使用、收益方面的原因而变化,但其范围不会改变。

2)遗产的内容具有财产性和概括性

在现代法上,继承人所继承的只能是财产,而不能是其他权益。遗产既包括财产权利,也包括财产义务。因此,凡是继承人生前享有的财产权利和负担的财产义务,只要在其死亡时存在,均属于遗产。

3)遗产范围上的限定性和合法性

遗产只能是个人死亡时遗留下的合法财产,并且能够移转给他人的财产。被继承人生前占有的他人财产,虽在继承开始时可能并未返还,但不属于遗产;被继承人生前与他人共有的财产,只有其应有的部分,才能作为遗产;虽然是被继承人生前享有的财产权利和负担的财产义务,但如其具有专属性不能转由他人承受的,也不能列入遗产。被继承人非法取得的财产或依法不能由个人所有的财产,都不能作为遗产。

2. 遗产的范围

1)遗产包括的财产范围

(1)公民的收入。公民的收入包括公民的工资、奖金、存款的利息、从事合法经营的收入,以及接受赠与、继承等所得的财产。

(2)公民的房屋、储蓄和生活用品。公民的房屋包括公民个人所有的自住房、出租房、营业用房(仅指地上建筑部分,不包括宅基地。宅基地为公有,公民只有使用权)。公民的储蓄是指公民个人所有的存款。公民的生活用品是指公民个人所有的日常生活用品,如家具、衣服、首饰、家用电器等。

(3)公民的林木、牲畜和家禽。公民的林木是指依法归公民个人所有的树木、竹林、果园等,既包括公民在其使用的住宅地、自留地、自留山上种植的林木,也包括公民在其承包经营的荒山、荒地、荒滩上种植的归其个人所有的林木。公民的牲畜是指公民自己饲养的马、牛、羊、猪等。公民的家禽是指公民自己喂养的鸡、鸭、鹅等。

(4)公民的文物、图书资料。公民的文物是指公民自己收藏的书画、古玩、艺术品。公民的图书资料是指公民个人所有的书籍、书稿、笔记等。如果涉及国家机密的,应按国家有关保密的规定处理。

(5)法律允许公民所有的生产资料。法律允许公民所有的生产资料一般指国家法律允许从事工商经营的或农副业生产的公民拥有的汽车、拖拉机、船舶及饲料加工机等各种交通运输工具、农用机具、饲养设备等,以及华侨、港澳台同胞、外国人在我国内地投资所拥有的各种生产资料。

(6) 公民的著作权、专利权中的财产权利。公民的著作权、专利权中的财产权利一般指公民享有的知识产权(著作权、专利权、商标权等)中的财产权利。但依法律规定,知识产权具有时间性,其财产权只在一定时间内受法律保护,所以,公民只在法定的保护期限内享有知识产权的财产权利。比如,我国对著作权的财产权保护期为作者终生及其死后 50 年,对发明专利权的财产权保护期为 20 年,等等。凡法定保护期届满,知识产权中的财产权利归于消灭,其继承人也就无从继承,该智力成果则成为公共财富,任何人都可以无偿自由利用。

(7) 公民的其他合法财产。公民的其他合法财产包括股票、债券等有价证券和履行标的为财物的债权等。

2) 遗产中不包括的事项

(1) 与被继承人人身不可分的人身权利。如名誉权等人格权。

(2) 与人身有关的和专属性的债权债务,因为这些债权债务具有不可转让性,所以都不属于遗产。

(3) 国有资源的使用权、承包经营权。被继承人生前依法取得和享有的国有资源使用权,虽然该权利在性质上属于用益物权,但因其取得须经特别程序,是授予特定人的,因此,国有资源的使用权不能列入遗产。公民个人承包应得的个人收益,为公民合法收入的组成部分,属于遗产的范围。而个人承包,依照法律允许由继承人继续承包的,按照承包合同办理。因此,承包经营权不能作为遗产。

3. 遗产与其他财产的区别

1) 遗产与公共财产的区别

遗产的范围只限于被继承人生前个人所有的财产,在认定遗产时必须将其个人财产与他人财产加以区分,即被继承人生前享有所有权的财产,才属于遗产。而被继承人生前享有使用权的自留地、自留山、宅基地等,或享有承包权的土地、荒山、滩涂、果园、鱼塘等,是属于国家或集体所有的财产,即公共财产,均不能作为被继承人的遗产。另外,被继承人对公共财产享有的土地使用权、承包权等,也不能作为遗产来继承。

2) 遗产与共有财产的区别

共有财产多以一定身份关系或契约关系存在为前提,共有财产包括夫妻共有、家庭共有等。当被继承人为共有财产的权利人之一时,其死亡后,应把死者享有的份额从共有财产中分出,作为死者遗产的组成部分。其中,夫妻在婚姻关系存续期间所得的共同所有的财产,除另有约定的以外,如果分割遗产,应当先将共同所有财产的一半分出为配偶所有,其余的为被继承人的遗产。也就是说,当夫妻一方死亡时,只能将夫妻共同财产的 1/2 作为死者的遗产,其余的 1/2 则为生存配偶的个人财产。另外,遗产在家庭共有财产中的,遗产分割时,应当先分出他人的财产。也就是说,只有把家庭共有财产中属于其他家庭成员的财产分出后,其余的部分才是被继承人的遗产。

3) 遗产与保险金、抚恤金的区别

保险合同指定了受益人的,则由受益人取得保险金。保险金因死者生前不享有所有权,因此,保险金不能作为死者的遗产。但是,保险合同未指定受益人的,保险金可以作为遗产加以继承。

抚恤金是职工因工死亡后,所在单位给予死者家属或其生前被抚养人的精神抚慰和经济补偿。由于抚恤金不是给予死者的,也不是死者生前的财产,故不属于遗产的范围,抚恤金不能作为遗产继承。但是,有关部门发给因公伤残而丧失劳动能力的职工、军人的生活补助,归个人所有,这类抚恤金可以作为遗产继承。

4. 遗产分割

1）遗产分割的定义

遗产的分割是指继承开始后多个继承人分配遗产,从而取得各自应继承份额的行为。

2）遗产分割的特点

（1）只能在继承开始后进行。

（2）遗产分割的对象只能是遗产。

（3）只有存在多个继承人的情况下,才会产生遗产分割的问题。

3）遗产分割的原则

（1）遗产分割自由原则。在法律没有明文限制分割的前提下,合法继承人可以随时行使遗产分割请求权,任何人不得非法干预。

（2）保留胎儿继承份额原则。在遗产分割时,如果有胎儿,则应保留胎儿的继承份额,胎儿的遗产份额一般由其母亲代管。

（3）互谅互让、协商分割原则。在坚持依法办事的前提下,各继承人之间应该相互体谅、谦让,在协商一致的基础上,妥善解决遗产分割问题。

（4）有利于生产、生活与不损害遗产使用价值原则。在分割遗产时,应充分考虑遗产的性质和继承人的特点。在尽量不损害遗产使用价值的基础上,实现物尽其用的目标。

4）遗产分割的方式

（1）实物分割法。当遗产为可分物时,按各继承人的应继承份额对遗产进行实物分割。

（2）变价分割法。将遗产出卖换取价金,由继承人分取价金。

（3）补偿分割法。继承人取得某项遗产的价值超过其应继承的遗产份额时,该继承人将超过部分作价补偿给其他继承人。

（4）保留共有法。在遗产不宜分割并且继承人同意不分割的情况下,保留各继承人对遗产的共有权。

5. 遗产继承顺序

遗产继承顺序以血缘关系的亲疏远近来确定。法定继承人分为以下两个继承顺序。

第一顺序继承人包括配偶、子女、父母。配偶、子女、父母是最近的亲属,在法律上有相互扶养的法定义务,因而为第一顺序的法定继承人。另外,丧偶儿媳对公婆,丧偶女婿对岳父母,尽了主要赡养义务的,也作为第一顺序的法定继承人。

第二顺序继承人包括兄弟姐妹、祖父母、外祖父母。兄弟姐妹、祖父母、外祖父母是近亲属,在法律上的一定条件下有相互扶养的义务,因而为第二顺序的法定继承人。

其中,子女,包括婚生子女、非婚生子女、养子女和有扶养关系的继子女;父母,包括生父母、养父母和有扶养关系的继父母;兄弟姐妹,包括同父母的兄弟姐妹、同父异母或者同母异父的兄弟姐妹、养兄弟姐妹、有扶养关系的继兄弟姐妹。

继承开始后,由第一顺序继承人继承,第二顺序继承人不继承;没有第一顺序继承人继承的,由第二顺序继承人继承。

此外,继承人有下列行为之一的,丧失继承权:①故意杀害被继承人;②为争夺遗产而杀害其他继承人;③遗弃被继承人或者虐待被继承人,情节严重;④伪造、篡改、隐匿或者销毁遗嘱,情节严重;⑤以欺诈、胁迫手段迫使或者妨碍被继承人设立、变更或者撤回遗嘱,情节严重。

【例 8-16】 刘先生于 1960 年结婚,婚后生有一子刘老大,两女刘老二、刘老三。三个孩子都已成家,其中,刘老三嫁给了张先生。2008 年,刘先生夫妇患病失去劳动能力,因与儿媳关系不好就搬到刘老三家同女儿一起生活。2015 年,刘老三因车祸不幸身亡。之后,刘老大、刘老二以父母一直偏心刘老三为借口,拒绝将刘先生夫妇接回家,且不给付刘先生夫妇生活费。张先生作为女婿,强忍丧妻之痛,坚持赡养岳父母,承担起全部家务。2023 年,刘先生夫妇离开人世。子女们在清理遗产时发现刘先生夫妇除留下 5 处房产,还有 60 万元银行存款。在处理这些遗产时,刘老大、刘老二认为遗产是其父母所留,应由其二人平分;张先生认为刘老三去世后他一直与二位老人住在一起,悉心照料老人的生活,尽了主要的赡养义务,遗产应有他的一份。为此,双方争执不下,张先生无奈诉至法院。

解析:本案例中,张先生一直与刘先生夫妇共同生活且尽了主要赡养义务,而刘老大、刘老二作为亲生儿女在有扶养能力的情况下,以父母偏心为由拒绝赡养老人,这于理于法都难以容忍。所以,在分割遗产时,张先生作为第一顺序继承人,可以参与遗产分割,且可适当多分,而刘老大、刘老二应少分或不分。法定继承人的地位是由法律直接规定的,任何人不得随意剥夺,对积极赡养老人的行为及以各种理由拒绝承担赡养义务的行为,在分割遗产时,应体现公平和权利义务相一致的原则。

6. **遗嘱**

1) 遗嘱的定义

遗嘱有广义和狭义之分。广义上,遗嘱是指死者生前对于其死后一切事务所作的处置和安排,包括政治、经济、身份、财产、情感、道德等各方面。狭义上,遗嘱是指自然人生前按照法律规定处分自己的财产及安排与财产相关的事务,并于死后发生法律效力的单方民事法律行为。本章所说的遗嘱,即为狭义的遗嘱。

2) 遗嘱的特征

(1) 遗嘱是一种单方的民事法律行为。遗嘱仅需遗嘱人单方意思表示即可成立,无须对方有接受的意思。继承人是否接受不影响遗嘱的成立和效力,但遗嘱继承人是否接受继承,决定遗嘱继承是否发生。

(2) 遗嘱是由遗嘱人生前独立实施的民事行为。遗嘱是遗嘱人生前对自己财产的处分行为,只能由遗嘱人独立自主做出,不能由他人的意思辅助或者代理。不是遗嘱人生前独立做出的真实的意思表示,并非真正的遗嘱。

(3) 遗嘱是在遗嘱人死亡后才发生法律效力的民事法律行为。遗嘱具有可撤回性,遗嘱人可以撤销、变更自己所立的遗嘱。遗嘱是一种死因法律行为,因而在遗嘱人死亡前不发生法律效力,只有遗嘱人死亡后才生效。

(4) 遗嘱是一种要式法律行为。法律对遗嘱的形式有明确规定,遗嘱人只能按照法律规定的形式设立遗嘱,不按照法律规定的形式设立的遗嘱,不能发生效力。遗嘱的形式是否符合法律规定的形式,应以遗嘱设立时的情形为准。

(5) 遗嘱是依法律规定处分财产的民事行为。遗嘱是遗嘱人自由处理自己财产的意思表示,因而是处分财产的民事行为。凡不属于处分财产及与此相关内容的意思表示,不属于遗嘱。遗嘱人处分财产也受法律的限制,不得违反法律的规定。违反法律规定的遗嘱是不合法的,不能发生效力。

3) 遗嘱的形式

（1）公证遗嘱。公证遗嘱是经过公证机关公证的遗嘱。公证遗嘱由遗嘱人经公证机构办理，不能由他人代理。公证遗嘱必须采用书面的形式。如遗嘱人亲笔书写遗嘱，要在遗嘱上签名或盖章，并注明年、月、日，公证人员对遗嘱审查后认为合法有效的，予以公证；如遗嘱人口头叙述遗嘱，要由公证人员进行笔录，经过公证人员向遗嘱人宣读并确认无误后，由公证人员和遗嘱人共同签名盖章，并注明设立遗嘱的地点和年、月、日。另外，公证人员出具遗嘱公证证明书，公证书由公证机关和遗嘱人分别保存。

（2）自书遗嘱。自书遗嘱由遗嘱人亲笔书写、签名，注明年、月、日。这种遗嘱设立形式简便易行，具有较强的保密性，是常用的遗嘱形式。

【例 8-17】 梁老太的丈夫早年去世，她自己把三个子女拉扯大，现三个子女均在外省工作、生活。十多年前，梁老太用自己的积蓄购置了一套商品房，并居住。近年来，梁老太的身体日渐衰老，饮食起居基本上由邻居邹女士照料，三个子女也很少回本市或者把梁老太接到身边照顾。去年，梁老太因病住院，病情日趋严重，自感时日无多，为报答邹女士多年来对自己的照顾，遂决定立下遗嘱，将自己那栋房屋遗赠给邹女士，并请公证处办理该份遗嘱的公证手续。梁老太去世前几天，其三个子女从外地赶来，他们一起说服梁老太在病榻上写下了将该房屋给三个子女继承的遗嘱。那么，梁老太去世后，她的房屋应由谁来继承？

解析：继承开始后，有遗嘱的，按照遗嘱继承或者遗赠办理。遗嘱人可以撤销、变更自己所立的遗嘱。立有数份遗嘱，内容相抵触的，以最后的遗嘱为准。自书、代书、录音、口头遗嘱，不得撤销、变更公证遗嘱。梁老太前后立有两份遗嘱，内容相抵触，前一份遗嘱办理了公证手续，属于公证遗嘱，后一份遗嘱属于自书遗嘱。自书遗嘱虽为梁老太最后所立的遗嘱，但是，它不能撤销或变更之前的公证遗嘱。梁老太的商品房应按照公证遗嘱进行分配。因此，梁老太名下的该套商品房应由邹女士接受遗赠，而其三个子女只能望房兴叹。如果梁老太确实要变更遗嘱，将遗产由其三个子女继承，应先办理撤销前一份公证遗嘱的公证，然后重新立下遗嘱，才有法律效力。

（3）代书遗嘱。代书遗嘱是由遗嘱人口授遗嘱内容，他人代笔书写的遗嘱。代书遗嘱应当有两个以上见证人在场见证，由其中一人代书，并由遗嘱人、代书人和其他见证人签名，注明年、月、日。遗嘱人不会书写自己名字的，可按手印代替签名。另外，需要注意的是，下列人员不能作为遗嘱见证人：一是无民事行为能力的人，限制民事行为能力的人以及其他不具有见证能力的人；二是继承人、受遗赠人；三是与继承人、受遗赠人有利害关系的人。同时，遗嘱见证人身份的取得，应当由遗嘱人指定。未经指定，即使出现在设立遗嘱现场的、能够证明遗嘱内容真实性的人，也不是遗嘱见证人，其见证也是无效的。正是因为遗嘱见证人身份的取得是基于遗嘱人的信任和特别指定，其能否做见证人取决于遗嘱人的意思表示。当然，是否做见证人属于见证人意思自治的范围，见证人可以接受遗嘱人要求其见证的请求，也有权拒绝。

（4）打印遗嘱。打印遗嘱应当有两个以上见证人在场见证。遗嘱人和见证人应当在遗嘱每一页签名，注明年、月、日。

（5）录音遗嘱。录音遗嘱是由遗嘱人口述遗嘱内容，以录音、录像形式立的遗嘱，应当有两个以上见证人在场见证。遗嘱人和见证人应当在录音、录像中记录其姓名或者肖像，以及年、月、日。

（6）口头遗嘱。口头遗嘱是立遗嘱人仅有口头表述而没有其他方式记载的遗嘱。遗嘱人在危急情况下，可以立口头遗嘱。其中，危急情况，一般指遗嘱人生命垂危或者处于战争中或遭遇意外灾害，随时都有生命危险，来不及或无条件设立其他形式遗嘱的情况；危急情况消除后,遗嘱人能够以书面或者录音、录像形式立遗嘱的,所立的口头遗嘱无效。口头遗嘱应当有两个以上见证人在场见证。

【例 8-18】 丧偶的老齐有两儿两女。老齐突发心肌梗死住进医院,由两个女儿轮流护理。因当时生命垂危,老齐便将两个女儿叫到床边,口头立下遗嘱,将自己的全部财产平分给两个女儿。立遗嘱时有3名医护人员在场见证。2个月后,老齐经治疗转危为安,并痊愈出院。不幸的是,出院一年后,老齐因突遇车祸事故死亡。在分割遗产时,两个女儿主张应当按照老人的口头遗嘱办理,两个儿子则主张按法定继承分割遗产。双方为此争执不休,后诉至法院。法院经审理后判决,老齐所立口头遗嘱无效,其遗产应按法定继承分割。

解析: 公民可以立遗嘱处分个人财产,并可以指定遗嘱执行人。公民可以立遗嘱将个人财产指定由法定继承人的一人或者数人继承。遗嘱人在危急情况下,可以立口头遗嘱,口头遗嘱应当有两个以上见证人在场见证。危急情况解除后,遗嘱人能够用书面或者录音、录像形式立遗嘱的,所立的口头遗嘱无效。本案例中,老齐病危之时口述遗嘱,属于法律规定的危急情况,且当时有三个与继承人无利害关系的见证人,所以,该口头遗嘱的法律要件齐全,在当时是有效的。也就是说,如果老齐当时经抢救无效死亡,其所立的口头遗嘱有效,对老齐的遗产继承应当按口头遗嘱办理,其两个儿子无继承权。但老齐后经抢救脱险并痊愈出院,这表明法律规定的危急情况已不复存在,老齐完全有条件用书面或者录音、录像等其他形式再立遗嘱,将自己的遗产分给他的两个女儿,然而老齐并未这样做。所以,只能按照法定继承的规定,由老齐的四个子女共同继承遗产。至于每个子女的继承份额,则应视其对老人所尽赡养义务的多少而有所不同。

4) 遗嘱的内容

遗嘱的内容是遗嘱人在遗嘱中表示出来的对自己财产处分的意思,是遗嘱人对遗产及相关事项的处置和安排。为便于执行,遗嘱的内容应当明确、具体,一般包括以下内容。

(1) 指定遗产继承人或者受遗赠人。遗嘱中指定继承人继承的,应记明继承人的姓名。遗嘱中指定的继承人可为法定继承人中的任何人,不受继承人继承顺序的限制,但不能是法定继承人以外的人。另外,遗嘱人可以立遗嘱遗赠财产,要指明遗赠人的姓名或名称,受遗赠人可以是国家、法人,也可以是自然人,但不能是法定继承人范围以内的人。

(2) 说明遗产的分配办法或份额。遗嘱中应列明遗嘱人的财产清单,说明各个指定继承人可以继承的具体财产,指定由数个继承人共同继承的,应说明指定继承人对遗产的分配办法或每个人应继承的份额。另外,遗赠财产的,应当说明赠与各受遗赠人的具体财产或者具体份额。

(3) 对遗嘱继承人或受遗赠人附加的义务。遗嘱人可以在遗嘱中对遗嘱继承人、受遗赠人附加一定的义务。例如,指明某财产用于某特定用途,某继承人应用某财产的收益部分扶养某人,等等。但附加的义务须为可以履行的,而且不违反有关法律的规定,否则该约定义务无效。

(4) 再指定继承人。再指定继承人是遗嘱中指定的继承人不能继承时,由其继承遗产的继承人。再指定继承人只能在指定继承人不能继承的情形下,才有权依遗嘱的指定参加继承。

(5) 指定遗嘱执行人。遗嘱人可以在遗嘱中指定遗嘱执行人。但由于遗嘱执行人只关系遗嘱的执行,而不涉及对遗产的处分,因此,指定遗嘱执行人并非遗嘱的主要内容。另外,遗嘱人未指定或指定的遗嘱执行人不能执行遗嘱的,遗嘱人的法定继承人为遗嘱执行人。如果法定继承人为数人,可由推选的代表或按少数服从多数的原则决定各种事项。在既无指定执行人又无法定继承人的情况下,法律规定由社会组织(如遗嘱人生前所在单位或继承开始地点的居民委员会、村民委员会)作为遗嘱执行人。

5) 遗嘱的效力

遗嘱作为一种法律行为,只有具备法定条件时,才发生法律效力。

(1) 遗嘱的有效要件。

① 遗嘱人须有遗嘱能力。只有完全民事行为能力人,才有设立遗嘱的行为能力,即遗嘱能力。遗嘱人是否有遗嘱能力,以遗嘱设立时为准。如果设立遗嘱时具有行为能力,立遗嘱后丧失的,不影响遗嘱的效力。

② 遗嘱是遗嘱人的真实意思表示。如遗嘱人以不同形式立有数份内容相抵触的遗嘱时,其中,有公证遗嘱的,以最后所立的公证遗嘱中做出的意思表示为准;没有公证遗嘱的,以最后所立遗嘱中的意思表示为准。

③ 遗嘱的内容合法。比如,遗嘱所处分的财产须为遗嘱人的个人财产,遗嘱不能取消缺乏劳动能力又没有生活来源的继承人的继承权,遗嘱不能违反社会公共利益、社会公德等。

④ 遗嘱的形式符合法律规定的要求。遗嘱是否符合法定的形式,应以遗嘱设立时法律的规定为准。

(2) 遗嘱的无效。遗嘱的无效是指遗嘱不符合法律规定的条件,而不能发生法律效力。遗嘱的无效主要有以下几种情况。

① 无民事行为能力人或者限制民事行为能力人所立的遗嘱无效。即使无民事行为能力人或者限制民事行为能力人后来具备了完全民事行为能力,其先前所立遗嘱仍属于无效遗嘱。

② 遗嘱必须表示遗嘱人的真实意思,受欺诈、胁迫所立的遗嘱无效。

③ 伪造的遗嘱无效。伪造的遗嘱根本不是被继承人的意思表示,因此,即使伪造遗嘱没有损害继承人的利益,或并不违背被继承人的意思表示,也属于无效遗嘱。

④ 遗嘱被篡改的,篡改的内容无效。遗嘱被篡改的,被篡改的部分无效,但不影响遗嘱中未被篡改内容的效力。

⑤ 如果遗嘱没有对缺乏劳动能力又没有生活来源的继承人保留必要的份额,对应当保留的必要份额的处分,无效;继承人是否缺乏劳动能力又没有生活来源,应按遗嘱生效时该继承人的具体情况确定。另外,遗嘱人以遗嘱处分属于国家、集体或他人所有的财产时,遗嘱的这部分也应认定为无效。

(二) 编制财产传承规划方案

在分析客户财产传承规划需求的基础上,理财规划师接下来的工作就是着手编制财产传承规划方案。理财规划师在编制财产传承规划方案的过程中,可以遵循以下步骤。

1. 建立客户关系

理财规划师与客户进行充分交谈、沟通,确定客户关系,确定客户个人或家庭有制订财产传承规划的意愿和需求,并了解客户个人或家庭的财产传承规划目标。

2. 收集客户信息

理财规划师应该收集客户个人或家庭与财产传承规划有关的财务信息和非财务信息,其中,财务信息包括客户的现金、收入状况、活期存款、定期存款、债务状况、各项投资情况等,非财务信息包括客户的姓名、性别、家庭结构、职业、兴趣、爱好等。

3. 财务分析和评价

(1) 理财规划师应该对客户个人或家庭的资产和负债情况进行分类整理,对客户个人或家庭资产和负债的价值进行评估,然后编制客户个人或家庭资产负债表。

(2) 理财规划师应该分析客户个人或家庭的收入和支出项目,对客户个人或家庭收入和支出的各项指标进行计算,然后编制客户个人或家庭收入支出表。

(3) 理财规划师应该对客户个人或家庭资产负债表和客户个人或家庭收入支出表进行分析,并基于客户个人或家庭财务报表进行财务比率分析与诊断。

4. 确定财产传承规划目标

理财规划师应该结合客户个人或家庭财务信息和非财务信息的分析、评价,帮助客户确定符合客户个人或家庭需求的财产传承规划目标。

5. 编制财产传承规划报告,交付客户

经过以上工作程序,理财规划师已经充分了解、分析客户的财产传承规划需求,在结合客户财产传承规划目标的基础上,选择适合客户财产传承规划需求的相关财产传承规划工具,最终编制出满足客户需求的财产传承规划方案。

接下来,理财规划师应该根据客户要求完成相应的收尾工作。如果客户仅需要财产传承专项规划,则可以形成财产传承规划报告,以书面的形式交付客户。如果客户需要综合理财规划服务,则将财产传承规划作为分项规划之一纳入综合理财规划建议书,待各分项规划全部完成后再交付客户。

6. 持续提供理财服务

理财规划师应该定期对财产传承规划方案进行评估,并且不定期对财产传承规划方案进行信息汇总和方案调整。

本 章 小 结

本章主要介绍财产分配与传承规划,包括分析客户财产分配与传承规划需求、制订财产分配与传承规划方案。其中,分析客户财产分配与传承规划需求主要包括财产分配与传承规划概述、婚姻、子女、父母、兄弟姐妹、祖父母、外祖父母;制订财产分配与传承规划方案主要包括制订财产分配规划方案、制订财产传承规划方案。本章是客户个人或家庭有财产分配与传承规划需求,需要做的理财规划方案。作为理财规划师,必须掌握本章的主要内容,并且能够通过分析客户个人或家庭的财产分配与传承规划需求,结合客户个人或家庭的财产分配与传承规划目标,恰当选择适合客户个人或家庭的财产分配与传承规划工具,制订出符合客户个人或家庭需求的财产分配与传承规划方案。

复习思考题

一、单项选择题

1. 我国婚姻成立的形式要件是(　　)。

  A. 双方当事人愿意　　　　　　B. 双方达到法定年龄

  C. 双方已经同居　　　　　　　D. 双方进行结婚登记

2. (　　)是亲属关系的基础,其他亲属关系都是以婚姻和血缘为纽带的。

  A. 配偶　　　　B. 父母　　　　C. 子女　　　　D. 兄弟姐妹

3. 财产分配与传承规划的目标是( )。
   A. 公共财产   B. 客户个人财产
   C. 社会财产   D. 夫妻婚前财产

4. 下列关于婚姻对家庭财产关系的影响,说法错误的是( )。
   A. 婚姻是家庭财产关系形成的前提
   B. 婚姻是否有效直接影响到婚姻双方的财产界定和分配结果
   C. 婚姻关系对一个家庭的结构、财产状况有着重要影响,不仅对夫妻权利义务关系的形成有重要意义,而且对子女的身份、家庭利益分配产生重大影响
   D. 婚姻是否有效不直接影响婚姻双方的财产界定

5. 夫妻财产方面的权利义务不包括( )。
   A. 夫妻对共同财产有平等的处理权   B. 夫妻有使用自己姓名的权利
   C. 夫妻有相互继承遗产的权利   D. 夫妻有相互扶养的义务

6. 以下不属于遗产财产范围的是( )。
   A. 抚恤金   B. 依法可继承的用益物权
   C. 有价证券   D. 牲畜和家禽

7. 王某的侄女考上重点大学,为了表示祝贺,王某将自己喜欢的一个数码相机赠送给侄女,王某对其数码相机的所有权属于( )。
   A. 强制丧失   B. 因其他原因而丧失
   C. 因一些行为而丧失   D. 绝对丧失

8. 下列关于财产传承规划的说法正确的是( )。
   A. 财产传承规划是为了保证社会向前发展而设计的财产方案
   B. 财产传承规划对保证财产安全意义不大
   C. 夫妻双方的财产关系可以依据法律、习惯来调整,不需要财产传承规划
   D. 财产传承规划受客户财产状况、客户在家庭中的身份地位等诸多因素的影响

9. 所有权依法取得有( )两种方式。
   A. 原始取得和继受取得   B. 原始取得和变动取得
   C. 变动取得和继受取得   D. 占有取得和继受取得

10. 所有权的丧失根据不同的标准可以做不同的分类,下列不属于所有权丧失的种类的是( )。
    A. 自愿丧失和强制丧失
    B. 长期丧失和短期丧失
    C. 绝对丧失和相对丧失
    D. 因一些行为而丧失和因其他原因而丧失

11. 王某在商店买了一台笔记本电脑,其旧笔记本电脑被偷走并被卖于善意第三人李某,王某对旧笔记本电脑的所有权属于( )。
    A. 绝对丧失   B. 相对丧失   C. 强制丧失   D. 自愿丧失

12. 个人所有权的行使,不属于个人积极主动行为直接作用于所有物的方式的是( )。
    A. 个人行使生活资料所有权
    B. 私营企业主对生产资料的占有、使用和处分
    C. 个人以购买股票的方式将资金投入企业

D. 个体工商户行使生产资料所有权

13. 张某和李某是夫妻,在这对夫妻的共有财产中,不能进行实物分割的是( )。
    A. 电冰箱　　　　B. 粮食　　　　C. 布匹　　　　D. 图书

14. 下列属于夫妻财产约定的是( )。
    A. 兄弟姐妹之间的财产约定
    B. 重婚男女之间的财产约定
    C. 同居男女之间的财产约定
    D. 登记结婚的夫妻对财产的约定

15. 共有物的管理费用不包括( )。
    A. 改良费用　　B. 保存费用　　C. 缴纳费用　　D. 更新费用

16. 对于按份共有人的责任承担,下列说法正确的是( )。
    A. 对内对外都是连带责任
    B. 对内对外都是按份责任
    C. 对外是连带责任,对内是按份责任
    D. 对外是按份责任,对内是连带责任

二、多项选择题

1. 下列属于无效婚姻的具体原因的是( )。
   A. 重婚的
   B. 同居的
   C. 婚前患有医学上认为不应当结婚的疾病,婚后尚未痊愈的
   D. 有禁止结婚的亲属关系的

2. 以下不属于自然血亲的是( )。
   A. 父母与非婚生子女　　　　B. 继父母与继子女
   C. 养父母与养子女　　　　　D. 父母与婚生子女

3. 财产的所有权是指财产所有人依照法律对其财产享有( )的权利。
   A. 占有　　　　B. 使用　　　　C. 收益　　　　D. 处分

4. 遗产包括的财产范围有( )。
   A. 承包经营权　　　　　　B. 国有资源的使用权
   C. 文物、图书资料　　　　D. 债券

5. 刘某和任某是一对夫妻,他们的人身关系权利义务包括( )。
   A. 参加生产　　　　　　　B. 参加社会活动
   C. 使用自己的名字　　　　D. 继承

6. 我国夫妻约定财产制的类型有( )。
   A. AA制　　　B. 一般共同制　　C. 限定共同制　　D. 分别财产制

7. 下列不属于遗产的是( )。
   A. 署名权　　　　　　　　B. 借用他人的物品
   C. 承包经营权　　　　　　D. 出演义务

8. 下列行为不属于法律上的处分的是( )。
   A. 给在地铁站弹吉他的女孩十块钱　　B. 把得病的小鸟放生

C. 将年久失修的房屋加以修缮　　　　D. 把自己家种的西瓜卖掉

三、判断题

1. 通常意义上的财产分配规划是针对夫妻而言的,财产分配规划也称夫妻财产分配规划。
　　　　　　　　　　　　　　　　　　　　　　　　　　　　　　　　　　　　　　(　　)

2. 家庭成员之间的财产关系属于亲属财产关系,它不能脱离亲属人身关系而独立存在。
　　　　　　　　　　　　　　　　　　　　　　　　　　　　　　　　　　　　　　(　　)

3. 法定结婚年龄是指法律规定准予结婚的最低年龄。在我国,男性不得早于22周岁,女性不得早于20周岁。　　　　　　　　　　　　　　　　　　　　　　　　　　(　　)

4. 夫妻有相互继承遗产的权利,并且夫妻互为第一顺序法定继承人。　　　　(　　)

5. 法律上的亲子关系即父母子女关系,只包括婚生父母子女关系。　　　　　(　　)

6. 根据收养的条件可知,50岁无配偶的男性,可以收养15岁的小女孩。　　(　　)

7. 一般来说,一个人去世后如果没有设立遗嘱或是遗嘱无效,那么他的财产将根据法律的规定分配,这就是法定继承。　　　　　　　　　　　　　　　　　　　　　(　　)

8. 个人所有的财产既可以是作为生活资料使用的财产,也可以是作为生产资料使用的财产。　　　　　　　　　　　　　　　　　　　　　　　　　　　　　　　　　(　　)

9. 家庭共有财产属于家庭成员共同所有,家庭共有财产并不包括家庭成员各自所有的财产。　　　　　　　　　　　　　　　　　　　　　　　　　　　　　　　　　(　　)

10. 丧偶儿媳对公、婆,丧偶女婿对岳父、岳母,尽了主要赡养义务的,也不能作为第一顺序继承人。　　　　　　　　　　　　　　　　　　　　　　　　　　　　　(　　)

四、案例题

1. 邓某的父亲在2019年1月因病去世,留有遗产如下:100平方米的商品房一套、存款100万元。邓某还有两个哥哥和一个姐姐。此时,邓某已经有房屋一套,价值80万元,现金10万元,还有冰箱、彩电等家用电器若干。2019年10月,邓某和赵某结婚,婚后邓某在国外的叔叔又寄给他10万元。2020年10月,经过对父亲财产的分割,邓某取得了那套100平方米的住房。2021年,结婚纪念日,邓某给妻子购买了价值5万元的钻戒。2023年,邓某和妻子赵某因感情破裂协议离婚。

请问:

(1) 邓某给妻子的钻戒,属于什么财产?

(2) 邓某从父亲那里继承的100平方米的住房,属于什么财产?

(3) 邓某婚前所有的10万元,在婚后的利息属于什么财产?

2. 高老病逝,高老生有两个儿子高一和高二,并且领养一个儿子高三,妻子尚在。高老病逝后,留有房屋六间,存款24万元,人身保险一份(指定受益人为妻子),留有字画若干,生前遗嘱将全部字画留给高三。

请问:

(1) 高老的遗产应当按照什么方式继承?

(2) 本案例中,不能作为遗产继承的是哪部分?

(3) 本案例中,高老的第一顺序继承人是谁?

参 考 文 献

[1] 中国就业培训技术指导中心. 理财规划师基础知识[M]. 5版. 北京:中国财政经济出版社,2013.
[2] 中国就业培训技术指导中心. 理财规划师专业能力[M]. 5版. 北京:中国财政经济出版社,2013.
[3] 王春花. 理财规划原理[M]. 北京:清华大学出版社,2020.
[4] 张颖. 个人理财流程与案例[M]. 北京:机械工业出版社,2022.
[5] 陆妙燕,裘晓飞. 理财规划方案设计[M]. 杭州:浙江大学出版社,2021.
[6] 王国玲. 理财规划理论与实务[M]. 大连:东北财经大学出版社,2021.
[7] 薛钢. 中国税制[M]. 大连:东北财经大学出版社,2021.
[8] 姜学军. 个人理财规划[M]. 大连:东北财经大学出版社,2020.
[9] 张权中. 理财规划[M]. 合肥:中国科学技术大学出版社,2020.
[10] 陈玉罡. 个人理财理论、实务与案例[M]. 2版. 北京:北京大学出版社,2020.
[11] 闫定军. 个人理财实务[M]. 北京:清华大学出版社,2020.
[12] 梁文涛. 税法[M]. 4版. 北京:中国人民大学出版社,2019.
[13] 黄祝华,韦耀莹,孙开焕. 个人理财[M]. 5版. 大连:东北财经大学出版社,2019.
[14] 许棣. 个人理财[M]. 北京:清华大学出版社,2019.
[15] 杰夫·马杜拉. 个人理财[M]. 夏霁,译. 北京:机械工业出版社,2018.
[16] 柴效武. 个人理财规划[M]. 3版. 北京:清华大学出版社,北京交通大学出版社,2018.
[17] 马亚. 金融学[M]. 2版. 北京:中国人民大学出版社,2017.
[18] 王建花,宋立温. 个人理财规划实务[M]. 北京:北京大学出版社,2015.
[19] 柴效武. 个人理财[M]. 2版. 北京:清华大学出版社,2015.
[20] 潘锦棠. 社会保障学[M]. 2版. 大连:东北财经大学出版社,2015.
[21] 李燕. 个人理财[M]. 北京:机械工业出版社,2014.
[22] 杜金富. 金融市场学[M]. 4版. 大连:东北财经大学出版社,2014.
[23] 邢天才,王玉霞. 证券投资学[M]. 3版. 大连:东北财经大学出版社,2012.
[24] 肖斌,郭凤林. 个人理财[M]. 北京:中国人民大学出版社,2012.
[25] 刘平. 保险学概论[M]. 北京:高等教育出版社,2010.